정서행동문제 아동을 위한

통합치료의 이론과 실제

조정숙 저

Integrative Therapy for Children's Emotional Behavioral Problems

신아사

머리말

오늘날 급격한 사회 변화를 겪고 있는 우리 사회는 각종 스트레스 요인이 넘쳐나 어린 유아에서부터 아동, 청소년, 청년, 성인, 노인에 이르기까지 전 계층, 전 연령대가 크고 작은 갈등과 아픔을 겪으며 살아가고 있습니다. 현대의 사회는 문명이 발달하면 할수록 각종 정보가 넘쳐나고 그 속에서 극심한 경쟁을 하며 살아남아야 하기에 더욱 힘이 드는 것이 현실입니다. 최근 우리사회에는 비정상적이고도 비상식적인 정신병리적 현상이 사회전반에 만연하고 있습니다. TV를 통해서는 하루에도 몇 건씩 도저히 믿을 수 없을 만큼 끔찍한 사건 사고 소식을 접합니다. 얼마 전 우리는 전 국민이 분노와 슬픔으로 오열하며 세월호 사건을 지켜보았고, 이 세월호 사건은 애통해하던 우리 국민의 가슴 속에 씻을 수 없는 상처와 분노로 우리 사회에 집단 트라우마를 남겼습니다. 이 뿐만이 아니라 직장을 잃고 과도한 빚에 시달리거나 삶에 희망을 잃은 어떤 가장이 고통 속에서 몸부림치다가 급기야는 극단적인 선택으로 가족들을 살해하고 자신도 자살하려 했다는 범죄 소식도 심심치 않게 들립니다. 또는 어느 성공한 사회적 인사들의 성폭행 범죄 소식이나 성도착행위로 인해 세상이 떠들썩하기도 합니다. 또한 정신적으로 미성숙한 일부 어린이집 교사나 유치원교사로부터 무차별하게 폭행당하는 아이들과 그 모습을 지켜보면서 간접적 폭행경험을 하고 두려움과 불안으로 떨며 숨죽이고 앉아있는 아이들의 모습이 TV를 통해 보도되기도 했습니다. 엄마들은 분노하고 불안하지만 다시 또 아이들을 유치원이나 어린이집에 보내야 하고, 아이들 또한 무섭고 불안하고 위축되지만 바쁜 엄마가 같이 있어주지 못함을 받아들이고 유치원이나 어린이집으로 가서 그들의 사회생활에 적응해야 하는 현실입니다. 그러나 유아들은 자기를 보호할 수 있는 힘이나 환경에 적응하는 능력, 주변의 또래아이들과 관계하고 정서적으로 교류하는 능력 등이 미성숙합니다. 그럼에도 불구하고 최근 급격한 사회변화로 인하여 우리나라의 유아들은 조기에 어린이집과 지역사회에서의 생활을 경험하게 되었고, 이에 따라 유아의 사회정서적 적응능력은 매우 중요한 과제가 되고 있습니다. 그런가 하면, 다양한 스트레스 요인으로 인한 갈등으로 정서행동상의 문제를 보이는 아동들도 점점 증가하고 있습니다. 정서행동상의 문제행동이 심각했던 아동들은 청소년기 이후에도 직업 및 사회 적응에서 지속적으로 부적응적인 행동을 보인다고 보고하고 있습니다. 정서행동문제에 대한 최근 연구들에서도 점차적으로 어린 연령의 유아들에게도 다양한 정신병리와 행동장애가 있는 것으로 보고되고 있습니다. 이러한 아동의 정서행동문제를 야기하는 원인에는 부모의 부적절한 양육태도 및 부모의 그릇된 대처방식, 사회의 부적절한 보호, 부모의 이혼, 부모나 가까운 친척의 죽음, 교통사고나 충격적 사건의 목격, 가정폭력이나 성학대 경험, 또래집단으로부터의 따돌림이나 폭력에의 노출, 음란물매체의 과다노출, 컴퓨터게임이나 스마트폰의 과다노출로 인한 중독 등 다양한 요인이 있으며, 이로 인하여 아동의 정서행동문제도 다양하게 발생하고 있는 실정입니다.

이러한 현실과 더불어 그 어느 때보다도 상담이나 심리치료에 대한 필요성과 요구가 점점 증가하고 있는 추세입니다.

임상현장에서 아동의 정서행동문제를 해결하기 위한 상담이나 치료적 방법의 최근 동향은 한 가지 이론적 접근이나 한 가지 치료기법이 주는 한계를 보완하기 위하여 통합적 치료를 선호하고 있지만, 지금까지 발표된 대부분의 통합적 치료는 이론 통합적 접근 또는 기법 통합적 접근 중 어느 한 가지 방법에 국한하고 있는 실정입니다. 그러나 저자는 이론적 통합과 기법적 통합에서의 각각의 강점을 접목하여 치료에 적용할 때 아동이 가지고 있는 정서행동문제의 해결은 더욱 효율적일 것이라고 생각합니다. 따라서 이 책에서는 이와 같은 저자의 견해를 증명하고자 3명의 아동을 대상으로 이들이 가지고 있는 정서행동문제에 따라 두 가지 이상의 이론을 병행하여 통합적으로 적용하고, 치료과정을 보다 효율적으로 수행해 나갈 수 있도록 치료기법 간의 통합을 이루는 통합적 치료 모델을 설정하였습니다.

이 책에서 소개되는 사례대상아동들은 정서행동문제 상의 공통점을 가지고 있으나, 그 주요증상이나 유발요인, 처해진 환경이 다르며, 성격특성, 좋아하는 치료기법 등에 차이가 있었습니다. 그러므로 각 유아에 적용되는 통합적 치료에서의 치료영역 또한 다르게 적용하는 것이 필요하였습니다. 이와 같은 이유로 각각의 대상아동에 선택한 통합적 치료는 정서행동문제 치료에 효과적이라 발표하고 있는 단일치료방법 중에서 아동의 증상, 아동의 흥미와 선호도를 고려하여 적용하였습니다.

이 책의 내용은 통합치료의 개요와 정서행동문제의 기본적인 이해와 정서행동문제 치료의 이론적 기법적 접근방법의 소개, 통합적 치료의 이해, 나아가서 통합적 치료 도입실시의 실제방법을 소개하고, 통합적 치료 연구 결과 및 해석의 실제에 대한 기술과 통합적 치료의 사례연구 등 모두 총 6장으로 구성되었습니다. 아울러 이 책은 저자의 박사학위논문의 일부를 수정보완해서 출간함을 알려드립니다.

제1장은 정서행동 문제의 이해를 돕기 위하여, 정서행동문제의 정의 및 분류와 정서행동문제의 다양한 원인 및 증상에 대하여 소개하였으며, 제2장은 정서행동문제 치료를 위하여 심리치료와 상담현장에서 많이 활용되고 있는 이론적 접근방법과 다양한 예술치료 기법적 접근 방법을 중심으로 작성하였습니다. 제3장은 통합적 치료의 이해를 돕기 위해 통합

적 치료의 개념과 통합적 치료의 목표, 통합적 치료의 과정, 통합적 치료를 실시함에 있어서 무엇보다 중요한 치료자의 역할과 치료자가 갖추어야 할 태도에 대하여 제시하고, 아울러 기존의 통합적 치료 적용에 관한 선행연구를 소개하였습니다. 나아가서 제4장은 실제 내담자에게 적용하고 효과를 보고한 저자의 사례연구를 통하여 통합적 치료의 전 과정을 소개하였습니다. 즉 통합적 치료를 도입하고 실시함에 있어서 갖추어야 할 조건과 대상의 선정, 연구도구, 프로그램의 설계와 통합적 치료의 진행절차, 통합적 치료의 실제 프로그램의 작성방법, 연구를 위한 분석방법에 대하여 실제 예를 통하여 제시하고 있습니다. 제5장은 통합적 치료를 실시하고 난 후 치료의 효과검증을 위하여 필요한 통합적 치료 연구결과 및 해석방법에 대하여 소개하였습니다. 제4장과 마찬가지로 실제 내담자에게 적용하고 효과를 보고한 저자의 사례연구의 예를 통하여 통합적 치료의 질적인 효과검증과 양적인 효과검증 방법에 대하여 작성하였습니다. 제 6장은 정서행동문제아동의 통합적 치료를 실제 내담자에게 적용하고 효과를 보고한 저자의 사례연구 2편의 내용을 정리하여 소개하였습니다.

이 책을 완성하기까지 격려해주고 지지해준 남편과 사랑하는 딸 은경이, 아들 경석이에게 고마운 마음을 전합니다. 그리고 무엇보다도 사례를 제공해준 내담자들에게 깊은 감사의 말을 전하고 싶습니다. 특히 이 책이 출판될 수 있도록 도와주신 신아사의 사장님을 비롯하여 한규갑 상무님과 이 책을 펴내기 위하여 애써주신 편집부 여러분께도 진심으로 감사드립니다.

2015년 2월

저자 조정숙

목 차

정서행동문제 아동을 위한

통합치료의 이론과 실제

- Integrative Rherapy for Children's Emotional Behavioral Problems -

통합치료의 개요

최근 급격한 사회의 변화로 인해 유아들은 조기에 어린이집과 지역사회에서의 생활을 경험하게 되었고, 이에 따라 유아의 사회정서적 적응능력은 매우 중요한 과제가 되고 있다. 그러나 유아의 정서행동문제를 유발하는 요인은 너무나 다양하기 때문에 예방이나 대책에는 많은 어려움이 따르고 있다. 정서행동문제에 대한 최근 연구들을 살펴보면 점차적으로 어린 연령의 유아들에게도 다양한 정신병리와 행동장애가 있는 것으로 나타났다. Mash와 Wolfe(2001)는 정서행동상의 문제행동이 심각했던 유아들은 청소년기 이후에도 직업 및 사회 적응에서 지속적으로 부적응적인 행동을 보인다고 보고하고 있다.

유아의 정서행동 문제의 원인에 대해서는 학자마다 다양한 의견을 제시하고 있는데 이를 종합해 보면, 생물학적 요인 · 가족요인 · 학교요인 · 문화요인 · 외상적 경험요인 등 다섯 가지로 분류할 수 있다. 생물학적 요인에는 선천적 사고 · 뇌손상 · 뇌 기능장애 · 영양장애 · 생화학적 불규칙성 · 신체적 질병과 무기력 · 기질장애 등이 모두 포함되며(고선주, 2010), 가족요인은 가정의 불안정 · 부모의 양육방식 · 이혼과 편부모의 증가 등이다. 학교요인으로는 지능과 학업부진 · 전학 · 또래집단으로부터의 따돌림이나 폭력에의 노출 등을 들 수 있고, 문화적 요인은 대중매체나 음란물매체의 과다노출 · 동료집단 · 이웃 · 도시화 등으로 보고 있다. 또한 외상적 경험 요인은 부모의 이혼으로 인한 부모와의 별거 · 형제나 부모의 입원이나 죽음 · 화재 · 교통사고 · 충격적 사건의 목격 · 성폭행이나 성학대 경험 · 유괴당한 경험 등 다양한 요소가 있다. 유아의 정서행동 문제는 이러한 원인으로 야기되어 다양한 정서적 · 행동적 · 사회적 문제행동(Behavioral Problems)을 보이며, 부적응적 증상들을 보이게 된다.

본 연구에서는 여러 가지 정서행동문제를 유발시키는 요인 중에서 생물학적 요인을 제외하고 환경적인 요인에 초점을 맞추고자 하였다. 그 이유는 생물학적 요인으로 인한 장애유아의 문제가 아닌, 일반 유아가 2차적인 환경에 의하여 갖게 되는 정서행동문제에 대한 치료에 초점을 맞추고자 하였기 때문이다. 본 연구가 초점을 맞춘 환경적인 요인은 첫째, 가정 내 부부관계의 불화로 인한 잦은 싸움과 가정폭력 · 가출 · 빈곤으로 부모의 부적절한 양육태도, 둘째, 학교 환경 중 또래집단으로부터의 따돌림이나 거부 등, 셋째, 문화적인 요인인 대중매체나 음란물매체의 과다노출, 넷째, 외상 후 스트레스장애를 유발하는 외상적 경험 즉, 부모와의 별거 · 형제나 부모의 입원 · 부모나 가까운 친척의 죽음 · 교통사고 · 충격적 사건의 목격 · 성학대 경험 등의 직간접적 경험이다.

이상에서 살펴본 바와 같이 다양하고 복잡한 환경의 어려움 속에서 신체적 또는 정신적 건강을 유지할 수 있는 조화로운 감각활동이 깨어지는 경험들이 증가하여 심리적 불안을 갖게 되면서 현대인들은 더 이상 의학에만 의존하지 않고 스스로 치유하거나 예방할 수 있는 대체의학에 대한 관심이 커져가고 있다. 이에 따라 전통적인 다양한 심리치료 이론과 표현예술 매체들을 활용하는 기법들이 점차적으로 더욱 활발히 인간의 치료에 적용되고 있으며, 아직 인지적으로나 언어적 표현에서 미성숙한 유아들에게는 더욱 유용한 치료방법으로 인식되어지면서 활발히 적용되고 있다.

심리치료에 관한 다양한 접근방법은 기존의 심리학이론의 영향을 받아 활발히 발전하게 되었다. 또한 많은 연구자들이 내담자의 심리적 갈등을 치료하기 위해서 다양한 철학과 방법으로 끊임없이 연구해 오고 있다. 지금까지 대부분의 연구에서는 유아문제의 성격에 따라서 독립된 치료 영역중 하나를 선택하고 한 가지 이론을 토대로 한 심리치료를 적용하여 문제해결을 시도해 온 경향이 있다. 전통적으로 Freud, Jung, Rogers 등의 임상가들은 한 가지 치료방법만을 추구하였으나 어떠한 이론적 접근방법도 내담자가 직면하고 있는 문제를 적절하게 설명하지 못한다는 Thompson & Rudolph (2000)의 주장처럼 치료자는 다양한 치료적 접근방법을 이해하고 활용할 수 있어야 한다는 것이 최근 동향이다. 현대에는 여러 방법을 통해서 자기스타일과 내담자의 요구에 부합하는 방법을 채택하고 있는 추세이며, 이러한 요구는 통합적 치료를 활성화시키고 있다.

이렇듯 한 가지 이론적 접근이나 한 가지 예술매체를 적용하는 독립된 영역의 치료적 접근은, 내담자가 가지는 문제나 내담자의 선호도, 내담자의 성격적 특성 등에 따라 치료효과가 다르게 나타날 수도 있다는 견해들이 제기되어, 보다 유용한 치료방법을 찾기 위한 연구들이 활발하게 시도되어왔다. 따라서 최근의 많은 임상가들은 단일 이론적 접근이나 단일 기법적 접근의 한계점을 극복하고 단점을 보완하기 위하여 통합치료의 필요성을 주장하고 있으며, 각기 다른 관점에서 통합치료의 효과를 검증하는 연구들이 활발하게 이루어지고 있다.

Seligman(1995)이나 Thompson과 Campbell(1992)은 통합적 접근의 치료에 대하여, 각 개인이 가지고 있는 문제 특성이나 상담자의 특성에 따라 이론적 접근방법이 달라질 수 있는 부분들을 고려하여 이론적 개념을 새롭게 창출한 것이라 하였다. 또한 Corey(2001)는 실존주의 · 정신역동 · 인지행동 방법이 결합된 인간의 모든 측면을 설명할 만큼 포괄적인 단독적 모델은 없다고 주장하고 기존의 이론 개념을 받아들이면서 통합시키는 이론을 발전시키게 되었다. 이러한 견해들을 뒷받침하듯 임상가들은 내담자의 문제해결을 위한 방법으로 '이론 통합적 접근'을 심리치료에 적용하였고, 그 결과들을 통하여 이론 통합적 치료가 효과적이었다는 사례연구들을 발표하고 있다.

또 한편으로는, 내담자의 문제 해결을 위하여 각 개인이 가지고 있는 문제 특성이나 상담자의 특성에 따라 다양한 예술매체의 기법을 각각 개별적인 치료영역에서 적용하지 않고 하나의 프로그램 안에서 접목하여 적용한 '기법 통합적 방법'을 제시하고 있다. 예를 들어 시 · 음악 · 무용 · 연극 · 인형극 · 팬터마임들을 치료에 상호 통합적으로 적용하는 방법을 제시하였고, 통합치료 형태들로는 음악과 미술치료, 동화와 미술치료, 상상과 환상여행, 시와 미술치료, 동작과 미술치료 등을 제시하고 있다(정여주, 2003). 이와 같이 단일 기법적 접근이 갖는 한계점을 극복하고자 하는 '다양한 기법 통합적 접근'의 통합치료가 적용되고 있으며, 그 결과가 효과적이었다는 사례연구들을 발표하고 있다.

미술치료사인 Malchiodi(1998)[1]는 어떤 사람에게는 미술치료보다 춤 · 음악 · 시 같은 방법이 훨씬 즐겁고 쉽게 접근 할 수 있고, 어떤 사람

1) Cathy A. Malchiod는 전문 미술치료사이자 임상 카운슬러로서 노트르담대학에서 미술치료학 석사학위를, 유타대학에서 박사학위를 받았다. 미국 미술치료학회에서 발행하는 학회지 「미술치료」의 편집장이며 유타주 솔레이크 시티의 미술과 건강연구소 소장으로 재직하고 있다.

에게는 표현 예술치료나 창조적 미술치료들(시 · 음악 · 무용 · 연극)이 더 효과적일 수 있기 때문에 미술치료의 한계를 보완하기 위해서는 치료기법의 통합이 필요하다고 제안하고 있다. 정여주[2]는 미술치료가 다른 예술매체와의 결합을 시도하는 이유에 대하여, 「내담자에게 다양한 미적 경험을 제시함으로써 치료의 가능성과 영역을 넓혀가기 위한 것」이라고 하였다. 또한 한국예술치료학회[3]에서는 미술치료 · 음악치료 · 공연예술치료 등의 영역들을 통합시키는 방안에 대한 연구가 활발하게 진행되며, 예술치료 영역들에 대한 독립적인 연구와 더불어 각 영역들 간의 접목을 통한 통합예술치료의 형태를 지향하고 있다(김설화, 2003).

이와 같은 통합치료의 연구들이 계속해서 발표되고 있는 것은, 내담자에게 다양한 예술매체들과 기법들을 통합적으로 적용시켰을 때 치료의 효과가 커진다는 것을 의미한다.

이처럼 최근 심리치료에서의 통합적 치료 적용 사례는 심리치료의 다양한 이론을 통합하여 적용한 '이론 통합적 접근'과 다양한 치료매체를 선택하여 적용하는 '기법 통합적 방법' 중 어느 한 가지 접근이 적용되어지고 있다.

그러나 Thompson & Rudolph (2000)는 상담자가 어느 한 가지 접근방법으로만 상담 하는 것 보다는 여러 가지 이론 및 기법 즉, 통합적 접근을 도입할 때 상담이 효과적으로 이루어진다고 하였다. 그러나 이러한 두 가지 관점을 포괄적으로 적용한 통합치료적 접근을 치료방법으로 선택하여 발표한 사례는 미비하며, 또한 이와 같은 통합치료의 적용시 각 기법이 각각의 개별적 치료영역에서 동시에 제공되는 통합적 치료의 사례에

2) 독일 쾰른대학에서 교육학 석사, 박사학위(특수교육, 미술치료, 심리학)를 취득하고, 독일의 Frltz Perls 연구소와 뒤셀도르프 미술치료양성교육협회에서 미술치료·게슈탈트치료와 통합치료를 수료하였다.

3) 2000년 3월 31일 설립되었으며, 매달 1회의 예술치료 학술발표회를 하고, 예술 각 분야의 창작과정을 활용하여 장애인들의 치료 효과를 연구함을 목적으로 하고 있다.

대한 연구는 발표된 것을 찾을 수가 없었다. 이와 같은 이유로 한 프로그램 안에서 다양한 치료적 기법이 동시에 적용되고 있는 '통합예술치료'를 통하여 선행 연구들을 고찰해 보고, 본 연구에서 적용하고자 하는 통합적 치료에 대하여 다음과 같은 견해를 갖게 되었다. 즉, 유아의 정서행동문제를 해결하기 위한 치료방법은 문제의 종류에 따라 그 치료적 접근을 어떻게 하느냐에 따라 치료효과가 다르게 나타날 수 있을 것이라는 점이다.

따라서, 본 연구에서는 한 가지 이론의 치료적 접근이나 한 가지 기법의 치료적 접근이 주는 한계를 보완하기 위하여 새로운 통합적 치료(이론적 통합과 기법적 통합 형태의 종합적인 통합적 치료)의 모델을 적용하고자 한다. 왜냐하면 Thompson & Rudolph (2000)의 「상담자가 어느 한 가지 접근방법으로만 상담 하는 것보다는 여러 가지 이론 및 기법 즉, 통합적 접근을 도입할 때 상담이 효과적으로 이루어진다」는 주장처럼 이론적 통합과 기법적 통합에서의 각각의 강점을 종합하여 치료에 적용할 때 유아가 가지고 있는 정서행동문제의 해결은 더욱 효율적일 것이라고 생각하기 때문이다. 이를 증명하기 위해서는 유아가 가지고 있는 정서행동문제에 따라 감정 · 사고 · 행동의 변화를 효율적으로 이끌어 낼 수 있도록 두 가지 이상의 이론을 통합적으로 적용하고, 이러한 치료과정을 보다 효율적으로 수행해 나갈 수 있도록 치료기법 간의 통합을 이루는 종합적인 통합적 치료 모델이 필요하다. 즉, 두 가지 이상의 이론적 접근을 통합하여 포괄적 개념구조를 만들고, 통합적 치료를 위하여 선택한 두 가지 이상의 각각의 치료영역에 이와 같은 이론적 통합을 적용시킨다. 동시에 이론적 통합을 적용한 각 기법의 실시는 개별적 치료영역에서 같은 기간 내에 병행하여 적용하는 방법을 통한 다차원적이고 종합적인 통합적 치료방법이 필요한 것이다.

따라서, 본 연구의 목적은 정서행동문제 유아를 대상으로 '이론적 통합'과 '기법적 통합' 형태의 종합적인 통합적 치료를 실시하고, 이와 같은 통합적 치료가 정서행동문제 유아의 치료에 효과적이라는 것을 확인하는 것이다.

본 연구의 목적을 달성하기 위한 구체적인 가설 모형은 [그림 1]과 같다.

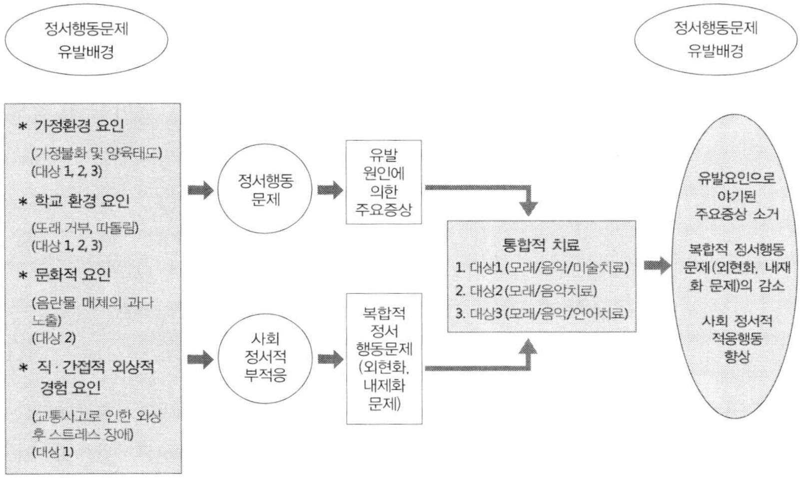

[그림 1] 연구문제의 가설모형

1. 정서행동문제(Emotional Behavioral Problems)

본 연구에서의 정서행동문제(Emotional Behavioral Problems)란, 생물학적 요인을 제외하고 유아가 가정 · 학교 · 지역사회에서 생활하고 성장해 나가면서 각종 환경에 대한 반응으로 나타나는 정서적, 행동적 부적응이나 장애 모두를 포함한다. 또한 일상생활에서 유아가 보이는 발생빈도와 표출 모두에 있어서 사회적 기대나 규범에서 벗어난 것으로, 유아가 가정이나 지역사회의 환경적 요인들로 인해서 유발된 행동적, 심리적 부적응을 포함한다.

특히 본 연구에서는 대상 유아들이 주요 증상으로 가지고 있는 내재화 문제인 두려움 · 사회적 철회 · 또래 부적응 · 위축 · 불안 · 우울 · 악몽꾸기 · 신경예민 · 의존성 · 분리불안 · 외출 및 등원거부 · 눈맞춤의 회피 · 낮은 자존감 · 사물 · 공간 · 사회적 환경 · 대인관계와 관련한 공포증 · 신체통증의 호소 등의 정서문제를 포함한다. 또한 외현화 문제인 외상 후 스트레스장애 · 포르노 비디오나 인터넷음란물에 대한 과몰입 · 유분증 · 기능적 조음음운장애 · 분노발작 · 짜증 · 좌불안석 · 다리절기 · 충동성 · 공격성 · 과잉행동 · 수면장애 · 거짓말 · 집착 · 등의 행동문제를 포함한다.

2. 통합적 치료(Integrative Therapy)

본 연구에서 사용하는 '통합적 치료(Integrative Therapy)'란, '이론적 통합'과 '기법적 통합'을 종합하여 동시에 적용하는 종합적인 통합적 치료방법이다. 즉, 이론적 통합에서는 두 가지 이상의 이론적 접근을 통합하여 포괄적 개념구조를 만들고 각 치료 단계별로 필요한 치료이론을 부각시켜 적용하는 것이다. 이와 같은 이론적 통합을 각 기법에 적용한다. 기법적 통합에서는 두 가지 이상의 치료기법을 개별적 치료영역에서 같은 기간 내에 병행하여 실시하는 치료기법 간의 통합적 접근을 적용하는 것이다.

이론적 통합은 1단계인 탐색단계에서 아동중심적 치료이론을 적용하고, 2단계인 통찰단계에서는 아동중심적 치료이론을 토대로 하면서 정신분석적 치료이론, 분석심리 치료이론, 심층 심리 치료이론, 대상관계 치료이론 등의 이론적 접근을 부각시키고 활용하였다. 3단계인 행동단계에서는 아동중심 치료이론을 토대로 하면서 인지행동치료 이론을 부각시키고 활용하였다.

기법적 통합은 대상 유아의 증상에 따라 다르게 적용하였다. 대상 유아 모두에게 동일하게 적용한 기법은 모래놀이치료와 음악치료이다. 또한 각각 다르게 적용한 기법은 대상 1에게 적용한 미술치료와 대상 3에게 적용한 언어치료이다.

기존의 기법적 통합과 본 연구에서의 기법적 통합에는 차이가 있다. 기존의 기법적 통합은 두 가지 이상의 치료기법을 하나의 통합프로그램 안에서 실시하는 방법이다. 즉, 각 치료영역의 기법이 개별적인 치료실에서 독립적으로 동시 병행하여 진행되는 것이 아니라, 회기에 따라 한 회기 내에서 두 가지 이상의 기법을 접목하여 적용하는 것이었다. 그러나 본 연구에서의 기법적 통합은 두 가지 이상의 치료영역을 각각 개별적 영역에서 같은 기간 내에 병행 적용하는 방법이다.

제 **1** 장

정서행동문제의 이해

1. 정서행동문제(Emotional Behavioral Problems)의 정의 및 분류

아동의 정서행동 문제란 일상생활에서 아동들이 보이는 태도나 행동이 정상적인 아동들의 행동과는 달리 사회적 규범에서 벗어나는 비정상적인 행동을 의미하는 것으로서, 아동이 가정 · 유치원 · 지역사회에서 생활하고 성장해가면서 아동이 생활하는 환경요인에 대한 반응으로 나타나는 정서적 · 행동적 · 심리적 부적응의 결과이며 습관상의 이상이 있는 행동양식이라고 볼 수 있다.

문제행동이라는 용어는 1950년대 초기까지 일반적으로 사회적 부적응(Socially Maladjusted)이라는 용어로 쓰여 왔다. 1950년대 이후에는 Freud의 심리학적 영향을 받아서 주로 정서장애(emotionally handicapped)라는 용어로 쓰이게 되었으며, 1960년대 후기에는 문제행동 또는 행동문제라는 용어가 강조되었다. 그러나 문제행동에 대한 개념은 대단히 광범위하고 각 분야에 따라 다양하게 사용되므로 학자들 간에 합치된 정의를 찾기란 어렵다. 홍경자(1986)는 각종 환경에 대한 반응으로 나타나는 정서적, 행동적 부적응이나 장애 모두를 포함하는 것으로 정의하고, 최현정(2002)은 아동이 일상생활에서 보이는 태도나 행동이 정상적인 아동들의 행동과는 달리 사회적 규범에서 벗어나는 비정상적인 행동을 의미한 것으로서, 아동이 생활하는 환경요인에 대한 반응으로 나타나는 정서적 심리적 부적응의 결과이며 습관상의 이상이 있는 행동양식이라고 보았다.

문제행동을 정의하는 다양한 견해들만큼이나 분류하는 기준이나 용어도 학자들마다 견해를 다소 달리하고 있다.

Achenbach & Edelbrock(1983)은 아동의 문제행동을 통계적으로 분석하여 정신분열증 · 신체고통 · 강박증 · 우울증 등을 내면화 증후군으로, 과잉행동 · 공격성 · 비행은 외현화 증후군 그리고 사회적 위축과 미성숙 행동을 혼합증후군으로 분류하고 있다. 또한, 아동의 문제행동을 내재화

(internalization)와 외현화(externalization) 차원으로 분류하여, 내재화 차원은 통제과잉 혹은 사회적 철회나 불안 · 우울이 포함된 것으로 아동이 스스로 고통 받는 것이고, 외현화 차원은 통제부족 혹은 파괴적 행동 · 과잉행동 · 공격적 행동과 같이 아동이 자신의 문제를 행동을 통해 밖으로 표현하는 것으로 분류하기도 한다. 즉, 내면성 문제는 두려움 · 외로움 · 사회적 철회 · 불안 · 우울 등의 정서문제를 뜻하며, 외현화된 문제는 충동성 · 공격성 · 과잉활동 · 다른 사람을 못 살게 구는 것 · 거짓말 · 도벽 등 행동문제를 포함한다고 하였다(Achenbach & Edelbrock, 1981).

국내에서 많이 사용하고 있는 분류로는 아동들이 주로 나타내는 문제행동의 유형을 파악하고 이를 분류하기 위해 만들어진 아동 · 청소년 행동평가척도(Child Behavior Checklist: CBCL)를 들 수 있다. Achenach와 Edelbrock(1983)이 제작한 아동 · 청소년 행동평가척도(Chlid Behavior Checklist: CBCL)는 아동 · 청소년기의 사회적 적응 및 정서, 행동 문제를 부모가 평가하는 것으로 다수의 임상집단과 광범위한 정상집단을 표집하여 조사 실시한 결과를 토대로 아동에게 일어나는 문제행동을 분류하였으며, 이를 내재화와 외현화 문제행동의 두 가지 유형으로 구분하였다. 국내에서는 아동의 정서행동문제에 대한 평가 도구로서, 오경자 · 이혜련 · 홍강의 · 하은혜(1997)가 CBCL을 한국판으로 표준화한 아동 · 청소년 행동평가척도(Korean-Chlid Behavior Checklist)를 가장 널리 사용하고 있다. K-CBCL은 사회능력 척도와 문제행동 증후군 척도로 구성되어 있는데, 사회능력척도는 사회성과 학업수행능력으로 분류하고 있다. 문제행동증후군 척도에서 내재화 척도는 위축, 신체증상, 우울 · 불안, 사회적 미성숙, 사고의 문제, 주의집중문제로 하위분류하고, 외현화 척도는 비행, 공격성, 성문제, 정서불안정으로 하위분류하고 평가한다. 즉 119개 문제행동에 관한 항목의 평가를 통하여 총 13개 하위척도에서 정서행동문제의 내재화된 문제와 외현화된 문제를 알아낸다. 여기서 내재화된 문제는 정서상의 문제이고 외현화된 문제는 행동상의 문제이므로, K-CBCL은 정서행동문제를 세부적으로 분류하여 평가하는데 유용하다. 본 연구에서는 환경적인 요인으로 발생한 아동의 정서행동문제에 대하여 이와 같이 내재화된 문제와 외현화된 문제로 분류하여 평가하기 위하여 K-CBCL을 측정도구로 사용하였다.

이상에서 살펴 본 결과, 정서행동문제에 대한 정의는 견해도 다양하고 기준이나 용어도 학자들 마다 견해를 다소 달리하고 있다.

이 책에서는 아동이 가정 · 학교 · 지역사회에서 생활하고 성장해 나가면서 각종 환경에 대한 반응으로 나타나는 정서행동문제들과 문화적 요인으로 인한 포르노 비디오나 인터넷 음란물에 대한 과몰입, 유분증, 외상적 경험으로 인한 외상 후 스트레스 장애, 위축 · 우울 · 불안, 기능적 조음음운장애 등 내재화되거나 외현화된 문제를 정서행동문제로 포함하였다.

2. 정서행동문제의 원인 및 증상

1) 정서행동 문제의 원인

아동의 정서행동문제는 아동의 기질, 생후 초기의 애착형성과 관련이 있으며 생애초기의 안정적인 애착관계를 형성하는 것은 또래와의 긍정적인 관계형성과 같은 아동기 및 청소년기의 적응행동과 관련이 있고, 불안정한 애착 관계 형성은 이후의 부적응 행동과 문제를 유발할 가능성을 가진다(Dunn & Mcguire, 1992).

아동의 정서행동문제의 원인에 대해서는 학자마다 다양하게 보고하고 있는데, 크게 나누어 생물학적 요인과 환경적인 요인으로 구분된다. 생물학적 요인은 선천적 사고 · 뇌손상 · 뇌 기능장애 · 영양장애 · 생화학적 불규칙성 · 신체적 질병과 무기력 · 기질장애 등이 모두 포함된다. 환경적인 요인은 가족요인, 학교요인, 문화요인, 직 · 간접적인 외상적 경험요인 등이 있다. 이 책에서는 아동의 정서행동문제를 일으키는 원인 중에서 환경적 요인에 초점을 맞추고자 하였으므로, 정서행동문제와 환경적 요인의 관련성을 중심으로 살펴보고자 한다.

첫째, 가정환경과 정서행동문제에 관련한 연구에서는 다음과 같은 견해들이 있었다. 아동은 가정에서 여러 가족원들과의 지지적 관계를 통해 얻게 되는 지식과 경험, 도움 등을 바탕으로 성장하고 발달해 간다. 아동의 정서행동 문제는 아동이 속한 가정과 사회의 여러 가지 복합적인 환경 요인에 의해서 발생되고 있고 가정의 분위기 · 가족관계 · 자녀양육태도 · 소득 등에 의해 달라질 수도 있다(고선주, 2010). 부모와 형제로 구성된 가족은 아동에게 다양한 사회적 지지를 제공하게 되는데, 이처럼 아동의 가족과의 지지적 관계를 통해서 얻게 되는 사랑과 수용, 안전의 느낌은 이들의 자아존중감과 대처전략을 증진시켜 스트레스를 유발하는 상황에서 아동을 보호할 뿐만 아니라 더 나아가 아동의 심리적인 안정에 도움을 주게 된다(김명숙, 1995).

둘째, 학교환경과 정서행동문제를 들어 발표한 연구에서는 다음과 같은 견해가 있었다. 학교환경과 정서행동문제에서의 또래지지는 아동의 발달 및 적응에 매우 중요한 요인으로 또래지지 및 관계는 사회적 기술을 습득하도록 해주고 안정된 정서를 갖도록 도와주며, 아동의 적응을 더욱 어렵게 만들거나 혹은 수월하게 만들기도 한다. 또래관계가 성공적일 때 아동은 자신의 가치에 대한 수용 혹은 유능감을 얻으므로 아동이기에 있어 부정적인 사회화와 또래에게 거부되는 경험은 비행, 우울증, 고독감 등과 같은 다양한 심리적 문제를 일으키기도 한다. 이처럼 친구의 지원은 사회적 부적응 문제를 낮추는 것으로 보고되고 있다(한미현, 1996). 그리고 경험적 연구들은 또래수용도가 낮을 경우 아동의 정서행동문제 수준이 높아짐을 밝히고 있다(김선희, 2000). 한편, 부정적인 또래관계는 주의력 결핍, 파괴적 행동장애 등 아동의 외현화된 행동장애 발생의 주요 원인 중 하나로 일관되게 논의되어 왔다. 즉 집단에서 거부된 아동은 공격성 · 파괴적 행동 · 적대적 행동 · 과잉행동 · 어려움 · 주의산만한 행동 등의 정도가 높게 나타났다(이은혜 · 김정윤 · 오원정, 2001)고 보고하고 있다.

셋째, 문화적 요인과 정서행동문제에 대해서 살펴보면, 최근에 아동 청소년들의 정서행동문제에 커다란 문제를 일으키는 요인으로 이슈가 되고 있는 것이 컴퓨터 게임에 대한 과몰입, 인터넷 중독, 포르노 비디오나 인터넷 음란물 동영상 등과 같은 음란물에 대한 노출로 인한 과몰입 또는 중독의 폐해이다. 이와 같은 문제는 더 이상 간과할 수 없는 수위에 도달하여 매우 심각한 상황이다. 더구나 범람하는 성관련 음란물 유해매체에 대한 통제는 매우 어려운 상황으로 치닫고 있다. 이러한 문제는 성인뿐만 아니라 유아 · 아동 · 청소년에도 이미 그 피해의 심각성이 커서 이에 대한 대책 논의가 활발해지고 있기는 하나, 그 관리를 철저히 하기에는 역부족이라는 한계성에 부딪치고 있는 실정이다. 이러한 가운데 자라나는 유아 · 아동 · 청소년 등에게 포르노 비디오나 인터넷 음란물 동영상 등이 무방비 상태로 노출됨으로써, 음란물에 대한 중독 또는 과몰입으로 인한 문제행동은 점차 심각한 수준으로 진행되고 있다. 이러한 음란물 매체와의 접촉은 어느 정도 자아를 형성한 일반 성인에게도 중독 단계에서 성적 실행의 단계로 영향을 미친다고 한다. 따라서 아직 성적(性的)으로뿐만 아니라 정신적 · 정서적으로 미성숙한 유아 또는 아동들이 포르노 비디오나 인터넷 음란물 동영상 등에 접촉되고 지속적으로 노출되고 있을 때, 이들의 성개념(性概念) · 성역할(性役割), 성(性)관련 태도 형성 및 육체적 · 사회적 · 정서적 · 정신적으로 부적응행동문제 등을 유발하여 매우 유해한 영향을 끼치고 있다(윤진 · 박윤창, 1995; 이명화, 1999; 이기수,

2000; 조아미, 2000; 홍은숙, 2001; 남영옥, 2002; 이진영, 2004; 홍외련, 2004; 이정숙, 2005; 최미라, 2006)는 연구결과들이 많다.

넷째, 직·간접적인 외상적 경험요인과 정서행동문제를 발표한 연구에서는 다음과 같은 견해가 있었다. 유아기나 아동 청소년기의 외상경험은 이후 성인기의 다양한 심리적 장애와 밀접한 관계가 있다고 추정하였다(Finkelhor & Dziuba-Leatherman, 1994). 청소년기 이전의 유아기나 아동기에 겪은 외상적 경험의 결과는 성인과 유사한 부분도 있지만 발달적인 시기에 따라 완전히 다른 형태의 정서행동문제로 표출되기도 하는데, 두려움, 분리불안, 수면장애, 발달적 퇴행, 또는 외상적 사건을 반복적이고 강박적으로 재현하는 놀이, 의식행위로 많이 표현된다(안현의, 2005). 또한 내재화되거나 외현화된 정서행동문제로 해리증상, 자아 해체감(예, '내 몸은 내가 아니다'), 신체화 증상, 정서조절의 어려움, 자기 지각의 변화(예, '나는 무력하고 손상된 존재다'), 친밀한 대인관계의 어려움 등을 나타내며 이러한 특징은 외상경험이 전반적인 자아 손상과 성격적 문제로 이어질 수 있음을 말해준다고 하였다(van der Kolk, 1987; Herman, 1992; Cole & Putnam, 1992).

이와 같이 외상이라고 불리는 심리적 충격은 성인에 못지않게 유아, 아동, 청소년의 일상적 삶에서도 흔히 발생하고 있으나, 증상의 표현이 성인의 외상 후 스트레스 반응과 다른 까닭에 치료와 개입이 늦어지는 심각한 문제점을 지니고 있다. 외상적 경험은 아직 급격한 신체적, 심리적 성장 발달기에 있는 아동에게는 성격발달과정을 바꿀 수 있을 만큼 충분히 중대한 문제가 될 수 있다(안현의, 2005).

아동은 이러한 원인으로 인하여 다양한 정서적·행동적·사회적 문제행동(Behavioral Problems)을 보이며, 부적응적 증상들을 보이게 된다. 즉 불안·우울·위축·공포·낮은 학업성취도·등교거부·또래관계의 어려움·수면장애·친구나 권위자에 대한 공격성·도벽·야뇨증·유분증·퇴행 등의 문제를 보인다. 뿐만 아니라 불안장애 아동을 대상으로 한 종단 연구에 의하면 아동이기에 나타난 불안장애는 이후 아동청소년기를 거치는 전반적 발달과정에 중요한 영향을 미칠 뿐만 아니라 만성적 불안이나 기타 여러 다른 정신병리로 전환되거나 공존병리(共存病理)가 증가하도록 만드는 위험요인으로 밝혀졌다(박진아, 2008).

2) 정서행동문제 증상

정서행동 문제는 학자들 마다 분류하는데 다소 차이가 있지만 크게 내재화된 문제와 외현화된 문제로 분류하고 있다. 내재화된 문제로는 정신 분열증 · 신체고통 · 강박증 · 우울 · 두려움 · 외로움 · 사회적 철회 · 불안 · 위축 · 사고의 문제 · 사회적 미성숙 · 주의집중의 문제 등으로 보았고, 외현화된 문제로는 통제 부족 · 파괴적 행동 · 과잉행동 · 공격성 · 비행 · 성문제 · 정서불안정 등으로 구분하고 있다.

이 책에서는 선행연구를 통하여 살펴 본 정서행동 문제를 유발하는 여러 가지 다양한 원인 중 생물학적 요인을 제외하고 환경적인 요인에 초점을 맞추고, 이로 인하여 나타내는 내재화된 문제와 외현화된 문제를 공통적으로 포함하고 있는 정서행동문제와 각 연구대상의 주 호소문제(외상 후 스트레스 장애, 포르노 비디오 등 음란매체에 대한 과몰입, 유분증, 위축 · 우울 · 불안, 기능적 조음음운 장애)에 대하여 중점적인 치료적 중재 요인으로 정하고 연구하고자 하였다.

(1) 외상 후 스트레스장애(Posttraumatic stress disorder: PTSD)

DSM-IV에 의하면, 외상 후 스트레스 장애(Posttraumatic stress disorder: PTSD)는 극심한 외상성 스트레스 사건에 노출된 후 뒤따라서 특징적 증상이 나타나는 것이다. 이러한 외상성 사건들은 실제적이거나 위협적인 죽음이나 심각한 상해, 또는 개인의 신체적 안녕을 위협하는 사건에 대한 개인의 직접적인 경험이나 타인의 죽음 · 상해 · 신체건강을 위협하는 사건의 목격 등으로 발병한다. 또는 가족이나 친지의 예기치 못한 무자비한 죽음이나 심각한 상해 및 이들이 경험한 죽음이나 상해에의 위협을 알게 된 후, 이러한 사건에 대한 반응으로 극심한 공포 · 무력감 · 두려움이 일어나야 하고 최소한 1개월 이상 지속될 때 진단된다고 하였다. DSM-IV의 외상 후 스트레스 장애의 진단기준에서는, 개인은 사건 이전에는 없었던 증가된 불안이나 각성을 지속적으로 경험하게 되며, 이러한 증상으로는 사건이 다시 일어나는 반복적인 악몽으로 지나치게 경계를 하며, 지나치게 반응하는 양상이 포함된다고 했다. 어떤 개인은 자극에 과민하게 반응하게 되고 폭발적으로 화를 내며, 집중이 어렵고 과제를 완성하지 못하며, 외상과 관련된 자극(생각, 느낌, 대화)을 지속적으로 회피하거나 외상이 회상되는 행동 · 장소 · 사람들을 기피한다고 한다. 어떤 개인은 외상의 중요한 부분을 회상할 수 없기도 하고 정서의 범위가 제한되어 있으며, 잠들기 어렵거나 또는 잠을 계속자기가 어려운 증상과 외상 후 스트레스로 나타나는 반응 증상이 극심한 공포나 무력감, 고통이 나타남을 진단기준에서 밝히고 있다. 그러나 사건에 대한 반복적이고 집요하게 떠오르는 고통스런 회상이 소아에서는 사고의 주제나 특징이 표현되는 반복적인 놀이로 나타나며, 사건에 대한 반복적이고 괴로운 꿈은 내용이 인지되지 않는 무서운 꿈으로 나타남에 대하여 소아 진단기준의 주의점으로 밝혀두고 있다(이근후 외 역, 1995).

이처럼 외상 후 스트레스 장애는 심각한 외상을 당한 후 그 외상을 기억하게 하거나 불러일으키는 상황에서 강한 심리적 스트레스를 느끼게 되며, 그 때문에 나타나는 극도의 예민한 반응은 사회의 부적응을 가져오게 된다. 일상생활 속에서 외상을 반복적으로 재경험하게 되는 질병이라 할 수 있다. 이러한 외상을 재경험하는 형태에는 3가지가 있다고 하는데, 지속적으로 기억이 떠오르는 감정에 몰입되는 침입형, 외상에 대한 기억을 잘 할 수 없고 외상과 관계되는 일을 회피하는 회피형, 폭발적인 반응, 과장된 놀란 반응 등을 가지는 과잉각성형이다. 이들의 공통적인 특징은 평상시 생활에서 이완이 어렵다는 것이다(Emdad, R., & Sodergaard H., 2004). 또한 충격적인 외상의 영향은 대인관계에서도 지속적으로 작용하게 되어 그 개인의 성공적인 사회적 기능을 취약하게하며 그 증상은 손상된 정서조절 · 자기 파괴적이고 충동적인 행동 · 해리적 증상 · 신체적 불편 · 비효과적이라는 감정 · 수치심 · 절망 · 희망 없음 · 영구히 손상된 느낌 · 이전 신념의 손실 · 적의감 · 사회적 위축 · 항상 위협받는다는 느낌 · 다른 사람과의 손상된 관계 · 이전 성격의 변화 등을 가져오게 된다. 이 장애는 이후의 삶에서 공포증 · 광장공포증 · 강박증 · 사회적 공포 · 우울증 · 신체화 증상 · 중독이 나타나며 성격장애의 경향을 보이기도 한다(American Psychiatric Association, 1994).

아동의 외상 후 스트레스장애 발병 가능성에 대한 일반적인 현상들을 다음과 같다. 첫째, 며칠이상 계속 잠을 이루지 못한다. 이때 외상적 사건에 대한 꿈은 있을 수도 있고 없을 수도 있으며 학교로 돌아가는 것을 주저하기도 하고 분리불안과 매달리기 등의 행동을 보인다. 둘째, 외상 사건의 피해를 상기시키는 고통자극, 예를 들어 학교건물, TV장면, 사람들에 대한 공포증을 보인다. 셋째, 집 또는 학교에서 폭력적인 행동, 무단결석, 깡패 짓 등의 품행장애를 보인다. 넷째, 자신에 대한 의심 및 신체 혼란 등이 나타나고 자기 가치감이 무너지는 양상을 보이며, 사회적 상황에서 회피하고자 하는 것 등에 대해 언급을 한다. 다섯째, 흔하지는 않지만 아동들은 외상으로 죽은 친구의 유령을 보았다고 말하기도 한다(김순진 · 김환, 2003).

(2) 포르노 비디오의 과다노출로 인한 과몰입

'포르노 비디오에 대한 과몰입'이란 포르노 비디오를 보는 것에 흥미와 즐거움이 지나쳐 행동적 · 정신적으로 자제하거나 통제하지 못하고 빠져드는 것을 말한다. 즉, 절대적이거나 병리적인 중독 상태를 의미하는 것이 아니라, 포르노 비디오에 대한 통제의 어려움과 포르노 비디오를 보기 위하여 일상의 생활이 제대로 이루어지지 않을 만큼 집착하고 의존하는 상태를 말한다. 어떤 특정 대상에 대한 과몰입이 고착되면 중독이라 할 수 있다. 정신병리에서 '중독'의 개념은 의학적인 개념으로서 몰입의 정도가 과도하여 중독대상에 대하여 강박적으로 집착하고 의존하며, 중독 대상에 대하여 내성이 생기고, 금단하면 금단 증상이 나타나는 상태를 말한다. 의학자들은 약물중독에서 발생하는 생화학적, 신경해부학적 변화가 TV시청 · 도박 · 절도 · 쇼핑 등의 의존적인 행동장애에서도 비슷하게 발견된다고 주장하고 있다(정성렬, 2007). 이처럼 중독이란 중독대상이 자신의 생활에 큰 비중을 차지하며, 대상에 대한 통제력을 상실하여 자신의 의지대로 자제하거나 통제하지 못하는 상태로 정의할 수 있다.

음란물의 개념에 대한 연구들을 보면, Williams(1989)는 하드코어 포르노그래피와 소프트코어 포르노그래피로 구분하였다. 하드코어 포르노그래피는 폭력적인 성표현물, 비폭력적이지만 인간의 지위를 하락시키고 품위를 손상하며 여성의 남성에 대한 종속을 묘사한 성표현물, 아동을 성의 대상으로 한 음란물, 수간 · 동성애 · 근친상간 · 혼음 등 성(性)에 관한 일반인의 가치관과 대치되는 성표현물을 포함하였다. 소프트코어 포르노그래피는 성행위 또는 성행위와 직간접적으로 관련된 성기노출이 포함된 비폭력 · 품위 손상적 성표현물, 성기의 노출 없이 비폭력 · 품위손상적인 성표현물, 나체 표현물 등을 포함하였다.

최근에 발표된 포르노 비디오 및 인터넷 음란물 노출로 인한 문제와 관련된 선행연구들을 살펴보면 다음과 같다.

먼저, 초등학생의 인터넷 음란물 접촉 실태와 성(性)관련 태도에 관한 연구를 살펴보면, 이기수 (2000)는 47%의 아동이 음란매체 접촉경험이 있으며 음란매체의 노출정도가 많을수록 성태도가 개방적이고 성실천의 횟수가 많은 것으로 나타났다고 하였다. 성경원(2000)의 연구에서는 초등학교 6학년 중 컴퓨터 음란물에 한번이라도 접촉한 사실이 있는 학생이 절반이상으로 나타났고, 최초 접촉 시기는 주로 5 · 6학년 때인 것으로 나타났다. 홍정례(2003)의 연구에서는 원주시 초 중학생의 음란물 접촉실태 조사 결과 음란물 접촉 경험이 있는 학생이 72.9%로 높게 나타났으며, 이정숙(2005)의 연구에서도 초등학교 5 · 6학년 학생의 인터넷 음란물 접촉 경험이 66.5%로 나타났고, 인터넷 음란물의 접촉 경험이 성태도와 성행동에 깊은 관련이 있는 것으로 보고하고 있다.

음란물의 과다노출로 인한 폐해에 대한 연구를 살펴보면 다음과 같다.

윤영민(2000)은 청소년들이 음란물을 반복적으로 접하게 되면 성에 대한 행위나 쾌락 중심적인 인식이 강화될 가능성이 높다고 하였으며, 음란물 접촉 경험에 의한 정서적 반응으로 강간을 포함한 공상을 많이 할 수 있는데, 이는 성에 대한 왜곡된 인식과 태도를 가지게 할 뿐 아니라 모방 성범죄를 일으킬 위험도 크다고 하였다.

어기준(2002)은 음란물의 노출은 성적(性的) 자극을 스스로 조절할 능력을 갖추기 이전의 청소년들에게 심리적인 충격을 줄 수 있으며, 심할 경우 음란물의 장면을 자주 연상하거나, 과도하게 자위행위에 집착하고, 지나친 죄책감과 결벽증 증세를 보이며, 신경쇠약 증세를 보이기도 한다고 하였다. 이처럼 음란물에 대한 과도한 노출은 아동이 아닌 청소년에게 조차 심각한 신체적 정신적 손상을 가져오고 학교생활과 일상생활의 부적응을 강화시키며, 성비행을 일으킬 가능성을 높게 만든다. 그럼에도 불구하고 성인들의 관리 소홀로 인하여 아동 또는 아동 · 청소년에게 이와 같이 유해한 포르노 비디오나 인터넷 음란물 동영상 등에의 접촉은 무방비 상태로 노출이 되고, 과몰입이라는 문제로 까지 이어져 그에 따른 정서적 · 행동적 문제 등 정신병리적인 증상을 갖게 되는 것을 막지 못하고 있는 실정이다.

종래의 선행연구들은 대부분이 중학생 이상의 청소년을 대상으로 한 인터넷 음란물과의 접촉에 따른 실태조사나 성관련 태도에 관한 연구, 음란물의 노출이 정서행동에 미치는 영향이라는 것에 집중되어 있었고, 본 연구에서 다루고자 하는 아동을 대상으로 한 포르노 비디오의 과다노출로 인해 발생한 과몰입의 문제 등 정서행동문제의 치료교육에 대한 연구는 찾아볼 수 없었다.

그러나 이러한 음란물 매체들은 현실적으로 통제가 어려운 상황에서 무차별적으로 유포되고 있으며 그 피해 대상도 점점 확산되고 저연령화 되고 있어 아동들에게도 더 이상 안전하다고 볼 수 없는 실정이다. 이러한 음란물 매체와의 접촉은 어느 정도 자아를 형성한 일반 성인에게도 중독 단계에서 성적 실행의 단계로 영향을 미친다고 한다. 그렇다면 아직 성적(性的)으로 뿐만 아니라 정신적 · 정서적으로 미숙한 아동에게 포르노 비디오나 인터넷 음란물 동영상 등에 접촉되고 지속적으로 노출이 된다면, 아동의 성개념(性概念) · 성역할(性役割) 등 성(性)관련 태도 형성 및 육체적 · 사회적 · 정서적 · 정신적으로 혼란을 겪으며 정서행동상의 부적응문제 등을 유발하여 매우 유해한 영향을 끼칠 것이다.

현재, 성문제와 관련된 임상에서의 심리치료 사례연구는 전부가 직접적인 성폭력 피해사례에 대한 것들에 그치고 있다. 그러나 선행연구들에서 밝혀진 것처럼 간접적인 성적 노출이 되는 포르노 비디오나 인터넷 음란물 등에 과도하게 접촉되거나 노출되었을 때의 폐해는 참으로 심각한 정서행동상의 커다란 문제행동을 야기하며, 아동 청소년에게 정신병리적인 위기에 놓이게 됨을 간과해서는 안 된다.

따라서, 이 책에서의 연구는 아동들이 포르노 비디오나 인터넷 동영상 음란물 등에 지속적으로 과다 노출되었을 때 발생하는 정서행동문제와 그로 인한 폐해로 아동의 사회정서적 적응행동에 심각한 부적응을 초래한다는 것을 인식하게 하는데 매우 중요한 자료가 될 것이다. 또한 이러한 포르노 비디오 등의 음란물에 지속적으로 과다 노출된 아동사례의 문제를 치료하기 위한 실험연구가 발표되고 있지 않고 있으므로 본 연구의 의의는 매우 크다고 사료된다.

(3) 유분증(Primary encopresis)

유분증(Primary Encopresis)은 배변장애(Eliminations Disorders)에 속하는 하나의 증상이다. 배변장애는 대변과 소변을 가릴 수 있는 충분한 나이가 되었음에도 일정기간 대소변을 가리는 행동에 장애가 있는 것이다. 이는 소아의 지적 능력 · 사회 성숙도 · 문화적 요소 및 모자사이의 심리적 상호교류 등의 요인의 영향을 받는다(민성길, 1996). 대변을 가리지 못하는 유분증은 적절하지 않은 곳(예: 옷 또는 마루)에 반복적으로 대변을 보는 것이다. 유분증에 대한 진단기준 및 증상을 DSM-IV에서는 다음과 같이 정의하고 있다. 즉, 유분증은 생활연령 4세 이상의 아동이 적절치 않은 곳에 반복적으로 대변을 보는 것으로 이러한 사건이 적어도 3개월 동안 최소한 1회 발생해야 한다. 대변 실금이 물질의 직접적인 생리적 효과로 인한 것이 아니어야 하며, 변비와 관련된 기전을 제외한 일반적인 의학적 상태로 인한 것이 아니어야 한다고 명시하고 있다. 또한, 유분증은 증상에 따라, 변비 및 대변 실금이 있는 것과 변비 및 대변 실금이 없는 것으로 구분된다. 보통 반항성 장애 또는 품행장애와 관련되고, 또한 항문 자위행위의 결과일 수도 있다.

한편, 부수적 특징 및 장애로는 다음과 같은 문제들을 수반하고 있다. 즉, 유분증이 있는 소아는 수줍음이 많고 난처한 일이 일어날 수 있는 상황(예: 야영, 학교)을 피하려고 한다. 장애의 정도는 소아의 자존심, 또래들의 놀림, 돌보는 사람의 분노, 처벌 그리고 거부에 의해 영향을 받는다. 실금이 고의적인 경우는 반항성 장애나 품행장애의 특징이 나타나기도 한다. 유분증이 있는 소아는 또한 유뇨증을 경험하기도 한다. 유분증의 경과에 대한 설명을 살펴보면, 유분증은 생활 연령이 최소한 4세가 될 때까지는 진단이 내려지지 않는다(또는 발달 지연이 있는 경우는 최소한 4세의 정신연령). 유분증은 부적절하고 일관성 없는 대소변가리기 훈련과 심리사회적 스트레스(예: 입학 · 동생의 출생)가 유발요인이 될 수 있다. 이와 같은 유분증은 몇 년 동안 간헐적으로 악화되면서 지속될 수 있으나 만성화되는 경우는 거의 없다고 한다(이근후 외 역, 1995).

유분증에 대한 ICD-10[4)]진단 기준에서는, 최소 3개월의 기간을 요구하고 있는 DSM-IV와는 달리 최소 6개월의 기간을 진단 기준으로 요구하고 있다. ICD-10에서의 유분증은 '비기질성 유분'증으로 명명된다.

권석만(2004)은 현대 이상심리학에서 유분증에 대한 진단기준 및 증상에 대하여 DSM-IV에 따라 정의하고 있다. 덧붙여, 적절한 시기에 대소변 훈련을 시키지 않았거나, 대소변 훈련과정에서 너무 일관성이 없었거나, 지나치게 강압적이거나, 발달단계에 맞지 않게 너무 일찍 대소변 훈련을 시키면 대소변 가리기에 문제가 발생하기 쉽다. 이러한 대소변 훈련과정에서 부모와 아동은 통제와 자율의 갈등을 경험하게 되고 이러한 갈등이 유분증을 악화시키고 다른 행동적 문제를 초래할 수 있다고 하였다. 정신분석적 입장에서는 유분증을 분노의 표현으로 보고 있으며, 이와 같은 유분증은 다양한 심리사회적 스트레스, 즉 입학이나 동생의 출산, 부모 불화, 어머니와의 이별, 병에 걸리거나 입원하는 사건에 의해 촉발될

4) ICD-10(International Classification of Diseases-10th edition)은 1992년에 세계보건기구에서 발표한 국제질병분류체계의 열 번째 개정판으로서 그 안에 정신장애의 분류와 진단 기준이 포함되어 있다.

수 있다. 때때로 변기를 사용하는 것에 대한 남다른 공포를 지닌 아동도 있으며, 유분증이 있는 아동은 대체로 주의가 산만하고 집중력이 낮으며 과잉행동을 나타낸다는 점에서 유분증이 뇌신경 발달의 지연과 관련되어 있다는 주장도 제기되고 있다(권석만, 2004).

(4) 위축·우울·불안

① 위축의 개념 및 특성

Erikson은 어른들의 지나친 보호와 간섭 · 행동의 통제와 구속이 심하면, 유아는 수치감을 형성하여 훗날 자신이 없고 부끄러움을 많이 타는 회의적인 사람으로 자라게 된다고 설명하고 있다. 유아기를 지나면서 어린이들은 성취감을 형성하려는 욕구가 크게 나타난다. 즉, 스스로 무엇이든지 행하고 완수하려는 행동이 강해진다는 것이다. 이는 아동들이 자각을 통해 깨달은 열등감을 극복하려는 시도로서 자기도 힘이 있고, 가능성이 있고 쓸모가 있는 인간이라는 확인을 하려는 목적에서 이루어지는 것이다.

정신분석학이 우세하였던 1960년대 후반까지는 우울과 위축과 같은 아동의 내면화된 어려움은 초자아의 미숙으로 인한 것으로 청년기가 되면 완전히 발달할 것으로 생각되어졌다. 아동기의 위축은 비교적 불안정성을 띤 것으로 청년기와 성인기의 부적응을 의미있게 예견해주지 않았지만, DSM 체계가 맨 처음으로 위축을 정신과적인 문제행동으로 공식적으로 언급하면서 위축에 대한 진단적 · 치료적 관심을 보이기 시작했다(김민정, 2006). 또한 여러 심리학자들은 위축을 주요한 장애범주로 간주하며(Achenbach & Edelbrock, 1981), 개입이 필요하다고 보았다(Conger & keane, 1981; Wanlass & Prinz, 1982; 김미경, 1991). 이러한 위축행동은 일반적으로 아동이기에 발생할 수 있는 사회적 부적응 행동 중 하나로서 임상 현장에서 내면화 장애의 범주에 속하며, 신경증적인 행동의 한 부분으로 인식되어 왔다.

위축행동은 또래로부터 거부당하거나 스스로 움츠러드는 아동에 의해 나타나는 일종의 부적응 행동이라고 볼 수 있으며, 공격적인 행동과 비교해 볼 때 위축행동은 타인보다는 자기 자신에게 고통을 주게 된다(신혜영, 1994). 김형호(1978)는 위축을 아무집단에도 소속되지 않고 또 소속하려고도 하지 않으며 남들과 어울리는 것을 피하고 혼자만 활기 없이 지내는 것으로 보았다. 또 자기의 의사를 잘 표현하려 하지 않고 자기의 권리를 지키지 못하고 매사에 수동적인 태도를 보이며 혼자 항상 백일몽에 잠겨 있거나 학교 등의 사회생활에 의미를 전혀 느끼지 못하는 것으로 설명하였다.

Campbell(1989)은 위축을 학습에 부정적인 영향을 미칠 수 있는 억제되고 제한된 행동이며, 어떤 신체적 결함이나 초자아의 욕구를 충족하는데 있어 예상되는 실패에 대한 죄의식이나 수치심으로 인한 반응이라 보았다. 또한 또래로부터 거부당하거나 스스로 움츠러드는 아동에게 나타나는 일종의 사회적 부적응 행동 중의 하나로서 움츠러들고 물러서고 도망가는 행위를 말하고, 또래와의 상호작용 빈도가 적거나 사회관계 측정 시 또래의 수용도가 낮은 상태로 정의하였다. 이보연(1992) 은 위축을 아동이 또래관계에서 겪는 부적응 행동의 하나로 불안 · 사회적 비단호성 · 부정적인 자기 보고와 같은 내면화된 어려움을 야기하며 적절한 사회성 발달을 저해하는 행동으로 보았다.

Buss(1986)는 자신을 사회적 대상물로 바라볼 수 있게 되는 아동기에는 타인의 관찰에 노출되기를 꺼려 하는 감정이나 경향성을 가지게 되고 당황감과 자의식적 수줍음을 느끼게 되고 자의식적 수줍음이 심하게 되면 이것이 공포로 발전하게 된다고 보았다. 위축아동은 공격행동을 보이는 아동에 비해서 종종 규칙을 충실히 이행하는 착한학생으로서 표현된다. 그 결과 위축 아동은 주의를 덜 받게 되고, 이들의 어려움은 양육자와 교육자에 의해 무시될 수 있으며(Rubin & mills, 1988), 조용하고 조심성 있는 태도가 우리 문화에서는 하나의 미덕으로 여겨짐으로써 더욱 관심을 끌지 못한다(김미경, 1991). 위축아동은 수동적이어서 자신의 의견을 잘 표현하지 않으며 다른 사람의 비평이나 자신의 실패에 대해 매우 과민한 반응을 보인다(Wanlass & Prinz, 1982). 사회적 기술 측면에서의 특징은 상대방 쳐다보기 · 말걸기 · 함께 놀자고 청하기 등과 같은 또래로의 접근 기술과 또래의 접근 시도에 대한 적절한 대응 기술 등을 갖추지 못한다(Kauffman, 2001). 또래와의 상호작용이 드문 아동은 우울하거나 외롭거나 학교에서의 학업수행이 저조한 경향이 있으며(Green et al.. 1980), 또래들로부터 거부된 아동들 중에는 외로움 · 낮은 자존감 · 사회적 불안을 겪는 아동들이 많다(Hymel & Franke, 1985).

김보경 · 조현춘 · 정대영 · 박영균(1990)은 위축아동의 특징으로 다른 사람이나 사회적 상황에 대한 접근을 스스로 포기하고 자기 안으로 숨어들며, 또 친밀한 인간관계를 형성하는데 기본이 되는 사회적 기술을 갖추지 못하고 있다고 설명한다. 위축아동에게 발견될 수 있는 가장 중요하고 심각한 측면은 행동장애 · 억압 · 지속적으로 나타나는 낮은 자존감 등이라 하였다. 배주미 · 오경자(1991)의 연구에서도 위축아동은 일상생활 중 실패와 욕구 좌절이 누적되어 불행감을 느끼며 자신에 대한 부정적 개념을 발전시키고 심리적 갈등을 심화시켜 차후에 정서적, 사회적으로 문제를 야기할 가능성이 크다고 하였다. 신혜영(1994)의 연구에 따르면 위축행동의 범주를 소극적 위축행동과 거부적 위축행동으로 나누었는데 소극적 위축행동은 또래와 상호작용의 기회가 있을 때, 이에 적극적으로 참여하지 못하고 집단에서 자신을 스스로 철회하는 아동의 소극적 경향을 말하며 부끄러움 · 불안 · 소심함 · 과민 · 무관심 · 냉담 · 부정적인 자아 지각 등을 특징으로 보았다. 거부적 위축행동은 또래와의 상호작용을 원해서 적극적으로 참여하려 하나 또래집단에게 거부되어 철회하는 아동의 경향을 말하며, 난폭하고 공격적인 행동이나 언어 · 방해 · 충동적 행동 · 지나친 자기중심성 · 거짓말 · 혐오감을 주는 신체 외모 · 거부와 관련된 직접적인 특징으로 구분하였다. 또한 전원재(2006)는 아동의 행동 특성을 공격적 행동 · 무관심 · 게으름 · 거부적인 행동 · 혼자서 노는 행동 · 미소와 웃음이 없는 행동 · 과제 참여에의 소극성 · 아동 상호 간의 대화 결여 · 성취하려는 노력부족 · 소극적 · 불안 · 자신감의 결여 등으로 정의하였다.

선행 연구들을 종합해 보면, 결국 위축행동은 부정적 자아개념의 표현이며 유아 또는 아동에게서 나타나는 내면적 문제 행동이라고 할 수 있다. 이러한 위축행동은 표면적으로 쉽게 드러나지 않음에도 불구하고 자신감과 긍정적 자아개념을 상실하고 나아가 고립과 학교 부적응 행동을 유발할 수 있다는 점에서 아동의 성장발달에 매우 중요한 특성이 될 수 있다.

② 우울·불안의 개념 및 특성

우울과 불안은 대부분의 사람들이 경험하는 보편적인 정서이며 정상적인 감정적 반응이지만 상황에 부적절하게 유발되거나 그 강도, 지속기간에 있어서 순기능적인 수준을 넘어 과도한 양상을 나타내게 되면 부적응적인 증상으로 간주된다. 실제로 우울과 불안은 많은 정신과 질환과 정신 병리의 핵심을 이루는 요소라고 볼 수 있다. 즉, 우울과 불안은 주된 정서 반응뿐만 아니라 이러한 정서와 관련된 인지적 · 동기적 · 행동적 · 생리적 역기능 상태를 포함한다.

DSM-IV(이근후 외 역, 1995)에서는 아동의 우울에 대해서 '두드러진 특징적 증상이 연령에 따라 다를 수 있으나 주요 우울 에피소드의 핵심 증상이 아동과 청소년 모두 같다'라고 서술되고 있다. 아동들에게서 일반적으로 나타나는 우울의 특성은 과민성과 사회적 위축 그리고 신체적 호소 등이나, 아동들도 우울한 기분의 핵심적 증상과 일상의 활동에서 기쁨이나 흥미를 잃게 되는 것을 경험할 수 있다고 한다. 또한 아동들에게 나타나는 증상으로는 체중감소나 체중증가 · 불면증 · 과다수면 · 에너지 손실 · 정신운동의 흥분 · 집중의 어려움 등이 있을 수 있다. DSM-IV에서는 아동의 우울증을 반복된 격리불안의 경험과 연합된 것으로 불행한 기분 · 흥미의 상실 · 식사와 수면 등의 신체 활동의 변화 · 피로 · 무가치함 · 집중곤란 · 자살에 대한 생각을 포함한다고 밝히고 있다. 아동이기에 나타나는 우울증은 성인의 우울증에 비해 그 진단이 애매하고, 정의하는데 어려움이 있어서 DSM-IV에서는 아동이기 우울증이라는 별도의 진단을 제시하지 않고 성인에게 사용되었던 기준을 사용하고 있다.

우울에 관한 종래의 연구들을 살펴보자면, Anthony와 Scott(1960)는 아동기 우울증은 생각보다 빈번하며 지속적인 슬픈 감정 · 사회적 위축 · 무기력 · 희망상실 · 심리운동 협응 손상 · 학업 및 사회적 실패감 · 초조감 · 불면증 · 식욕감퇴 · 자살에 대한 생각 등을 갖는다고 하였다.

Malmquist(1975)는 우울한 아동이 신체증상 · 짜증 · 무단결석 · 등교거부 · 학습 부진 · 과잉활동 · 공격적 행동 등의 증상을 보인다고 주장하면서 이를 '가려진 증상' 혹은 '가면 우울증'이라고 명명하였다.

김은정과 오경자(1992)는 발달단계에 따른 우울증상을 살펴보았는데 아동기에는 우울증상이 울음 · 반항 · 철회 등으로 나타날 수 있다고 하였다. 아동 전기에는 슬픔이나 무기력과 같은 정서적 우울감을 경험하고 이를 언어적으로 표현하기도 하며, 아동후기에는 점차 청소년기와 성인기에서 나타나는 죄책감 · 자기비하 · 자아존중감의 저하 등으로 나타나기 시작한다고 언급하였다.

권석만(2004)에 따르면, 우울의 주요 증상으로는 슬픔 · 공허감 · 절망감 · 죄책감 · 무기력감 등의 정서적 증상과 더불어 일상생활에 대한 흥미감소 · 의욕저하 · 성욕 및 식욕 감퇴 등의 동기적 증상이 있다고 하였다. 또한 인지적 면에서는 주의 집중의 곤란 · 기억력 사고력 판단력의 저하 · 과제수행능력의 저하 등의 증상이 나타난다고 하였다. 행동적인 면에서는 사회생활 및 대인관계의 위축과 곤란 · 지연행동 · 우유부단한 행동 등을 보이며, 생리적 또는 신체적 측면에서는 피곤함 · 활력감소 · 소화 불량 · 두통 · 불면 등의 증상을 보인다고 한다. 아울러 부적응적 증상으로서의 불안은 일반적으로 위험한 일이 벌어질 것 같은 불안감 · 긴장감 · 초조감 · 공포감 등의 정서적 경험과 더불어 심장의 빠른 박동 · 땀 흘림 · 호흡곤란 · 소화불량 · 현기증 등과 같은 여러 가지 신체적 증상을 수반한다고 언급하였다.

한편, 정신병리의 측면에서 접근한 Freud(1926)에 의하면, 불안이란 외부 세계 또는 억압된 내적 욕구로부터의 위협에 대한 위험신호라고 하였다. 즉 불안에 대하여 외부세계에 대한 반응을 '객관적 불안', 혹은 '공포'라 하고, 내적 욕구에 대한 반응을 '신경증적 불안'이라고 하였다. 이러한 불안은 매우 복잡하고 다면적인 개념으로서 인간의 정서와 깊은 관련을 맺고 있는데(주점숙, 2004), 불안은 주로 사회적 요인의 영향을 받으며 사회적인 관계 속에서 발생하므로 아동의 대인관계 행동과 심리적 기능을 이해하는 중요한 요인으로 인식될 수 있다(서경희 · 변찬석, 1999). Kovacs(1990)는 주요 우울장애와 불안장애를 가진 모든 아동 중 약2/3는 불안이 우울을 선행한다고 보고하였다.

또한, 대인관계에서의 불안은 열등감 · 자기 몰입 · 자기통제력 부족 등으로 인해 타인의 관심을 의식하고, 타인의 시선을 받는 상황을 회피하게 되며 이런 불안감으로 인해 신체적으로 이상한 증세를 나타내기도 한다. 이러한 상황이 불안하기 때문에 회피하고, 고립되며 결과적으로 외로움 · 활력저하 · 우울 등과 같은 정서적 문제가 동반되기도 한다(권영희, 1995).

이처럼 인간은 불안해지면 교감신경계의 활동증가로 땀이 나고 심장박동이 빨라지며 숨이 차는 등의 신체 생리적 증상이 나타나며 더불어 근심 · 걱정 · 두려움이 수반되며, 심한 경우에는 자신으로부터 멀어질 수 있고 심지어는 죽음이나 정신이상에 대한 공포를 느끼게 할 수도 있다 (Bourne, 1990).

결국, 우울 · 불안한 아동들은 문제 상황이 발생했을 때 능동적으로 해결책을 찾기보다는 습관적인 무력감에 빠져 부정적이고 희망이 없으며, 패배감에 사로잡혀 우울한 감정들을 강화시켜가는 특성이 있다. 이와 같은 아동들은 정서적으로 지나치게 걱정이 많거나 생활에 흥미가 결여되어 활동수준이 저하된 경우가 많으며, 외롭다고 불평을 자주 하고 잘 울고 두려워하는 등 작은 일에도 지나치게 걱정을 많이 한다. 이러한 문제행동은 낮은 자아개념으로 지나치게 소심하거나 겁이 많고 또래관계에서도 소외되는 등의 부적응문제를 가중시킬 수 있다.

(5) 기능적 조음음운장애(Functional Articulation And Phonological Disorder)

언어장애를 가지게 되면, 타인과 의사소통을 하고자 할 때 많은 어려움이 따르게 된다. 특히 인간의 말 산출과정에서 매우 중요한 운동 기능상의 문제인 조음운동은 정상아동에 있어서도 영아기 때부터 수년에 걸쳐 계속되고 숨을 마시기 · 내쉬기 · 코풀기 등과 같은 호흡조절부터 입술 · 턱 · 연구개(軟口蓋) 등의 조음(調音)기관의 운동기관을 기반으로 해서 습득되어 간다. 그러나 이러한 조음기관(Articulator Organs)에 문제가 발생하거나 조음기관의 운동기능상의 문제가 발생하게 되었을 경우 조음발달에 지체가 생기게 된다. 또한 이로 인하여 발음이 부정확한 조음음운장애를 가지게 되었을 경우에도 조음(調音)과 음운변동(Phonological processes)에서 일어나는 오류율의 정도가 크면 클수록 예외 없이 타인과의 의사소통에서 큰 장애를 겪게 된다. 우리가 의사소통을 위하여 필요한 말을 하는 조음과정에 있어서 가장 기본적인 단위는 음소(Phoneme)이다. 음소란 특정 언어 내에서 낱말을 구성하는 가장 작은 소리의 단위라고 할 수 있다. 음소는 크게 모음과 자음으로 구분할 수 있다. 생리적인 측면에서 살펴보면, 모음은 자음에 비하여 구강(口腔)과 인두(咽頭)의 공간을 제한하는 정도가 비교적 작다. 모음과 자음은 음향학적으로도 차이가 나타나는데, 일반적으로 조음위치, 조음방법, 그리고 기식성(氣息性) 및 긴장도에 의해서 분류되며, 모음은 혀의 위치와 입술모양에 의해서 분류된다(김영태, 신문자, 2004). 이러한 음소를 발음하는데 제약하는 문제가 발생하게 되면, 발음이 부정확한 조음음운장애를 가지게 되고 조음(調音)과 음운변동(Phonological processes)에서 일어나는 오류율의 정도가 크면 클수록 문제는 심각해진다.

이와 같은 조음음운장애(Articulation And Phonological Disorder)는 포괄적인 언어장애의 문제 중에서 음성학적 장애의 범주에 속한다. 음성학적 장애(Phonological Disorder)는 종전에는 발달성 구음장애(Developmental Articulation Disorder)라 칭하였다.

DSM-IV에서는 음성학적 장애에 대한 진단적 특징을 다음과 같이 기술하고 있다. 음성학적 장애는 언어음을 올바르게 생각해 내지 못하는 음성 생성 (즉, 구음)장애와 언어음의 언어적 범주화 장애를(예: 의미상 차이를 나타내는 음을 분류하기 어려움) 수반하는 인지적 수준의 음성학적 문제를 포함한다. 전통적으로 음의 생략(Omission)이 음의 대치(Substitution)보다 더 심하고, 언어 대치는 음의 왜곡(Distortion)보다 더 심하다. 가장 흔히 잘못 발음하는 구음(l, r, s, z, th, ch)은 발달 과정에서 후기에 습득되는 것이지만, 아주 심한 경우는 보다 일찍 발달되는 자음과 모음의 발음도 안 된다. 혀짧은 소리 즉, 치찰음(齒擦音)의 구음 착오가

특히 많으며, 또한 음절과 단어 내에서 음의 선택과 순서에 잘못이 나타날 수 있다. 유병률은 가벼운 정도의 가벼운 정도의 음성학적 장애의 유병률이 더 높지만, 6-7세 소아의 약 2-3%는 중간 정도에서 심한 정도의 장애를 나타낸다. 또한 심한 정도의 음성학적 장애가 있는 경우, 소아의 말을 심지어 가족까지도 이해하지 못하며, 덜 심할 경우는 유치원이나 초등학교에 들어가기 전까지 장애가 있는 줄 모르고 지낼 수 있어서 가족 이외의 사람들은 발견하기 어렵다. 이 장애의 경과는 동반되는 원인과 심각도에 따라 다양하다(이근후 외 역, 1995).

이처럼 조음장애란 한 나라에서 말에 사용되는 자음이나 모음 등 말소리를 잘못 발음하는 것을 말한다. 말에 사용되는 자음이나 모음을 잘못 발음하여서 의사소통에 어려움이 있는 경우 아동들은 언어발달 과정에서 대부분 발음문제를 나타낸다. 학령 전 아동에게 발음 이상이 나타나는 원인으로는 언어발달의 지체, 청각장애, 발음기관의 기능이상, 정신지체, 뇌성마비, 적절한 발음습관을 가질 수 있는 모델이 없는 경우 등이다. 이와 같은 장애로 언어발달이 전반적으로 지체되어 있는 경우에는 발음훈련만을 집중적으로 하기보다는 언어발달이 지체된 원인을 진단하고 언어발달을 중심으로 하는 교육이 우선 이루어져야 한다. 또한 발음이상에 관한 기초적인 훈련으로는 바른 음과 잘못된 음을 듣고 분별할 수 있도록 듣기훈련을 시킨다. 그리고 특정한 음을 바르게 발음하도록 하는 것은 단시간에 가능하나 일상생활에서까지 일반화하여 정확하게 발음하도록 하기까지는 장기간이 필요하다(서울장애인종합복지관, 1995).

이와 같이 말 산출에 있어서 매우 중요한 문제인 조음음운장애의 문제를 해결하기 위한 최근 몇몇 선행 연구들을 살펴보면 다음과 같다.

김문정 · 석동일(2008)은 『청지각 기반 음운인식 훈련 프로그램이 조음장애 아동의 음운인식 및 조음음운능력에 미치는 효과』 연구에서 조음음운장애아동들의 특성에 대한 선행연구의 내용을 다음과 같이 정리하고 있다.

조음음운장애 아동들은 하나하나의 소리를 따라서 말하라고 하면 잘 하는데 음절길이가 증가하면 수행이 저하되는 것은 머리에 소리에 대한 인식인 '음운인식'이 부족하기 때문이며, 조음음운장애를 가진 대다수의 아동들은 이들이 잘못 발음하는 음소들을 잘 인식하지 못한다. 또한 취학 전 조음음운장애를 보였던 아동들의 77%가 학교에 입학 후 초기에 읽기에 어려움을 가지며(Bird, J., Bishop, D. V. M., & Freeman, N. H., 1995) 취학 전에 조음음운장애를 가진 아동들의 60%이상의 읽기능력 평가에서 평균 이하보다 1 표준편차 더 낮은 점수를 나타냈다(Larrivee, L. S., & Gatts, H. W., 1999). 그리고 취학 전 아동들이 음운인식 치료를 받았을 때 더 효과가 있고 음운인식 훈련에 대한 이득은 정상발달 아동들의 수준에까지 이루어 질 수 있다(Ehri, L., C., Nunes, S. R., Willows, D., Schsuter, B., Taghoub-Zadeh, Z.,& Shanahan, T., 2001). 이는 학령기가 되고, 읽기장애로 진단되면 훈련에서 이득을 얻기가 더 어려워지게 된다는 것이다. 이처럼 조음음운장애 아동들은 음운인식능력의 지연과 함께 학령기가 되어서는 읽기 어려움의 위험군에 속하게 되므로, 학교에 들어가기 전에 음운인식 치료를 받는 것이 효과적이라는 결론을 내릴 수 있다(Routh, P., Troia, A, Worthington. K, & Dianne Handy. 2006).

따라서 이와 같은 조음음운장애 아동의 조음음운장애 치료문제는 학령기가 되기 이전에 치료를 서둘러 수행하여야 한다.

제 2 장

정서행동문제 치료의 이론적 · 기법적 접근

정서행동문제에 관한 심리치료에서 기법적 방법으로는 음악치료, 미술치료, 놀이치료, 모래놀이치료, 독서치료, 시치료, 원예치료, 향기치료, 동작치료, 무용치료, 최면치료, 상담치료, 표현예술치료, 웃음치료, 게임놀이치료, 통합치료 등 다양한 방법들이 적용되고 있다. 또한 이론적 방법으로는 정신분석치료, 정신역동치료, 분석심리치료, 심층심리치료, 대상관계치료, 인본주의치료, 아동중심치료, 인지치료, 행동치료, 인지행동치료, 게슈탈트치료, 부모치료, 가족치료, 생태학적 치료, 발달놀이치료, NLP(신경언어프로그래밍), 현실치료, 회기제한치료 등 다양한 방법들이 적용되고 있다.

이러한 가운데 최근의 심리치료에서의 동향은 통합치료에 관심이 대두되고 있다. 즉, 한 가지 치료영역에서 이론적 통합을 이루어 적용하는 이론 통합적 방법이나 다양한 치료기법을 통합하여 적용하는 기법 통합적 방법들이 활발히 논의되고 적용되어지고 있는 실정이다.

이 책에서는 이와 같이 다양한 차료방법들 중, 이론적 통합과 기법적 통합을 동시에 다차원적으로 적용하는 종합적인 통합적 치료방법을 선택하였다.

1. 정서행동문제 치료를 위한 이론적 접근

치료(Therapy)라는 용어를 정신적 · 심리적 · 행동적 장애를 치료한다는 의미로 사용할 때 그것은 곧 심리치료라는 용어로 대변하여 사용할 수 있으며, 현대의 대체의학으로 널리 확대되고 있는 다양한 매체와 예술기법을 적용한 현대의 심리치료적 접근이 모두 심리치료에 포함된다고 할 수 있다. 심리치료적 접근으로서 가장 널리 보편적으로 활용되고 있는 음악 · 미술 · 놀이 · 모래놀이 등은 치료의 입장에서 볼 때 어떤 문화권에서도 폭넓게 사용할 수 있다는 장점이 있다. 이러한 음악 · 미술 · 놀이 · 모래놀이 등에서는 언어적 · 비언어적 의사소통도 모두 할 수 있다는 장점이 있으므로 말을 할 수 있는 사람이나 할 수 없는 사람, 아동나 청소년 등 모두에게 적용될 수 있다. 또는 언어장애가 있거나 말하기 싫어서 말하기를 꺼려 하는 경우에는 음악 · 미술 · 놀이 · 모래놀이 등의 매체특성을 통해 내담자들에게 거부감이나 저항감을 주지 않도록 하면서 치료적 접근을 할 수 있어 더욱 효과적이라 할 수 있겠다. 동시에 이러한 예술적 놀이 활동은 인간의 마음과 신체에 정서적이고 감동을 주는 힘이 있음으로 인간의 유기체를 자극한다고 볼 수 있다. 이처럼 예술치료는 종래의 많은 연구에 증명하였듯이 치료사와 함께하는 안정되고 보호된 공간 안에서 예술적인 창작활동이라는 작업 활동 과정을 통하여 내담자의 문제되는 증상을 제거 또는 경감되도록 유도하며, 심리적 안정과 자아실현을 돕는다.

김설화(2003)는 예술을 적용한 치료는 이러한 과정 속에서 내담자는 자신의 무의식을 탐색하고 무의식 속에 내재되어 있는 내면세계를 표출하고 갈등요소를 분출하면서 자기치유능력을 발휘하게 되고 정화(catharsis)시키며 마음의 안정을 찾아가게 된다고 하였다.

Jung(1969)5)에 의하면 인간의 무의식에서의 감정덩어리인 콤플렉스(Complex)는 원형에게 표현 형태를 제공하며, 콤플렉스는 내적 대상의 외부투사나 꿈 또는 환상에 나타난 원형적 이미지를 통해서 의식화 된다고 한다. Jung은 콤플렉스란 '감정적으로 강조된 심리적 내용' 또는 '그 내용을 중심으로 한 심적 요소의 어떤 일정한 군집(群集)'을 말한다고 정의하였다. 콤플렉스는 하나의 핵(核)요소를 중심으로 형성되는데 이 핵요소는

5) 융(Jung, C. G)은 독자적인 정신역동적 이론으로 분석심리학을 제안하였다. Freud의 성욕설과 기계론적 인간관을 비판하면서 무의식을 개인적 무의식과 집단적 무의식으로 나누고 집단적 무의식에는 보편적이고 선험적인 내용으로 구성된 여러 가지 원형(archetype)이 있다고 주장하였다.

강한 정감(情感)을 가지고 있는 것이 특징이며, 이 정감은 핵요소가 무의식 속에 있어 자아가 그것을 인식할 수 없으면 그 정감의 정도는 주관적으로 파악되지 않는다. 이것은 특수한 심리학적인 방법으로 파악되는 수밖에 없다고 하였다. 따라서 능동적 심상화는 콤플렉스가 가진 강한 정동(情動)을 심상화 하도록 유도하여, 마침내 무의식의 활동이 의식에 편승되도록 하여 통합을 목적으로 하는 것이다(고정연, 2009). 능동적 심상(active imagination)은 융의 핵심 이론으로 자신의 내면에 흐르는 이미지의 변화를 관찰하는 내성법이다. 이것은 인간의 내면에 생겨난 병리적인 현상 뒤에 정상적인 마음의 표현 가능성이 숨어 있다는 사실에 주의를 기울이는 것이다. 또한 인간의 무의식에 내재된 이미지나 콤플렉스 내용이 아직 의식화 되지 않았거나 정의되지 않았을 때 그 내용을 떠오르게 하는 작업인 것이다.

이와 같은 능동적 심상은 프로이트가 정신분석6)의 도구로 중요하게 사용했던 자유연상(free association)7)과는 다르다. 자유연상은 편안한 분위기에서 자유롭게 상상함으로써 마음에 떠오르는 상들이 현실적 경험이나 외상과 관련이 있는가를 조사하는 작업이다. 그러나 능동적 심상은 무제한적인 연쇄고리를 허용하지 않으며, 구체적인 이미지나 경험에 주목하면서 그와 관련된 상들을 떠올림으로써 심리적 문제에 보다 가깝게

6) 정신분석(Psychoanalysis)은 Freud에 의해 발전된 심리치료의 한 방법으로, 무의식적인 동기와 갈등을 파헤쳐 인간행동의 근원을 찾으려는 심리학의 역동적인 체계이다. 치료로서의 정신분석은 환자가 현재의 정서 및 행동의 근원을 인식하도록 억압을 제거하고 무의식적 동기를 의식화시키는 전문적인 작업이다. 자유연상과 꿈의 분석, 전이분석, 저항분석을 활용하여 이전에 억압되었던 무의식적 요소들이 전체 인격구조 속으로 통합되도록 한다.

7) 자유연상(free association)은 정신분석에서 사용하는 기법으로 내담자가 편안하게 누운 상태에서 아무런 억제나 논리적 판단 없이 마음속에 떠오르는 생각을 그대로 솔직하게 이야기하는 방법이다. 이는 의식적 억제를 최소화한 상태에서 무의식적 내용이 부상할 수 있다는 점을 이용한 방법이다.

다가가는 것이다. 인간의 상상 행위인 환상(fantasy)은 정신에너지의 자연스러운 흐름이라 할 수 있고, 능동적 심상은 자아의 창조적인 참여를 통하여 무의식의 내용이 의식 상태로 드러나게 하는 작업인 것이다. 이처럼 능동적 심상은 내적 이미지를 의식으로 전달하는 방식이며 무의식과의 대화라 할 수 있겠다. 융은 무의식이 이끄는 대로 그림을 그리는 권하였다. 왜냐하면 이렇게 함으로써 자신의 상징들을 자유롭게 나타낼 수 있어, 무의식의 내용을 의식화하고 여러 혼란을 심리적으로 치유하게 되어 내적조화(內的 調和)를 얻게 됨으로써 자기실현(自己實現)을 가능하게 해주는 것으로 보았기 때문이다.

Jung은 무의식 속에 감정적으로 강조된 심리적 내용인 콤플렉스의 핵요소인 강한 정감(情感)이 주관적으로는 파악될 수 없고, 강한 내적 폐쇄성을 갖추고 있어서 의식적 성향(性向)에 거의 지배받지 않는 것이어서, 자아가 그것을 인식할 수 없으면 그 정감의 정도는 주관적으로 파악되지 않고, 특수한 심리학적인 방법으로 파악되는 수밖에 없다고 하였다. 그렇다면 꿈이나 환상 또는 강박관념을 그림이나 모래상자 꾸미기, 음악적 심상 활동으로 표현하기 시작하면 무의식은 의식의 간섭이 없는 한 자율적인 기능을 발휘하여 무의식의 심상을 보내어 일련의 과정을 형상(形象) 속에 현시하게 되도록 도울 것이라 기대할 수 있을 것이다. 무의식에 대한 자아의 적절한 관심만이 의식과 무의식을 통합하는 초월적인 기능을 촉진시켜 여러 가지 복잡다단한 혼란을 심리적으로 치유하게 되어, 내적조화를 얻어 자아를 통합하게 되고 자아실현을 가능하게 해 줄 것이다. 이러한 능동적 심상에 의한 예술 표현 즉, 능동적 심상이 중심이 되는 모래놀이치료, 미술치료, 음악치료 등의 예술치료는 치료 장면에서 뿐만 아니라 삶의 과정에서 발생하게 되는 인간의 내적 외적 상처를 극복하고 정신건강을 회복하는 측면에서 매우 유용한 활동이 될 수 있을 것이라는 견해에 의견을 같이한다.

2. 정서행동문제 치료를 위한 기법적 접근

1) 모래놀이치료(Sandplay Therapy)

모래상자 놀이치료는 1929년 영국의 소아과 의사인 로웬펠드(M. Lowenfeld)에 의하여 고안된 아동심리치료 기법이다. 스위스의 융 분석가인 칼프(D. Kalff)가 융(Jung, C. G)의 심층 심리학 이론과 분석 심리학의 이론을 결합시켜 수정 보완하여 치료에 중점을 둔 오늘날의 모래놀이 치료기법을 확립시켰다(김보애, 2003). 즉, 오늘날의 모래놀이치료는 M. Lowenfeld의 세계기법(The World Technique)에 바탕을 두고 여기에 융의 이론을 결합시켜 발달시킨 것으로, 칼프(D. Kalff)의 창조적 재능에 의하여 발달 되었다고 볼 수 있다.

로웬펠드는 인간관계의 결손이 주요 문제인 아동이, 자신의 생각을 충분히 표현하기 위해서는 '시각뿐만 아니라 촉감과 같은 감각의 요소'도 포함해야 한다고 보고, 언어를 대신해 조그마한 물체를 가지고 할 수 있는 놀이를 생각했다. 심리분석의 대상으로 해석되어온 종래의 장난감과 달리 아동의 정서와 정신 상태를 직접 표출할 수 있는 도구를 만들고자 한 것이다(노치현, 황영희, 1998). 칼프(D. Kalff)는 로웬펠드에게 세계기법(The World Technique)을 배운 뒤 Jung의 개성화 과정(個性化過程) 이론을 모래놀이치료에 접목하였다. 융(Jung, C. G)은 성격(性格)을 자아, 개인 무의식, 집단 무의식으로 나누고 각각 그 체계가 다름에도 불구하고 서로 영향을 받는다고 보았다. 동시에 인간의 마음에서 의식(意識)과 무의식(無意識)을 포함한 마음의 전체성(全體性)에 주목하였고 마음의 전체성 중심에는 자기(self)라는 존재가 있음을 가정하였다. 자기(self)는 인간 의식의 중심으로서 자아(ego)를 넘어선 존재이며 자아가 발달하기 위한 모태이다. 이러한 자기(self)에 도달하는 과정을 융은 개성화 과정(個性

化過程)이라 설명하였다. 개성화 과정이 제대로 이루어지기 위해서는 무의식 층에 억눌려져 그림자로 남아있는 부분이나 아니마(Anima, Seele, 心靈), 아니무스(Animus, Geist, 心魂), 여러 가지 원형(Archetype)과 같은 무의식적 요소가 의식으로 통합되는 것이 중요하다고 강조하였다(이부영, 2005). 칼프(D. Kalff)는 인간의 무의식 층의 부정적인 아니마와 아니무스가 긍정적인 것으로 전환되어, 자신 안의 아니마와 아니무스가 통합을 이루어 무의식이 의식화되어 갈 수 있도록 안내자의 역할을 수행할 때, 그는 온전한 인간으로 본래의 자기 모습을 있는 그대로 실현해 갈 수 있다는 융(Jung, C. G)의 개성화 과정을 모래놀이 치료의 토대로 삼았다. 칼프(D. Kalff)는 융(Jung, C. G)의 개성화 과정을 '자아통합'이라 하였다. Jung의 자아와 그림자에 대한 설명은[그림 2]와 같고, 마음의 구조에 대한 설명은[그림 3]과 같으며, 자기실현의 과정에 대한 설명은 [그림 4]와 같다.

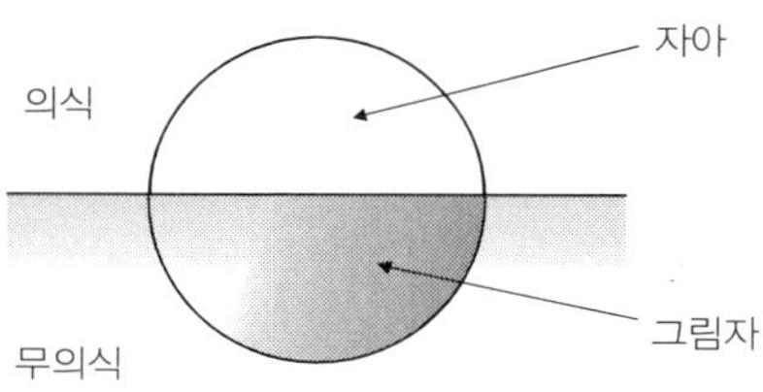

[그림 2] Jung, C. G의 자아와 그림자 (이부영, 1978: 72)

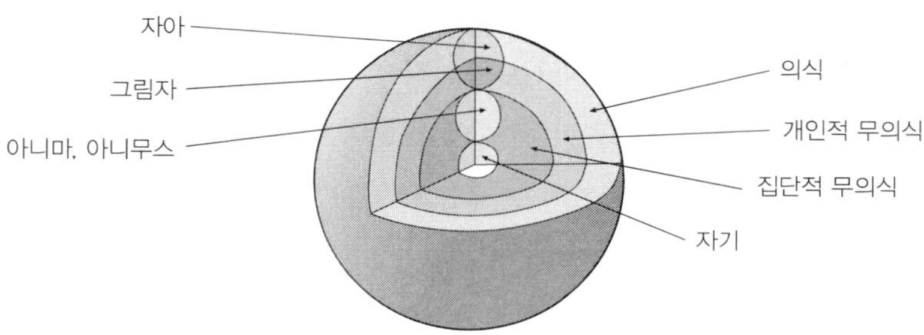

[그림 3] Jung, C. G의 마음의 구조 (이부영, 1978: 59)

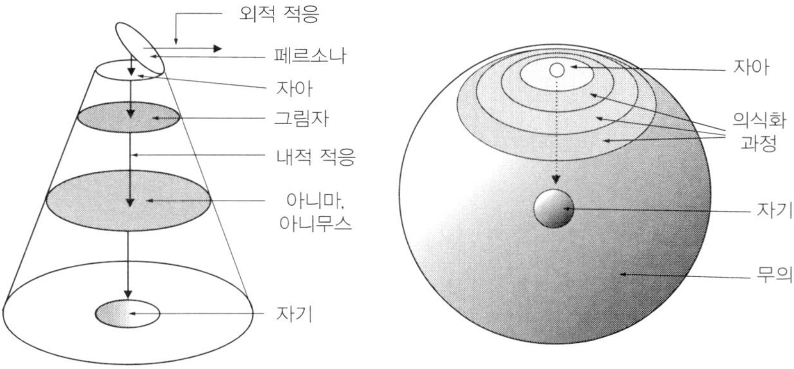

[그림 4] Jung, C. G의 자기실현의 과정 (이부영, 1978: 123)

또한 노이만(E. Neumann)의 모자일체성의 이론을 모래상자에 도입하면서 치료자와 내담자와의 관계를 주목하였다. 노이만에 의하면 아동은 출생 후 1년 동안은 엄마의 보살핌 속에서 동화되는 모자일체성의 시기를 보낸다. 1년 후 전체성의 중심인 자기는 엄마로부터 떨어져 나가며 두 살과 세 살 초에 이 중심은 아이의 무의식에서 자기(self)로 확고해 진다고 하였다(kalff, 1966). 즉 모래놀이치료 과정 동안 치료자와 내담자는 어머니와 아동이 일체를 이루는 것과 같은 관계가 이루어질 때 비로소 치료가 이루어진다고 보았다.

칼프(Kalff, D. M, 1966)는 모래놀이치료에서 내담자에 따라 각자 차이는 있으나 대체적으로 다음의 3단계를 거쳐 놀이가 진행된다고 보았다(김보애, 1994; 河合 · 심재경, 1994; 염숙경, 1991). 1단계는 동물 · 식물의 단계, 2단계는 투쟁의 단계, 3단계는 집단에의 적응단계라 하였다.

1단계인 동 · 식물의 단계는, 혼돈의 단계로 대개 첫 작품이나 초기의 작품에 나타난다고 한다(이숙 · 최정미 · 김수미, 2002). 대체로 1단계에서는 분화되지 않은 혼란스런 자아의 모든 측면을 한꺼번에 나타내는 매우 복잡한 작품이거나, 반대로 황폐한 느낌을 주는 건조하고 생명력이 없는 장면을 드러낸다고 한다.

2단계인 투쟁의 단계는, 대립 · 투쟁의 형태로 전쟁 장면이나 파괴적인 장면들이 많이 나타난다고 한다. 즉, 폭발하거나 총에 맞는 장면들아 나오고, 치료의 중반기로 갈수록 전투가 치열하고 조직화되나 단순한 파괴가 아니라 균형이 있는 투쟁이 나타난다고 한다. 또한 영웅이 등장하여 힘을 행사하는 것으로 남아들은 강한 자아를 재확립하기 위해 노력하며 투쟁이 외적으로 발산되는 형태가 나타난다고 한다. 따라서 총소리나 폭발하는 소리를 내기도 하고 파괴적인 놀이를 첨가시키기도 하며, 시간이 지나면서 건설적으로 발산하는 것을 볼 수 있다고 한다. 반면, 여아들은 파괴적인 장면을 꾸미는 경우는 드물고 투쟁을 내재화하는 경향이 있어서 소품들을 이용하여 공상을 그들의 본능과 연결하여 표현하며, 자기와 동일시되는 인형을 가두는 등의 행동을 나타내기도 한다고 한다.

3단계인 적응의 단계는, 새로운 것과 낡은 것의 싸움, 새로운 성장을 위한 진통 등을 겪는 단계이고 자아의 균열이 회복되는 때라고 한다. 이 시기는 자아를 수용과 새로운 관계의 형성, 새로운 사회성이 회복되어 정상적인 일상사의 반영을 보여준다고 한다. 남아들은 건설 또는 공사 현장이나 트럭, 자동차 등 움직임이 많은 작품을 꾸미기 시작하며, 질서가 회복되어 자연과 사람 사이의 균형이 생기도록 한다고 한다. 또한 동물들은 적절한 곳에서 살게 되고 마을과 도시가 균형을 이루며, 길이 균형있게 생기고 추수하는 작품들이 나타나기도 한다는 것이다. 여아들은 사람과 지역사회를 적절히 연결하고 자궁이나 젖가슴 등의 상징을 보여준다고 한다. 창의적인 장면들을 만들며 독립되고 완전한 한 개인처럼 느끼기 시작하여 말기에는 상징적으로 완전함과 전체감의 표현인 원, 네모 등의 이미지(만다라)가 나타나며, 이것은 모래놀이 치료를 통한 본능적인 힘의 통합을 의미하는 것이라고 한다(Kalff, 1989; 박지연, 2008).

모래놀이치료의 의의는 모래놀이가 심층수준에서의 퇴행을 격려하고, 언어 이전 단계의 정서적이고 비합리적인 과정 안에서, 자유롭고 안정된 공간에서 이루어지는 상징적이고 적극적이며 환상적인 작업이라는 점이다. 이는 어머니와의 결속 과정인 동시에 심리적 이유과정이며, 제한된 공간에서 이루어지는 자율적이고 창조적이며 치료적인 행위라고 할 수 있다(이숙 · 최정미 · 김수미, 2002). 이와 같은 모래놀이는 언어에 의존하지 않고 내담자의 욕구나 바램을 표현할 수 있는 장을 제공해주는 특성이 있어서 언어 능력이 빈약하거나 내담자의 문제가 복잡하여 언어화하기 곤란한 대상의 치료에도 효과적이다. 모래놀이치료는 모래상자라는 보호된 공간 안에서 치료자와 내담자가 신뢰로운 동맹을 맺고 내담자의 무의식에 잠재하고 있는 것을 놀이 상징으로 표현된 심상(心像, Seelenbild)을 통하여, 치료자와 내담자가 온전히 일치되는 경험을 갖게 한다. 즉 내담자가 자기치유(self-healing)에 의하여 스스로 성장하고 발달하며 변화하여 자기성찰과 자아통합의 과정을 이끌어 내는 심리치료이다(김보애, 2004). 모래놀이치료 안에서 상담자는 내담자가 언어로 표현하지 못하는 내적갈등과 고통을 엿볼 수 있으며, 내담자는 의미 있는 자아표현과 자아탐색이 가능하다.

한편, 이경하(2007)는 Bulher(1952)의 World-Test의 분석지표와 Earica Method의 형식적, 내용적 측면을 근간으로 하여 피규어, 공간 배치, 전체 구성, 꾸미는 태도 등의 형식적 측면의 표준화 작업을 거듭했던 선행연구의 결과를 취합하여 다음과 같이 제시하였다.

첫째, 모래는 사람과 우주를 연결하는 높은 상징물이며 특히 모래는 신체를 구성하는 것으로 지구를 상징한다. 따라서 모래상자는 유기체가 경험한 세상을 담고 있는 작은 세계이며 내담자가 자신의 경험이나 자신에게 일어난 사건을 토로할 수 있는 장으로 가능하다(이경하, 2007).

둘째, 소품(Figure)은 유기체 즉 모래상자를 제작하는 내담자의 의식적 · 무의식적 언어에 대한 상징으로 선택된다. 그러므로 선택된 소품은 내담자의 개인적이고 선택적 · 문화적 · 영적 · 신체적인 모든 영역에서 나타내는 지금 현재의 최고의 심리적 표상으로 볼 수 있다. 즉 내담자는 지금 현재의 자신을 표현할 수 있는 최선의 소품을 심리적 추이에 따라 선택할 것이다. 내담자가 요구하는 소품이 부족할 때에는 대체물을 제공하여 상징화시킬 수도 있다. 범주별 Figure의 종류와 상징적 의미는〈표 1〉과 같다(이경하, 2007).

〈표 1〉 범주별 Figure의 종류와 상징적 의미

Figure	상징 의미
사람	• 내담자 삶의 실제적인 개인성 또는 내담자의 개성화의 원형이며 현실적 개연 인물을 표현한다. • 다양한 인종, 성별, 문화, 연령을 포함하는 다양한 크기가 권장되며, 일반 성인 남녀, 아이, 가족, 다양한 직업군, 환상이나 신화 속의 인물, 유명 캐릭터, 전쟁 장면의 군사나 노예 등이 포함된다.
동물	• 본능의 상징으로 사용되거나 의인화되어 사용되며 욕구와 힘의 상징으로 볼 수 있다. • 무리·가족·쌍 별로 다양한 종이 권고되며 야생동물 및 생물, 가축, 신화/환상적 동물 등이, 다 자란 것, 어린 것, 죽은 것, 어미와 새끼 등의 종류별로 제공되는 것이 좋다. • 일반적으로 강한 동물은 힘이나 공격성을, 약한 동물은 상처받기 쉬운 담자의 측면을 나타낸다고 해석된다.
식물	• 탄생, 삶의 힘, 부활 등 삶의 주기의 상징으로 해석되며 땅의 풍요, 다산, 대모, 지구의 신 등을 의미한다. • 씨앗은 탄생을, 메마른 가지는 죽음을 상징하며 풍성한 식물이나 초원은 내담자의 안정화를 상징한다. • 나무, 꽃, 풀 등이 포함되며 다양한 재질과 크기종류를 포함한다.
자연	• 무의식의 깊이를 나타내며 산, 숲, 바다, 호수, 강 등을 포함한다.
광물	• 바위, 금속, 보석, 대리석, 돌, 유리 재질 등을 포함하며 안정, 불변, 견고함, 냉담함을 상징한다.

운송 수단	• 내담자의 정신세계의 경험을 은유적 표현으로 상징되며 움직임과 변화를 통한 통제와 해방, 탈출과 힘을 표현한다. • 육상/해상/항공운송수단과 군용기, 전투기, 헬리콥터, 열기구 등이 포함된다.
환경	• 집 : 의식, 무의식적 자기만의 세계를 나타낸다. 내담자의 문화를 나타낼 수 있고 종교, 과거, 현재를 아우를 수 있어야 한다. 원두막, 성, 숲, 동굴, 아파트, 건물 등이 포함된다. • 가구 : 현실적 필요나 소망, 현재 상황을 나타내는 구체성에 요긴하다. 책상, 의자, 침대, 화장실, 목욕통, 변기, 가전제품 등이 포함된다. • 도구 : 일상 속의 생활기구들, 부엌용품, 연장, 농기구 등이 포함된다. • 울타리/벽/문 : 현실적 안전 보호, 분리 등에 대한 욕구나 심리적 경계, 대인관계 특성을 상징한다. • 구조물 : 다리, 터널, 육고 등으로 무의식적 심리적 난관을 나타낸다.
음식물	• 과일, 인스턴트 음식, 마실 것 등 문화, 연령, 인종에 따른 다양한 음식모형이 권고되며 욕구, 결핍을 상징적으로 나타낸다.

셋째, 모래상자의 공간은 내담자의 관심과 심리적 추이를 나타내며 고유의 공간 도식을 가진다.

모래상자의 상징을 해석하기 위해서는 4영역 분할을 기준으로 하여 각 영역에 놓인 상징을 해석한다. Jung의 의미 분석에 근거하고 칼프(Kalff) 등의 초기 모래상자 학자들에 의해 부여된 모래상자의 영역별 의미는 〈표 2〉와 같다(김경희, 2005; 이경하, 2007).

〈표 2〉 모래상자의 영역별 의미

상 : 정신, 미래, 아버지 (부성 – 의식)
하 : 육체, 과거, 어머니 (모성 – 무의식)

좌 : 여성	우 : 남성
무의식 – 내계 (감정적 우울 충동적, 과거지향)	의식 – 외계 (이성적 영역 만족의 추구 행동통제 미래지향)

넷째, 모래상자에 꾸며진 소품(피규어)의 종류와 배치 형태, 꾸며진 위치, 상자를 꾸밀 때의 태도 등은 내담자의 심리적 상태의 외적 표현이며 내적

갈등과 경험의 투영이다. 내담자가 나타내는 모래상자의 구성 양식의 의미는〈표 3〉과 같으며, 모래상자를 제작할 때의 태도의 해석은 〈표 4〉와 같다(이경하, 2007).

다섯째, De Domenico(1991)가 제안했던 모래상자의 실행 상, 형태상의 자유로움에 기대어 기존의 57×72×9cm 크기의 모래상자를 전체크기와 깊이를 비례에 맞추어 축소하여 변형 제작할 필요성이 제기된다.

〈표 3〉 모래상자의 구성 양식의 의미

표현양식: 범주	상징 의미
혼란: 아무렇게나	• 일관된 줄거리나 주제가 없이 아무렇게나 놓여진 표현양식, 의식과 무의식의 경계가 모호한 혼돈된 세계와 무질서의 외적 표현, 자아 조절의 어려움.
분류: 끼리끼리	• 안정감과 울타리의 제공을 통한 내재된 혼동의 방어, 낮은 발달수준, 타인에 대한 거부감.
병렬: 나열하듯	• 관계성에 따른 나열인가 아닌가가 관건, 불규칙한 나열일 경우 : 낮은 인지수준, 현실지각력의 부족, 내적 갈등에 대한 무기력함, 대처능력의 상실이나 좌절.
빈약: 빈약사용	• 모래상자에 사용된 피규어의 개수가 지나치게 텅 빈 듯한 느낌, 심리적 공허감이나 무력감, 신체적 정신적 에너지 부족.
폐쇄: 포위하듯이	• 자신의 안전감을 지키려는 무의식적 시도, 자신의 불안이나 두려움의 근원에 대한 무의식적 회피, 절제와 보호에 대한 필요, 사회적 상호작용을 피하고자 하는 수동적 방어.
분할: 마주보게	• 내담자의 마음속에 일어나는 무의식적 갈래, 투쟁, 대립의 상징, 상하, 좌우, 대각선 등의 모습이나 표현으로 나타남.
통합: 기타	• 상자 전체를 사용한 안정적 표현양식, 분리된 세계의 연결(다리나 길 등을 통해 표현된)을 통해 전체성에 이르는 이상적 모습.
상자 밖: 기타	• 내적인 문제를 외적으로 표현하는데 따른 두려움과 불안, 저항.

Carey(1999)는 모래놀이치료가 매우 효과적이었다는 연구를 보고하고 있다. 그는 자신의 저서인「Sandplay Therapy with Children and Families」

에서 다양한 심리적 외상 문제를 가지고 있는 아동모래놀이치료 사례들과 가족모래놀이치료 사례들을 소개하면서 그 치료효과를 제시하였다. 즉 교통사고와 부모의 이혼, 친모의 죽음 등으로 인한 상처와 고통을 가진 아동의 사례와 조부모에 의한 성학대로 해리(Dissociative)증상을 보이던 아동의 사례 등에도 긍정적인 치료효과가 있었다고 하였다. 그는 가까운 부모의 죽음이나 이혼 · 성학대 · 교통사고 · 충격적 사건 등처럼 바로 근원적이고 민감한 문제에는 모래놀이와 같이 감각기관에 기반을 둔 치료가 필요하기 때문에 치료효과가 긍정적이었다고 보았다.

이에 최근 우리나라에서도 아동의 문제행동에 모래놀이치료가 어떤 효과를 보이는가를 입증하기 위해 몇몇 연구가 진행되어 왔다.

〈표 4〉 모래상자를 제작할 때의 태도의 해석

표현양식: 범주	상징 의미
모래를 만지는 것을 어려워 함 : 착수 어려움	• 선뜻 만들기 시작을 못하는 경우나 다가가기를 거부하는 경우: 상자 만들기에 대한 의욕부족, 허약한 자아, 모래를 지나치게 오래 만지고 꾸미는 것보다 모래 자체의 감촉에 지나치게 탐닉하는 경우: 감각에 대한 특별한 경험이나 자극 표출 (모래의 율동성, 어루만짐을 통한 성적 만족감)
제작시간이 오래 걸림	• 내용 없이 시간을 끄는 것: 자신 없음 자기표현에 대한 두려움, 맥락의 미분화와 주제의 심화가 나타날 때: 심리적 정서적 안정감 수준 높음.
이것저것 함부로 놓음 과다한 소품 사용 : 여러 번 옮김	• 양상이 적극적인지 소극적인지에 따라 내담자의 에너지 수준을, 주제의 변화에 따른 변동인지 충동적인지에 따라 주의집중력, 우울, 불안, 혼란된 자아, 발달수준의 문제.
소품을 모래 속에 깊이 세움	• 자신의 환경과 자아에 대한 높은 불안, 안정성에 대한 희구, 수동적 공격성.
모래 속에 소품을 파묻음	• 대상에 대한 억압, 거부, 두려움, 우울한 자기 파괴적 충동, 실제 혹은 상상 속의 사람들에 대한 죽음.
모래 표면에 소품 눕혀 놓음	• 대상에 대한 두려움, 불안, 내적에너지의 극심한 부족, 학습된 무기력.

완성품 위에 모래 흩뿌림	• 충동적 공격성, 부정적 자기자극, 자기파괴, 자신 없고 위축됨.

유영의(1994)는 부적응 행동 아동에 대한 모래놀이치료 적용 사례에서 지능과 지각 운동 능력의 수준이 향상 되었고, 자아가 긍정적으로 변하였다고 보고하고 있다. 또한 적응행동검사에서 사회적 적응 요인이 향상되었고, 공격, 반사회적 행동, 반항 등의 경향이 낮아짐을 볼 수 있었다고 보고하고 있다. 채영순(2000)은 반항성 장애, 분리불안장애, 선택적 함묵증 아동에게 모래놀이치료를 실시한 결과, 반항성 장애 아동은 감정을 조절하게 되었고 교사와 부모님께 반항하는 것이 줄었고, 분리불안장애 아동은 어린이집 등원 할 때 엄마와의 분리가 잘 되었으며, 선택적 함묵증(含默症) 아동은 친구들과도 이야기를 하게 되고 발표를 하게 되었다고 보고하고 있다. 석혜선(2005)은 신체학대 받은 아동이 모래놀이치료를 통해 긍정적인 행동변화와 공격적 태도나 경계하려는 태도가 감소하였고, 자아존중감에서의 부분적인 변화를 보여 자신의 모습에 대해 자각하고 수용하게 되었음을 보고 하였다. 이미숙(2005)은 가정환경의 변화로 인하여 정서행동장애 특성을 보이는 아동에게 모래놀이치료를 실시한 결과, 아동의 불안감과 긴장감이 많이 이완되었으며 적극적 의사표현이 늘었고 자기 자신을 긍정적인 이미지 상으로 구축해 나가는 등 많은 향상을 보였다고 보고 하였다.

이 밖에도 장현숙(2007)의 「비사회성 불안정 애착아동의 모래놀이 치료 사례연구」, 박지연, 이숙(2008)의 「우울 · 불안과 위축행동을 보이는 아동에 대한 모래놀이 치료효과」, 심희옥(2008)의 「생모와 이별한 5세 남아의 모래놀이 치료를 통한 의식의 탄생과 분화」, 이정자(2005)의 「모래상자 놀이치료의 부모자녀 의사소통 기능의 고착」, 김혜림 · 김보애(2006)의 「또래

간 성폭력 경험 아동의 모래놀이 치료사례」 등의 연구들이 발표되었다.

위와 같은 연구들은 다양한 심리적 갈등과 증상에 대한 치료의 방법으로써 모래놀이가 매우 유용했음을 제시하고 있다.

2) 미술치료(Art Therapy)

미술치료는 1900년대 초부터 심리치료의 일환으로 널리 적용되고 있는데, 미술치료란 비언어적 수단이라는 미술이라는 매체를 적극적으로 활용하여 내담자의 감정표현과 부정적 정서의 분출을 통하여 내면에서 치유가 일어나도록 하는 심리치료라 할 수 있다. 미술치료의 창시자인 Naumberg는 정신분석적 접근으로 자신이 꿈이나 환상(fantasy)을 그림으로 그리는 작업을 통하여 자유로움을 느끼게 되면서 무의식적 사고와 감정이 그림에 직접적으로 표현되는데, 이러한 표현은 환자가 자신의 내적인 상태를 표현한 '상징적인 말'이 되며, 이러한 과정이 치료적인 요소가 되는 것이라 말한다. 이에 반해 Kramer(1993)는 미술은 인간 경험과 동일한 것을 창조함으로써 인간경험의 영역을 확장시키는 수단이며 이런 미술 창작과정 자체가 자기표현과 승화작용을 함으로써 치료적인 효과를 지닌다고 말하고 있다. 이후 Ulman이 Naumberg, Kramer의 접근을 통합적으로 바라보며 1961년 「Bulletin of Art therapy」의 창간호에 처음으로 미술치료라는 용어를 사용하게 되었다 (문선영, 2005 재인용).

이와 같은 미술치료는 조형활동을 통해 정서적 갈등과 심리적인 증상에서 보이는 억제, 상실, 왜곡된 자아를 발견해 개인의 내적세계와 외적세계 간의 원만하고 조화롭고 창조적으로 살아갈 수 있도록 도와주는 심리치료 기법이다. 정여주(2003)는 그의 저서 「미술치료의 이해」에서, 미술이 "인간을 위한 예술"로서 치유적인 역할을 할 수 있다는 관점을 갖게 되며, 미술치료라는 독립된 영역이 만들어진 것이라 기술하고 있다. 미술치료는 그림그리기를 통해서 자유롭게 내담자의 내면세계를 표출하고, 그를 통해서 자유롭게 내담자의 내면세계를 이해하며 보다 적응적인 상태로 이끌어가는 치료방법이다. 특히 언어적 표현이 부족한 아동이나 청소년의 심리적 문제를 이해하고 치료하는 데에 커다란 장점을 가지고 있다(주리애, 2000; 문선영, 2005)

이처럼, 미술치료는 미술을 매개로 하는 미술활동이나 미술교육과는 차별화된다. 즉, 정신역동적 관점에서의 미술치료는 '치료자와 내담자 간에 전달되는 상징적 회화'라고 보는 입장으로, 미술치료를 통하여 정서적 안정, 대인관계 개선, 인격의 성숙 등을 기대한다. 정신역동적(Psychodynamics) 관점에서의 미술치료는 내담자의 치료적 관계형성, 전이와 역전이의 해결, 자유연상, 자발적 그림 표현과 해석, 그림의 상징성과 무의식 내용을 의식화하여 이해할 수 있는 형태로 만드는 방법을 강조한다. 동시에 치료과정에서 그림을 매체로 이용하는 방법이나 창조적 행위 자체가 치료적 가치가 있다는 입장을 통해 원시적 충동이나 환상에 접근하면서 갈등을 재경험하고 자기 훈련과 인내를 배우는 과정 속에서 갈등을 해결하고 통합한다고 주장한다. 미술치료의 기법으로 콜라주, 테두리법, 자아감각 발달법, 만다라 그리기, 핑거 페인팅, 점토 빚기 등의 활동이 주로 사용된다(김미경 · 문장원 · 성은정 · 윤점룡 · 윤치연 · 이상훈, 2007).

특히, 융(Jung, C. G)은 카타르시스와 같이 외상에 수반된 감정을 불러오는 것을 특별히 재반응이라고 불렀다. 인간이 강렬한 어 떤 체험에 대해서 그 체험의 감정적인 가치가 소멸될 때까지 되풀이하여 이야기하고 싶어 한다는 것에 주목하면서 외상을 받은 순간의 상태를 극적으로 반복, 각성상태나 최면상태에서 감정적으로 되살려 재연하면 치료에서 유익한 효과가 나타난다고 보았다. 즉 개인이 자신이 겪은 일을 털어놓으면 외상 체험에 수반된 감정은 점차 약화되고 그러면 더 이상 장애를 유발하지 않는다는 것이다. Jung은 꿈이나 환상(fantasy) 또는 강박관념을 그림으로 표현하기 시작하면 무의식은 의식이 간섭이 없는 한 자율적인 기능을 발휘하여 무의식의 심상을 보내어 일련의 과정을 형상 속에 현시하게 되고 무의식에 대한 자아의 적절한 관심만이 의식과 무의식을 통합하는 기능을 촉진시켜 여러 혼란을 심리적으로 치유하게 된다고 하였다. 이처럼 그림 작업은 능동적 심상의 좋은 매개체인 것이라 할 수 있다. 치료사는 내담자의 그림과 언어표현의 내용에서 내담자의 갈등의 핵심, 주제 내용과 관련된 행동을 추적하게 되고, 내담자의 갈등이 표면화되도록 도와가야 한다. 또한 내담자의 저항적인 작품의 활동이나 언어반응을 해석하게 되며, 그 해석에 대한 내담자의 반응 및 수용을 격려하면서 자연스럽게 종결 단계에 이르게 된다. 따라서 내담자는 능동적 심상을 언어화하여 의식과 무의식이 만나 부정적 감정이 감소되고, 정신 에너지가 긍정적인 에너지로 회복되며, 자아통제력 및 통찰이 생기게 된다. Jung은 이와 같은 견해로 미술매체를 지속적으로 사용하면 치료과정을 촉진시킬 수 있다고 하였다.

이와 같이 미술활동이라는 창조적 표현을 통하여 내면의 감정을 분출하고 카타르시스를 경험하게 하는 미술치료의 특성은, 아동과 청소년의 심리발달에서 매우 중요한 정서적 안정, 대인관계 개선, 인격의 성숙 등 보다 적응적인 상태로 이끌어가는 치료적 역할을 한다는 것을 알 수 있다. 또한 의학으로 해결할 수 없는 광범위한 정서행동적 문제를 가진 아동 · 청소년들에게 다양한 그림그리기와 만들기와 같은, 친숙하고 방어가 적은 방법으로의 접근을 통하여 내담자의 문제를 해결할 수 있도록 하고, 자기표현을 촉진시키고 자아를 통합하여 치유를 도와주는 중요한 중재적 역할을 한다는 점에서 미술치료의 의의는 매우 크다고 볼 수 있을 것이다.

미술치료의 활동은 테두리법, 난화 이야기법, 꼴라쥬, 자유화 및 상상화 그리기, 조소활동법 등 다양하다.

(1) 테두리법

테두리법은 일본의 중정(中井)이 고안한 방법으로, 내담자에게 도화지를 제시하고 내담자가 보는 앞에서 도화지에 테두리를 그어서 건네준다. 이 방법은 내담자에게 묘화를 자극하고 치료에 대한 공포를 줄일 수 있는 장점이 있고, 자아가 약하거나 불안한 내담자에게 사용하면 안정감을 줄 수 있다. 테두리를 그릴 때에는 자를 사용하지 않으며 동그라미나 세모 등 다른 도형의 모양을 그려주지 않는다. 상황에 따라서는 원을 그려주어 원 안에 그림을 그리거나 채색하게 하여 과잉행동, 주의산만 등을 통제할 수 있다.

(2) 난화 이야기법

난화 이야기법은 Winnicott이 고안한 기법으로, 내담자의 저항을 줄이면서 억압된 감정을 드러내도록 상호작용을 통하여 의사소통을 할 수 있는 방법이다. 난화기법에는 여러 가지 유형이 있는데, 세션에서 치료자가 도입을 쉽게 하도록 단서를 제공해 주는 정형적인 방법과 자유스런 난화 속에서 의미있는 사물을 찾아 이야기를 꾸미거나 문장으로 표현하게 진행하는 비정형적인 방법이 선택되기도 한다.

정형적인 방법은 A4용지, 연필, 크레파스 등을 제공하고, 내담자에게 A4용지에 선을 그려주어 그것에서 연상되는 그림을 자유롭게 그리도록 한다. 비정형적인 방법으로 실시할 경우에는 내담자가 아무렇게나 자유롭게 그림을 그린 후, 그림에서 찾아내는 어떤 형태들을 이미지화하여 이야기를 꾸며 나가면서 치료사와 내담자가 상호작용을 하며 세션을 진행한다. 종이를 4등분하여 실시하는 방법, 종이를 6등분하여 실시하는 방법, 두 장의 그림을 가지고 실시하는 방법, 난화 게임법 등이 있다.

이 중 〈종이를 6등분하여 실시하는 기법〉은 치료를 위한 기법으로서도 적용하지만, 그림에 표현된 사물과 꾸며진 이야기 등을 통하여 심리진단의 방법으로 이용하기도 한다. 실시는 주로 중학생 이상의 대상에게 사용한다. 이 기법의 실시 방법은 5칸에만 그림을 그리게 하고, 남겨 둔 한 칸에는 내담자가 순서대로 꾸민 이야기를 치료사가 받아 적는데 사용한다. 그런 다음 내담자가 꾸민 이야기 내용에 대해 서로 이야기를 나누어 가며, 내담자의 무의식에 잠재되어 있던 내적 갈등의 해소를 돕는다.

(3) 꼴라쥬법

꼴라쥬법은 杉浦京子에 의해 고안된 치료기법으로, 잡지 등 인쇄물 등의 매체에서 사진이나 그림을 골라 오려 붙여서 완성하는 방법이다. 장점은 쉽게 자신의 감정이나 욕구, 타인에 대한 감정 등을 표현할 수 있다는 것과 내담자에 대한 이해를 깊게 하는데 도움을 준다는 것이다. 꼴라쥬 작품을 이해하고 해석하는데 있어서는 Jung 분석 심리학과 정신분석, 자유화를 포함한 투사검사의 이해 및 해석기준 등을 이론적인 바탕으로 하고 있다.

꼴라쥬법은 특별히 정해진 방법이 없기 때문에 세션을 진행하는 치료사가 독자적인 방법으로 실시할 수 있다. 꼴라쥬 미술치료는 내담자가 자유롭게 표현하는 것을 중요시하며, 실시 방법으로는 잡지그림 꼴라쥬법과 꼴라쥬 박스법이 있다. 세션에서 제작방법의 선택은 어떤 방법을 선택하든지 자유롭게 다양한 방법을 선택할 수 있지만, 내담자의 연령이나 내담자의 증상을 고려하여 실시하는 것이 매우 중요하다.

작품을 완성한 후에는 작품을 멀리 놓고 치료사와 내담자가 감상한다.

내담자가 작품에 대한 이야기를 하도록 기회를 제공하고, 내담자가 별다른 이야기를 하지 않을 경우에는 치료사가 작품에서 느낀 감상 등을 정리하여 이야기 하고 세션을 마무리 한다. 이 때 치료사가 해석적인 말을 할 필요는 없다.

(4) 자유화 및 상상화 그리기

자유화 및 상상화 그리기는 언어로 자신을 표현 하는데 어려움이 있거나 부담을 갖는 내담자에게 자유화 및 상상화 그리기는 자신의 내면을 표현하는데 도움을 준다. 자신을 힘들게 하는 감정이나 꿈, 사건 등과 자신의 욕구에 대하여 생각한 후 작품으로 표현하도록 격려하고 지지하는 방법으로 진행하였다.

(5) 조소활동법

조소활동법은 점토로 자기가 만들고 싶은 형태를 만들거나 자기의 느낌을 표현하게 한 다음, 함께 이야기를 나누는 방법이다. 자신을 힘들게 하는 감정이 무엇인지 생각한 다음 그 감정을 점토로 자유롭게 만들어 자신에 대한 감정의 탐색, 통찰, 이해를 돕도록 한다.

3) 음악치료(Music Therapy)

음악치료의 역사를 살펴보면, 초기에는 전쟁과 관련한 통증 감소, 안정 등의 정신영역의 치료분야에서 발전하였는데, Gilman & Paperte(1952)는 정신과적 치료를 보조하는 과정에서 음악은 인지적 자극제와 감정조절제로 활용되었고, 인지적으로는 집중력, 자기통제 및 집중 시간의 증가,

주의 전환 등에 초점을 맞추어 제공되었다고 하였다. 또한 음악의 기능이 대상과 질환에 따라 다양하기 때문에 음악치료는 정신질환에서부터 여러 종류의 발달장애, 노인성 질환에 이르기까지 다양하여 치료대상에 따라 임상적용이 달라진다.

선행연구에서는 음악치료에 대하여 다음과 같이 정의하고 있다.

음악치료는 음악과 치료가 복합된 개념으로서, 치료(Therapy)라는 말은 기본적으로 건강을 위해 제공한다는 의미를 담고 있다. 음악은 전통적으로 스트레스 감소를 위하여 사용되었고, 이러한 효과를 이용하여 음악치료는 다양한 나이의 다양한 개인을 대상으로 불안감소, 이완에 긍정적인 효과를 보여주고 있다(Iwanaga & Moroki, 1997; Robb, 2000).

'미국 음악치료협회(American Music Therapy Association)'에 의하면 음악치료는 치료적인 목적, 즉 정신과 신체건강을 복원 및 유지시키며 향상시키기 위해 음악을 사용하는 것이라고 정의내리고 있다. '한국 음악치료협회(Korea Music Therapy Association)'에서는 음악치료를 음악활동을 체계적으로 사용하여 사람의 신체와 정신기능을 향상시켜 개인 삶의 질 향상을 추구하고 보다 더 나은 행동의 변화를 가져오게 하는 음악활동의 전문분야로 정의 내리고 있다(박연희, 2006). Alvin(1978)은 음악치료를 신체적 · 정신적 · 정서적 장애를 가진 아동과 성인들의 치료 · 복원 · 교육 · 훈련을 위한 음악의 조건적 사용과정이라고 하였으며, Boxill(1985)는 음악과 치료의 혼합물로 음악이 변화의 요인으로 치료적 관계형성과 인간의 성장 · 발전 · 자아실현을 돕는 도구로 사용되는 일련의 과정이라고 하였다. 또한 Bonny(1986)는 음악치료를 사람의 정서 · 신체적 건강의 변화들을 가져오기 위해 음악치료사가 실행하는 체계적인 음악의 시행으로 미적 · 오락적 측면보다는 기능적인 면이 강조된다고 하였다(최병철, 2002; 박연희, 2006). 그런가하면 Bruscia(1989)는 음악치료에 대하여 치료사가 환자를 도와 건강을 회복시키기 위하여 음악적 경험과 관계들을 통해 역동적인 변화를 이끌어 내는 체계적인 과정이라고 정의하였다. 김미경 외 5인(2007)은 음악치료란 음악활동을 체계적으로 사용하여 사람의 신체와 정신기능을 향상시켜 개인의 삶의 질을 추구하고 보다 나은 행동의 변화를 가져오게 하는 음악의 전문분야라고 정의하면서, 정신역동에서의 음악치료는 음악이라는 비언어적 표현 형태를 통해서 대상의 장애와 관계없이 어떤 환경에서도 신체적 반응을 유도할 수 있으며, 자아성찰을 돕고 개인과 그룹 간의 조화를 향상시킬 수 있는 기능을 임상에 적용한 것이라고 하였다.

이상 음악치료의 정의에 대한 견해들을 정리해 보면, 음악치료는 내담자와 치료사의 관계 속에서 심리적 · 정신적 · 생리적인 건강을 회복 · 유지 · 증진토록 하고, 행동적 · 발달적 · 신체적 · 사회적 기술을 습득 · 재활 · 유지하기 위해 치료적 도구로써 음악을 사용하는 것을 의미한다(김태련 · 엄현경 · 정현지 · 김현정 역, 1994)고 볼 수 있다.

한편, 음악이 사회성 향상에 주는 효과에 대한 종래의 연구들을 살펴보면, 김정인(1986)은 음악은 사회성 향상에 도움을 주며 사람들은 미적인 경험으로서의 음악으로 삶의 질을 향상시킬 뿐 아니라 사회기술과 여가기술을 향상시킨다. 특별히 음악활동을 통한 아동들의 사회성과 대인관계 개선에 긍정적인 영향을 미친 예들이 여러 연구에서 나타난다고 하였다. 김정화(1995)는 이러한 음악이 사회성 발달에 영향을 준다는 것은 음악활동을 통하여 타인과의 상호적인 관계를 가짐으로써 상호작용기술을 익히게 되고, 타인의 노래 · 연주 · 표현을 자신과 비교할 수 있는 능력을 향상시키며, 타인과의 관계 속에서 자신의 내적 욕구의 통제 능력을 발달시킬 수 있다고 하였다. 그리고 그것을 통한 타인의 권리와 타인을 존중하는 자세를 갖게 된다고 보았다. 또한 타인과 함께 조화를 이루는 협동심 · 책임감 · 단결심 등을 길러주고, 인내심 · 절제심 · 융화능력 · 도덕성 훈련 · 집단에 올바른 태도를 형성하게 된다고 한다. 동시에 규칙적인 생활 습관·자기 욕구를 조절하는 능력과 소유물을 구분하는 능력을 키우며, 가족·사회 등에 의한 공동체 의식을 돈독히 할 수 있다고 하였다.

특히 음악치료 프로그램 중 음악쓰기(Songwriting)활동은 개인은 자신의 감정을 그룹 내의 치료사나 다른 구성원들에 의해 인정받게 되고, 이러한 인정을 통해 자신의 사고나 감정에 대한 지지와 피드백을 받게 된다. 게다가 음악쓰기(Songwriting)라는 과제의 완성만으로도 자존감을 향상시킬 수 있다고 한다(Ficken, 1976).

이상에서 밝혔던 바와 같은 음악치료에 대한 다양한 임상적 효과를 검증하는 연구들이 활발하게 발표되고 있다. 김성희(2002)는 「음악치료가 학교생활 부적응 초등학생의 적응과 사회성 향상에 미치는 영향」에 대한 연구에서, 음악치료가 아동의 학교생활적응과 사회성향상에 효과적으로 적용되었음을 밝히고 있다.

음악치료는 감정 분출하기, 자발적이고 능동적으로 표현하기, 외상을 지지적 환경에서 재경험하게 하기, 은유와 상징을 사용하여 대상에 대해 무의식적인 분노를 풀어내기 등을 지지하며 외상경험으로 인한 장애의 극복을 돕고 있다. 특히 외상 후 스트레스 장애(PTST)를 가진 환자들은 정서적 불안뿐만 아니라 왜곡적인 사고와 비합리적인 행동을 보임으로 인하여 치료가 필요한 실정이다. 놀이 치료가 아동에게 놀이의 장을 만듦으로써 아동의 숨겨진 이야기를 풀어내는 것과 같이 음악치료에서도 음악치료사가 내담자가 즐길 수 있으며 안전하게 보호될 수 있는 음악매체를 제공함으로써 서서히 내담자의 억압된 기억을 풀어내고 그 에너지를 약화시키려 한다(이정실, 2007).

Thaut(1989)는 선호하는 음악은 심리적인 면에서 불안 감소를 보여주었다고 하였으며, 암환자의 긴장을 완화시키는 데에 녹음된 음악을 사용하는 것 보다 생음악을 사용하는 것이 훨씬 유의미한 결과를 가져왔다고 하여 음악의 다양한 심리치료적 효과가 있음을 말하였다(박형준, 2007).

한편, 「음악과 생리적 반응」에 대한 연구에서는 음악이 인간의 신체에 직접적인 반응을 일으킨다는 연구는 종래로부터 활발히 이루어져 왔다. 음악은 뇌의 감정중추의 자극으로 여러 가지 감정에 영향을 준다. 또한 자율신경계의 자극과 운동중추의 자극으로 운동촉진 등 불면 · 초조 · 긴장을 해소시켜주고, 지적인 활동의 자극, 그리고 장기적인 기억과 결합하기 쉽고 회상법 등 정서적인 영향을 준다고 하였다. 생리적인 반응은 혈압 · 맥박 · 호흡 · 피부반응 · 뇌파 · 근육반응 등의 변화를 일으킬 수 있는데, 흥분하거나 긴장하면 맥박이 빨라지고 편안하면 맥박이 느려진다. 호흡도 조용한 기분일 대에는 여유가 있고 공포일 경우에는 불규칙하듯 음악에 의해 맥박과 호흡이 변화한다(김동주, 2005; 박형준, 2007). 정현주(2006)의 저서에서는 불안증에 따른 병리생리학과 음악치료의 효과에 대해 언급하고 있는데, 그 내용은 흥분 · 떨림 · 근육 긴장도의 증가 · 위경련 등의 병리 생리학적 증상이 음악치료를 통하여 불안감 감소 · 근육 긴장도의 감소 · 근육통 이완 등의 효과가 있다고 하였다.

음악이 심리적인 면에서는 어떻게 인간의 정서적인 행도에 영향을 미치게 되는지에 관한 「음악과 심리적 반응」에 대한 연구에 대해 살펴보면, 다음과 같은 견해들을 접할 수 있다. 음악은 인간의 마음에 직접적으로 영향을 주고 감각을 자극하고 정서를 불러일으키며 생리적 정신적 반응을 유발하고 몸과 마음에 활력을 북돋우는 역할을 하며, 정신과 신체에 대해서 큰 효과를 미치는 정신의 신체언어이다(김동주, 2005). 음악의 미학적인 관점에서는 음악에 대한 감정적 반응이 인간이 아름다움을 추구하려는 신체 생리적 필요에서 기인한다고 보고 있으며, 음악 자체의 구조적 특징이 감정을 불러일으킨다고 본다. 음악이 인간의 심리적 반응에 미치는 영향에 대한 주장을 살펴보면, Alvin(1975)은 음악이 본능 · 자아 · 초자아의 각 부분에 영향을 미치는데, 음악을 통해 자신의 문제를 인식하고 이에 대한 통찰력을 기를 수 있다고 하였다. Brusca(1989)는 음악은 본능적 욕구를 자극하거나 표현하며 이를 해소 또는 감소시킴으로 본능에 영향을 주고, 자아를 강화하는 동시에 감정을 발산시키거나 통제하여 자아에 영향을 주며, 감정을 순화시켜주거나 수준 높은 미적 경험을 갖게 함으로써 초자아에 영향을 준다고 하였다(정현주 외 2002; 박연희, 2006).

이상에서 살펴 본 바와 같이, 치료나 회복의 도구로 음악이 사용된 것은 인류문명이 시작되면서 부터이며, 주로 심리적 회복이나 정서적인 카타르시스, 질병의 예방에 초점이 맞추어져왔다. 현재 음악치료는 개인이나 집단의 필요에 따라 신체는 물론 정서 · 사회성 · 인지영역 등의 원활한 활용을 돕고 사람들이 적응적으로 살아갈 수 있도록 돕는 유용한 치료적 수단이 되고 있다.

또한 선행 연구들에서 알 수 있듯이 음악은 심리적 · 신체적인 긴장이완과 함께 긍정적인 자아개념을 형성하고 대인관계에 도움을 주어 스트레스 감소에 영향을 미친다. 즉, 음악치료에서의 치료는 정신과 신체의 복원과 유지, 향상과 인지 · 정서 · 행동의 역동적인 변화를 이끌어내며 내담자의 잠재 능력과 잔존 기능을 발휘하도록 자극한다. 또한 적응적인 개인으로서의 성장과 삶의 질을 향상시키고 동기부여와 창의성을 자극하며 자기표현과 의사소통의 통로를 마련해 준다. 음악치료 활동은 노래부르기(Sing along), 음악쓰기(Songwriting), 악기연주(Instrument), 즉흥연주(Improvisation), 음악과 신체활동(Music & Movement), 음악 감상과 토론(Music listening & Discussion), 음악적 게임(Music game), 음악과 미술(Music & Art), 음악과 심상(Music & Image) 등 다양하다.

(1) 노래부르기(Sing along)

노래부르기(Sing along)는 악기나 다른 도구없이 인간의 목소리만을 가지고 할 수 있는 가장 보편적이고 쉬운 방법 중의 하나로 개별적으로 혹은 집단이 함께 활동할 수 있는 활동이다. 또한 노래는 그 안에 많은 요소들, 즉 가사와 멜로디 · 리듬 · 화성 · 역동성 등이 모두 함축되어 있기에 언어로 표현하는 것 보다 자연스럽게 풍부한 표현을 가능하게 하고 언어적 표현 보다 덜 위협적인 방법으로 표현할 수 있는 장점을 가지고 있다(박연희, 2006).

(2) 음악쓰기(Songwriting)

음악쓰기(Songwriting)는 음악치료 방법 중 흔히 사용되는 방법으로 감정을 경험 · 확인 · 표현 · 교류하며, 감정적 행동의 조절과 변형을 촉발시키기 위해 구성되고, 개인의 내면세계를 탐색하도록 한다(최병철, 2002). 주로 자기를 표현하고, 자아 존중감을 증진시키며, 억압되어 있는 감정과 욕구를 표현하는 것을 목적으로 시행하게 되는데 스스로 노래가사를 만듦으로써 재인식의 과정을 거쳐 새로운 인지체계를 형성하는 방법으로 사용될 수 있다(Ficken, 1976).

(3) 악기연주(Instrument)

음악 감상이 수동적인 활동이라면 악기 연주 활동은 음악 활동 중 가장 적극적인 활동 중의 하나이다. 악기를 통해 연주하는 사람과 감상하는 사람은 모두 다양한 자극을 받게 되고 그에 따른 즉각적인 반응과 피드백이 이루어지게 된다. 또한 연주하는 사람은 직접 연주함으로써 음악에 대한 자기표현과 함께 경청하는 다른 그룹의 구성원을 통해 자존감을 형성하고 자아에 대한 새로운 동기를 유발할 수 있으며, 듣는 사람은 상대방의 연주를 들음으로써 상대방의 표현을 수용하고 지지해 줄 수 있는 기회를 제공받게 된다(박연희, 2006).

(4) 즉흥연주(Improvisation)

즉흥연주(Improvisation)는 즉흥적으로 음악을 만들고 연주하는 활동으로 실제 음악치료에서 사용되는 방법 중에서 가장 널리 사용되는 방법이다. 여기에는 특별히 음악적 훈련을 받지 않은 대상이라도 활동에 참여할 수 있으며, 이것은 단순히 소리를 가지고 어떤 패턴과 구조를 이루어 연주하는 것으로 연주되는 소리가 자유연상 되는 대상이나 자신의 투사된 모습일 수 있다(Bruscia, 1993). 또한 즉흥연주는 동시적 상징과 직접적인 행동을 나타내는 것으로 어떤 특정한 인식이 없이 감정적인 에너지의 해소를 통해 강한 감정의 표현과 정신적 자유를 제공할 수 있고, 자기표현을 증진시키며 정서적 변화와 함께 면역기능의 긍정적인 변화까지도 유도할 수 있다(Osrwald, 1968; Robb, 1996).

(5) 음악과 신체활동(Music & Movement)

음악과 신체활동(Music & Movement)을 연합하는 활동은 보다 적극적으로 활동에 참여하고 자기 표현할 수 있는 기회를 제공하게 되는데, 대상은 자유롭게 음악에 맞추어 자신을 표현하는 활동을 통해 맞고 틀리는 것이 없이 느끼는 감정대로 표현하도록 하여 구조적인 다른 활동과는 다른 방법으로 접근할 수 있도록 한다. 또한 이 때 표현되는 신체 움직임은 치료자들에게 대상의 많은 무의식, 의식적 동작을 통한 다양한 의미와 정보를 제공할 수 있다. 대상은 음악에 맞춰 움직여 자신의 신체를 조절하여 움직일 수 있다는 자신감을 얻게 되고, 어떤 동작이라도 허용되기 때문에 스스로의 만족감과 기쁨을 경험하게 되며, 신체 그 자체의 발달뿐만 아니라 정서적 발달에도 도움을 줄 수 있다(홍지원, 1994; 김지연, 2004).

4) 언어치료

조음음운장애아동의 치료적 기법 적용문제에 대하여, 석동일(2004)은 『조음음운장애 치료를 위한 하이브리드 접근법 개발의 기초 연구』에서 조음음운 장애 아동의 치료의 문제는 아동의 개개인의 문제에 따라서 다양한 기법을 적용한 치료적 접근이 필요함에 대하여 제시하고 있다.

현재까지 개발되어 있는 조음음운장애치료기법은 12가지로, 다양한 조음음운장애 아동들에게 동일하게 적용한다는 것은 사실상 불가능하다고 생각한다. 모든 조음음운장애 아동은 원인과 증상이 다름으로 치료의 방법과 내용도 다를 수밖에 없다. 이를 극복하기 위한 방법으로 가능한 것이 하이브리드 접근법(Hybrid approach)이며, 하이브리드 접근법에 의하면, 적용하려는 대상에 따라서 적게는 2개의 치료기법에서 많게는 몇 개의 기법들을 연합시킬 수 있다. 그리하여 기존의 치료기법에 아동을 맞추는 것이 아니라 그 아동에게 치료기법을 맞추는 장점을 가지고 있다. 즉 하이브리드 접근법의 특성은 다양한 아동중심치료, 치료의 수월성 보장, 다양하고 융통성 있는 치료를 제공할 수 있는 장점을 가지고 있다(석동일, 2004).

대표적인 하이브리드 접근에 대에 대한 선행연구들을 석동일(2008)의 연구를 토대로 살펴보면 다음과 같다.

Rvachew(2005)는 3단계로 되어있는 하이브리드 접근법을 개발하였다. 첫 단계는 음소지각과 산출훈련 단계이며, 음소지각과 산출의 오류는 언어장애인과 성인의 음운지식 사이에 불일치의 증상으로 보았다 (Rvachew, 1994; Rvachew et al, 1999). 두 번째 단계는 표적음의 자극모방력 (Stimulability) 훈련단계이며, Ruscello(2008)는 다양한 문맥의 음절 및 단어 수준에서 표적음을 정확히 80~90% 모방할 수 있으면 이 단계의 목표가 달성되었다고 보았다. 이 단계에서는 최소 대소짝에 의한 음소수준 치료를 하였으며, 첫 단계가 충분히 이루어진다면 두 번째 단계는 많은 시간을 요하지 않는다고 하였다. 마지막 단계는 문장과 대화를 통해 학습된 음성을 전이시키는 내용으로 되어있다. 결국 이 접근법은 음성적 치료와 음운적 치료를 대표적인 기법으로 보고, 두 기법을 연합한 하이브리드 접근법이다(석동일, 2008).

Bowen & Cupples(2004)는 상호협력 치료접근법(Collaborative Tretment Approach)을 하이브리드 접근법이라고 보았다. 이 접근법은 대표기반 접근법에 비해 보다 광범위한 기준에 의한 것으로 볼 수 있으며 가족교육, 음운인식 훈련, 음성산출 훈련, 최소짝 대조와 집중적 청각훈련, 가정연습을 상호협력적인 차원에서 접근한 하이브리드 접근법이다(석동일, 2008). 이 접근법의 핵심은 음운장애 치료과정에서 양육자가 직접적으로 개입하여야 한다는 것이며, 훈련단계에 대해 연구자들은 다음과 같이 제시하고 있다.

첫째, 가족교육 단계이다. Bowen & Cupples(1999)는 양육자의 역할이 중요하다고 강조하였다. Bowen(1998)은 음 습득의 발달적 견지에서 조음음운장애의 정의, 평가와 치료과정에 대한 지식, 부모가 자주하는 질문항목, 중재기법에 대한 내용 등이 충분히 교육되어져야 한다고 보았다. 또한 부모와 치료사의 연대가 필요하며, 치료사가 행하는 치료기법이 가정에 보내어져서 부모에 의해 가정치료가 이루어져야 함을 강조하였다.

둘째, 음운인식 과업의 단계이다. 음운인식 과정과업은 조음음운 장애아동, 임상가, 양육자에게 언어적인 자기성찰의 기회를 제공하여 준다고 하였다. 음운인식과업에는 상위음성적 활동(Metaphonetic activities), 음소 서기소 관계(Phoneme grapheme relationships), 초성 확인(Onset phoneme segmentation matching), 각운과 두운 인식(Rhyme and alliteration awareness), 문맥에서 단어인식 향상(Improving the awareness of words in context), 음소 분석과 합성(phonemic analysls and synthesis)등의 과제를 제시하고 있다.

셋째, 음성산출 훈련단계이다. Bowen & Cupples(1999, 2004)는 일부 조음음운장애아동들은 음성산출 훈련이 필요하다고 하였다. 중증아동의 경우, 초기에 음성산출 훈련이 이루어지면 한정된 음성산출의 확장에 도움을 줄 수 있다는 것을 발견하였다.

넷째, 다양한 예시 훈련단계이다. 이 단계에서는 최소 대소짝과 음성산출의 청각적인 지각자극을 결합하여 중재한다. 최소 대소짝은 그림자극을 통해 자발적으로 수행 가능할 때까지 모델을 제시하여 연습한다.

다섯째, 가정치료의 단계이다. 이 단계에서는 치료사가 행하는 전체 프로그램을 가정에서 부모가 적용할 수 있도록 일부 변형하며, 가족교육, 상위언어 훈련, 음성산출훈련, 다양한 예시 훈련, 숙제 등의 내용으로 구성된다.

이상의 내용처럼 하이브리드 접근법은 기존의 치료법을 연합한 측면과 다중시스템 연합의 형태로 볼 수 있다. 따라서 본 연구에서는 대상 3의 조음음운장애의 문제를 해결하기 위하여 이와 같은 하이브리드 접근법을 사용하여 대상 3에 맞도록 치료프로그램을 구성하여 적용하고자 하였다.

그러나 실제적으로 조음음운장애의 언어치료와 관련한 기존의 선행연구에서는 뇌성마비아동이나 정신지체아동, 청각장애아동 등 장애아동의 조음장애 치료에 관한 연구가 대부분이었고, 일반아동의 조음음운장애의 치료에 이와 같이 하이브리드접근법 및 다른 기존의 방법을 적용하여 치료한 임상사례는 거의 찾아 볼 수가 없을 정도로 미비하였다. 따라서 임상사례에 대한 선행연구는 뇌성마비아동의 조음음운에 관한 연구들을 중점적으로 살펴볼 수밖에 없었다.

뇌성마비 아동의 약 30%~90%는 마비성 조음장애를 갖는데(Yorkston, K., Beukelman, D., & Bell K., 1988), 뇌성마비아동의 언어장애의 문제를 해결하고자 하는 연구들은 계속해서 발표되고 있다.

윤병완(1990)은 『뇌성마비아동의 호흡 및 조음기관 기능 훈련의 효과』를 위한 연구에서, 뇌성마비 아동의 조음오류를 개선하고 말-언어장애를 유발하는 조음기관의 운동기능의 개선이 필요함을 밝히고 있다. 즉, 뇌성마비아동의 말 산출 상태는 이상호흡패턴 · 호기량의 과소 · 입술 및 혀 운동의 불완전 등 장애를 수반하며 여러 형태의 조음오류를 수반하게 된다는 것이다. 박정은(2008) 역시 뇌성마비아동의 말-언어장애를 유발하는 주된 장애가 조음기관의 운동기능의 장애이기 때문에 뇌성마비아동의 언어치료는 조기에 운동학적으로 기능훈련을 시작하는 것이 필요하다고 하였다. 이들의 연구에 앞서 Yorkston, et al., (1988)은 마비성 구어장애 언어치료에 구체적인 조음 및 언어표현을 지도하기 전에 조음기관의 정상적인 움직임이 가능하도록 훈련하는 것이 우선적으로 필요하다는 연구결과를 발표하였다. 즉, 말 산출과 직접적으로 관련되는 하위요인들인 호흡패턴 · 후두의 기능 · 연인두 · 혀 · 입술 · 턱 등과 같은 기관들의 협응(協應) 상태를 파악하고, 신경학적 병변에 따른 구어와 관련된 근육의 감각운동요인 · 힘 · 지속력 · 긴장 · 협응 · 감각 등을 평가함으로써 구체적인 조음 및 언어표현을 지도하기 전에 조음기관의 정상적인 움직임이 가능하도록 훈련하는 것이 치료에 효과적이라는 견해이다. 이러한 연구결과를 토대로 박정은(2008)은 『경직형 뇌성마비 아동에 대한 호흡 및 조음훈련 프로그램 적용 효과』연구에서 뇌성마비 대상아동에게 호흡 및 조음훈련 프로그램을 적용한 결과, 호흡 및 조음기관의 기능수준이 향상되고 유지되었으며 조음 정확도와 조음명료도가 개선되었고, 음운 변동 오류율감소의 효과가 있었음을 밝히고 있다. 이처럼 조음을 위한 행동 중 조음기관의 근력강화는 조음에 있어서 기능을 증가시키는 역할을 하는데, Singer(1980)는 발화시 정상적 어구 · 발화길이 · 혹은 적절한 크기로 소리를 내는데 있어서 조음기관의 근력을 강화시키고 호흡근을 향상시키는 것이 필요하다고 강조하였다(윤미경, 2002).

한편, 조음 명료도에 대해서 Elbert와 Gierut(1986)는 조음 명료도를 청자가 주관적인 기준으로 소리를 이해하는 정도를 뜻한다고 했으며, Creaghead, N., Keith, R, & Thomas, J.(1989)는 전달하고자하는 내용이 상대방에게 정확히 전달되는가 하는 의사소통의 효율성 측면에서 매우 중요한 변수가 되고 있다고 하였다(Elbert, M., & Gierut, J. 1986; Creaghead, N., Keith, R, & Thomas, J., 1989; 윤미경, 2002). 윤병완(1990)은 혀의 조음기관으로서의 기능적 역할에 대하여, "혀의 기능적 역할은 말 산출시 자음의 발음을 명확하게 하며 혀의 속도, 범위, 혀끝의 정확한 위치에 따라 발음의 명료도를 좌우한다"고 밝히고 있다.

윤미경(2002)은『호흡과 구강운동 병행이 뇌성마비아동의 조음 명료도에 미치는 영향』에서 말 산출과 관련된 호흡의 훈련과 조음명료도에 직접적인 영향을 미치는 구강 각 기관의 동시훈련이 조음 명료도에 어떠한 영향을 미치는지에 관하여 연구하고 다음과 같은 결과를 제시하고 있다. 즉, 대상자들 간에 차이는 있었으나 조음 명료도의 향상과 조음기관의 운동기관에도 훈련의 효과가 있었으며, 입술과 혀의 운동성 및 길항운동 속도가 증가하였다. 또한 모음, 양순 파열음, 양순 비음의 순으로 조음오류의 수정효과가 비교적 크게 나타났으며 따라서 이러한 호흡과 구강운동의 병행훈련은 조음 명료도를 향상시키고 개선시키는데 효과적이라고 보고하였다. 아울러 강현옥(2005)도『호흡훈련이 뇌성마비 아동의 섭식과 조음발성 능력에 미치는 효과』에서 호흡훈련의 중요성을 보고하고 있다.

즉, 호흡훈련이 뇌성마비 아동의 조음활동에 미친 영향에 대한 분석결과를 통하여, 입모양의 정확도와 소리의 정확도가 모두 증진되어 전반적인 조음능력의 향상에 효과가 있었으며, 발성능력 향상에도 효과가 나타났음을 보고하였다.

조음음운능력 개선을 위한 치료법은 전통적 기법, 짝자극 기법, 의사소통 중심법, 행동수정 접근법, 변별자질 접근법, 음운변동 분석 접근법, 다중 음소법, 조음조절 프로그램, 상위 음운치료, 운율자질 개선법, 단어단위 접근법, 하이브리드접근법 등 다양하다.

제 3 장

통합적 치료의 이해

1. 통합적 치료의 개념

심리치료의 최신 동향 중의 하나는 다양한 이론적 체계나 접근을 통합하는 것이다. 이와 같은 동향은 심리치료 분야의 임상가들이 한 가지 접근방법에 한계를 느끼면서부터 여러 측면에서 통합적으로 접근하는 방법을 모색하게 되었기 때문이다.

Corey(2001)는 통합적 치료에 대하여 새롭고 통합적인 패러다임을 구성하고 한쪽으로 치우친 이론들을 초월할 수 있어야 한다고 하였다. 즉 Corey(2001)는 실존주의 · 정신역동 · 인지행동 방법이 결합된 인간의 모든 측면을 설명할 만큼 포괄적인 단독적 모델은 없다고 주장하고 기존의 이론 개념을 받아들이면서 통합시키는 이론을 발전시키게 되었으며, 실존주의적 접근법을 근간으로 개인의 책임, 선택, 행동을 강조하였다. 통합모델은 상담자의 상담경험과 과거의 적용의 예를 기반으로 발전하였는데, 내담자를 하나의 총체적 인간으로 보고 사고, 감정, 행동 측면 모두를 다루었다. 왜냐하면 Corey(2001)는 심리치료에 있어서 통합적 접근이야말로 가장 유용한 방법이라고 믿고 있기 때문이다. 그는 자신의 저서 『상담 및 심리치료의 통합적 접근(The art of Integrative Counseling)』에서 말하기를, "실제 현장에서 상담 및 임상심리치료를 하는 사람들이 쉽게 받는 질문 중에 하나가 당신은 어떤 이론적 관점으로 치료를 적용하시나요?이다. 그만큼 상담자가 가지고 있는 이론적 관점은 치료의 기법에 뿌리이기도 하다. 각 이론들은 인간에 대한 독특한 관점을 대변하고 있지만 진리는 아니다"라는 견해이다. 또한 "섣불리 한 이론에 너무 쉽게 빠지는 것을 냉정하게 중립적으로 바라보라"고 주의를 환기하고 있다. 그렇다면 상담 및 심리치료의 해법은 없는 듯하다. 그러나 통합적 상담기법을 만들고 다시 수정, 보안하는 과정에서 경험 중심적, 내담자 중심적으로 체계화된 이론이 확립될 것이다(Corey, 2001; 신차선, 2003; 문선영, 2005).

Arkowitz(1997)는 상담에 대한 통합적 접근은 단일 이론적 접근이 갖는 한계를 극복하고 이를 포괄적으로 접근하려는 시도라고 하였으며, Thompson & Rudolph (2000)도 상담자가 어느 한 가지 접근방법으로만 상담 하는 것 보다는 여러 가지 이론 및 기법 즉, 통합적 접근을 도입할 때 상담이 효과적으로 이루어진다고 하였다. 또한 Seligman(1995)과 Thompson & Campbell(1992)은 통합적 접근의 치료에 대하여, 각 개인이 가지고 있는 문제 특성이나 상담자의 특성에 따라 이론적 접근방법이 달라질 수 있는 부분들을 고려하여 새롭게 이론적 개념을 창출한 것이라 하였다. Norcross & Newman(1992)은 통합에서의 이론적 통합이란 개념과 이론적 틀을 새로운 방법으로 창출해 내는 것이며 두 개 이상의 이론적 접근을 통합하여 포괄적인 개념구조를 만들어내는 것으로 정의하고 있다.

한편 Smith(1982)는 상담 및 임상심리학자들을 대상으로 한 연구에서 그들 중 40% 이상이 통합적 치료를 선호하는 것으로 나타났다고 보고하고 있다. 또 다른 연구에서도 상담관련자들의 가장 높은 비율이 통합적 치료방법을 지지하고 내담자를 정확히 파악하고 치료계획을 세우기 위해서는 다양한 기법의 통합이 중요한 것으로 나타났다(Garfield & Kurtz, 1977; Goldfried & Newman, 1986; Goldfried & Safran, 1986; Young, Feller, & Witmer, 1989; Zook & Walton, 1989; 이영미, 2002).

선행연구를 토대로 통합적 치료에 대하여 종합해 보면, 통합적 접근의 치료법은 치료기법의 혼합을 넘어선 다양한 이론을 토대로 새로운 개념을 창출하는 것이라 할 수 있다. 또한 인간의 감정 · 사고 · 행동을 모두 다룰 때 가장 효과적일 것이다.

따라서 이 책에서는 한 가지 이론적 적용과 한 가지 기법적 적용이 주는 한계를 보완하기 위하여 감정 · 사고 · 행동의 변화를 이끌어 낼 수 있도록 두 가지 이상의 다양한 이론을 통합적으로 적용하고, 이러한 치료과정을 보다 효율적으로 수행해 나갈 수 있도록, 치료기법 간의 통합을 이루어

다차원적으로 적용하는 종합적인 통합적 치료 모델을 제시하였다.

2. 통합적 치료의 목표와 과정

통합적 치료에서의 목표는 다음의 세 가지 단계로 구성하여 내담자의 감정, 사고, 행동의 전반적인 측면을 다루어 나감으로써 내담자의 갈등을 해결하고 새로운 행동의 변화를 이끌어 내는 것이다. 즉, 치료초기의 목표는 내담자와 치료자 간의 신뢰로운 관계형성을 이루어 내담자가 자신의 무의식에 내재되어 있는 내적인 갈등 즉, 내담자의 감정, 사고, 행동에 대하여 능동적으로 탐색하도록 유도하여 내담자가 자신의 감정을 인식하도록 하는 것이다. 치료중기의 목표는 자신의 감정을 인식한 내담자가 자신의 감정, 사고, 행동을 이해하고 인지적으로 통찰할 수 있도록 이끌어 주는 것이다. 치료말기의 목표는 내담자가 감정인식과 인지적 통찰을 통한 새로운 행동을 형성하고 실천하도록 하는 것이다. 즉, 내담자가 자아 존중감과 자신감을 회복하고 자신의 감정, 사고, 행동 변화를 현실생활에서 실천하고 행동화함으로써 새로운 관계의 형성과 사회성을 회복하도록 하는 것이다.

통합적 관점에서의 목표설정은 내담자와 상담자가 함께 결정하며, 이는 언제든지 변화가능하다(Corey, 2001). 그러나 이러한 목표설정은 아동에게 적용하기란 매우 어려운 일이다. 왜냐하면 아동들은 미성숙하므로 자신이 해결해야 하는 문제가 무엇인지에 대한 명확한 인식을 하기 어렵기 때문이다. 그러므로 치료자는 내담자의 호소내용을 분석하고 탐색하여 내담자의 기대와 목표를 구체화 시켜서 치료자와 내담자가 만족하는 목표설정을 해야 한다.

통합적 치료의 과정은 3단계 과정으로 구성된다. Hill과 O'Brien(1999)

의 3단계 통합 모델은 탐색단계, 통찰단계, 행동의 실행단계를 거친다. Hill과 O'Brien(1999)은 인간이 정서적, 인지적, 신체적 영역에서 다양한 잠재력을 갖고 태어난다는 가정 아래 인간의 감정, 사고, 행동의 3단계 통합 상담모델을 개발하였다. Hill과 O'Brien은 통합의 자원에서 사용된 세 가지 상담이론의 특징과 강점을 상담의 세 단계 과정 속에서 통합시켰으며 통합이라는 상담의 새로운 조류와 현실적 요구를 비교적 효율적이고도 합리적으로 수용한 통합이론이라고 할 수 있다(김광웅, 2002).

먼저, 1단계인 탐색단계에서 상담자는 내담자와 치료적 관계를 발전시키기 위해서 내담자의 이야기를 경청하고 공감하며 반영과 요약을 해준다. 이 과정을 통해 내담자는 자신의 생각과 감정을 탐색하게 된다. 다음으로, 2단계인 통찰단계는 내담자가 자신의 문제에 인지적으로 통찰하고 새로운 면을 발견하고 도전할 수 있도록 그들의 사고, 감정, 행동을 이해하는 단계이다. 또한 내담자의 새로운 변화에 대한 도전과 투쟁을 돕는다. 마지막으로 3단계인 행동의 실행 단계에서는 상담자와 내담자가 협력의 관계를 맺고 바람직한 행동에 도전함으로써, 새로운 행동을 형성하고 실천하도록 실제적인 도움을 주는 단계이다. 이러한 탐색, 통찰, 실행의 단계를 거쳐 내담자는 새로운 삶을 찾게 되는 것이다(이영미, 2002).

1) 탐색단계

아동들은 치료활동(모래놀이, 음악, 미술활동)을 통해서 자신의 감정, 사고를 나타내게 되며 치료자는 아동과 함께 그들의 감정, 사고를 탐색하고 감정을 능동적으로 표현하며 인식할 수 있도록 도와준다. 감정의 표현, 확인, 명료화는 치료 초기단계에서 매우 중요한 요소(Rogers, 1951)이기 때문이다. 대상 아동의 정서적 측면을 다루게 되는 탐색단계에는

Axline의 아동중심 놀이치료이론을 적용한다. 아동중심적 치료는 치료자가 아동에게 치료의 방향과 책임을 맡김으로 인해 아동 자신의 적극적인 성장과 치료적 방향설정의 원천을 아동에게 두는 것이다. Axline(1969)은 아동 스스로 성장잠재력과 자성능력이 있기 때문에 어려움을 극복할 수 있는 자기 치유력을 갖고 있는 것으로 보았다. 이처럼 아동들은 무한한 잠재력과 회복력을 갖고 있으며 성장과 성숙을 향해 노력하고 있다는 기본철학을 바탕으로 초기 탐색과정에 적용한다. 따라서 탐색단계에서의 가장 중요한 목적을 치료자와 아동 간에 서로 편안하고 신뢰할 수 있는 관계를 맺는 것(Axline, 1969)에 두어야 한다. 첫 만남에서 아동은 저항하거나 자신을 방어하려 할 수 있다. 그러므로 치료 초기에서 치료사와 아동이 치료적 관계를 형성하는 것은 매우 중요한 과제가 된다. 따라서 탐색 단계에서는 아동자신이 놀이의 주제, 내용, 과정을 선택하도록 하는 방법을 통하여 아동이 자신에 대한 책임을 수용하고, 자신의 강점을 발견하여 하나의 독립된 개체로 성장하도록 도와준다. 이를 통하여 아동은 내면의 갈등을 극복하고 자기(Self)를 발전시킨다.

한편, 아동 중심 놀이치료자는 아동이 잘 기능 할 수 있도록 목표를 세우는 것이 아니라 아동과 치료적 관계의 발달을 촉진하기 위한 목표를 세워야 한다고 하였다(Landreth, 1991). Landreth는 치료자와 아동의 치료적 관계형성에 대하여, 아기가 잘 성장하기 위해서 생후 초기에 모(母)와 기본적인 신뢰감을 맺는 것과 같이 서로 믿고 좋아하며 편안한 관계 속에서 안심하고 자신의 내면의 어려움을 표현할 수 있는 용기를 얻으며 이를 해결할 수 있는 힘을 작동시킬 수 있어야 한다고 하였다. 따라서 치료 초기단계에서의 치료자와 아동 간의 신뢰로운 관계형성은 치료에서 매우 중요한 열쇠와 같은 역할을 함으로 꼭 이루어 나가야 할 목표가 된다.

(1) 탐색단계의 치료 계획과 목표

치료초기에는 아동의 감정, 사고, 행동 간에 상호 관련성과 영향력을 알아내는 것이 중요하다. 그리하여 아동 자신이 표현하는 것을 통하여 자신의 내적 또는 외적 환경에서 변화되기를 바라고 있는 욕구를 탐색해야 한다. 이는 상담목표의 구체적인 방향을 돕는다. 따라서 아동의 전반적 발달 수준과 인지 · 정서 · 행동을 탐색하고, 아동의 정서행동문제의 원인을 파악하여 구체적인 치료목표를 설정하는 토대를 마련해야 한다.

탐색 단계에서 현재 아동이 치료세션에서 보이고 있는 혼란스럽고 혼돈된 그들의 작품이나 활동을 통하여 감정, 사고, 행동의 문제를 이해하여야 한다. 이를 위해서는 내담자인 아동의 과거의 경험이 중요하기 때문에(Corey, 2001), 이 단계에서 내담자인 아동의 역사를 탐색하고 이해하는 것은 아동의 문제를 해결하는데 매우 중요한 기능을 갖는다.

탐색단계의 목표는 치료자와 아동과의 치료적 관계에서 신뢰로운 관계를 형성하는 것이며, 이러한 동맹 안에서 아동이 자신의 감정을 능동적으로 충분히 표출하도록 격려한다. 또한 아동이 자신의 혼란스런 감정, 사고, 행동을 세션활동을 통하여 탐색하고 확인하도록 지지하여 아동 스스로 자신의 감정, 사고, 행동을 인식하도록 한다.

(2) 탐색단계의 치료자 역할

치료자의 역할은 가장 바람직한 조건하에서 아동이 자신의 성장을 경험할 수 있도록 기회를 제공하는 것이다. 그러므로 치료자는 아동이 감정을 표현할 때 그 감정들을 자유롭게 다룰 수 있도록 아동의 사고나 감정을 적극적으로 경청하고 공감하며 수용하고, 반영(反映)하고 지지와 격려를 해주어야 한다. 따라서 치료자가 아동을 어느 정도 무조건 수용하고 공감적 이해를 할 수 있는지와 일관된 성실성으로 아동을 대할 수 있는지가 매우 중요한 요소이다(Axline, 1969). 치료자가 아동을 충분히 수용하고 공감대를 형성하고, 존중하며 순수하고 성실하게 대할 때 그들은 진정으로 자신을 수용하게 될 것이며, 이러한 수용은 아동의 잠재력을 발휘하도록 도와주고 인생을 충분히 생산적으로 살아가게 도와줄 것이다(Rogers, 1951; 이영미, 2002).

그러므로 탐색단계에서 치료자는 내담자인 아동이 자신이 느끼는 혼란스런 감정과 사고에 대하여 인식하고 그것을 능동적으로 표현하도록 도와주어야 한다. 치료자는 아동의 감정 표현에 수용 · 지지 · 격려를 아끼지 않아야 하며, 아동의 감정을 판단하거나 비판하지 않고 허용적인 태도를 취해야 한다.

(3) 탐색단계의 부모교육

치료에 대한 부모의 협조는 효과적인 치료 방법 중의 하나라 할 수 있다(Liberman, 1979; O'Connor, 1991).그렇다면 치료 효과를 극대화하는데 부모의 협력적인 자세는 매우 중요한 요인이 된다. 인간은 인생초기에 부모에 의해 애정욕구가 심하게 좌절되면 이것을 얻기 위해 대상에게 비참할 정도로 의존한다는 Saul(1971)의 주장처럼, 부모라는 변인은 아동의 심리적인 부분에 커다란 영향을 준다. 그러므로 아동의 정서행동문제를 이해하고 변화, 성장시키는데 부모교육과 상담은 필수적인 요소이다.

탐색단계에서 부모가 치료에 대한 올바른 지식을 갖고 있어야 치료에 대한 신뢰가 생기고 아동의 치료에 도움을 받을 수 있다. 부모와의 상담을 통해서 아동의 발달사, 생육사에 대한 탐색을 통해 아동의 현재 어려움과 과거 경험 간의 관련성을 찾고, 부모자신의 성격적 특성이 아동에게 어떤 영향을 미치고 있는지를 깨닫도록 부모교육과 부모상담도 필요하다. 왜냐하면 부모에게 아동에 대한 이해와 양육기술만을 강조하는 것은 지적인 통찰에 불과하기 때문에 일정기간이 지나면 또 다시 자신의 문제가 자녀에게 투사되어 같은 방식의 양육방법을 답습하게 되기 때문이다(Saul, 1971).

2) 통찰단계

통찰 단계에서는 과거를 탐색하고 자신의 감정 인식을 통하여 아동이 자기 자신의 감정, 사고, 행동을 이해하고 인지적 통찰을 하도록 이끌어 주어야 한다. 이러한 과정은 아동이 새로운 관점에서 사물들을 보도록 도와주고 아동의 감정, 사고, 행동의 이유가 무엇인지 지각하도록 도와주기 때문에 중요하다. Hill과 O'Brien (1999)은 통찰이 더 큰 자기이해와 적절한 책임감을 불러일으키기 때문에 치료의 결정적인 요소라 하였다. 치료세션에서의 활동을 통하여 얻게 되는 자신의 감정, 사고, 행동에 대한 통찰은, 무의식에 잠재해 있던 내면의 억압된 심상을 의식화하여 설명하고 인지하게 한다. 아동의 놀이는 자신의 중요한 갈등적 요소를 표현하거나 감추어진 환상의 내용을 시험하는 의미를 내포하고 있으므로(Erikson, 1950), 이러한 활동과정에서 아동은 자신의 낡은 것에 새로운 도전과 투쟁을 이끌어낼 수 있다. 따라서 스스로가 새로운 경험을 할 수 있도록 책임감과 자기조절능력을 갖도록 해주므로 치료과정에서의 통찰은 매우 중요한 요소이다. 이 때문에 통찰단계에서는 내담자인 아동에게 도전적인 관점(challenge perspectives)을 갖게 해주어야 하며, 새로운 방법으로 사물을 바라볼 수 있도록 아동 자신의 경험을 활용하고 새로운 생각들을 만들어내도록 이끌어 주어야 한다. 그러므로 치료자는 세션활동 안에서 아동과 함께 새로운 일들을 배워나가도록 하여야 한다.

통찰단계에서는 정신분석적 치료이론과 대상관계 치료이론, 분석심리학적 치료이론등을 적용한다. 정신분석적 접근은 아동의 방어와 억압된 기억을 퇴행시켜 직면시킴과 동시에 환자의 환상, 바램 등의 분석을 통해 환자 자신을 이해하고 문제해결능력을 향상시키도록 도움을 제공한다. 결과적으로 억압된 정신적 내용을 재구성하고 성격을 재구조화하는 것이 정신분석의 목표이다(Ritvo, 1978). 그러나 아동의 경우, 자아와 초자아와 같은 정신적 구조가 미성숙한 특징 때문에 분석에 대한 접근방법이 다르다. 아동은 정신, 신체발달단계에서 미숙하고 자아 중심적이기 때문에(Freud, 1926), 아동의 발달단계에서 고착, 퇴행하지 않고 다음단계로 발달하도록 잘 통합하도록 도와주는 것이 필요하다.

한편, Jung의 분석심리학적 이론에서 핵심 이론은 능동적 심상(Active Imagination)이다. 능동적 심상은 자신의 내면에 흐르는 이미지의 변화를 관찰하는 내성법으로 무의식을 알아가는 또 하나의 방법이자 체험이다. 아동이 세션활동에서 구체적인 작업을 통하여 만나는 적극적인 상상은 무의식에 내재된 이미지나 콤플렉스 내용이 아직 의식화 되지 않았거나 정의되지 않았을 때 그 내용을 수면위로 떠오르게 하여준다. 즉, 이러한 구체적인 작업 과정을 통하여 만나는 원형적 이미지는 그 내용의 의식화와 연상과 확충, 능동적 심상이 콤플렉스의 의식화에 도움을 주게 된다. Jung에 의하면 상상 행위인 환상은 정신에너지의 자연스러운 흐름이며 자아의 창조적인 참여를 통하여 무의식의 내용을 의식의 상태로 드러내게 하는 작업이라 하였다. 또한 카타르시스와 같이 외상에 수반된 감정을 불러오는 것을 특별히 '재반응'이라 하였고, 이것에 대하여, 인간이 강렬한 체험에 대하여 그 체험의 감정적인 가치가 소멸될 때까지 되풀이하여 이야기하고 싶어 한다고 함에 주목하였다. 따라서 외상을 받은 순간의 상태를 극적으로 반복 각성상태에서 감정적으로 재연하면 치료에서 유익한 효과를 나타낸다고 하였다. 이것은 곧 자신의 감정과 사고, 행동을 이해하고 인식하는 것을 돕는다. 즉 아동은 치료세션에서 자신의 작품이나 이야기 활동을 통하여 이러한 자신이 겪은 일들로 인하여 무의식에 잠재해 있는 갈등들을 능동적 심상을 통하여 의식화하게 하였을 때, 도전과 투쟁을 통하여 외상체험에 수반된 감정은 점차 약화되고 정신을 '통합'할 수 있는 것이다. 따라서 치료자는 아동에게 아동 자신이 이러한 능동적 심상을 활성화 시켜 자기치유력을 활성화 할 수 있도록 제공해주는 것이 필요하다.

정신분석학적 입장의 영향을 받은 Melani klein, Margaret Mahler는 대상관계이론을 발전시켰고, Donald Winnicott은 대상관계이론을 놀이치료에 적용시켰다.

각 개인의 대상관계유형은 어린시절 양육과정에서 욕구들을 어떤 양식으로 해결하고 이 과정에서 가족과의 관계가 어떠했는지에 따라서 크게 차이가 난다. 특히 이 시절 어머니와의 관계가 그 후의 모든 대상관계의 원형이 된다(Mahler, 1965). 인간이 대상관계를 갖게 되는 중요한 원인은 어머니와의 공생관계를 회복하기 위해서라고 하며(Tarachow, 1963), 공생관계에서는 아동이 어머니에게 완전히 의존적이기 때문에 모든 욕구는 어머니에 의해서 해결된다. 인간은 이 시기로 돌아가는 수단으로서 일생동안 대상을 찾고 대상에 매달리게 된다는 것이다(정방자, 2000). 그러므로 주요한 타인과의 관계에서 굳어진 관계유형은 반복되고 습관화되어 다른 인간관계에 그대로 전이될 수 있다. Mahler(1972)에 의하면 태어나서 3세까지의 정신발달의 중요성을 강조하였다(이영미, 2002에서 재인용).

아동은 자신과 자신주변의 대상들과의 관계 속에서 심리내적발달(Intra-Psychic Development)과정을 거치며 성장하게 되고 이 시기의 경험은 개인의 성격형성에 영향을 미치게 된다. 아동은 정상적 자폐단계(Normal Autistic Phase)-정상적 공생단계(Normal Symbiotic Phase)-분리개별화단계(Separation Individuation Phase)를 거치면서 생후 3년 정도가 되면 개별화(Individuation)와 대상항상성(ObjectConstancy)의 획득이 시작된다. 대상항상성은 대상이 보이지 않는 동안에도 그 표상을 유지하는 것뿐 아니라 대상의 좋은 점과 나쁜 점을 하나의 전체적인 표상으로 인식하고 통합시키는 것을 의미한다. 이런 과정은 순차적으로 이루어지며 잘 발달된 개인은 자신과 타인을 분별하고 조화를 이루는 능력을 보유하게 된다(Winnicott, 1971). 부모에 대한 내면화가 만족스러웠을 때 아동은 그들을 이상적 대상으로 인식하게 되나, 불만족스러웠을 때는 적개심의 대상으로 내면화되어 성장이 왜곡된다. 아이의 욕구를 지나치게 허용하면 아이는 욕구조절의 힘이 없어져 충동적인 인간으로 자라기 쉽다(정방자, 2000). 아동이 이러한 발달과제를 익히고 부모의 적절한 훈육과 사랑의 제공은 아동의 마음속에 건강하고 지지적인 부모가 내재화되어 실제로 부모가 곁에 없더라도 불안이 없고 독립적인 인간으로 성장하는데 도움이 된다. 그러나 모(母)가 아동의 욕구에 적절하게 반응해 주지 못하면 아동은 중간대상에 집착하게 되고 심각한 불안과 공포를 느끼게 된다(Winnicott, 1971). 이처럼, 아동의 정서행동문제는 초기 영아기 때부터 어머니와의 상호작용 속에서 형성되고, 이 상호작용은 어머니가 내재화하여 현재 삶에서 반복하고 있는 대상관계의 영향을 받아 일어난다. 그러므로 아동이 건강하게 성장하기 위해서는 아동에게 촉진적 환경 즉, 부모가 제공해 주는 충분히 좋은 환경을 제공해 주어야 한다(Winnicott, 1971; 이영미, 2002에서 재인용).

(1) 통찰단계의 치료 계획과 목표

통찰단계에는 과거 부적절하거나 상처받은 경험들, 부모와의 부적절한 애착관계로 인한 갈등과 어려움 등을 감정으로 인식하고, 인지적 통찰을 함으로써 상처받은 경험을 치료자와의 치료적 관계와 보살핌을 통해 교정하게 한다.

따라서 이러한 활동을 통하여 아동이 과거의 경험, 부정적인 감정, 사고, 행동에 도전하고 투쟁하게 하여 새로운 경험을 할 수 있도록 돕는데 목표를 둔다.

(2) 통찰단계의 치료자 역할

치료자는 아동과 지나친 동일시를 하지 않으면서 아동의 감정표출에 대하여 공감과 수용, 지지를 해주어야 한다. 또한 통제력 · 해석력 · 관찰력을 갖고, 전이에 따른 강렬한 감정을 견디어낼 수 있는 충분한 성숙과 마음의 균형을 유지하여 역전이를 해결할 수 있어야 하며, 치료자 자신이 아동이기 갈등에 대한 통찰과 해결책을 갖고 있어야 한다. 또한 치료과정 중에 참여관찰자로서 중립적 관찰자 역할을 유지해야 한다(Esman, 1975). 즉, 전이현상을 잘 설명하고 해결할 뿐만 아니라 아동이 부모와의 관계에서 결핍되었던 애착을 회복하기 위해 따뜻하게 보살핌으로서 좋은 대상관계를 제공할 수 있어야 한다. 치료자는 충분히 좋은 모(母)의 역할을 해 줌으로서 아동이 서서히 분리개별화단계를 거칠 수 있도록 도와주어야 한다. 통찰단계에서 치료자는 직면, 해석, 자기노출, 즉시성, 보살핌을 잘 수행하여야 한다. 치료자가 아동의 문제를 파악하고 적절한 시점에서 아동이 자신의 감정, 사고, 행동을 자각하고 통찰을 갖도록 하기 위함이다. 특히 해석은 내담자가 자신에 대한 깊은 이해와 더불어 대인관계의 개선과 증상의 완화라는 상담효과를 거둘 수 있기(Joyce, Duncan, & Piper, 1995) 때문에 매우 중요하다. 보살핌은 심리적인 안정감을 제공해주는 보살핌을 뜻하므로 아동과의 애착관계를 형성하고 반영(反映)하기를 통하여 아동이 자신의 감정과 사고를 이해하고 통찰하도록 유도함으로써, 아동이 새로운 행동을 형성하도록 도와 자아의 통합과 자아관계성을 발달시키도록 하는데 중점을 둔다.

(3) 통찰단계의 부모교육

통찰단계의 부모교육은 아동과의 안정적인 관계맺기를 돕는다. 과거 애착형성에서 결핍된 부분을 보충하고 새로운 행동을 형성하게 하여 안정적인 애착관계로 교정하는 단계이다. 이 단계에서는 '아기타임'이나 '놀아주기 시간'을 마련해서 부모 자녀 간의 긍정적인 상호작용을 높이도록 한다.

본 연구에서는 아동이기 건강한 부모자녀의 관계를 모델로 하는 테라플레이 치료프로그램의 단계를 더욱 확장시켜 지속적으로 가정에서 수행할 수 있도록 지도하고, 자녀양육법에 대한 기술과 대처방법에 관한 부모교육도 실시하였다.

3) 행동 단계

행동단계에서는 아동의 감정, 사고, 행동에 대해서 의식하고 통찰하며, 자신의 부정적인 무의식 또는 과거와 투쟁하고 대립하는 과정을 통하여 인지적으로 통찰을 이루어 냄으로써, 아동이 새로운 감정, 사고, 행동을 형성하고 실천할 수 있도록 도와야 한다. 또한, 새로운 관계를 형성하고 새로운 성장을 위한 자아의 균열을 회복하는 힘을 길러 자아의 통합과 수용으로 사회성을 회복하고 사회정서적 적응행동을 향상시켜야 한다.

이 단계에서 적용되는 이론은 인지행동 놀이치료이다. Knell(1993)은 인간행동과 사고에 기초하여 인지적 왜곡을 제시하고 있으나 아동들에게 이러한 왜곡은 부적응의 결과로 나오기도 하는데, 이는 아동의 생각이 종종 비논리적이고 자아 중심적이기 때문이라고 설명하고 있다. 아동의 분노조절능력이나 제한을 수용하는 능력은 사회적응능력과 연결되기 때문에 치료자는 계획을 세워 단계적으로 실시한다. 그러므로 치료자는 공감적인 수평적 관계인 동시에 아동을 통제하는 부분 통제자도 될 수 있다. 사회적 기술을 터득하기 위해서 세션활동을 통해 학습하고 훈련하여 실제상황을 사용할 수 있게 하여야 한다(Knell, 1993). 아동이 올바른 방법으로 대처하지 못할 때는 역할을 바꾸어 치료자가 이끌며 시범을 보여 모방하도록 지도할 수 있다. 발달적인 견지에서 인지행동 놀이치료를 실시해온 Knell(1993)은 인지행동 놀이치료의 잠재적인 효과 및 특징을 6가지로 제시하였다. 첫째, 인지행동 놀이치료는 놀이를 이용하여 아동을 치료에 참여 시킨다.이는 치료세션에서의 활동이 하나의 치료방법이면서 의사소통의 수단이 된다는 것이다. 둘째, 인지행동 놀이치료는 아동의 사고, 감정, 환상, 환경에 초점을 둔다. 셋째, 좀 더 적절한 사고와 행동을 발달시키기 위하여 하나 이상의 전략을 제시한다. 즉, 치료를 통하여 현재의 부적절한 방법을 좀 더 효과적인 방법으로 대치하여 해결할 수 있는 전략을 배우는 것이다. 예를 들면 새로운 기술을 습득할 때 주로 장난감이나 인형을 통해 긍정적인 자아진술을 모델링하면서 배우게 된다. 넷째, 인지행동 놀이치료는 구조적이고 직접적이며 목표 지향적이다. 아동과 치료자는 함께 목표를 정하고 아동이 정해진 목표를 향하여 전진하도록 돕는다. 이 때 치료자는 적극적이고 지시적으로 상담과정을 주도해 나간다. 다섯째, 인지행동놀이치료는 임상적으로 제시된 기법을 통합한다. 가장 보편적이고 효과적인 기술은 모델링이다. 이는 아동을 대상으로 할 때 구체적이고 비언어적으로 제공되기 때문에 효과적이다. 여섯째, 인지행동 놀이치료를 통하여 치료에 대한 임상적인 검토가 가능하다. 구체적인 문제를 위해 체계적으로 고안된 개입의 효과에 대한 연구를 가능하게 해준다(이숙 외, 2인, 2002)

그러므로 아동에게 적절한 모델링을 제공해 주는 것에 역점을 둔다. 아동이 용이하게 접근하도록 적절한 정보를 주어 아동이 모방할 수 있게 한다. 치료자가 언어나 놀이를 통해 표현하면 아동은 이를 모방하게 된다. 따라서 치료자는 긍정적 모델을 제공해 주어 아동의 행동변화를 도와야 한다. 또한 부모가 아동의 행동변화를 지지하고 격려하도록 치료자는 부모를 도와주어야 한다.

(1) 행동단계의 치료계획과 목표

인지행동놀이치료는 목표지향적인 활동을 제공하기 때문에 (Knell, 1993) 아동 내면속의 정서적 갈등이 표출되고 어느 정도 해결되면 점차 아동의 인지행동변화를 위한 치료적 접근법이 필요하다. 치료자는 분노조절, 제한 수용하기, 타인에 대한 수용과 공감능력 기르기, 순서를 기다리고 규칙 지키기 등을 통하여 사회적응력을 키우고 사회기술력을 높일 수 있도록 도와야 한다. 이러한 세션활동을 통하여 자신의 행동에 대한 조절과 책임을 배우게 되는 것이다. 이러한 과정 속에서 아동은 점차 자신의 비합리적 생각과 합리적 생각을 구별하게 되고 치료자의 모델링을 통해 더욱 강화된다.

행동단계에서는 아동의 인지적, 행동적 변화를 위해 행동형성(Shaping) · 자기 검토 작업(Self-monitoring) · 자기 지시훈련(Self-Instuction Training) · 멈추고 생각하기(Stop and think) · 게임기법 등을 적용한다.

이와 같이 행동단계에서의 치료목표는 아동의 인지적 · 행동적 변화이다.

내담자가 보이는 부정적인 생각들을 검증하고 수정하는 작업을 치료를 통해서 해야 한다(Bedrosian & Beck, 1980)는 주장처럼 부정적인 생각들에 대하여 인지적인 왜곡을 밝히고 행동의 변화를 가져오는 도움을 주어야 한다. 인지적인 왜곡은 아동의 발달을 저해하고 부적절하거나 고통스러운 정서반응을 나타내게 한다. 치료자는 아동에게 자신의 감정이나 사고를 조절하고, 행동변화에 대한 책임은 아동자신이라는 것을 알려주어야 한다(Knell, 1993). 이는 아동이 치료에 적극적으로 참여해야만 치료 목표가 달성될 수 있기 때문이다. 비합리적인 신념을 수정하고 정체감을 형성하도록 도움을 받는 아동은 자신의 권리와 자신에 대한 이해를 발달시키게 된다. 이때 치료자는 아동에게 과제를 부여하고, 아동의 새로운 행동의 형성을 위해서 전략을 개발하는 것이다. 행동의 계획을 세우고 평가하고 필요하다면 수정하게 된다. 행동의 변화는 긍정적인 변화를 의미한다. 정신분석자들이 통찰이 생기면 행동도 따라서 변화될 것이라고 하지만, 치료자가 아동의 특별한 변화에 대한 생각을 격려하고 행동화하도록 도와주지 않으면 통찰에서 행동으로 실천하기가 어려운 아동도 있다. 이러한 노력들은 아동의 발달에 맞게 자신의 환경을 조절, 극복, 관리하는 능력이 증가하여 조절감고 숙달감을 가져오게 한다. 아동의 인지구조의 변화를 통하여 아동의 감정과 행동양식의 변화를 시도하는 것이다. 아동의 부적절한 생각들이 긍정적으로 변하게 되면 아동의 문제행동도 변하게 된다(Knell, 1993; 이미영, 2002에서 재인용).

(2) 행동단계의 치료자 역할

행동단계에서 치료자는 친밀감형성과 신뢰감을 바탕으로 긍정적인 치료적 관계를 일관성 있게 유지하며 치료과정에서 점차 적극적인 개입을 하여야 한다.

이 단계는 아동에게 적절한 모델링을 제공해 주는 것에 역점을 두기 때문에 치료자는 역할놀이를 통한 모델링과 반영하기를 통해 타인의 감정, 사고, 행동을 보여주어야 한다. 이러한 활동 속에서 아동은 타인을 공감하고 이해하게 되며 그들을 모방하게 된다. 역할놀이는 치료자가 비언어적인 표현과 더불어 언어로 표현하는 것도 중요하다. 이렇게 하여 아동이 통찰을 얻게 된 후에는 감정, 사고, 행동을 언어로 표현하는 것이 직접적인 행동변화에 영향을 주기 때문이다(Knell, 1993).

행동단계에서는 탐색단계 · 통찰단계와는 달리 칭찬을 적극적으로 활용하고, 교육을 강조하게 되므로, 치료자는 아동에게 새로운 기술을 가르치는 교사로서의 역할도 (Knell, 1993)하여야 한다. 즉, 아동이 주어진 과제를 효율적으로 이끌어 갈 수 있도록 아동을 힘있게 이끌어 가는데 역점을 두고 칭찬과 해석을 통하여 아동에게 새로운 기술과 행동을 배우도록 유도하는 것이 필요하다. 치료과정에서는 아동이 보이는 적절하고 부적절한 행동에 대해 즉각적이고 일관성 있는 반응을 보여 주어야 한다(Kaduson, 1997)는 것처럼 이러한 방법을 적용하여 아동이 인지적 통찰을 갖도록, 아동에게 새로운 기술과 행동을 배우고 실천하도록 유도하여야 한다. 아동의 행동변화를 위해서 치료자는 의견이나 아동의 질문에 대한 답변, 자료제공, 충고, 제안 등을 사용한다.

이 때 주의할 점은 치료자는 긍정적인 사고방식을 갖고 치료에 적극적인 자세로 아동을 정확히 이해하고 치료전략을 세워야 하며, 필요에 따라서는 아동의 능력에 따라 치료계획을 수정하도록 하는 것이다.

(3) 행동단계의 부모교육

아동의 사고나 행동의 변화를 위해서는 부모의 지지와 격려가 필요하며, 이를 통하여 아동은 자신감을 회복하고 새로운 행동을 추진하기 위해 노력한다. 때문에 부모가 아동의 동기유발이나 성공적인 행동변화를 촉진시킬 수 있도록, 부모가 일관성 있게 아동을 지지하고 훈육할 수 있도록 부모교육을 실시하여야 한다. 부모가 자녀에 대한 처벌, 비난과 잔소리를 통제하고 긍정적인 격려와 지지를 지속적으로 유지해나갈 수 있도록 치료자는 계속해서 부모의 자녀양육법을 검토하고 교육하며 부모를 격려하고 지지하는 것이 필요하다.

3. 통합적 치료에서 치료자의 역할과 태도

치료사의 역할은 내담자가 치료과정을 통하여 자신의 문제를 능동적인 힘으로 해결할 수 있도록 돕는 것이다. Kathryn Geldard & David Geldard (1997)는 그의 저서 「Counseling Children」에서 아동과 치료자의 관계의 중요성에 대하여 강조하고 있다. 「Counseling Children」은 김광웅 · 박인전 · 방은령(2004)이 공역하여 「아동상담」으로 출간하였는데, 몇 가지로 요약하여 살펴보자면 다음과 같다.

첫째,	아동-치료자 관계는 아동의 세계와 상담자 사이를 연결하는 고리여야 한다는 것이다.
둘째,	아동-치료자 관계는 (다른 사람과) 배타적이어야 한다는 것이다.
셋째,	아동-치료자 관계는 안전해야 한다는 것이다.
넷째,	아동-치료자의 관계는 진실해야 한다는 것이다.
다섯째,	아동-치료자 관계는 비밀이 보장되어야 한다는 것이다.
여섯째,	아동-치료사 관계는 비강제적이어야 한다는 것이다.
일곱째,	아동-치료자 관계는 목적이 있어야 한다는 것이다.

치료자의 역할과 기능을 제대로 수행하기 위해서는 치료자의 태도가 매우 중요한 부분을 차지한다. 또한 이러한 치료자의 태도는 내담자인 아동의 문제를 해결하는데 매우 중요한 치료적 요인으로 작용한다. 따라서 치료자의 바람직한 태도에 대하여 정리해 볼 필요가 있다. 이숙 · 최정미 · 김수미(2003)는 그들의 저서 「현장중심 놀이치료」에서 치료자의 태도에 대하여 밝히고 있는데 정리해보면 다음과 같다.

첫째,	치료자는 '민감성'을 가지고 치료세션에 임하여야 한다.
둘째,	치료자는 아동에 대하여 '긍정적 수용'을 하여야 한다.
셋째,	치료자는 아동에 대하여 '공감적 이해'를 하여야 한다.

넷째.	치료자는 아동에 대하여 '촉진적 반응'을 하여야 한다.

이와 같이 치료자의 역할과 태도는 성공적 치료에 매우 중요한 부분을 차지한다. 치료자는 치료의 공통적인 기본 역할을 유지하여야 한다. 즉 바람직한 치료자의 역할이란 치료자가 치료세션을 진행할 때 민감성과 긍정적 수용, 공감적 이해, 촉진적 반응을 하는 태도를 통하여 내담자를 지지하고 따뜻한 배려를 하여야 한다. 동시에 내담자가 자신의 능력을 인식하고 능력이 제대로 발휘되지 못하는 요인을 찾고 어떻게 변화되기를 원하는지를 명료화하도록 도와주는 것이다. 즉, 지속적인 수용적 태도와 공감적인 반응은 내담자와의 신뢰로운 관계를 유지하는 데 도움이 된다. 치료자의 촉진적인 반응은 아동에게 책임을 지도록 격려하여 아동이 통제감을 느끼고 내적으로 동기화 되도록 돕는다. 치료자는 아동을 믿으며 아동이 의사결정을 하도록 기꺼이 허용하며 과정에 대한 해석을 피함으로써, 자기 지향적 기회를 제공하여야 한다. 특히 치료의 초기과정에서는 내담자인 아동에게 책임능력이 있음을 알려주는 것이 중요하며, 그것은 자신이 능동적 역할을 해야 한다는 사실을 알도록 해주는 것이다. 치료과정의 중기에서는 내담자의 특성에 따라 억압되었던 감정을 표출하도록 도와주며, 내담자가 자신의 감정을 인식하고 자신의 감정과 심리적 어려움을 유발하는 사고(思考)·신념(信念)·행동을 인지적으로 통찰할 수 있도록 검토해봐야 한다. 치료과정의 말기에서는 내담자의 행동에 변화를 줄 수 있도록 치료자는 적극적으로 과정을 이끌어 갈 필요가 있다. 치료자는 내담자의 성격·환경적 요인을 고려하면서 치료과정에 따라 어떤 도움이 적절한지에 대해서도 고려해야 한다(Hill & O'Brien 1999; Corey, 2001; 이영미, 2002).

4. 통합적 치료 적용에 관한 선행연구

선행연구를 토대로 최근의 동향인 통합치료에 대하여 종합해 보면, 다양한 이론을 통합하여 적용한 '이론 통합적 방법'과 다양한 치료매체를 선택하여 적용하는 '기법통합적 방법' 중 어느 한쪽의 방법이 적용되어지고 그에 따른 사례연구들이 발표되고 있다.

다양한 이론적 통합 중심의 통합적 치료에서는 「단일 이론적 접근이 갖는 한계를 극복하고 이를 포괄적으로 접근하는 것(Arkowitz, 1997)」과 「각 개인이 가지고 있는 문제 특성이나 상담자의 특성에 따라 이론적 접근방법이 달라질 수 있는 부분들을 고려하여 새롭게 이론적 개념을 창출한 것(Seligman, 1995; Thompson & Campbell, 1992)」이라는 견해를 가지고 있다. 이와 같은 관점에 있는 연구자와 임상가들은 다양한 이론을 통합하여 적용한 사례연구들을 발표하였다.

다양한 기법적 통합 중심의 통합예술치료에서의 통합적 치료에서는 한 가지 예술매체를 적용하는 독립된 영역의 치료적 접근은, 내담자가 가지는 문제나 내담자의 선호도, 내담자의 성격적 특성 등에 따라 치료효과가 다르게 나타날 수도 있으며, 이를 극복하고 보완하기 위하여 다양한 예술매체 간의 통합을 통하여 치료의 효율성을 높일 수 있다는 견해를 가지고 있다. 이와 마찬가지로 아동을 위하여 선택되는 심리치료 역시 한 가지 이론에 치중하는 것보다는 다양한 이론의 통합적 접근이 아동문제를 해결하는 데 도움을 줄 수 있다. 심리치료의 이론은 각 심리학파의 이론에 따라 다르게 접근할 수 있는데, 어느 치료이론을 선택할 것인지는 대상 아동의 상태와 치료자의 가치관에 따라 선택할 수 있으나 대부분 어느 한 가지만을 적용하기보다는 절충식을 많이 이용하게 된다(김양순, 1999).

이처럼 최근 심리치료에서의 통합적 접근사례는 심리치료의 다양한 이론을 통합하여 적용한 이론 통합적 방법과 다양한 치료매체를 선택하여 적용하는 기법 통합적 방법 중 어느 한쪽의 방법이 적용되어지고 있다.

1) 이론 통합적 치료의 접근

Fall(1994)은 통합이론의 활용을 선호하면서 아동중심 놀이치료이론과 자기효능이론, 반듀라 이론의 이론적 통합을 통하여 자기 효능감을 높인 통합적 치료방법을 제시하였다. Cockle & Allan(1996)은 성 학대받은 아동과의 초기단계에서는 라포를 형성하기 위하여 아동중심 놀이치료이론을 적용하였고, 초기단계이후에는 아동의 내적 자기치유기능을 다루면서 아동이 표현하는 상징과 은유를 다루기 위하여 융 이론을 적용한 통합적 접근방법을 적용하였다. Leavitt & Morrison (1996)은 AIDS 가족으로 외상을 입은 형제들을 대상으로 집단놀이치료에서 놀이치료 이론, 발달이론들을 적용하였다.

Kenny & Winick(2000)은 자폐적인 성향을 보인 11세 소녀의 놀이치료에서 비지시적인 놀이치료와 사회성발달을 위한 기술을 위해서 지시적인 개입방법과 부모의 교육과 지지를 조화롭게 사용한 통합적 접근방법을 시도하였다.

김양순(1999)은 연구자가 아동의 애착관계개선에 도움을 주기 위해서 일차적인 보호자의 역할을 하기 위하여 대상관계 이론을 적용하였고, 아동중심놀이치료와 발달놀이치료는 사회적 상호작용의 향상 · 신체적 접촉 향상 · 인지발달을 도와주는데 큰 역할을 하였다고 보고하였다.

신숙재 · 이영미 · 한정원(2000)은 주의 산만 아동의 놀이치료사례에서 아동과의 관계형성을 위하여 아동중심놀이치료를 적용하였고, 치료 중기 단계에서부터는 아동의 내면세계에 대한 해석과 갈등을 정신분석학적 놀이치료의 입장에서 해석하는 등 통합적인 적용을 하였다.

염숙경(2002)은 주의 산만을 보인 또 다른 아동의 놀이치료사례의 경우 아동과의 관계향상을 돕고 정서조절, 사회성 발달과 인지적 문제를 해결하기 위해 분석적 놀이치료와 인지행동 놀이치료를 적용하였다. 이 사례에 적용된 분석적 놀이치료는 아동내부의 적대감 · 공격성 · 분노 · 과부하되어있는 심리적 에너지를 발산하고 정화시키며 안정감을 제공해 주는 모래놀이치료의 이론적 배경이 되었다(이영미, 2002).

2) 기법 통합적 치료의 접근

최근 국내의 예술치료 분야에서는 통합적인 치료가 활성화되고 있다. 한국예술치료학회에서는 미술치료, 음악치료, 공연예술치료의 영역들을 통합시키는 방안에 대한 연구가 활발하게 진행되며, 예술치료 영역들에 대한 독립적인 연구와 더불어 각 영역들 간의 접목을 통한 통합예술치료의 형태를 지향하고 있다(김설화, 2003). 정여주는 시 · 음악 · 무용 · 연극 · 인형극 · 팬터마임들을 미술치료에 접목시켜 상호 통합적으로 적용하는 기법적 통합을 제시하였다. 아울러 미술치료가 다른 예술매체와의 결합을 시도하는 것을 내담자에게 다양한 미적 경험을 제시함으로써 치료의 가능성과 영역을 넓혀가기 위한 것이라 하였다. 이와 같은 견해를 토대로, 최근 통합예술치료(Integrative Art Therapy)에 대한 연구가 활발해지고 있다. 즉, 한 가지 예술매체를 적용하는 독립된 영역의 치료적 접근은, 내담자가 가지는 문제나 내담자의 선호도, 내담자의 성격적 특성 등에 따라 치료효과가 다르게 나타날 수도 있으며, 이를 극복하고 보완하기 위하여 통합치료의 필요성과 그 효과를 검증하는 연구들이 활발하게 이루어지고 있는 셈이다. 이와 관련하는 최근 연구들을 살펴보면 다음과 같다.

우선, '통합예술치료(Integrative Art Therapy)에 대한 정의'를 살펴보자면,

각 연구들에서 다음과 같이 정의하고 있다.

최애나 · 강효연(2007)은 통합예술치료는 내담자의 기호를 충분히 고려하여 다양한 예술매체를 통합한 프로그램을 적용하여 창조적인 활동을 통해 내담자의 문제를 해결하는 치료기법 중의 하나라고 정의하고, 그들의 연구에서는 두 가지 이상의 매체를 통합하여 치료하는 형태로 음악과 미술, 음악과 동작의 방법으로 행하는 치료형태를 통합예술치료라 하였다.

문선영(2005)은 통합예술치료란 인간의 신체와 정신의 균형을 갖게하기 위해 심리치료와 함께 복합 모형의 예술과정들을 사용하는 것으로서 미술치료, 연극치료의 표현예술을 통합적으로 활용하는 것이라 정의하였다.

김설화(2003)는 예술치료에 있어서 다양한 매체 활용과 기법에 대한 통합을 '통합예술치료(Integrative Art Therapy)'라 칭한다고 하였다.

김미정(2004)은 통합예술치료란 예술작업을 통하여 호소하는 문제점이나 장애를 진단하고, 예술 활동의 과정을 통해 증상을 제거 또는 경감되도록 유도하며, 심리적으로 안정을 찾는 과정을 의미한다고 하였다.

다음으로, 통합예술치료의 접근을 통한 최근 연구들은 다음과 같다.

김양순(2003)은 자폐성 장애아동을 대상으로 한 연구를 통해 예술매체의 통합적 활용이 더욱 효과적임을 보고하고 있다.

신차선(2003)은 통합예술치료와 무용 · 동작치료가 일반인의 자기개념에 미치는 효과연구 결과 단일 예술치료의 강점을 받아들이고 그 한계성을 보완한 통합예술치료가 무용 · 동작치료보다 일반인의 자기개념에 더 큰 기여를 했다고 보고하고 있다.

문선영(2005)은 통합예술치료가 학교부적응 청소년의 정신건강에 미치는 효과연구를 통해 청소년의 정신건강에 유의미한 영향을 미쳤다고 보고하고 있다. 이 밖에도 전희숙(2004)은 「자폐아동을 대상으로 한 표현예술치료의 통합적 적용 사례연구」를, 류정미(2005)는 「통합예술치료가 비행청소년의 대인관계 및 자기지각 향상에 미치는 영향」을, 김미정(2004)

은 「통합예술치료가 초등학생의 자기표현 향상에 미치는 영향」에 대한 연구를 하였고, 그들의 연구에서도 효과가 있었음을 발표하고 있다.

이처럼, 선행연구에서 살펴 본 통합예술치료에서의 통합치료란 각각 독립된 예술치료의 영역들을 통합하는 형태로서 다양한 예술형태들을 한 프로그램 안에서 상호 통합적으로 적용한 기법 통합적 치료를 말하고 있다.

3) 이론적 통합과 기법적 통합을 종합한 통합적 치료의 접근

본 연구에서는 대상아동이 겪는 다양한 문제증상을 해결하기 위하여, 이론적 통합과 기법적 통합을 동시에 적용한 종합적인 통합적 치료를 실시하였다.

이론적 통합 과정은 치료단계별로 다양한 이론을 통합하여 포괄적 개념구조를 적용하였다. 초기의 치료과정인 탐색단계에서는 아동중심적 치료 이론을 적용하고, 중기의 치료과정인 통찰단계에서는 아동중심적 치료 이론을 토대로 하면서 정신분석 이론, 대상관계 이론, 분석심리 이론과 심층심리이론을 부각시켜 적용하였다. 말기의 치료과정인 행동단계에서는 아동중심적 치료 이론을 토대로 하면서 인지행동적 이론을 부각시켜 적용하는 것으로 구성하였다.

기법적 통합과정은 이론적 통합을 각 기법에 적용하며, 통합치료로 선택한 각각의 개별적 치료영역을 같은 기간 내에 동시에 제공하는 종합적인 통합 치료적 접근을 시도하였다. 그러나 각 대상아동에 적용한 통합치료에서의 치료영역은 각각 달리 하였다. 왜냐하면 대상1, 2, 3은 정서행동문제에서 많은 부분 공통점을 가지고 있으나, 그 주요증상이나 유발요인, 처해진 환경이 다르며 성격특성 또한 차이가 있다. 그러므로 각 아동에 적용하는 치료영역은 아동의 문제해결에 적합도록 다르게 적용하였다.

이와 같은 이유로 본 연구에서의 통합적 치료는 이론 통합적 접근에서 각 단계에 적합한 치료 이론을 적용하면서, 각 아동의 문제해결에 적합한 치료영역을 두 가지 이상으로 선택하여 적용하는 기법적 통합을 실시하였다. 기법적 통합은 다양한 치료 영역 중에서 모래놀이치료 · 미술치료 · 음악치료 · 언어치료 등 각 대상 아동의 문제해결에 적합한 치료영역을 선택하여, 개별적 치료영역에서 동시에 병행 실시하였다. 본 연구를 통하여 아동의 정서행동문제를 치료할 때 개별적인 한 가지 방법만을 적용하기보다는 다양한 치료방법이 동시에 제공되는 종합적인 통합적 치료를 적용할 때 치료의 효과를 향상시킬 수 있을 것으로 기대된다.

제 4 장

통합적 치료 도입 및 실시의 실제

- 외상 후 스트레스 장애로 인한 정서행동문제 여아 사례(대상1)
- 포르노 비디오 과다노출에 의한 과몰입 및 유분증 등 정서행동문제 여아 사례(대상2)
- 일차적인 문제 발생 후 부모의 부적절한 양육으로 인한 위축 · 우울 · 불안과 기능적 조음음운장애 남아 사례(대상3)

본 연구에서는 유아가 겪는 다양한 정서행동문제를 해결하기 위하여, 이론적 통합과 기법적 통합을 다차원적으로 적용한 종합적인 통합적 치료를 실시하였다. 사례유아들은 정서행동문제의 공통점을 가지고 있으나, 그 주요증상이나 유발요인, 처해진 환경이 다르며, 성격특성, 좋아하는 치료기법 등에 차이가 있다. 그러므로 각 유아에 적용되는 통합적 치료에서의 치료영역 또한 다르게 적용하는 것이 필요하다. 이와 같은 이유로 본 연구에서 각 대상유아에 선택한 통합적 치료는 각 유아가 가지고 있는 정서행동문제 치료에 효과적이라 발표하고 있는 단일치료방법 중에서 유아의 증상, 유아의 흥미와 선호도를 고려하여 적용하였다. 즉, 모래놀이치료 · 미술치료 · 음악치료 · 언어치료 등 유아의 문제해결에 적합한 치료적 기법을 두 가지 또는 세 가지로 선택하였고, 이론적 통합과 기법적 통합을 다차원적으로 적용하는 종합적인 통합적 치료를 실시하고 그 치료효과를 알아보고자 하였다.

연구에서의 초기상담, 진단검사, 및 사전, 사후, 유지검사, 모래놀이치료, 미술치료, 언어치료 활동은 연구자가 직접 진행하였다.

모래놀이치료와 미술치료의 프로그램의 점검과 분석과정에서는 대학원에서 가족치료를 전공하고 놀이치료사와 미술치료사 자격증을 소지하고 있는 치료경력 5년의 놀이치료사가 함께 참여하였다. 음악 치료활동은 연구자의 운영기관에 근무하는 치료경력 5년 이상의 음악치료사에게 의뢰하였다. 본 연구에서 음악치료를 진행한 음악치료사는 대학원에서 음악치료를 전공하고 음악치료사 자격증을 취득한 자로서, **대 **병원에서 인턴실습을 마치고 동 병원 정신과에서 음악치료사로 3년간 근무한 경력을 가지고 있으며 연구자의 기관에서 2년 간 치료사로 활동하고 있다.

매회기별 음악 활동에 대해서는 연구자가 CCTV를 통하여 관찰하였고, 매 회기 후 음악치료사와 함께 유아의 반응결과를 추적하고 다음 활동의 치료목표 설정과 활동내용의 구체적인 주제 설정 및 매체 제공 방식에 대한 논의를 함께 하는 방식으로 실시하였다.

1. 연구대상 선정

연구의 대상아동은 외상 후 스트레스장애로 인한 정서행동문제 여아 1명, 포르노 비디오 과다노출에 의한 과몰입 및 유분증 등 정서행동문제 여아 1명, 일차적인 문제 발생 후 부모의 부적절한 양육으로 인한 위축 · 우울 · 불안과 기능적 조음음운장애 등 정서행동문제 남아 1명으로 총 3명이다. 연구에서는 외상 후 스트레스로 인한 정서행동문제 여아사례를 「대상 1」로 표기하고, 포르노 비디오 과다노출에 의한 과몰입 및 유분증 등 정서행동문제 여아사례를 「대상 2」로 표기하며, 일차적인 문제 발생 후 부모의 부적절한 양육으로 인한 위축 · 우울 · 불안과 기능적 조음음운장애 남아사례를 「대상 3」으로 표기하였다. 대상아동 1, 2, 3의 주요증상과 대상 아동들이 공통적으로 가지고 있는 복합적인 정서행동문제는 [그림 5]와 같다.

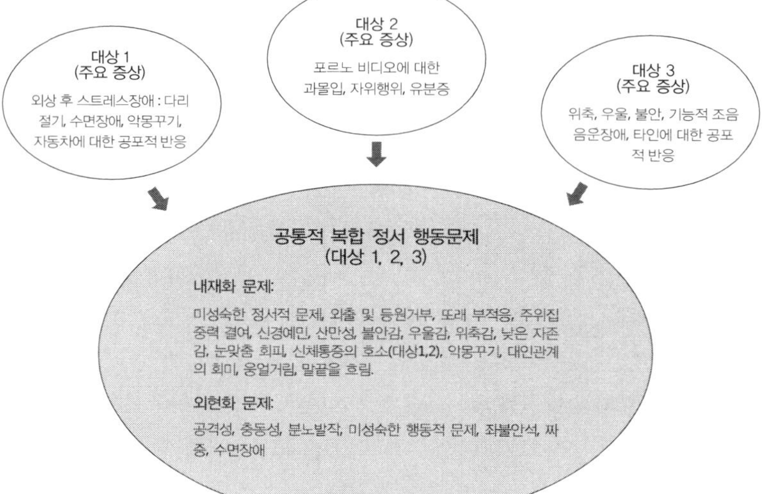

[그림 5] 대상별 주요증상 및 공통적인 복합 정서행동문제

❖ 대상 1, 대상 2, 대상 3을 연구대상으로 선정한 이유

① 대상 아동들이 대표적인 정서행동문제를 가지고 있다고 보였기 때문이다. 대상 1은 외상 후 스트레스 장애로 인한 주요 증상과 복합적인 문제행동들을 가지고 있고, 대상 2는 포르노 비디오 과다노출에 의한 과몰입 및 유분증과 복합적인 문제행동들을 가지고 있으며, 대상 3은 일차적인 문제 발생 후 부모의 부적절한 양육으로 인한 위축 · 우울 · 불안과 기능적 조음음운장애라는 주요 증상과 복합적인 문제행동들을 가지고 있다. 세 명의 대상아동은 문제행동을 발현시킨 원인이 각각 다르지만 복합적인 정서행동문제들은 [그림 5]와 같이 공통점을 보였다.

② 대상 1, 2, 3 모두는 주요 증상 외의 복합적인 정서행동문제에서 내재화 문제와 외현화 문제의 내용을 모두 포함하고 있었기 때문이다. 내재화 문제인 두려움 · 외로움 · 사회적 철회 · 위축 · 불안 · 우울 · 공포증(사물 · 공간 · 사회적 환경 · 대인관계등과 관련한 것 포함) · 등원거부 · 또래관계의 어려움 · 수면장애 등과 외현화 문제인 주의산만 · 충동성 · 공격성 · 과잉행동 · 다른 사람을 못 살게 구는 것 · 거짓말 · 집착 등과 같은 정서행동문제들이 대상 아동 3명 모두에게 복합적인 문제행동으로 나타나고 있었기 때문이다.

③ 아동의 정서행동문제를 해결하기 위해 적용한 기존의 단일치료 치료방법이 적절하지 않아 치료효과가 없었으므로, 대상 아동들에게는 통합적인 치료방법이 필요했기 때문이다. 대상 1과 대상 3의 아동은 본 연구에 의뢰되기 이전에 이미 다른 기관에서 주요 정서행동문제의 해결을 위하여 치료를 받았었는데 치료효과가 나타나지 않았다. 대상 1은 사고 후 다리를 저는 문제와 수면장애의 문제를 치료하기 위해 물리치료와 약물치료를 수개월간 받았으나 진전이 없었고, 대상 3은 타 기관에서 놀이치

료와 언어치료를 각각 1년간 받은 아동이다. 그럼에도 불구하고 두 명의 아동이 모두 정서행동문제의 치료에 효과가 없었다는 점은 치료적 접근의 문제라 생각한다. 또한 대상 2는 모친이 극심한 우울증으로 병원에서 1년 이상 상담치료와 약물치료를 진행하고 있는 상태로 아동에게는 치료적 개입이 없었던 상태였다. 결과적으로 대상 아동들에게 적절한 치료적 개입이 이루어지지 않았다는 공통점을 갖고 있다.

④ 대상 아동들은 오늘날 우리주변에서 아동들이 쉽게 겪을 수 있는 원인에 의해 정서행동문제를 보인 아동들이기 때문이다.

2. 연구 도구

대상 1, 2, 3에게 실시한 통합치료의 효과를 알아보기 위하여, 질적도구와 양적도구를 사용하였다. 질적도구는 초기면담지, 문제행동목록표, 사례별 통합적 치료에서 사용한 각 영역 치료프로그램의 활동일지이다. 문제행동목록표는 사전-사후-유지평가를 실시하였다. 치료효과를 알아보기 위하여 사용한 양적도구는 각 대상 아동에 따라 다르게 적용하였고, 사전-사후-유지평가를 위하여 사용하였다.

진단검사를 위한 측정 도구와 사전-사후-유지검사를 위하여 대상별 아동별 각 과정에서 사용한 검사도구는 〈표 5〉과 같다.

〈표 5〉 대상 아동별 각 과정에서 사용된 검사도구

구분	대상 1	대상 2	대상 3
	외상 후 스트레스장애로 인한 정서행동문제 여아	포르노 비디오 과다노출에 의한 과몰입 및 유분증 등 정서행동문제 여아	일차적인 문제 발생 후 부모의 양육으로 인한 위축·우울·불안과 기능적 조음음운장애 등 정서행동문제 남아
진단검사	K-CBCL, KPRC, HTP, KFD, SCT, CAT, RORSHACH, K-WISC-Ⅲ, BGT	K-CBCL, KPRC, HTP, KFD, SCT, CAT, 부모자녀 양육태도 검사,	K-CBCL, KPRC, K-WISC-Ⅲ, 언어검사: 구강 조음기관의 기능 선별검사(OSMSE), 우리말 조음음운평가(U-TAP)
사전검사	문제행동 목록표, K-CBCL, KPRC, DSM-Ⅳ의 외상 후 진단척도(Posttraumatic Diagnostic Scale: PDS)	문제행동 목록표, K-CBCL, KPRC	K-CBCL, KPRC, 문제행동 목록표, 언어검사: 구강 조음기관의 기능 선별검사(OSMSE), 우리말조음/음운평가(U-TAP)
사후검사	상동	상동	상동
유지검사	상동	상동	상동

1) 진단검사에서 사용한 연구 도구

진단검사를 위한 측정 도구는 각 대상 아동에 따라 다르게 적용하였다. 대상 모두에게 공통적으로 사용한 것은 초기면담지, K-CBCL, KPRC이다.

대상 1과 2에게만 공통적으로 사용한 것은 HTP, KFD, SCT, CAT이다. 대상 1에게만 사용한 것은 RORSHACH, BGT이다. 대상 2에게만 사용한 것은 부모자녀 양육태도 검사이다. 대상 1과 3에게만 사용한 것은 K-WISC-Ⅲ이다. 대상 3에게만 사용한 것은 구강 조음기관의 기능 선별검사(OSMSE), 우리말 조음 음운평가(U-TAP)이다.

K-CBCL, KPRC는 진단검사, 사전검사, 사후검사, 유지검사 모두에서 동일하게 사용하였다.

(1) 질적 도구

본 연구를 준비하기 위하여 각 대상아동에게 진단검사를 실시하였고, 진단검사에서 사용한 질적 도구는 다음과 같다.

① 초기 면담지

아동의 의뢰사유와 주호소 문제의 정보 수집을 위한 부모와의 초기상담을 연구자가 진행하였다. 아동의 발달력을 파악하기 위한 기초 면담지(아동의 상담 또는 심리검사, 발달검사 등을 진행할 때 전문병원이나 치료기관에서 일반적으로 사용하고 있는 것)를 작성하였다. 아동의 발달력을 파악하기 위한 면담지는 태아기 때의 신체적 또는 정서적 환경, 출산형태 및 태아의 건강상태, 출산 직후의 병력과 치료 유무, 수유와 이유형태, 옹알이의 정도와 언어발달 및 신체발달의 상태, 배변 훈련시기와 방법, 신생아기, 영아기, 아동이기 때의 병력과 양육환경 및 이상행동 발견 유무, 이상행동 발견시의 진단과 검사 치료내용, 아동의 교육시기와 교육형태 등의 교육기관과 적응정도 평가, 부모의 양육태도 및 현재의 주요문제 등에 관한 내용으로 구성되어 있다. 본 연구에 사용한 초기 면담지는 [부록1]과 같다.

② 집-나무-사람검사: (House-Tree-person Test: HTP)

HTP는 그림 그리기를 통한 일종의 투사검사이다. Buck과 Hammer는 집-나무-사람그림을 발달적이며 투사적인 측면에서 더욱 발달 시켰다. 그들은 단일과제의 그림검사보다는 집-나무-사람을 그리게 하는 것이 내담자의 성격 이해에 보다 효과적이라고 생각하였으며 발달적 · 투사적 측면에서 연구했다. 집-나무-사람은 개별검사로서 실시하고 그림을 완성한 후에 여러 가지 질문을 행하여 내담자의 지적인 면과 정서 및 사회적인 성숙도를 밝히는 일이 가능하다(이근매, 2009).

HTP에서 집 그림은 내담자가 성장하여 온 가족상황을 나타내며 자신의 가정생활과 가족관계를 어떻게 인지하며, 그것에 대해 어떤 감정과 태도를 가지고 있는가를 알아보는데 용이하다. 또한 나무 그림은 기본적인 자기상을 나타내는 것으로 내담자가 자신의 마음상태에 대해 어떻게 느끼고 있는가를 무의식적으로 나타내며 정신적 성숙도를 표시하고 있다. 또한 인물화는 자기의 현실상이나 이상상을 나타내며 자기에게 있어서 의미 있는 사람, 인간 일반을 어떻게 인지하고 있는가를 나타낸다(김동연 · 최외선, 2002).

집-나무-사람은 누구에게나 친숙하면서도 상징성이 강한 대상으로 이런 상들을 그려보게 하여 대상자의 경험을 투사하는 형태로 알아본다. 집그림은 피험자의 자아상이 투사되며, 가정환경과 가족 구성원 간의 연관된 정서를 일으키게 하여 피험자의 성격이나 정서에 영향을 주었을 가족환경에 대해서도 잘 나타낸다. 나무그림은 피험자의 깊고 무의식적인 감정이 나타나고 부정적으로 혼란된 특징들이 투사될 수 있다. 사람 그림은 자아상 · 성격 · 불안 · 우울과 같은 정서적인 측면이 투사된다. 검사결과의 해석에는 그림 뿐 아니라 검사 실시 전 면접과 행동관찰, 검사 시의 행동, 그림후의 질문(PDI)등에서 언어 · 지능 · 임상소견도 고려되어야 한다(신은주, 2006).

또한, 각 그림을 완성할 때까지의 소요 시간을 측정하고 무엇을 그렸는가, 상징이나 강조 및 이상한 부분은 없는지 살펴봐야 한다. 명백하고 큰 특징은 먼저 파악하고 질문을 한다. 후에 대상자가 질문에 따라 연상하는 것을 묻는 것이 그림해석에 도움이 된다. 그림의 상징적 의미는 보편적인 의미를 갖는 것도 있으나 특정한 문화나 개인에게만 통하는 특수한 의미를 가지는 경우에 주의를 기울여야 한다.

③ 동적 가족화 검사:(Kinetic Family Drawing: KFD)

동적 가족화(KFD)는 가족화에 움직임을 첨가한 일종의 투사화로 1970년에 Burn와 Kaufman에 의하여 창안되었다. KFD는 1951년 Hulse의 가족화 검사(FDT:Family Drawing Test)를 수정 변경한 것으로 자신을 포함한 그의 가족 구성원이 뭔가를 하고 있는 장면을 그리도록 요구한다. KFD는 가족화가 가지는 상동적 표현을 배제하고 움직임을 더하는 것에 의해서 자기개념만이 아니고 가족 간의 심리적 관계나 친밀성 등 인간관계의 상호작용과 가족의 역동성을 파악하기에 용이하다.

KFD는 정신분석학(精神分析學)과 장(場)이론, 지각의 선택성 등과 같은 이론 등을 기초로 하고 있다. 특히 내담자 자신의 눈에 비친 가족의 일상생활태도나 감정을 그림으로 나타냄으로써 내담자의 주관적 판단에 의존한다. 이러한 판단은 내담자 자신의 과거 경험이나 현재 상태에 의존하고 있으므로 객관적 · 물리적 환경으로서의 가족에 대한 인지라기보다는 자신이 주체적 · 선택적으로 지각하는 주관적 · 심리적 환경으로서의 가족에 대한 인지가 적용된다(이근매, 2009).

④ 문장완성검사(Sentence Completion Test: SCT)

문장완성검사(SCT)는 투사적 검사 중에서도 가장 간편하면서도 매우 유용한 검사 중 하나로 연상검사의 응용으로서 발전된 것이다. 이 검사는 불완전한 문장의 일부분을 제시해주고 각 개인의 관념에 의해 불완전한 부분을 문장으로 완성시키도록 하는 것이다. 이 검사는 Rorschach 검사나 아동용 회화통각 검사(CAT)에 비해 검사가 체계화되어 있어 의식적 수준의 심리적 현상들이 측정될 수 있다. 또한 면접과정에서 잘 나타나지 않는 개인의 갈등이나 병리적 내용에 대한 정보를 제공해 줄 뿐만 아니라 다른 검사들에서 나타난 역동적 내용을 확인해 주는 유용한 검사이다. 이 검사는 미완성된 문장을 각 개인이 완성함으로써 완성된 문장을 통하여 대체로 피검자의 내면의 동기와 갈등, 중요한 인물들에 대한 정서적 태도, 가치관, 피검자의 생각과 행동, 특성, 자아 존중감 그리고 대인관계 및 가정환경 등 피검자의 전반에 관해 알 수 있는 검사이다.

⑤ 한국판 아동용 회화통각검사(Korean Children Apperception Test: C.A.T)

아동용 회화통각 검사 Korean CAT는 1949년에 Bellak이 미국 아동에 사용하기 위하여 만든 CAT를, 김태련 · 서봉연 · 이은화 · 홍숙기(1993)가 한국 아동에 적용 가능하도록 제작한 아동용 투사적 성격검사이다. 검사대상은 만 3세부터 10세 사이의 아동이며, 검사도구의 구성은 CAT표준판 9매와 보충판 9개, 검사요강과 기록용지로 구성되어 있다.

검사의 활용은 투사적 성격검사로서 아동들의 내면세계를 각각의 검사도판에 투사시켜 아동들이 지니고 있는 욕구체계 및 갈등과 상황처리와 같은 성격적 특징들을 진단할 수 있다. CAT검사는 검사도판이 동물그림으로 구성되어 있기 때문에 자아방어기제를 쉽게 벗어나 자기의 내면세계를 용이하게 투사할 수 있게 되어 있다. 또한 검사도판을 우리 문화에 알맞도록 고쳤으며 반응 분석표의 제작도 한국 아동의 반응을 토대로 다시 만들어져 있다. 구체적으로 말하면 음식을 섭취하는 문제를 포함하는 구강기적 문제, 형제 간의 경쟁, 부모에 대한 인식과 태도, 부모의 부부로서의 상호관계, 혹은 부모가 이불속에 들어 있는 것을 보는 것에 대한 환상 같은 아동의 반응 내용에서 추출될 수 있다. 저자들의 오랜 연구로 검사결과의 분석과 해석법을 상세히 다루었으며, 해석의 사례와 구체적인 참고자료가 수록되어 있다.

CAT검사는 투사적 방법에 의한 개인용 검사이므로 투사검사의 기본이론과 원리를 이해하고 있어야 하며, 투사검사를 실시하는데 관계된 특수한 무제들을 익히 알고 있어야 한다. 또 검사 진행상 필요한 래포를 적절히 형성, 유지시켜 나갈 수 있어야 한다. 그리고 CAT검사는 진단적 성격을 띤 검사이므로 검사 도중에 피험자의 행동을 상세히 관찰하고 기록하여 이 반응들을 분석하고 판단하여야 한다.

분석 및 해석에는 다음과 같은 항목들이 평가된다.

주인공의 욕구에는, ㉠외적 사상에 대한 욕구(성취욕구, 획득욕구, 반사회적 욕구, 구성욕구, 호기심, 전시욕구, 교시욕구, 식이욕구, 부동욕구 지원욕구)와 ㉡대인관계의 욕구(공격욕구, 경쟁욕구, 기대욕구, 의지욕구, 지배욕구, 공포심, 유친욕구, 적개심, 거부욕구), ㉢압력 배제의 욕구(자율욕구, 저항욕구, 복종욕구, 방어욕구, 권세욕구, 처벌욕구)가 평가되고 있다. 다음으로 주인공에 대한 압력에는 ㉠인적 압력 ㉡환경적 압력(재해, 불행, 결여, 위험 또는 불행) ㉢내적압력(질환, 죽음, 좌절, 죄, 무력, 신체적 결함, 심리적 부적감, 열등감)이 평가되고 있다.

⑥ BGT(Bender Gestalt Test)

이 검사는 아동에게 9개의 자극도형을 순서대로 제시하고, 제시된 순서에 따라 그대로 도형을 모사해 보도록 되어 있다. BGT의 도형은 지각에 대한 형태심리학적 법칙을 설명하기 위해 고안한 수많은 도형 중에서 9개의 도형을 가져온 것으로 도형 A와 도형1에서 도형 8까지이다. 검사의 내용은 두 부분으로 구성되어 있다. 하나는 아동의 지각에 대한 미성숙 또는 지각의 기능 불완전을 반영하는 것으로써 정서적 지표를 알 수 있는 부분이다.

검사에 필요한 도구는 9개의 자극 도형 카드, 도형을 모사할 용지, 경도가 중인 연필, 지우개, 도형 모사에 지장을 주지 않는 편편한 책상과 의자이다. 모사용지는 여러 장 준비해 두어 아동이 요구하면 더 사용할 수 있게 하고 지우개를 반드시 준비하여 아동이 필요할 경우 지워서 다시 그릴 수 있게 한다. 검사의 신뢰도는 재검사 신뢰도 .71이다(곽금주, 2002).

⑦ RORSHACH

Rorschach검사는 10자의 잉크반점 검사로 구성되어 있다. 1921년 Hermann Rorschach가 성격분석의 도구로서 그 유용성이 인식되어 연구, 발표된 이후 줄곧 임상가들에 의해 활발하게 사용되어 왔는데 실시방법, 채점 및 해석방식의 표준화된 틀이 마련되지 않았다가 Exner(1986, 1989, 1993)에 의해 여러 방식들에서 경험적인 근거를 바탕으로 실증적으로 입증된 부분과 과학적인 근거를 가진 연구 결과만을 채택하여 Rorschach 종합체계가 개발되었다. 이러한 종합체계의 지침에 따라 자료를 정확하게 채점하고 각 변인들의 빈도, 비율, 백분율 및 특수지표와 같은 구조적 요약을 통해 자료를 검토할 수 있다. 또한 경험적으로 입증 되고 개념적으로 의미 있는 심리적 특성에 관한 신뢰성 있는 일련의 점수와 지표를 산출할 수 있다.

구조된 요약을 통하여 수집된 자료를 계산한 뒤 이를 토대로 핵심영역(Core), 사고영역(Ideation), 정서영역(Affect), 중재영역(Mediation), 대인관계 영역(Interpersonal), 처리여역(Processing), 자기지각 영역(Self-perception)의 7개의 자료군을 구성하게 되며, 6개의 특수지표(PTI,DEPI, CDI, S-CON, HNI, OBS)를 계산할 수 있다.

Rorschach검사의 신뢰도 연구에 따르면, 7일 간격으로 실시된 검사-재검사 신뢰도는 17개의 검사 요인 중 9개의 요인에서 .70이상의 상관을 보여주었다(육근정, 2007).

(2) 양적 도구

본 연구를 준비하기 위하여 각 대상아동에게 진단검사를 실시하였고, 진단검사에서 사용한 양적 도구는 다음과 같다.

① 아동행동평가척도(Korean-Child Behavior Checklist: K-CBCL)

아동의 행동문제를 측정하기 위하여 Achenbach(1991)가 표준화한 아동행동평가척도(Child Behavior Checklist: CBCL)를 오경자, 이혜련, 홍강희, 하은혜(1997)가 한국판으로 표준화하여 만든 아동청소년 행동평가척도(Korean-Child Behavior Checklist: K-CBCL)를 사용하였다. K-CBCL은 4-17세 아동과 청소년을 대상으로 하는 검사로, 사회능력척도와 문제행동증후군 척도로 구성되어 있다.

사회능력 척도는 사회성과 학업수행으로 하위분류되어 있고, 50T이하 40T는 경계선으로, 40T이하를 임상범위에 속한다.

문제행동증후군 척도에는 내재화 척도로 위축 · 신체증상 · 우울 · 불안 · 사회적 미성숙, 사고의 문제, 주의집중문제가 평가되고, 외현화 문제 척도로는 비행 · 공격성 · 성문제 · 정서불안정으로 평가하는 총 문제행동 척도의 13개 하위척도로 구성되어 있다. 즉, K-CBCL의 척도는 119개의 문제행동에 관한 항목으로 '전혀 없다'는 0점, '가끔 보이거나 정도가 심하지 않은 경우' 는 1점, '자주 있거나 심한 경우'는 2점으로 3점 척도로 평가하게 되어있다.

문제행동증후군 척도에서 60T-69T는 경계선 범위이며, 70T이상 상승된 경우에는 치료를 필요로 하는 임상범위에 속한다.

② 한국아동인성평정척도(Korean Personality Rating for Children: KPRC)

김지혜 등(2004)이 개정한 한국 아동 인성평정척도의 부모용 문항을 사용하였다. 국내의 한 개인 소아 정신병원에서 아동 환자와 환자의 보호자들을 통해 최근 10년 이상의 기간 동안 수집한 DSM-IV, 미국의 아동인성검사(Personality Inventory for Children; PIC), 아동문제행동평가척도(Child Behavior Checklist:K-CBCL), 사회성숙도 검사, 국제질병 분류 10판(ICD-10)에서 아동 · 청소년 정신장애와 관련된 내용, 아동평가와 관련된 문헌 및 저자들의 임상경험을 바탕으로 하여 아동의 심리적 장애나 정신과적 문제를 선별 진단하기 위해 개발된 한국아동 인성 검사(Korean Personality Inventory for Children; KPI-C)를 부분적으로 수정하여(김지혜 · 조선미 · 홍창희 · 황순택, 2005)한국 가이던스에서 개발하였고, Likert 4점 척도로 구성되어 있다.

KPRC의 하위 요인은 3개의 타당도 척도(T-R, S, F)와 자아 탄력성 척도(ERS), 그리고 임상척도 10개로 구성되어 있다. 임상척도로는 언어발달 척도(VDL) · 운동발달 척도(PDL) · 불안척도(ANX) · 우울척도(DEP) · 신체화 척도(SOM) · 비행척도(DLQ) · 과잉행동 척도(HPR) · 가족관계척도 FAM) · 사회관계 척도(SOC) · 정신증 척도(PSY)로 구분하였다. 각 임상척도는 자아탄력성 척도(ERS)에서 30T에서 임상범위에 속하며, 그 외의 각 하위척도는 70T이상일 때 임상범위에 속한다. 검사대상은 만 3세부터 만 17세 이고 검사 평가는 부모가 하도록 되어 있다. KPRC의 검사에서 70T 이상 상승된 경우에는 치료를 필요로 한다.

③ 한국판 웩슬러 아동용 지능검사(K-WISC-Ⅲ)

Wechsler에 의해 개발된 아동용 지능검사로, 1974년 개정판인 WISC-R을 1985년 한국교육개발원에서 표준화하여 KEDI-WISC를 내놓았다.

WISC-R에서는 검사대상으로 6세 6개월부터 16세 6개월 까지 실시할 수 있으나 한국판 검사에서는 5세부터 15세까지 실시할 수 있다. 검사 문항은 상식, 공통성, 산수, 어휘, 이해, 숫자 등의 언어성 검사와 빠진 곳 찾기, 차례 맞추기, 토막 짜기, 모양 맞추기, 기호쓰기, 미로 등의 동작성 검사로 구성되어 있다. 언어성 검사의 숫자 검사와 동작성 검사의 미로검사는 모충검사로 사용된다. 검사 실시상의 특징은 상식, 빠진 곳 찾기, 차례 맞추기, 산수, 토막 짜기, 어휘 문제 등에서는 피검자의 연령에 해당하는 문항부터 시작하며 기호쓰기에서는 8세 이전은 A형, 8세 이후는 B형으로 실시하도록 되어있다. 종전의 지능검사는 지적 능력의 측정에 치중하였으나 아동용 웩슬러 검사에서는 지적 능력 이외의 성격 인자가 지능에 포함된다고 보는 포괄적이고 총체적인 지능의 측정에 역점을 두었으며, 전체 지능지수만이 아니라 언어성 지능지수, 동작성 지능지수를 측정할 수 있도록 되어있다. 또한 이 두 검사영역 간의 득점차이와 소검사별 득점차이의 분석을 통하여 성격 및 행동적 특성에 관한 임상적 진단과 뇌 기질적 장애여부의 진단이 가능한 검사이다.

④ 부모 자녀양육태도 검사

본 검사는 부모와 자녀 간의 양육태도의 유형을 설명하기 위하여 오기선(1965)이 제작한 검사로 총 10가지 하위 유형에 각각의 10개의 질문, 총 100개의 질문으로 이루어져있다〈표 6〉.

〈표 6〉 부모-자녀 관계 진단검사의 내용구성

양육 태도	부모-자녀 관계 유형	개념	문항수
거부	소극적 거부형	• 자녀에게 무시, 방임, 무관심, 불신용, 악감정, 불일치 등을 갖고 있다.	#1 10문항
	적극적 거부형	• 자녀에게 체벌, 학대, 굴욕, 가혹한 요구, 보호 양육의 책임을 방치한다.	#2 10문항
지배	엄격형	• 자녀에 대하여 애정은 있으나 늘 엄격, 강제 등의 태도로 자녀를 감독한다.	#3 10문항
	기대형	• 부모의 요구, 야심을 자녀에게 강요하는 태도를 말한다.	#4 10문항
보호	간섭형	• 자녀를 보다 좋게 하기 위한 명목으로 세밀한 데까지 참견하고 돌보아 주는 것이다.	#5 10문항
	불안형	• 자녀의 일상생활, 건강, 교육관계, 장래진로에 대해서 걱정과 불안을 품고 있는 것이다.	#6 10문항
복종	익애형	• 지나친 사랑으로 자녀를 옆에 두고 시중드는 것을 즐기며 자녀 없이 못산다.	#7 10문항
	맹종형	• 모든 권한을 자녀에게 주고 부모는 희생하면서 자녀의 요구를 들어준다.	#8 10문항
모순 불일치	모순형	• 자녀의 동일한 행동에 대해 일관성이 없는 태도를 보인다.	#9 10문항

부모가 평소에 자녀에게 대하는 태도를 알아보며, 효과적으로 자녀와의 관계를 개선하는데 도움을 줄 수 있다. 각 하위 유형은 거부형(소극적-적극적 거부), 지배형(엄격-기대형), 보호형(간섭-불안), 복종형(익애-맹종), 모순 일치형(모순-불일치형)으로 구성되어 있다. 모든 문항은 3단계 평정척도로 "아니다"는 2점, "가끔"은 1점, "늘"은 0점으로 구성되어 있다. 본 검사에서는 어머니가 자녀에 대한 양육태도에 대한 주관적, 정서적 경향을 백분위 점수로 환산할 수 있는데 이때 점수가 높을수록 더 긍정적이며 20% 미만은 고위험군으로 매우 심각한 수준, 20~40%는 준 위험수준으로 심각한 수준을 나타낸다. 검사지는 .90의 높은 신뢰도를 가지고 있다.

2) 연구효과 측정을 위하여 사용한 연구 도구

본 연구의 효과를 측정하기 위하여 질적 도구와 양적 도구를 사용하였다. 대상 1, 2, 3에게 실시한 사전검사, 사후검사, 유지검사의 도구는 동일한 도구를 사용하였으며, 각 대상 아동의 증상에 따라 각각 다른 검사도구를 적용하였다. 대상 아동 모두에게 공통적으로 사용한 검사도구는 문제행동 목록표, K-CBCL, KPRC이다. 대상 1에게만 사용한 것은 외상 후 진단척도(Posttraumatic Diagnostic Scale: PDS)이다. 대상 3에게만 사용한 것은 언어검사를 위한 구강 조음기관의 기능 선별검사(OSMSE)와 우리말조음/음운평가(U-TAP)이다.

(1) 질적 도구

본 연구의 효과를 알아보기 위하여 대상 모두에게 공통적으로 사용한 질적 도구는 다음과 같다.

① 사례별 통합치료에서 사용한 각 영역의 치료 프로그램의 활동일지

각 사례대상에 통합적 치료로 적용한 각 영역의 치료세션의 일지를 분석한다. 즉 치료회기에서 세션 내용과 세션과정에서 변화된 각 아동의 정서행동문제의 변화과정을 질적으로 추적하고 분석한다.

② 문제행동 목록표

아동의 정서행동문제의 변화를 관찰하기 용이하도록, 초기 상담에서 모친이 보고한 아동의 주 호소 문제와 연구자가 관찰한 행동문제를 근거로 〈문제행동 목록표〉를 작성하여 사전-사후--유지 평가를 하였다.

각 아동의 문제행동의 변화는 각각의 치료회기별 치료사가 아동의 행동을 관찰한 일지의 내용과 부모 상담에서의 보고를 근거로 분석하였다.

(2) 양적 도구(사전-사후-유지검사)

본 연구의 효과를 검증하기 위하여 각 대상아동에게 사용한 양적 도구는 다음과 같다.

① 아동행동평가척도(Korean-Child Behavior Checklist: K-CBCL)
② 한국아동인성평정척도(Korean Personality Rating for Children: KPRC)
③ 외상 후 진단 척도(Posttraumatic Diagnostic Scale: PDS)

외상 후 진단척도 항목은 총 49문항으로 구성되어 있으나 본 연구에서는 외상 후 스트레스 장애(PTSD)증상을 묻는 질문 17문항만을 사용하였다. 즉, 진단 준거 B를 기술한 문항 (1번-5번) 5개, 진단 준거 C를 기술한 문항 (6-12번) 7개, 진단 준거 D를 기술한 문항 (13번-17번) 5개를 사용하였다. 외상 후 스트레스 증상을 묻는 17개의 문항을 지난 한 달 동안 자신이 경험한 증상의 정도를 4점(0점-3점)척도로 평정하여 총점을 구하고 증상의 심각성을 확인하였다. (총점:51점, 10점 이하: 약함, 11점-20점: 중간, 21점 이상: 심함).

본 연구에서 실시한 외상 후 진단 척도(PDS)는 안현의(2005)가 번안한 것을 기초로 하였다. 본 연구에서 부모평가용과 아동평가용으로 각각 나누어 수정하였다. 그 이유는 첫째, 외상 후 스트레스 증상에 따른 아동의 지각과 부모의 지각이 다를 수 있다는 점. 둘째, 아동은 구체적 설문이 없을 경우 자신에 대한 객관적 관찰이나 자각이 어려울 수 있다는 점 때문이었다. 특히, 아동이 이해하기 쉬운 어휘로 수정하였다(조정숙, 2010; 조정숙 · 김상희, 2010).

④ 구강 조음기관의 기능 선별검사(OSMSE-R)

본 연구에서 사용한 구강 조음기관의 기능 선별검사는 김영태(1994)가 OSMSE-R(Oral Speech Mechanism Screening Examination-Revised)를 번역한 것으로 구강조음 기관의 해부학적 구조와 병리학적 기능을 검사하는 선별검사이다. 검사항목에는 입술, 혀, 턱, 치아, 경구개, 인두, 호흡의 구조와 기능, 교호운동을 그 하위내용으로 구성하고 있다. 검사 대상은 조음기관의 구조와 기능에 문제가 있는 아동나 성인이다. 구강 조음기관의 선별 검사는 구조가 31점, 기능이 24점으로 총 점수 55점의 항목으로 구성되어 있으며, 산출된 점수를 연령별 수준에 따른 정상수행 범위의 그래프와 비교하여 정상범위와의 일탈정도를 파악할 수 있도록 되어있다. 본 연구에서는 대상아동의 구강구조의 특징을 파악하고 조음기관의 기능성 변화를 측정하기 위하여 사용하였다.

호흡 및 조음기관 기능검사 실시 모형은 윤병완(1990)의 호흡 및 조음기관 기능검사 실시 모형에 따른 호흡 및 기능수준 검사도구 및 박정숙(1992), 양동용(2000)의 호흡 및 조음기관 기능수준검사를 참고로 하여 박정은(2008)이 수정 보완하여 제작한 것을 사용하였다.

호흡 및 조음기관 기능수준 평가는 단계별로 6단계로 평가한다. 단계별 평가 기준에 의하여 A-100점, B-80점, C-60점, D- 40점, E-20점, F-0점씩 각 운동영역의 하위영역들을 평가하여 점수를 평균화하고, 백분율로 산출하여 처리한다.

⑤ 우리말 조음/음운평가(U-TAP)

본 연구에서 사용한 우리말 조음음운평가(U-TAP)은 우리나라 자음 또는 모음 말소리에 문제를 보이는 조음음운장애 아동 및 성인이 단어와 문장에서 산출하는 발음을 체계적으로 평가하기 위해 고안된 것으로 김영태 · 신문자(2004)가 표준화한 것이다.

U-TAP은 생활연령에 비해 조음발달이 늦거나 조음이 명료하지 않아 조음장애가 의심되는 아동의 조음평가에 적합한 검사도구이다. 아동의 조음(발음)오류는 조음위치, 조음방법 그리고 기식성 및 긴장도에 따라 순서적으로 기록하여 분석하고, 자음정확도를 산출하여 정상조음발달과 비교할 수 있도록 되어있다. 또한 음운변동기록표를 통해 음운오류패턴의 분석이 가능하도록 제작되어 있다. 검사의 주 대상은 2세~12세의 아동이지만, 그림을 이용하여 명명하거나 설명하는 과제를 사용하기 때문에 취학 전 3세~6세 아동들에게 가장 적합하며, 표현어휘가 부족한 아동나 성인에게는 모방이나 읽기를 통한 검사를 실시할 수 있다. 또한 조음발달에 결함이 우려되는 언어발달지체, 기능적 조음음운장애나 말 언어기관에 기질적인 결함이 있는 사람들 즉, 구개파열, 마비성 말장애, 뇌성마비 등에 조음문제가 있는지, 문제는 어느 정도인지, 또는 어떤 음소에 결함이 있는지를 알도록 해준다.

A. 그림 낱말 검사

그림 낱말 검사는 낱말 수준에서의 자음 및 단모음 검사로 자음 19개의 음소들이 어두초성, 어중초성, 종성에 올 때를 독립적인 것으로 간주하고 총 43개의 음소를 검사한다. 검사 소요시간을 고려하여 한 낱말에서 최대 2개의 음소를 검사하여 총 23개의 낱말을 그림판에서 검사하도록 고안되어 있다. 모음은 단모음 10개를 검사할 수 있으며, 총 7개의 낱말로 그림판에서 검사하고 한 낱말에서 최대 2개의 단모음을 검사할 수 있도록 되어 있다. 매 그림카드의 뒤쪽에 그림에 해당하는 3단계 질문제시 방법을 통하여 아동의 인지수준에 맞게 제시할 수 있다.

B. 그림 문장 검사

그림 문장검사는 그림 낱말에서 사용하고 있는 30개의 목표낱말(자음검사

23개, 모음검사 7개)을 16개의 문장 속에 포함시켜 검사한다. 검사의 주요 대상이 아동이므로 너무 긴 문장이 되지 않도록 평균 5개의 어절(범위 3~6개), 음절수로는 평균 15.5개(범위 11~23개)의 음절로 된 문장들로 구성되어 있다.

C. 음운변동 기록

목표낱말에서 나타날 수 있는 음운변동과 목표낱말의 구조상 나타날 수 없는 음운변동이 표시되어 있는 음운변동기록표를 사용하여 음운변동을 기록하여 음절 구조, 동화, 자질 비교와 같은 과정을 분석하도록 되어있다. 음운변동기록표에는 생략 및 첨가 음운변동(음절구조에 따른 음운변동, 조음방법에 따른 생략, 조음위치에 따른 생략), 대치음운변동(조음위치변동, 조음방법변동, 동화, 긴장도 변동, 기식도 변동)으로 나뉘어 있다.

본 연구에서는 대상아동의 자음정확도와 모음정확도를 구하여 음소정확도를 산출하여 분석하고자 하였다, 또한 음절 구조, 동화, 자질 비교와 같은 과정을 분석하고 생략 및 첨가운동과 대치음운변동을 분석하여 음운변동출현 정도를 측정하기 위하여 본 검사를 사용하였다.

조음 명료도를 파악하기 위한 음소정확도 산출방법은 다음과 같다.

첫째, 자음 정확도 = (43 - 오류음소 수) / 43×100

둘째, 모음 정확도 = (10 - 오류음소 수) / 10×100

음운변동 출현율 산출방법은 다음과 같다.

출현율 = 각 음운변동에 따라 X 표시된 개수 / 음운변동 출현 기회 수×100

3. 연구 설계 및 절차

1) 연구 설계

본 연구의 통합적 치료를 위하여 다음과 같이 연구 설계를 하였다. 먼저 연구 대상을 선정하고 통합적 치료 영역을 결정하였다. 그리고 프로그램의 실시기간, 시간, 횟수, 프로그램의 실시장소, 결과분석, 대상 간 비교분석을 실시하여 치료효과를 도출하였다. 이와 같은 과정의 연구 설계는 [그림 6]과 같다.

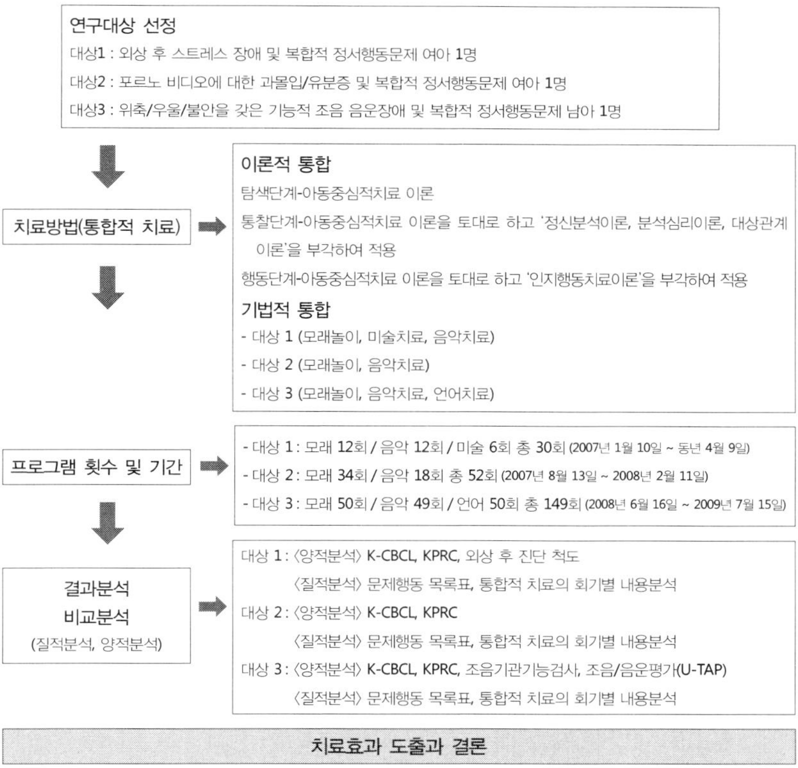

[그림 6] 연구 설계

(1) 연구 대상 선정

본 연구의 대상 아동은 외상 후 스트레스장애로 인한 정서행동문제 여아 1명, 포르노 비디오 과다노출에 의한 과몰입 및 유분증 등 정서행동문제 여아 1명, 일차적인 문제 발생 후 부모의 부적절한 양육으로 인한 위축 · 우울 · 불안을 갖은 기능적 조음음운장애 등 정서행동문제 남아 1명으로 총 3명이다.

(2) 프로그램의 실시기간, 시간, 횟수

각 연구대상에 치료를 위한 각 치료적 중재 세션을 실시한 시간과 실시기간은 문제의 심각성 및 치료효과의 차이에 따라 각각 달리하였다. 각 실시기간의 세부내용은 다음과 같다.

첫째, 대상 1의 연구기간은 2007년 1월 10일부터 2007년 4월 9일까지이다. 모래놀이치료, 음악치료, 미술치료를 주 1회씩 각각의 개별적인 영역의 치료실에서 같은 기간 내에 병행 실시하였다. 아동의 치료 40분과 부모상담 10분으로 50분씩 진행하고, 아동의 가정과 사회적 상황에서의 사회 정서적 문제행동의 변화에 대한 평가를 약 10분 정도 진행하였다. 각각의 치료세션의 시행은 매주 월요일에 모래놀이, 수요일에 미술치료, 금요일에 음악치료를 하는 방식으로 일정한 시간을 정하여 각각 다른 날짜에 진행하였다. 아동의 치료는 보험회사에서 총 30회로 한정되어 의뢰되었기 때문에 치료세션의 총 횟수는 모래놀이치료 12회, 음악치료 12회, 미술치료 6회의 총 30회로 진행하였다.

둘째, 대상 2의 연구기간은 2007년 8월 13일부터 2008년 2월11일까지이다. 모래놀이치료는 주 2회씩 실시하였고, 음악치료는 주 1회씩 각각의 개별적인 영역의 치료실에서 같은 기간 내에 병행 실시하였다. 아동의 치료 40분과 부모상담 10분으로 50분씩 진행하고, 아동의 가정과 사회적 상황에서의 사회 정서적 문제행동의 변화에 대한 평가를 약 10분 정도 진행하였다. 각각의 치료세션의 시행은 매주 월 · 수요일에 모래놀이, 금요일에 음악치료를 하는 방식으로 일정한 시간을 정하여 각각 다른 날짜에 진행하였다. 치료세션의 총 횟수는 모래놀이치료 34회, 음악치료 18회, 총 52회로 진행하였다.

셋째, 대상 3의 연구기간은 2008년 6월 16일부터 2009년 7월 15일까지 주 1회씩 각각의 개별적인 영역의 치료실에서 같은 기간 내에 병행 실시하였다. 아동의 치료 40분과 부모상담 10분으로 50분씩 진행하고, 아동의 가정과 사회적 상황에서의 사회 정서적 문제행동의 변화에 대한 평가를 약 10분 정도 진행하였다. 치료세션의 진행은 매주 월요일에 모래놀이, 수요일에 음악치료, 금요일에 언어치료를 하는 방식으로 일정한 시간을 정하여 각각 다른 날짜에 진행하였다. 치료세션은 모래놀이치료 50회, 음악치료 49회, 언어치료 50회의 총 149회로 진행하였다.

(3) 프로그램의 실시장소

본 연구자가 운영하는 C시 소재 ㅇㅇ아동발달연구소의 각 영역별 치료실 즉, 모래놀이치료실, 음악치료실, 미술치료실, 언어치료실에서 1 : 1로 실시하였다.

2) 연구 절차

본 연구의 절차는 각각 사례별로, 아동의 의뢰사유와 주호소 문제의 정보 수집을 위한 부모와의 초기상담(50분)-부모를 통한 아동의 발달력을 파악하기 위한 초기 면담지 작성(약 150분)-진단검사-사전검사-중재(통합적 치료)-사후검사-유지검사단계로 진행하여 수행하였다.

각 사례 대상아동에 적용한 검사내용은 아동의 증상에 따라 각각 달리 적용하여 실시하고 평가하였다.

사전에 부모에게 아동의 전 치료과정을 CCTV로 녹화하고 작품에 대해서는 사진촬영을 할 것이며, 치료내용을 익명으로 연구에 사용해도 좋다는 동의를 구하였고, 승낙을 받아 진행하였다.

연구자는 내담자와 치료세션을 진행하면서, 모든 세션을 녹화하고 활동일지를 작성하였다. 아동의 정서행동문제 변화에 대한 질적 자료 수집을 위하여 각 대상 아동의 통합적 치료 영역에서 매회기 정서행동변화를 관찰하여 기록하였다. 특히 활동일지(모래놀이치료 활동일지, 음악치료 활동일지, 미술치료 활동일지, 언어치료 활동일지)에는 세션활동 뿐 아니라 세션 시 관찰되는 아동의 행동적 변화, 특징적인 정서나 언어적 표현 등을 기록하였다. 동시에 회기별 활동내용을 모두 CCTV를 통하여 녹화하고 질적 자료 보완이나 추후 관찰내용의 재확인에 사용하였다. 또한 매회기 아동의 어머니를 대상으로 세션 후 20분 간의 부모상담시간을 정하여, 상담과 양육태도에 대한 변화를 위한 부모교육을 실시하였다. 이때, 아동의 일상생활에서의 정서행동문제의 변화에 대한 평가를 실시하고 분석자료로 사용하였다. 통합적 치료의 과정 및 절차는 [그림 7]과 같다.

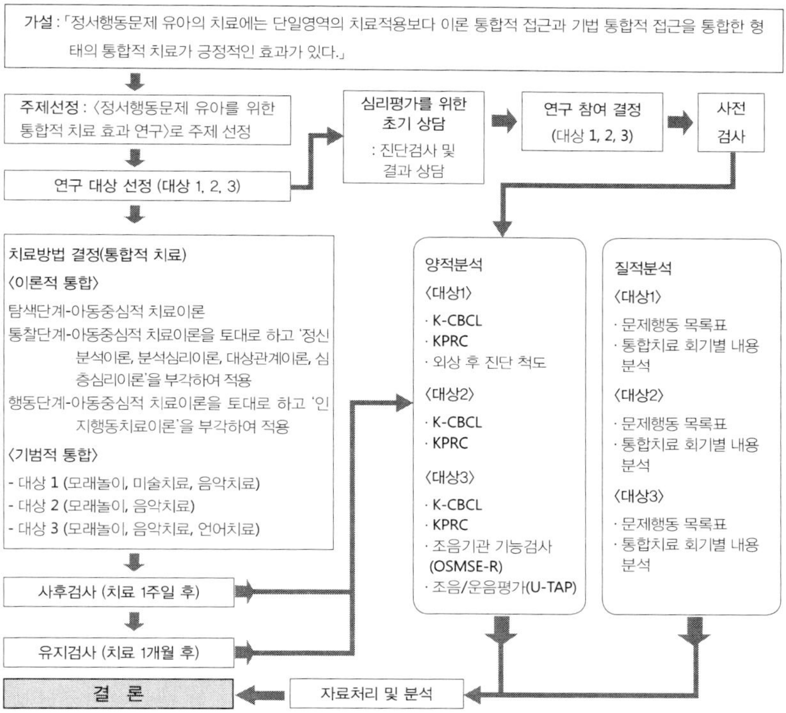

[그림 7] 통합적 치료의 과정 및 절차

(1) 초기 상담

아동의 의뢰사유와 주호소 문제의 정보 수집을 위한 부모와의 초기상담을 연구자가 진행하고, 아동의 발달력을 파악하기 위한 기초 면담지(아동의 상담 또는 심리검사, 발달검사 등을 진행할 때 전문병원이나 치료기관에서 일반적으로 사용하고 있는 항목과 내용을 기술하여 작성한 것)를 작성하였다.

아동과 부모 면담 시간은 부모와 아동에 대한 초기 상담 50분과 기초 면담지 작성에 걸린 시간을 종합하여 약 200분이 소요되었다.

(2) 진단 검사

각 사례 아동에게 본 연구를 준비하기 위한 진단용 심리검사를 실시하여 각 아동의 심리상태를 진단하였다.

첫째, 대상 1에는, 진단용 검사로 K-WISC-Ⅲ, BGT, HTP, KFD, SCT, CAT, RORSHACH, K-CBCL, KPRC를 통하여 아동의 심리상태를 진단하고 그 결과를 분석하였다. 아동의 지적수준을 평가를 위하여 K-WISC-Ⅲ를 실시하였으며 아동의 사고 전과 사고 후의 행동변화를 알아보기 위하여, 검사항목에 대한 작성자가 부모인 K-CBCL과 KPRC에 대해서는 2번의 검사를 실시하였다. 즉, 아동이 사고 전에 보이던 행동에 대한 평가와 사고 후에 보이는 전반적인 행동에 대한 평가를 각각 나누어 모친이 작성하였다.

둘째, 대상 2에는, 진단용 검사로 HTP, KFD, SCT, CAT, 부모자녀 양육태도 검사, K-CBCL, KPRC를 통하여 아동의 심리상태를 진단하고 그 결과를 분석하였다. 작성자가 부모인 K-CBCL, KPRC, 부모자녀 양육태도 검사에 대해서는 모친이 평가하여 작성한 것을 분석하였다.

셋째, 대상 3에는, 진단용 검사로 K-WISC-Ⅲ, BGT, HTP, KFD, SCT, CAT, RORSHACH, K-CBCL, KPRC를 통하여 아동의 심리상태를 진단하고 그 결과를 분석하고자 하였으나, BGT, HTP, KFD, SCT, CAT, RORSHACH에 대해서는 아동이 검사를 거부하여 검사수행이 불가하게 되어 생략되었다.

작성자가 부모인 K-CBCL, KPRC에 대해서는 모친이 평가하여 작성한 것을 분석하였다. 아동의 지적수준을 평가를 위하여 K-WISC-Ⅲ를 실시하였고, 구강 조음기관의 기능 선별검사(OSMSE)와 아동의 조음음운 능력 수준을 평가하기 위하여 우리말 조음 음운평가(U-TAP)를 실시하고 그 결과를 분석하였다.

(3) 사전 검사

사전검사 실시시 진단검사와 동일하게 채택된 일부검사에 대해서는, 진단검사 후 기간이 얼마 지나지 않은 관계로 단기간 내의 재검사가 무의미하다고 사료되어 진단검사 결과로 대신하였다. 그러나 진단검사에 포함되어 있지 않은 검사에 대해서는 사전검사를 실시하였다. 검사 실시 시에는 어떠한 촉구나 지지도 하지 않았다.

첫째, 대상 1에는 문제행동 목록표, K-CBCL, KPRC, 외상 후 진단척도(Posttraumatic Diagnostic Scale: PDS)를 사용하여 측정하고 분석하였다.

둘째, 대상 2에는문제행동 목록표, K-CBCL, KPRC를 사용하여 측정하고 분석하였다.

셋째, 대상 3에는 문제행동 목록표, K-CBCL, KPRC, 구강 조음기관의 기능 선별검사(OSMSE), 우리말 조음/음운평가(U-TAP)를 사용하여 측정하고 분석하였다.

(4) 중재(통합적 치료프로그램의 실시)

각 사례 대상별로 통합적 치료적용을 하고, 각각 선택한 치료영역에서의 세션을 진행하였고 각각의 회기과정의 내용을 분석하여 제시하였다.

첫째, 대상1은 2007년 1월 10일부터 2007년 4월 9일까지 각각 주 1회씩 모래놀이치료, 음악치료, 미술치료를 병행하여 실시하였다. 치료세션은 모래놀이치료 12회, 음악치료 12회, 미술치료 6회의 총 30회로 진행하였다.

둘째, 대상 2는 2007년 8월 13일부터 2008년 2월 11일 까지 모래놀이치료는 주 2회씩 실시하였고, 음악치료는 주 1회씩 실시하였다. 모래놀이치료 34회, 음악치료 18회의 총 52회로 진행하였다.

셋째, 대상 3은 2008년 6월 16일부터 2009년 7월 15일 까지 각각 주 1회씩 모래놀이치료, 음악치료, 언어치료를 실시하였다. 치료세션은 모래놀이치료 50회, 음악치료 49회, 언어치료 50회의 총 149회로 진행하였다.

(5) 사후 검사

중재 후 프로그램의 효과를 알아보기 위하여, 사후검사를 중재 후 1주 후 실시하였다. 사후 검사 시에는 어떠한 촉구나 지도 없이 사전검사와 동일한 도구와 방법으로 실시하였다.

(6) 유지 검사

본 치료 프로그램이 종결된 뒤, 치료효과를 유지하고 있는지 점검하기 위하여 1개월이 지난 후에 유지검사를 실시하였다. 유지검사는 사전, 사후 검사와 동일한 도구와 방법으로 시행하였고, 이때 검사자는 어떠한 촉구나 지도도 하지 않았다.

4. 통합적 치료 프로그램

본 연구에서는 이론 통합적 접근과 기법 통합적 접근을 적용한 형태의 종합적인 통합적 치료 모델을 제시하고, 이러한 통합적 치료방법으로 아동의 정서행동문제를 해결하고자 하였다.

❖ '통합적 치료(Integrative Therapy)' 방법을 적용하고자 하는 이유

첫째, 다양한 '이론 통합적 접근'을 적용하고자 하는 이유이다.

심리치료는 치료자가 어떤 심리학적 이론을 지향하느냐에 따라 치료적 접근이 달라질 수 있다. 전통적으로 Freud 이론에 근거한 정신분석적 치료, Jung의 분석심리학에 근거한 분석적 치료, Rogers이론에 근거한 아동중심 치료가 대표적이며, Guerney의 가족치료, Brody의 발달놀이치료 외에 최근에는 Knell에 의하여 시도된 인지행동치료 등이 아동의 문제유형에 따라 각각 활용되고 있다. 그러나 선행연구에서의 주장들처럼, 본 연구자도 한 가지 치료이론의 접근으로는 한계점이 있음을 임상현장에서 체험하며, 수년전부터 이론통합을 모색하여 적용하여 왔다.

예를 들자면 ADHD 아동의 경우, 예전에는 약물치료만을 적용했었으나 약물치료만으로는 해결이 안 되는 문제가 드러남으로써, 행동의 변화를 위한 행동 치료와 학습을 돕기 위한 인지치료도 적용하고 있는 실정이다. 그러나 ADHD 아동들은 이외에도 복합적인 정서적 문제들이 해결되어야 한다. 이들은 ADHD 특성상 나타나는 주의집중하지 못하는 행동, 충동적인 행동, 산만한 행동 등으로 인하여 부모나 선생님 등과 같은 주위의 가까운 사람들로부터 항상 비난과 처벌, 거부적 경험을 하게 된다. 이러한 문제는 낮은 자아존중감과 부정적인 자아상을 가지게 하여, 내적으로 위축되고 불안하며 우울하게 된다. 이것이 고립감과 분노감 등을 키우며 시간이 지날수록 문제행동을 증가시켜 부모자녀관계의 악화나 또래부적응 등의 문제를 갖게 한다. 이러한 다양한 문제들을 해결하기 위해서는, 인지 학습치료나 행동치료 외에도 정신분석적 치료, 아동중심 치료, 가족치료, 발달놀이치료, 또래 간의 관계형성을 지지하기 위한 집단 치료 등의 다양한 치료적 접근이 필요하다.

본 연구의 대상인 세 명의 아동은 모두 각각의 주요 증상(외상 후 스트레스장애, 포르노 비디오에 대한 과몰입과 유분증, 위축 · 우울 · 불안과 기능적 조음음운장애)외에도 복합적인 정서행동문제들을 다수 가지고 있으며 이러한 복합적인 정서행동문제 중 많은 부분을 공통적으로 가지고 있다. 대상 아동들은 그 공통적이고 복합적인 정서행동문제 중에 ADHD 성향의 문제도 가지고 있다. 따라서 이처럼 복합적이고 다양한 문제행동을 수반하고 있는 아동의 치료를 위해서는 다양한 치료 이론을 통합하여 적용해야 할 필요성이 요구되는 것이다.

둘째, 다양한 치료영역의 적용을 통한 '기법 통합적 접근'을 하고자 하는 이유이다.

선행연구에서나 본 연구자가 실제로 임상현장에서 경험한 바로도, 한 가지 치료 영역의 적용만으로는 내담자의 특성에 따라 매체 특성이 주는 한계점을 느꼈기 때문이다. 또한 내담자의 선호도와 성격적 특성에 따라서 내담자가 가지고 있는 문제를 해결하는 것에 한계점이 있다는 의견을 갖게 되었다. 또한 통합예술치료에서의 통합치료, 즉, 각각 독립된 예술치료의 두 가지 이상의 영역들을 통합하는 형태를 한 프로그램 안에서 구성하여 적용하는 방법을 시범적으로 몇몇 사례(본 연구를 진행하기 전에 아동들의 모친을 대상으로 무료로 제공)에 시도해 보았을 때, 다음과 같은 문제가 나타났다.

즉, 각 내담자가 가지고 있는 문제, 또는 내담자의 기질적인 특성이나 성격에 따라서 각각 다양한 매체에 대한 적응에서 매우 큰 차이가 나타났다. 또한, 어떤 내담자는 프로그램의 구성에 따라서 다양한 치료 매체가 역동적으로 변하며 적용되는 것에 적응하지 못하고 혼란을 겪거나 당황하고 위축감을 느끼는 것을 발견하였다. 즉, 내담자가 자신의 무의식의 탐색, 분출, 문제의 재구성 등의 과정에서 경직되거나 위축되어 달라진 매체를 통한 자신의 무의식적 탐색의 흐름에 적응하지 못하고 저항으로 부딪치게 되는 경우를 경험하였다.

이와 같은 어려움은 아마도 자신이 다음에는 어떤 치료매체들과 만나 어떠한 활동을 하게 될까하는 예측, 즉 마음의 준비가 이루어지지 않았기 때문일 것이다. 왜냐하면 이러한 통합적 치료에서의 환경은 치료사가 그때그때 회기별 프로그램의 구성에 따라 치료공간에 예술매체를 준비해 오는 형식으로 진행되기 때문이다.

또한 매회기 프로그램의 구성에 의해서 준비되는 예술매체의 종류가 각 전문적인 치료영역에서 보다는 훨씬 제한적이라는 점도 무시할 수 없는 요인이었다. 왜냐하면 이와 같은 프로그램에서는 치료세션 회기에 필요한 매체의 선정을 치료사가 하기 때문에 내담자의 능동적인 선택에 의해서 이루어지지 않음으로써, 내담자에게 흥미가 없거나 매우 싫어하는 것이 제공될 수 있다는 점이 발견되었다. 이는 무시할 수 없는 문제이다.

그렇다면, 이와 같은 어려움을 극복하고 좀 더 유용하고 효율적인 통합치료적 접근이 필요하다. 이에, 본 연구자는 각 대상아동에게 통합적 치료기법으로 선택한 각각의 치료영역에서 시간과 프로그램을 달리하여 같은 기간에 적용하게 되면 치료가 좀 더 효율적으로 이루어질 것이라 생각하였다. 이때 적용하는 각 치료영역에서의 기법은 이론 통합적 접근을 모두 적용하고 있으므로, 다차원적인 접근을 통하여 좀 더 많은 복합적인 정서행동문제(내재화된 문제, 외현화된 문제)를 해결할 수 있고, 각 세션의 흐름이 느긋하고 원활하여 보다 효율적일 것이라는 가설을 가지게 되었다. 이러한 접근은 다음과 같은 이점이 있다. 즉, 각각 개별적인 치료영역에서의 세션의 진행은 이미 마련되어 있는 수많은 매체들에 대해서 내담자 자신이 항상 무의식적으로 이전 세션에서 사전에 탐색하며 친숙하게 느낄 수 있다. 이러한 친숙함은 다음 활동을 준비할 수 있게 되고 저항감을 덜 수 있으며, 자신의 능동적인 욕구로 다양한 매체들 중에서 자신이 선택한 활동을 하게 된다는 것과 연결이 되는 것이다. 그러므로 각각의 개별적이고 전문적인 영역에서 진행되는 치료세션에서는 훨씬 다양하고 다채로운 매체들이 적극적이고 능동적인 선택에 의해서 결정 될 수 있고, 자신의 억압된 내면의 이야기를 풀어내는데 즐거움과 능동성을 증가시킬 수 있다고 생각한다.

그러나 이렇게 각각의 다양한 이론적 통합이라는 토대위에 개별적 치료영역이 동시에 제공되는 통합적 치료의 사례에 대한 연구는 발표된 것을 찾을 수가 없었다. 이와 같은 이유로 한 프로그램 안에서 여러 가지 치료적 기법이 동시에 적용되고 있는 '통합예술치료'를 통하여 선행 연구들을 고찰해 보고, 본 연구에서 적용하고자 하는 통합치료에 대하여 다음과 같은 견해를 갖게 되었다. 즉, 아동문제를 해결하기 위한 치료방법은 문제의 종류에 따라 그 치료적 접근을 어떻게 하느냐에 따라 치료효과가 다르게 나타날 수 있을 것이라는 점이다.

따라서 본 연구에서는 한 가지 이론적 적용과 한 가지 기법적 적용이 주는 한계를 보완하기 위하여 감정 · 사고 · 행동의 변화를 이끌어 낼 수 있도록 두 가지 이상의 다양한 이론을 통합적으로 적용하고, 이러한 치료과정을 보다 효율적으로 수행해 나갈 수 있도록, 치료기법 간의 통합을 이루는 통합치료 모델을 제시하고자 한다. 즉, 두 가지 이상의 이론적 접근과 기법적 접근을 통합하여 적용하고, 기법 통합적 접근에서는 선택한 두 가지 이상의 치료영역을 각 개별적 영역에서 같은 기간 내에 병행하여 종합적인 통합적 치료를 다차원적으로 적용하여 치료효과를 향상시키고자 한다.

먼저, 이론적 통합 과정은 초기의 치료과정인 탐색단계에서 Rogers의 인본주의 치료 원리를 놀이치료로 완성시킨 Axline의 아동중심적 치료이론을 적용하였다. 중기의 치료과정인 통찰단계에서는 Axline의 아동중심적 치료이론을 토대로 적용하면서 Freud의 정신분석 이론, Mahler의 대상관계 이론, Jung의 분석심리 이론과 심층심리 이론적 접근을 부각시키고 활용하였다. 말기의 치료과정인 행동단계에서는 Axline의 아동중심적 치료 이론을 토대로 적용하면서, Knell의 인지행동치료 이론적 접근을 부각시키고 활용하였다.

특히, 대상 아동들의 기질적인 까다로움과 위축되고 불안한 증상을 완화 또는 감소시키기 위하여, 통합적 치료의 초기단계에서는 무조건적인 수용과 공감, 지지를 해줌으로써, 아동의 무의식에서 능동적 심상을 활성화시킬 수 있는 아동중심적 치료접근을 사용하고자 하였다. 초기이후에서도 기본적인 토대는 아동중심에 바탕을 두면서 단계별 각각 필요한 이론적 접근을 부각시키고 활용하는 방법으로 이론통합을 적용하였다. 또한 아동의 위축되고 불안한 증상을 갖게 됨에 영향을 줄 뿐 아니라 아동과의 관계와 아동의 부정적인 정서행동상의 문제행동 유발에 큰 요인이 될 수 있는 어머니에 대하여 부모교육을 병행하여 실시하였다. 마지막으로 부모자녀간의 애착형성을 회복하기위하여, 건강한 부모자녀 관계의 상호작용에 근거한 '애착증진과 관계회복을 위한 테라플레이프로그램'을 가정놀이 과제로 3단계 전 과정에서 제공하였다.

1) 통합적 치료의 과정 및 적용절차

(1) 이론 통합적 접근

통합적 치료과정은 탐색단계, 통찰단계, 행동단계인 3단계로 진행하였다. 초기단계는 아동과 치료자가 함께 아동의 감정, 사고, 행동을 탐색하면서 자신의 감정을 인식하도록 하는 탐색단계이다. 중기단계는 아동이 자신의 감정을 인식하면서 과거의 부정적인 자신의 감정, 사고, 행동을 이해하고 맞서 도전하고 투쟁하며 인지적으로 통찰하게 되는 통찰단계이다. 말기에는 감정인식과 인지적 통찰을 통하여 아동 스스로 새로운 행동을 형성하고 실천하게 되는 행동단계이다. 본 연구의 통합적 치료 프로그램에서 3단계로 적용한 이론 통합적 치료적용 과정의 구체적인 내용은 [그림 8]과 같다.

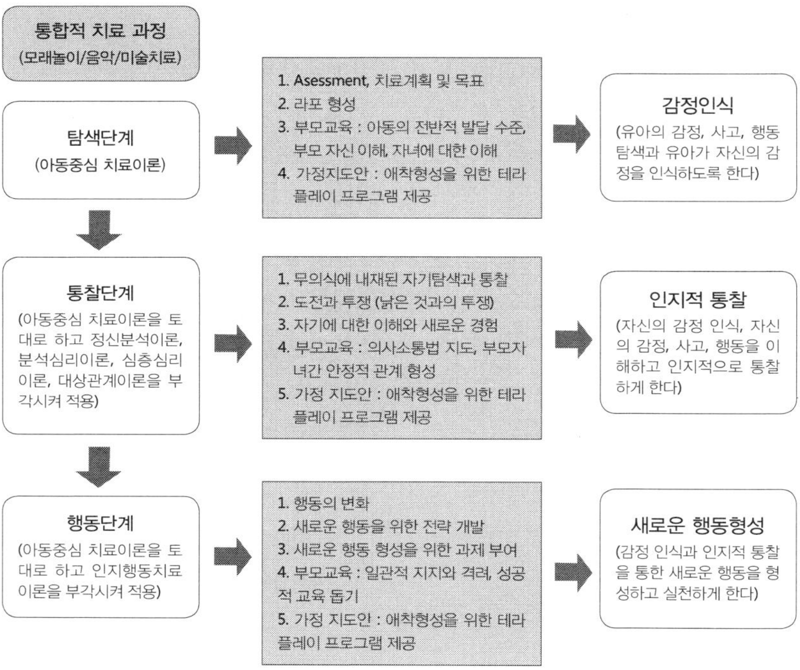

[그림 8] 통합적 치료 프로그램에서 3단계의 이론적 통합 적용 과정의 내용

① 탐색단계

대상 아동들의 정서적 측면을 다루게 되는 탐색단계에서는 가장 중요한 목적을 치료자와 아동 간에 서로 편안하고 신뢰할 수 있는 관계를 맺

는 것과 '라포형성'에 두었고, Axline(1969)의 아동중심 치료이론을 적용하였다. 대상 아동들이 모래놀이치료, 음악치료, 미술치료 등 각각의 통합치료영역에서 혼란스럽고 무질서하게 무의식에 내재되어 있는 자신의 감정, 사고를 능동적이고 적극적으로 분출하도록 돕기 위함이었다. 이러한 아동중심적 치료이론을 적용함으로써, 치료자는 아동과 함께 대상 아동들의 억압된 내면의 감정, 사고를 탐색하고, 대상아동들이 자신의 감정과 사고, 행동에 대하여 인식할 수 있도록 지지하고 격려하였다. 왜냐하면, 치료 초기단계에서 아동들이 자신들의 감정 표현, 확인, 명료화는 매우 중요한 치료요소(Rogers, 1951)이기 때문이다. 아동중심치료를 통하여 치료자가 대상아동에게 치료의 방향과 책임을 맡김으로써, 아동 자신의 적극적인 성장과 치료적 방향설정의 원천을 아동에게 두었다. 이와 같이 적용한 이유는 Axline(1969)이 아동 스스로 성장잠재력과 자성능력이 있기 때문에 어려움을 극복할 수 있는 자기 치유력을 갖고 있는 것으로 보는 견해를 지지하기 때문이다. 이처럼 아동들은 무한한 잠재력과 회복력을 갖고 있으며 성장과 성숙을 향해 노력하고 있다는 기본철학을 바탕으로 초기 탐색과정에 적용하였다.

또한 탐색 단계에서 아동자신이 놀이의 주제, 내용, 과정을 스스로 선택하도록 하는 방법을 통하여 아동이 자신에 대한 책임을 수용하고, 자신의 강점을 발견하여 하나의 독립된 개체로 성장하도록 도와주기 위함이었다. 이를 통하여 아동은 내면의 갈등을 극복하고 자기(Self)를 발전시킬 수 있을 것이다.

동시에 탐색단계에서 치료자는 내담자인 아동이 자신이 느끼는 혼란스런 감정과 사고에 대하여 인식하고 그것을 능동적으로 표현하도록 돕기 위하여, 아동의 감정 표현에 수용 · 지지 · 격려를 아끼지 않았으며 아동의 감정을 판단하거나 비판하지 않고 허용적인 태도를 취하였다. 또한 아동의 표현하는 활동에 대하여 경청, 반영(反映), 재진술, 개방적 질문을 사용하였다.

아울러 탐색단계의 부모교육에서 아동발달, 아동기의 정신건강, 아동기의 애착형성, 부모역할과 의사소통법에 대한 지도를 하였다. 또한, 세 명의 대상 모두가 부모와의 애착형성이 불안정함에 따라, 부모자녀 관계의 건강한 애착형성의 재구성을 돕기 위하여 가정 지도안으로 테라플레이 놀이치료 프로그램을 제공하였다. 이때, 놀이방법에 대한 사전교육을 실시하여 가정 내에서 충분히 진행할 수 있도록 하였다.

② 통찰단계

통찰 단계에서 기본적인 토대는 아동중심적 치료이론에 바탕을 두면서 각 영역의 통합적 활동 영역에 정신분석이론, 분석심리이론, 심층심리이론, 대상관계이론의 통합을 적용하여 부각시키고 활용하였다. 이 단계에서는 가장 중요한 목적을 대상 아동이 통합적 치료 활동을 통하여 자신의 과거와 내재된 무의식을 탐색하고 자신의 감정 인식을 통하여 아동이 자기 자신의 감정, 사고, 행동을 이해하고 인지적 통찰을 하도록 하는 것에 중점을 두었다. 이러한 과정을 통한 내면의 통찰은 더 큰 자기이해와 적절한 책임감을 불러일으키기 때문에 치료의 결정적인 요소이기 때문에 아동이 새로운 관점에서 사물들을 보도록 도와주고 아동의 감정, 사고, 행동의 이유가 무엇인지 지각하도록 도와주었다. 치료세션에서의 활동을 통하여 얻게 되는 자신의 감정, 사고, 행동에 대한 통찰은, 무의식에 잠재해 있던 내면의 억압된 심상을 의식화하여 설명하고 인지하게 하여, 대상 아동들이 자신의 낡은 것에 대하여 새로운 도전과 투쟁하도록 하도록 적극적으로 도왔다. 이는 스스로가 새로운 경험을 할 수 있도록 책임감과 자기조절능력을 갖도록 해주기 때문이다. 이를 위하여 치료자는 아동과의 일관성 있고 안정적인 돌봄으로 애착관계를 형성하고 반영(反映)하기를 통하여 아동이 자신의 감정과 사고를 이해하고 통찰하도록 유도함으로써, 아동이 새로운 행동을 형성하도록 도와 자아의 통합과 자아관계성을 발달시키도록 하는데 중점을 두었다.

정신분석적 접근을 통하여 아동의 방어와 억압된 기억을 퇴행시켜 직면시킴과 동시에 환자의 환상, 바램 등의 분석을 통해 환자 자신을 이해하고 문제해결능력을 향상시키도록 도왔다. 아동은 정신, 신체발달단계에서 미숙하고 자아 중심적이기 때문에(Freud, 1926), 아동의 발달단계에서 고착, 퇴행하지 않고 다음단계로 발달을 이뤄 잘 통합하도록 도와주는 것이 필요하기 때문이었다.

Jung의 분석심리학적 이론과 심층심리학적 이론에서의 핵심 이론인 능동적 심상(Active Imagination)을 통하여, 외상을 받은 순간의 상태를 극적으로 반복 각성하도록 하였다. 즉, 자신의 감정과 사고, 행동을 이해하고 인식하게 하여 인지적으로 통찰하도록 적극적으로 지지하였다. 왜냐하면, 아동은 치료세션에서 자신의 작품이나 이야기 활동을 통하여 자신이 겪은 일들로 인하여 무의식에 잠재해 있는 갈등들을 능동적 심상을 통하여 의식화하게 하였을 때, 도전과 투쟁을 통하여 외상체험에 수반된 감정은 점차 약화되고 정신을 '통합'할 수 있기 때문이다. 따라서 치료자는 아동에게 아동 자신이 이러한 능동적 심상을 활성화 시켜 자기치유력을 활성화 할 수 있도록 제공해 주는 것이 필요하였다. 이를 위하여 통찰단계에서 치료자는 직면, 해석, 자기노출, 즉시성, 보살핌을 잘 수행하도록 최선을 다하였다. 치료자가 아동의 문제를 파악하고 적절한 시점에서 아동이 자신의 감정, 사고, 행동을 자각하고 통찰을 갖도록 하기 위함이었다.

통찰단계에서는 과거 부적절하거나 상처받은 경험들, 부모와의 부적절한 애착관계로 인한 갈등과 어려움 등을 감정으로 인식하고, 인지적 통찰을 함으로써 상처받은 경험을 치료자와의 치료적 관계와 보살핌을 통해 교정하도록 최선을 다하였다. 이러한 활동을 통하여 아동이 과거의 경험, 부정적인 감정, 사고, 행동에 도전하고 투쟁하게 하여 새로운 경험을 할 수 있도록 돕는데 목표를 두었다.

탐색단계에서 치료자는 아동과 지나친 동일시를 하지 않으면서 아동의 감정표출에 대하여 공감과 수용, 지지를 하였고, 효과적인 치료를 위하여 치료과정 중에 참여관찰자로서 중립적 관찰자 역할을 유지하도록 힘썼다. 아동이 치료자에게 보이는 전이현상을 잘 설명하여 해결할 수 있도록 도왔고, 부모와의 관계에서 결핍되었던 애착을 회복시키기 위해 따뜻하게 보살핌으로서 좋은 대상관계를 제공하고자 노력하였다.

아울러 통찰단계의 부모교육은 아동과의 안정적인 관계맺기를 돕는 것에 목표를 두었다. 과거 애착형성에서 결핍된 부분을 보충하고 새로운 행동을 형성하게 하여 안정적인 애착관계로 교정하는 단계로 정하고 '아기타임'이나 '놀아주기 시간'을 마련해서 부모 자녀 간의 긍정적인 상호작용을 높이도록 교육과 과제를 부여하였고, 아동이기 건강한 부모자녀의 관계를 모델로 하는 테라플레이 치료프로그램의 단계를 더욱 확장시켜 지속적으로 가정에서 수행할 수 있도록 지도하였다. 또한 자녀양육법에 대한 기술과 대처방법에 관한 부모교육도 실시하였다.

③ 행동 단계

행동 단계에서 기본적인 토대는 아동중심적 치료이론에 바탕을 두면서 각 영역의 통합적 활동 영역에 Knell(1993)의 인지행동치료 이론을 적용하여 부각시키고 활용하였다. 행동단계에서의 치료목표는 아동의 인지적 · 행동적 변화이다. 따라서 이 단계에서는 가장 중요한 목적을 대상 아동이 통합치료 활동을 통하여 각 대상아동이 자신의 감정, 사고, 행동에 대해서 의식하고 통찰하며, 자신의 부정적인 무의식 또는 과거와 투쟁하고 대립하는 과정을 통하여 인지적으로 통찰을 이루어 낼 수 있도록 도왔다. 새로운 행동의 변화를 이루도록 하기 위하여 치료자는 세션활동에서 문제를 해결할 수 있는 전략을 함께 모색하고 개발하기에 힘썼으며, 과제를 부여함으로써 아동이 새로운 감정, 사고, 행동을 형성하고 실천할 수 있도록 도왔다. 또한, 아동이 새로운 관계를 형성하고 새로운 성장을 위한 자아의 균열을 회복하는 힘을 길러 자아의 통합과 수용으로 사회성을 회복하고 사회정서적 적응행동을 향상시켜 나갈 수 있도록 최선을 다하였다.

대상 아동이 올바른 방법으로 대처하지 못할 때는 역할을 바꾸어 치료자가 이끌며 시범을 보여 모방하도록 지도하였다. 즉, 문제해결에 적절한 모델링을 제공해 주는 것에 역점을 두고, 대상 아동이 용이하게 접근하도록 적절한 정보를 주어 모방할 수 있도록 하였다. 구체적인 방법으로 치료자는 분노조절, 제한 수용하기, 타인에 대한 수용과 공감능력 기르기, 순서를 기다리고 규칙 지키기 등을 통하여 사회적응력을 키우고 사회기술력을 높일 수 있도록 도왔다. 이와 같이 행동단계에서는 아동의 인지적, 행동적 변화를 위해 행동형성(Shaping) · 자기 검토 작업(Self-monitoring) · 자기 지시훈련(Self-Instuction Training) · 멈추고 생각하기(Stop and think) · 게임기법 등을 적용하였다.

치료자는 아동에게 자신의 감정이나 사고를 조절하고, 행동변화에 대한 책임은 아동자신이라는 것을 알려주어, 대상 아동이 비합리적인 자신의 신념을 수정하고 정체감을 형성하도록 돕는데 최선을 다하였다.

또한 행동의 계획을 세우고 평가하고 수정하게 하여 아동의 발달에 맞게 자신의 환경을 조절, 극복, 관리하는 능력이 증가하여 조절감과 숙달감을 갖도록 도왔다.

이를 위하여 행동단계에서 치료자는 친밀감형성과 신뢰감을 바탕으로 긍정적인 치료적 관계를 일관성 있게 유지하며 치료과정에서 점차 적극적인 개입을 하였다. 이 단계는 아동에게 적절한 모델링을 제공해 주는 것에 역점을 두기 때문에 치료자는 역할놀이를 통한 모델링과 반영하기를 통해 타인의 감정, 사고, 행동을 보여주고자 하였다. 또한 탐색단계·통찰단계와는 달리 칭찬을 적극적으로 활용하고, 해석을 통하여 아동에게 새로운 기술과 행동을 배우도록 격려하고, 아동이 인지적 통찰을 통하여 새로운 기술과 행동을 배우고 실천하도록 유도하였다. 아동의 행동변화를 위해서 치료자는 의견이나 아동의 질문에 대한 답변, 충고, 제안 등을 사용하였다.

행동단계에서의 부모교육은 아동의 사고나 행동의 변화를 위해서 부모의 지지와 격려가 필요하며, 이를 통하여 아동이 자신감을 회복하고 새로운 행동을 추진하기 위해 노력하게 됨을 알리고, 부모가 아동의 동기유발이나 성공적인 행동변화를 촉진시키고 일관성 있게 아동을 지지하고 훈육할 수 있도록 부모교육을 실시하였다. 부모가 자녀에 대한 처벌, 비난과 잔소리를 통제하고 긍정적인 격려와 지지를 지속적으로 유지해 나갈 수 있도록 치료자는 계속해서 부모의 자녀양육법을 검토하고 교육하며 부모를 격려하고 지지하였다.

(2) 기법 통합적 접근

기법적 통합에서 사용한 치료 영역은 대상 아동의 진단결과에 따라 각각 다르게 선택하여 적용하였다.

대상 1, 2, 3 모두에게 적용한 영역은 모래놀이치료와 음악치료이다. 미술치료는 대상 1에게만 적용하였으며, 언어치료는 대상 3에게만 적용하였다.

❖ 대상에게 적용한 치료기법의 선정이유

대상 1, 2, 3 모두에게 모래놀이치료를 선정한 이유는 다음과 같다.

첫째, 모래놀이는 주변에서 흔히 접할 수 있는 자연적이고 친밀한 모래라는 재료를 사용하고 있으며, 아동이 놀이에서 다루는 장난감들은 전 세계를 표현할 수 있는 장난감들이 제공되고 있어 누구나 쉽게 큰 거부감 없이 접근할 수 있기 때문이다.

둘째, 모래놀이치료는 모래상자라는 보호된 공간 안에서 치료자와 내담자가 신뢰로운 동맹을 맺고 내담자의 무의식에 잠재하고 있는 것을 놀이 상징으로 표현된 심상을 통하여, 자기치유력에 의하여 스스로 성장하고 발달하며 변화하여 자기성찰과 자아통합의 과정을 이끌어 내는 심리치료(김보애, 2004)이기 때문이다.

셋째, 모래놀이는 언어에 의존하지 않고 내담자의 욕구나 바램을 표현할 수 있는 장을 제공해주는 특성이 있어서 언어 능력이 빈약하거나 내담자의 문제가 복잡하여 언어화하기 곤란한 대상의 치료에도 효과적(Carey, 1999, 이정숙 · 고인숙 역, 2002; 김보애, 2003; 이정자, 2005)이기 때문이다.

넷째, 안정적 애착형성을 하지 못하고 구강기에 고착된 비사회적 아동도 모래놀이를 통해 부모와의 긍정적인 애착관계를 형성하고 사회성을 향상시켜 주기(장현숙, 2007) 때문이다.

다섯째, 모래놀이치료는 우울 · 불안과 위축행동의 감소시키며, 자아개념의 향상과 일상적 스트레스를 감소시키고 아동의 사회적 행동의 변화를 긍정적으로 향상시켜 준다(박지연 · 이숙, 2008)는 점 때문이다.

여섯째, 가까운 부모의 죽음이나 이혼 · 성학대 · 교통사고 · 충격적 사건 등의 외상적 상처의 치료에 모래놀이와 같은 감각기관에 기반을 둔 치료가 긍정적 효과를 주기(Carey, 1999) 때문이다.

본 연구에서 모래놀이 치료의 분석은 칼프(D. Kalff)의 모래놀이 발달의 3단계를 적용하여, 발달단계를 1단계의 동 · 식물의 단계와 2단계의 투쟁의 단계, 3단계의 적응단계로 구분하였다. 이러한 3단계의 과정은 자아의 발달 과정인 동시에 자기와 자기와의 관계를 개선하는 과정이고, 사회성의 발달을 시작하는 과정이며 부모를 포함하여 사람들과의 관계를 개선하는 과정을 나타내는 것이다(이숙 외, 2002).

❖ 칼프(Kalff, 1989)의 발달단계를 적용하여 모래상자를 분석하고자 하는 이유는 다음과 같다.

첫째, 1단계의 동 · 식물의 단계는 현재 아동의 생활을 표현하고 정서적인 무의식의 혼돈과 무질서를 반영하는 작품을 꾸미고 있음으로써, 외상 후 스트레스에 따른 무의식 속의 혼돈과 불안정서의 극복과정을 탐색할 수 있기 때문이다.

둘째, 2단계의 투쟁의 단계에서는 폭발하거나 싸우고 투쟁하는 전쟁의 모습을 많이 나타내거나 소품을 이용하여 공상을 본능과 연결하여 표현하는 모습을 보여준다. 이를 통하여 아동 자신의 부정적 내면의 갈등들과 투쟁하며 극복해가는 과정을 탐색할 수 있기 때문이다.

셋째, 3단계의 적응의 단계에서는 모래상자에서는 건설 공사 현장이나 균형잡힌 모습, 여성적인 상징들, 사람과 마을 등의 친밀감을 주는 모습을 나타낸다. 이와 같이 새로운 성장을 위한 진통과 자아의 균열이 회복되는 단계를 보여줌으로, 본능적인 힘의 통합으로 자아를 수용할 수 있게 되고 새로운 관계의 형성과 사회성의 회복 과정을 보여주기 때문이다.

이상에서 살펴 본 모래놀이 치료의 장점은 대상 1, 2, 3이 가지고 있는 무의식에 내재되어 있는 혼돈과 불안정서, 억압감을 극복할 수 있도록 자유롭고 보호된 공간을 제공하여 줄 것이다.

대상 1은 외상 후 스트레스로 자아경계가 약하고 매우 혼돈되고 혼란스러우며, 자신을 위협하고 있는 외상적 경험으로 인하여 강한 스트레스를 받음으로써, 수면장애와 다리절기라는 신체화증상이 고착된 전환장애 상태를 보이고 있다. 또한 악몽꾸기, 자동차에 대한 공포적 반응, 외부환경에 접촉하지 않으려는 문제, 이외에도 불안, 위축, 우울, 의존성, 좌불안석, 분리불안, 낮은 자존감, 미성숙한 정서적 행동적 문제 등 복합적인 다양한 정서행동문제를 가지고 있다.

대상 2는 포르노비디오의 과다노출에 의한 포르노비디오에 대한 과몰입과 자위행위에의 집착과 몰두, 유분증 등의 문제를 나타내며, 자아경계가 매우 약하고 혼돈되고 혼란스러우며, 정서적 행동적 퇴행이 많이 진행되어 있는 상태이다. 또한 수면장애, 악몽꾸기, 불안, 위축, 우울, 의존성, 좌불안석, 분리불안, 낮은 자존감, 미성숙한 정서적 행동적 문제 등 복합적인 다양한 정서행동문제를 가지고 있다.

대상 3은 일차적인 문제 발생 후 부모의 양육적 대처의 미숙으로 인하여 유발된 위축 · 우울 · 불안 · 기능적 조음음운장애 등의 문제를 나타내며, 이로 인하여 자아경계가 매우 약하고 매우 혼돈되고 혼란스러운 상태에 있다. 대상 3은 외부환경이나 타인에 대하여 극도의 공포감을 느끼며, 거부적 행동을 보이고 있다(계절에 관계없이 담요나 이불을 항상 두르고 다니는 행동, 아기나 타인이 집에 방문해 왔을 때 극도로 분노발작을 하거나 두려워 하면서 장롱 뒤나 침대 밑에 숨는 행동). 또한 수면장애, 악몽꾸기, 불안, 위축, 우울, 의존성, 좌불안석, 분리불안, 낮은 자존감, 미성숙한 정서적 행동적 문제 등 복합적인 다양한 정서행동문제를 가지고 있다.

이처럼 대상 1, 2, 3아동은 자신들이 겪은 외상적 경험으로 인하여 무의식의 혼란과 무질서로 많은 복합적인 정서행동문제를 가지게 된 상태이다. 이와 같은 문제를 해결하기 위해서는 정신분석적인 접근과 분석심리학적인 접근 등으로 아동들의 문제를 다루어나가야 할 것이다. 이와 같은 치료

이론의 접근을 아동들에게 가장 편안하게 적용할 수 있는 것은, 앞에서 살펴 본 선행연구와 '모래놀이의 장점' 을 통하여 확인하였다. 본 연구자는 본인의 수년간의 임상경험으로 대상 1, 2, 3 아동의 정서행동문제의 해결에서 모래놀이치료의 유용한 장점으로 다음과 같은 사항을 선정이유에 추가하였다. 즉, 아동이 꾸미는 모래상자는 자발적이고 능동적이며, 회기를 거듭할수록 상자 속에 꾸며지는 작품을 통하여 심상적 연결이 진행되므로, 자신의 무의식에 대한 이해와 인식, 통찰을 보다 심층적으로 방해받지 않고 진행시킬 수 있다. 이와 같이 방해받지 않고 자신의 심상에 대하여 회기가 진행되어가는 과정 안에서 자신의 혼란스러운 정서와 혼돈을 이겨내고 투쟁할 수 있으며, 이를 극복하고 자아를 통합하여 새로운 자기를 형성해 갈 수 있는 능동적 자기치유의 능력을 수행해 나갈 수 있기 때문이다.

이와 같이 치료자와의 신뢰로운 동맹 안에서 무의식의 혼돈과 무질서를 반영하는 작품을 꾸미는 활동을 통하여 자신의 부정적 내면의 갈등들을 반복적으로 분출함으로써, 과거의 외상적 상처들과 투쟁하며 극복해 나갈 것이다. 또한 이러한 내적 심상의 표현들은 무의식 속 내면의 혼돈과 무질서를 정리하고 정화하여 자신과 타인을 수용하고 외부 환경적 자극을 이겨내는 강인한 자아를 형성하고 자신감을 수립함으로써, 자아를 통합하고 새로운 관계의 형성과 사회성을 회복해 갈 것이다.

❖ 연구 대상 1에게 미술치료를 선정한 이유

외상 후 스트레스 장애와 미술치료는 인간의 조형 활동을 통해서 개인의 갈등을 조정하고, 동시에 자기표현과 승화작용을 통해서 자아성장을 촉진시킬 수 있는 효과가 있다. 즉, 이미지 표출 과정에 있어서 비언어적 커뮤니케이션 기법을 통하여, 상실, 왜곡, 방어적, 억제되어 있던 언어성과 시각적 이미지로부터 보다 명확한 자기상과 자신의 세계관을 재발견하여 자기 동일화, 자기실현을 꾀하게 되며, 외상이 너무 심해서 표출할 감정을 전달하는데 쉽게 언어를 사용할 수 없는 사람들과 외상을 입은 아이들을 도울 수 있기 때문이다. 특히, 미술은 외상 아동의 자아를 표현하기에 매우 적합한 표현양식이라 할 수 있는데 이는 아동이 외상에 대하여 이야기 할 준비가 되기 이전에 시각적인 양식으로 의사소통하는 것이 더 용이하기 때문이다(김동연 · 이재연 · 홍은주 공역, 2007; 장정수, 2006). 외상 후 스트레스 장애를 가진 아동들은 외상적 사건의 기억이나 심상들을 억압하는데, 이는 무의식적으로 외상을 다시 체험하지 않으려는 회피인 것이다. 미술치료는 이와 같은 현상에 내담자가 기억을 탐색하게끔 대화를 촉진하고 왜 그렇게 혼란하게 빠지게 되는지를 생각하게 도와줌으로서 스트레스사건과 암묵기억 및 외현기억을 연결시켜준다. 또한 감각기억의 표현을 활성화 시킴으로써 문제가 되는 감정을 표출하도록 도와주기 때문에 외상아동을 위한 치료에 있어서 미술치료적 접근은 매우 효과적일 수 있겠다.

미술치료는 아동중심적인 접근으로 진행하면서 능동적 심상(active imagination)이 중심이 되는 분석 심리 이론과 정신분석 이론을 적용하여 하고자 하였다.

대상 1은 외상 후 스트레스로 자아경계가 약하고 매우 혼돈되고 혼란스러우며, 자신을 위협하고 있는 외상적 경험으로 인하여 강한 스트레스를 받음으로써, 수면장애와 다리절기라는 신체화증상이 고착된 전환장애 상태를 보이고 있기 때문이다. 또한 악몽꾸기와 자동차에 대한 공포적 반응이나 외부환경에 접촉하지 않으려는 상태에 있는데, 이처럼 무의식에 내재되어 있는 공포, 불안, 혼돈 등의 억압된 정서를 미술활동을 통하여 분출시키고 카타르시스를 경험하도록 하기 위함이다. 아울러 이러한 과정을 경험하도록 지지하여 자신의 감정, 사고, 행동을 탐색하고, 자신을 위협하는 과거의 외상경험과 투쟁하며 인지적 통찰을 유도하여 새로운 행동을 형성하고 건강한 자아를 회복하도록 돕고자 하였다. 미술치료에서의 자유 심상활동은 무의식에 대한 자아의 적절한 관심을 갖도록 도와, 의식과 무의식을 통합하는 초월적인 기능을 촉진시켜, 내적조화를 얻어 자아를 통합하게 되고 자아실현을 가능하게 해 줄 것이다.

❖ 연구 대상 1, 2, 3 모두에게 음악치료를 선정한 이유

본 연구에서의 음악치료의 활동은 아동의 부정적인 정서행동문제를 극복시키고 사회정서적 적응행동을 향상시키기 위하여, 주로 노래부르기(Sing along)· 음악쓰기(Songwriting)·악기연주(Instrument)·즉흥연주(Improvisation)·음악과 신체활동(Music & Movement)등의 방법을 사용하였다. 이 밖에도 음악 감상과 토론(Music listening & Discussion), 음악적 게임(Music game)·음악과 미술(Music & Art)·음악과 심상(Music & Image) 등의 방법을 사용하였다. 이론적 접근으로는 아동중심적 방법과 능동적 심상(active imagination)이 중심이 되는 형태를 유지하며, 인지행동치료적 접근을 통합하여 적용하였다.

그 이유는 대상1, 2, 3이 각각 단순한 한 가지 원인이 되는 문제만 있는 것이 아니라, 매우 복잡하고 다양한 내재화된 문제와 외현화된 문제로 고통 받고 있기 때문이다.

연구대상 아동들은 신체기능의 저하와 과도한 긴장감으로 인한 호흡 조절의 문제, 좌우의 신체사용의 불균형(대상1, 3), 손과 발을 동시에 수행하는 것의 어려움(대상1, 3), 신체통증, 주의집중의 어려움, 타인과의 정서적 교류의 어려움, 대인관계의 회피, 자기 조절 능력의 부족으로 인한 충동성향 등의 문제가 있다. 이와 같은 문제를 해결하기 위하여 역동적인 음악 치료활동(즉흥연주, 리듬, 리듬써클, 노래부르기, 음악과 신체표현, 음악과 감상활동, Songwriting, Drumming, 음악동화 만들기, 합주하기 등)을 통하여 자율신경계의 자극과 운동중추의 자극으로 운동촉진 등 생리적 긴장 이완을 통한 몸의 경직성을 감소시키고 정서적 안정성을 유도하고자 하였다. 또한 치료사와의 합주나 합창, 함께하는 다양한 활동에 속에서의 자기 차례 기다리면서 기를 수 있는 인내심이나 조절능력, 타인에 대한 수용과 공감능력 등을 키워 성공적으로 수행의 경험을 통하여 또래 및 가족관계, 대인관계 등에서 친사회적인 적응능력을 기르고자 하였다.

❖ 연구 대상 3에게 언어치료를 선정하고 조음음운능력 개선치료를 적용한 이유

대상 3은 말더듬 초기 증상과 조음을 정확히 정조음(正調音)하지 못하는 조음음운장애(調音音韻障碍) 및 언어발달 수준의 모든 영역에서 지연된 문제를 가지고 있으므로, 조음기관기능을 향상, 조음음운 능력(調音音韻 能力)의 개선, 음성조절능력(音聲調節能力)의 향상이 필요하였다.

아동은 뇌성마비와 같은 마비성 장애아동은 아니나, 발성 시에 호기력이 약하며 호흡조절이 불규칙하고 발성도 매우 약한 상태에 있다. 그리고 호흡 시나 발성 시에 과긴장으로 인하여 흉부가 불룩하게 올라오는 현상도 나타나고 있다. 아동은 구개열 수술을 받을 당시 입이 매우 작음으로 인해서 구순의 양끝을 절개야 해야 했다고 하는데, 수술 당시의 절개 부위가 딱딱하게 뭉쳐 굳어 있었으며, 아동은 이러한 상태에서 구순 주위와 입술 끝이 매우 경직되어 있고, 발성 시 입술의 경직이 심하게 나타나며 운동성이 매우 느렸다. 또한 입술 끝이 우측으로 끌어당겨 올라가서 비웃는 듯한 입모양을 나타내고 있다. 또한 아동의 조음구사력을 관찰하기 위한 혀의 움직임을 확인한 결과, 아동은 제시하는 모음과 자음을 수행할 때, 혀와 입술의 불수의적 움직임이 심하여 제시하는 표적수행이나 발성 후 혀와 입술의 정지 상태 수행이 거의 불가능한 상태에 있었다.

이와 같은 문제들을 해결하기 위해서는 뇌성마비와 같은 마비성 장애를 가지고 있지 않은, 일반아동의 조음음운장애라 할지라도 단순히 조음훈련만으로는 그 치료효과를 볼 수 없을 것이다. 본 연구대상의 아동이 본 연구 프로그램의 적용 전에 이미 타 기관에서 언어치료사에 의하여 1년 정도의 언어치료를 받았음에도 불구하고 조음장애의 치료가 효과를 보지 못하고 조음음운 능력의 개선이 이루어지지 않은 것은 이런 사항을 간과하고 단순히 조음훈련만을 적용했던 것(부모의 보고로 얻은 정보임)이 문제의 이유라고 생각한다.

이에, 본 대상 아동에게는 호흡훈련(Training of respiration)과 구강운동(Oral Motor Training) 및 구순주위의 마사지·조음훈련(Training of articulation) 프로그램을 적용하여 아동의 조음기관기능을 향상시키고, 조음 능력의 개선을 통하여 조음 정확도와 음운변동 오류율 개선이 필요하다.

2) 통합적 치료에 적용한 각 영역 프로그램의 이론적 근거

대상 1, 2, 3 아동의 정서행동문제를 해결하기 위하여 통합적 치료에서 각각의 치료적 기법으로 선택하여 적용한 각 치료 영역에서의 통합적 치료 프로그램에 대한 이론적 근거는 다음과 같다.

(1) 대상 1, 2, 3에 적용한 모래놀이치료 · 음악치료 프로그램

대상 아동 모두에게 적용한 통합적 치료기법은 모래놀이치료와 음악치료이며, 다음과 같은 이론적 근거를 바탕으로 하였다.

첫째, 모래놀이 치료 프로그램에 대한 적용 근거는 다음과 같다.

모래놀이치료는 스위스의 융 분석가인 칼프(D. Kalff)가 로웬펠트(M. Lowenfeld)의 세계기법(The World Techique)에 바탕을 두고 융(C. G. Jung)의 심층심리학의 이론과 분석심리학이론을 결합시켜 수정 보완하고, 노이만(E. Neumann)의 모자일체성의 이론을 접목시킨 것이다.

치료 프로그램의 구성은 칼프(D. Kalff)의 모래상자 분석 3단계에 초점을 맞추어 1단계(동식물의 단계 즉, 혼돈의 단계), 2단계(투쟁의 단계), 3단계(적응의 단계)로 구성하였다. 여기에 융(C. G. Jung)의 능동적 심상의 단계 「초기단계(형상화 과정), 중기단계(상상과정 및 상징화 과정), 후기단계(대화와 해석의 과정, 만남과 관계의 과정)」를 각각 단계에 접목시켜 문제해결을 촉진시키고자 구성하였다.

이때, 3단계의 진행은 치료자가 단계를 정하여 진행하지 않고 아동의 능동적인 자기치유력의 힘을 기르도록 제안하는 아동중심적 놀이치료 이론에 따라 각 대상아동의 내적 심상의 진행에 따라 모래상자의 내용이 스스로 칼프(D. Kalff)의 3단계에 이를 때까지 진행하도록 구성하였다.

통합적 치료 프로그램에 사용한 모래놀이치료의 회기별 활동구조를 활동 목표와 그에 따른 내용을 구체적으로 조성한 내용을 〈표 7〉에 나타내었다.

〈표 7〉 모래놀이치료 프로그램의 구조(대상 1, 2, 3)

활동구조	시간	활동목표	활동내용
도입	5분	능동적 욕구탐색	모래상자 선택 및 피규어 탐색
상자 꾸미기와 사진 찍기	25분	• 소품을 이용한 상자꾸미기를 통하여 무의식에 내재화된 심상을 떠올려 능동적 심상과 상상적 대화를 하여 아동의 심상이 상호작용함으로써, 아동의 공상을 본능과 연결하여 표현하게 하여 감정의 카타르시스를 돕는다. • 상자꾸미기 활동을 통하여 본능적인 힘을 통합하고 강한 자아를 재확립하도록 돕는다.	• 아동이 스스로 선택한 모래상자에 소품을 이용하여 모래상자작품을 꾸민다. • 치료사는 아동이 꾸미는 작품과 이야기에 공감적 경청을 하며, 활동을 지지하고 수용함으로써 아동의 저항을 완화시키고 내재화된 갈등과 욕구 등 심상을 상징적으로 표현하며 분출하게 한다. • 상자를 꾸민 후에는 자신의 작품을 감상하게 하고 사진을 찍어 작품을 남겨둔다.
이야기 나누기	10분	• 자아탐색, 욕구탐색, 감정탐색 지각하기	• 작품 주제 정하기와 내용에 대한 이야기 하기 • 자신이 꾸민 상자에 대한 감상 듣기 • 상자 안에서 본인의 상징 찾기 • 작품에 표현된 중요한 상징에 대하여 탐색하기 • 자신의 작품에서 가장 중요한 것은 어떤 것인지 이야기나누기 • 바꾸어 꾸며 놓고 싶은 장면에 대해 이야기 나누고, 있다면 바꾸어 꾸미고 느낌말하기 • ※단, 원하지 않는 부분에 대해서는 아동의 의사를 수용하기
부모 상담	10분	• 아동의 증상인식하기, 아동의 욕구인식하기, 아동의 감정인식하기	• 아동의 모래상자를 감상한 후, 느낌을 듣는다. • 꼭 필요하다고 판단되는 경우에는 아동의 활동내용을 해석해줌으로써, 아동에 대한 이해와 지지, 감정의 공감과 수용을 촉진하도록 도와 아동의 회복을 돕게 한다. • 바람직한 의사소통법 지도하기

일상생활 에서의 아동의 문제행동 관찰 보고 듣기	10분	• 일상생활 속에서의 아동의 문제 행동과 그 변화를 객관적으로 인식하게 도와 양육환경이나 양육태도를 능동적이고 적극적으로 개선시킴으로써, 아동의 문제 행동을 개선하도록 돕는다.	• 한 주일 동안 일상생활에서 나타나는 아동의 행동과 변화를 관찰하여 보고한다.

둘째, 음악치료 프로그램에 대한 적용 근거는 다음과 같다.

음악치료 프로그램은 김군자(2001)의 음악치료 프로그램 연구에서 소개하고 있는 프로그램 중 즉흥연주, 악기연주 활동, 음악 감상과 토론, Songwriting 등을 선정하여 자기 표현력 증진, 부정적인 감정의 표출을 통한 스트레스 감소, 새로운 자기 지각 및 사회성 향상 등을 이끌어 낼 수 있도록 연구자가 재구성하여 적용하였다. 또한 적극적인 음악 감상과 상상을 통하여 몸과 마음을 편안하게 이완되도록 유도하는 GIM(Guided Imagery Music: Bonny Method)기법을 적용하여, 카타르시스, 내면성찰 등의 감정경험과 긴장이완을 유도하였다. 또한 아동중심치료이론을 적용한 비구조화 활동과 인지행동치료 이론을 적용한 구조화 활동을 접목시켜 구성하였다.

(2) 대상 1에게 적용한 미술치료프로그램

미술치료프로그램은 다음과 같은 이론적 근거를 바탕으로 하였다.

융(C. G. Jung)의 능동적 심상을 중심으로 한 미술치료 프로그램을 적용하였다. 미술활동을 통해 무의식의 내용을 자발적으로 드러낸 것을 이해하기 위한 능동적 심상의 단계를 초기단계(형상화 과정), 중기단계(상상과정 및 상징화 과정), 후기단계(대화와 해석의 과정, 만남과 관계의 과정)로 구성하였다. 능동적 심상중심의 다양한 작품 활동을 통하여 대상 아동이 가지고 있는 심리적인 갈등을 긍정적이고 안전하게 표출할 수 있도록 하며, 충분한 정서적 지지를 통하여 아동의 자신감을 높이고자 하였다. 또한 무의식의 심상을 떠올려 능동적 심상과 상상적 대화를 하여 아동의 심상이 상호작용하여 의식에서 해석하여 의미를 부여하고 무의식이 통합되도록 하는 것에 초점을 두었다.

(3) 대상 3에게 적용한 언어치료 프로그램

아동에게 적용한 언어치료는 대상 아동이 기능적 조음음운장애를 가지고 있으므로 조음음운치료를 위한 이론적 근거를 바탕으로 다음과 같이 구성하였다. 조음음운(調音音韻) 능력 개선을 위한 훈련 프로그램에는 다른 일반 아동의 조음훈련(調音訓練)만을 적용한 프로그램과는 달리, 호흡훈련과 입술, 혀, 하악(下顎), 등의 조음기관(調音器官)의 운동기능을 향상시키기 위한 구강(口腔)운동 및 구순(口脣)주위 마사지 및 조음훈련(調音訓練)의 병행훈련 프로그램으로 계획하여 구성하였다. 훈련 방법은 매회기의 도입부에서 호흡과 구강훈련(口腔訓練), 혀와 입술, 구순주위(口脣周圍) 마사지 등을 실시하고 조음훈련을 진행하였다. 훈련을 마친 다음에는 부모교육과 가정지도안을 제시하였다. 호흡은 말 산출을 위한 에너지로서 호흡 기능인식과 구강운동(口腔運動)을 촉진시켜 호기(呼氣)시에 말소리를 내면서 조음(調音)의 명료도(明瞭度)를 높이고자 하였다. 또한 입술, 혀, 턱, 볼, 구개(口蓋)영역을 중심으로 한 마사지를 통하여 조음기관(調音器官)의 운동기능을 향상 시키고 말 산출시 조음(調音) 정확도(正確度)를 높이고자하였다. 아울러 부모교육과 가정지도안을 제시함으로써, 일주일에 1회씩 수행하는 훈련내용을 대상 아동이 일상생활에서 가장 많은 시간을 보내는 부모와 함께 가정에서 복습하도록 하여, 회기별 치료사로부터 훈련받은 내용의 완전습득(完全習得)을 유도하고 치료효과의 상승과 유지를 꾀하고자 하였다.

훈련방법의 기술들은 윤병완(1992)의 「뇌성마비 언어장애와 치료」, 전헌선 · 한경임 · 노선옥(2004)의 「뇌성마비아 언어치료교육」, 교육부(1999)에서 제작한 「언어치료: 특수학교 치료교육활동 교사용 지도서」에서 언어훈련과 호흡훈련의 원리를 참고로 하고, 김영태 · 신문자(2004)의 「우리말 조음음운 훈련 지도서」, 김두라(2004)의 「재미있는 언어치료: 상호작용과 언어발달 촉진을 위한 언어치료의 실제」, 한국언어병리학회(2003)의 「언어장애의 이해와 치료 / 아동의 조음장애」 등을 참고로 하여 연구자가 프로그램에 적용하였다. 또한 본 대상 아동이 갖는 조음의 오류문제를 극복하기 위하여 각 목표음소(目標音素)의 소리산출이 가능하도록 다양한 훈련기법들을 연구자가 재구성하여 적용하였다.

대상 3에 적용한 조음음운 능력 개선 훈련 프로그램의 구조는 〈표 8〉과 같다.

〈표 8〉 조음음운 능력 개선 훈련 프로그램의 구조(대상 3)

활동	시간	교육 훈련 내용
도입/호흡훈련	5분	• 호흡 훈련의 활동목표에 따라 훈련 실시
구강운동 및 구순 마사지	5분	• 구강운동 및 구순 마사지의 활동목표에 따라 훈련 실시
조음훈련	30분	• 조음훈련의 세부 활동 목표에 따라 훈련 실시
부모교육 및 가정지도	20분	• 가정에서 호흡과 구강운동 및 구순 주위 맛사지, 조음훈련을 복습할 수 있도록, 훈련 내용을 부모에게 교육시키고 활동일지의 세부내용을 제공하고 다음 회기에서 확인함.

3) 대상아동별 통합적 치료의 각 영역 치료목표와 프로그램의 내용

(1) 대상 1의 각 영역별 치료목표

대상 1의 아동에게는 모래놀이치료, 음악치료, 미술치료를 실시하였고 구체적인 각 영역의 치료목표와 내용은 다음과 같다.

① 모래놀이 치료 목표와 내용

내담자가 수용하기 어려운 불안하고 극도의 공포스러운 현실에서 자유로워지도록 자유롭고 보호된 공간을 제공하여, 내담자와 연구자 간의 신뢰로운 동맹관계를 형성한다. 내담자가 자신의 무의식에 내재되어 있는 외상적 상처와 혼란스럽고 공포스런 감각기억의 갈등을 모래놀이를 통하여 반복적으로 분출하도록 돕는다. 또한 모래상자 꾸미기 활동을 통하여 자신의 혼돈과 무질서를 정리하고 정화하여 자신과 타인을 수용하고 외부 환경적 자극을 이겨내는 강인한 자아를 형성하고 자신감을 수립함으로써, 자아를 통합하고 아동 스스로 자신의 외상 후 스트레스를 극복해 나가는 것을 치료목표로 삼았다.

대상 1에 적용한 구체적인 모래놀이 치료 프로그램의 목표와 내용은 〈표 9〉과 같다.

〈표 9〉 모래놀이 치료 프로그램의 목표와 내용 (대상 1)

구분	장기목표	회기	작품 주제	상자 꾸미기에서의 목표	작품 감상 이야기 나누기 목표
1 단계 : 탐색단계 (동식물의 단계)	무의식 속에 내재되어 있는 자신의 감정, 욕구, 갈등, 자아 탐색 무의식의 혼돈과 자신의 외상적 경험 표출	1	신데렐라	• Assessment, 라포 형성	• 자신의 감정을 인식하도록 한다. • 자신의 감정, 사고, 행동에 대한 탐색
		2	재미있는 가족 모래놀이	• Assessment, 라포 형성 • 가족탐색, 감정 탐색, 욕구탐색	
		3	재미있는 사람 모래놀이	• Assessment, 라포 형성 • 외상적 경험표출, 무의식의 혼돈과 무질서 표출 • 무의식의 부정적 경험과 갈등의 내면 탐색, 분출	
		4	무서운 검은 비	• Assessment, 라포 형성 • 외상적 경험, 혼란된 정서표출 • 부정적 자아개념과 무의식속에서의 내면의 고통 탐색, 분출	
2 단계: 통찰단계 (투쟁의 단계)	무의식 속에 내재되어 있는 자신의 부정적 감정, 욕구, 갈등, 자아 통찰 외상적 경험에 대한 도전과 투쟁 지지·부정적 정서 분출과 카타르시스 경험	5	재롱잔치	• 욕구통찰, 도전, 새로운 경험	• 자신의 감정, 사고, 행동에 대한 인지적 통찰 • 자신의 감정, 사고, 행동의 이해
		6	바다 속	• 갈등의 본질과 투쟁 • 내면의 고통에 대한 직면과 대립 • 새로운 내적 외적 환경의 재구성을 위한 투쟁	
3 단계: 행동단계 (적응의 단계)	• 무의식에 내재되어 있는 왜곡, 상실, 억압된 갈등 표출 카타르시스의 경험을 통한 고통의 승화 외상 후 스트레스 극복	7	결혼식	• 새로운 시작의 출발 • 외상적 공포와 갈등극복의 투쟁	• 적응, 대처의 전략개발을 통한 인지적 통찰 • 적응, 대처의 전략개발을 통한 인지적 통찰 • 새로운 관계 형성 새로운 행동 형성 새로운 행동실천
		8	무제	• 새로운 성장을 위한 진통	
		9	우리 마을	• 내면탐색, 의식과 무의식의 화해	
		10	쵸코나라	• 새로운 양육과 행복추구 • 고통의 표현, 자아의 재인식	
		11	신나는 동물식당	• 적극적인 자기치유의 욕구 표출 • 자아의 균형회복, 자아수용	
		12	노란색 세상	• 외상 후 스트레스의 해결 • 자아통합·새로운 관계형성	

② 음악치료 목표와 내용

아동은 신체기능의 저하와 과도한 긴장으로 인한 들숨 날숨의 호흡이 불규칙하여 숨 조절의 어려움과, 좌우의 신체사용이 불균형하며 손과 발을 동시에 수행하는 것에 대한 어려움, 신체 통증의 호소, 주의집중의 어려움, 대인관계의 회피 등의 문제가 있으므로, 역동적인 음악 활동(즉흥연주, 리듬, 리듬써클, Drumming, 노래 부르기, 음악적 활동 안에서의 신체표현, songwriting, 합주하기, 음악 감상, 음악동화 만들기 등) 안에서 감정 분출하기, 자발적이고 능동적으로 표현하기, 외상을 지지적 환경에서 재경험하게 하기, 은유와 상징을 사용하여 대상에 대해 무의식적인 분노를 풀어내기 등을 지지하며 외상경험으로 인한 장애의 극복을 돕고자 한다. 또한 이러한 음악활동 안에서 자율신경계의 자극과 운동중추의 자극으로 운동촉진 등 생리적인 긴장이완을 통한 몸의 경직성을 감소시키고 정서적 안정성을 유도하며, 치료사와 합주를 통한 교류에 성공적인 경험으로 아동의 또래 및 가족관계, 대인관계의 어려움을 극복하는 것을 치료목표로 삼았다. 대상 1에 적용한 구체적인 음악치료 프로그램의 목표와 내용은 〈표 10〉과 같다.

〈표 10〉 음악치료 프로그램의 목표와 내용(대상1)

구 분	회기	활동목표	활동내용
1단계 : 탐색단계	1회기	• Assessment • 라포형성	• 자유활동: 악기연주, 즉흥연주, singing
	2회기	• Assessment • 라포형성	• 자유활동: 악기연주, 즉흥연주, singing, movement, color bell 색깔악보 보며 연주
	3회기	• Assessment • 라포형성 • 리코더 연주 기능의 사정	• 자유활동: 악기연주, 즉흥연주, singing, movement
	4회기	• Assessment • 라포형성, 호흡조절 • 소근육운동 능력 평가	• 자유활동 & 구조화된 활동: 악기연주, 즉흥연주, singing, movement, 휘슬 불기, 리코더 불기

2단계 : 통찰단계	5회기	• 무의식적 내면의 갈등과 부정적 감정의 분출	• 자유활동 & 구조화된 활동 : 악기연주, 즉흥연주, singing, movement, song writing • 심상표현 & 즉흥연주(Image & Improvisation) : 꿈을 표현하기(악기로→이야기로)
	6회기	• 외상적 스트레스극복에의 도전과 투쟁 • 내면갈등과 부정적 감정의 분출, 카타르시스 경험.	• 자유활동 & 구조화된 활동 : 악기연주, singing, Music listening, song writing • 예전 기억에서 벗어나기, 기억 드러내기
3단계 : 행동의 단계	7회기	• 신체협응능력 기르기 • 자아성찰 • 자존감을 증진	• 자유활동 & 구조화된 활동 : 악기연주, singing, Music listening, song writing, Music & Image, 음악동화
	8회기	• 호흡조절 • 신체협응능력 기르기 • 자아성찰 • 자존감을 증진	• 자유활동 & 구조화된 활동 : 악기연주, singing, Music listening, song writing, Music & Image, 음악동화
	9회기	• 자아성찰: 내적 자기표현과 적절한 자기표현하기 • 신체협응능력 증진 • 내면갈등과 부정적 감정의 분출, 카타르시스 경험. • 자존감을 증진 • 적절한 사회교류능력 향상	• 자유활동 & 구조화된 활동: 악기연주, singing, Music listening, song writing, Music & Image, Image & Art & Improvisation, singing ('버리고 싶은 마음')
	10회기	• 9회기와 동일	• 자유활동 & 구조화된 활동: 신체표현과 즉흥연주 (Movement & improvisation). 대화 & 노래, Singing + songwirting
	11회기	• 9회기와 동일	• 자유활동 & 구조화된 활동: 합주를 통한 교류, 주고받기 활동
	12회기	• 외상 후 스트레스의 극복과 긍정적 정서의 함양 • 대인관계 및 또래관계형성을 위한 적절한 사회교류능력의 향상을 증진	• 자유활동 & 구조화된 활동: 합주를 통한 교류, 주고받기 활동, movement

③ 미술치료 목표와 내용

아동의 외상 후 스트레스 장애극복을 위하여, 미술이라는 비언어적 표현수단을 제공함으로써 아동이 외상적 위기로 인해 받은 무력감 · 혼란 · 긴장 등을 완화시키고, 자신이 창조한 작품 속에서 적극적이고 능동적인 감각기억의 표현을 활성화시키도록 한다. 또한 미술 활동 안에서 부정적인 정서에 압도되지 않고 외상사건을 회상하게 하여, 행동을 통제하는 비합리적인 두려움을 없애도록 돕는다. 이를 통하여 공포와 불안 정서를 감소시켜 아동 스스로 자신의 외상 후 스트레스를 극복해 나가는 것을 치료목표로 삼았다.

대상 1에 적용한 구체적인 미술치료 프로그램의 목표와 내용은 〈표 11〉과 같다.

〈표 11〉 미술 치료 프로그램의 목표와 내용(대상 1)

단계	회기	치료목표	활동내용
1 단계	1회기	• Assessment • 라포형성 • 가족지각 탐색. • 가족환경지각 탐색	• 가족어항 그리기
	2회기	• 내재화된 공격성과 분노분출	• 자유 활동: • 찰흙으로 자동차 만들기
	3회기	• 자아탐색과 감정탐색지각	• 자유 활동: • 무서운 꿈(아파트 귀신 그리기)
	4회기	• 욕구탐색	• 자유 활동: • 행복한 시간 (꼴라쥬)
2 단계	5회기	• 무의식에 내재화된 가족환경과 외부 환경탐색 • 분노분출	• 자유 활동: • 두꺼비 집에 불이 났어요(색연필 난화기법).
	6회기	• 무의식에 내재된 고통의 감정 분출과 내면탐색	• 자유 활동: • 놀이터 가는 길

(2) 대상 2의 각 영역별 치료목표

대상 2의 아동에게는 모래놀이치료와 음악치료를 실시하였고 구체적인 각 영역의 치료목표와 내용은 다음과 같다.

① 모래놀이 치료 목표와 내용

심리검사 결과 대상 2는 전반적인 지적 능력을 요하는 활동뿐 아니라 학습 상황에서의 어려움이나 또래관계나 사회적인 관계를 형성하고 유지하는 것에 큰 어려움이 있었다. 지속적인 부모의 신체적 정서적 학대와 방임이라는 환경적인 원인으로 인해 심리상태는 더욱 심하게 위축되고 능력이 저하되어 있는 것으로 판단된다. 아동은 현재 포르노 비디오의 지속적인 노출로 성적 자극이 되는 것에 몰두하여 포르노 비디오 보기에 집착하고 자위행위에 몰두하며 유분증의 문제와 수면장애, 우울과 불안한 정서, 정서적 사회적관계의 미성숙과 부적응의 문제로 위기를 맞고 있다. 또한 전반적으로 낮은 자존감과 부모에 대한 분노와 부정적인 자아개념은 앞으로의 삶을 유지하고 건전한 발달을 도모하는데 문제가 예상되었다.

대상 2에 적용한 구체적인 모래놀이치료 프로그램의 목표와 내용은 〈표 12〉과 같다.

〈표 12〉 모래놀이 치료 프로그램의 목표와 내용 (대상 2)

구 분	장기목표	회기	작품 주제	상자 꾸미기에서의 목표	작품 감상 이야기 나누기 목표
1 단계: 탐색단계 (동식물의 단계)	무의식 속에 내재되어 있는 자신의 감정, 욕구, 갈등, 자아탐색	1	무제	• Assessment, 라포 형성 • 감정탐색, 갈등탐색 • 무의식의 무질서와 혼돈 표출	• 자신의 감정 인식 • 자신의 감정, 사고, 행동에 대한 탐색
		2	만화	• Assessment, 라포 형성 • 가족탐색, 감정 탐색, 욕구탐색 • 내재화된 부정적 심상표출	
		3	무제	• Assessment, 라포 형성 • 욕구탐색	
		4-6	케임 만들기	• Assessment, 라포 형성 • 가족탐색, 감정탐색, 욕구탐색(性的 욕구와 구강기적 욕구)	

		7	무제	• 내재화된 억압과 부정적 심상표출 • 무의식의 무질서와 혼돈 표출 • 가족탐색, 감정탐색, 욕구탐색(性的욕구와 구강기적 욕구)	
		8	케이크	• 욕구탐색, 감정탐색	
		9	비밀장소	• 가족탐색, 감정탐색, 욕구탐색과 분출(性的 욕구와 구강기적 욕구, 보호양육 욕구)	
		10	놀이터	• 억압된 내면의 고통 심상표출 • 또래관계의 욕구좌절, 갈등표출 • 유분증 탐색	
2 단계: 통찰단계 (투쟁의 단계)	무의식 속에 내재되어 있는 자신의 부정적 감정, 욕구, 갈등, 자아 통찰 부정적 정서경험에 대한 도전과 투쟁 지지 부정적정서 분출과 카타르시스를 경험	11	우리 집	• 욕구통찰, 도전, 새로운 경험	• 자신의 과거탐색, 통찰 • 자신의 감정, 사고, 행동에 대한 인지적 통찰 • 자신의 감정, 사고, 행동의 이해
		12	노란색 세상	• 성적 욕구와 투쟁 • 보호와 안전한 양육에 대한 욕구갈등과의 대립	
		13	무제	• 욕구통찰: 성장욕구와 퇴행 욕구와의 대립	
		14	없어진 아이	• 내적 심상의 갈등표출: 내적 공상을 통한 과거통찰 • 애정욕구와 보호양육 욕구의 좌절에 대한 투쟁	
		15	무서운 용, 그리고 아기의 비밀	• 자신의 왜곡된 욕구를 이겨내고자 하는 용기에 대한 도전 • 부정적 내면의 욕구의 극복 의지의 발현	
		16	무제		
		17	벌을 받아 죽은 어떤 아저씨	• 내재화된 공격성과 파괴 본능의 분출과 도덕성과의 투쟁 • 새로운 탄생 욕구표출	
		18	괴물나라에 갇힌 여자아이	• 내면의 부정적 욕구에 대한 탐색과 통찰 • 보호양육에 대한 내적 욕구와 변화에 대한 도전적 심상	
		19	위험에 빠진 아기	• 부정적인 욕구의 힘에 굴복하는 내면 분출	
		20	돌봐주는 사람이 없어서 사고친 위험에 빠진 아기	• 내면의 두려움과 불안과의 투쟁 • 자신의 보호욕구 통찰	

		21	똥싸개, 오줌싸개는 누구일까	• 유분증의 증상 인식 및 갈등표출, 인지적 통찰	
		22	노란색 세상	• 무의식의 혼란스런 내적 심상의 분출 • 도덕성의 회복을 위한 투쟁	
		23	공주들의 춤추기	• 양육자의 부재와 외로움, 좌절감의 심상표출 • 환경적 냉혹함과의 투쟁을 통한 자신의 요구 통찰	
		24	나비랑 아기들이 선생님 땅으로 갔다.	• 양육환경에서의 좌절에 따른 공격성 분출 • 새로운 환경 획득에 대한 내적 심상의 도전	
		25	아주 으스스하고 위험한 집에 사는 아이	• 갈등의 본질과 투쟁 • 내면의 고통에 대한 직면과 대립 • 새로운 내적 외적 환경의 재구성을 위한 투쟁	
3 단계: 행동단계 (적응의 단계)	무의식에 내재되어 있는 왜곡, 상실, 억압된 갈등 표출 유분증의 극복과 새로운 적응 행동형성 카타르시스의 경험을 통한 고통의 승화 자아의 수용과 균형 회복 또래관계 사회성 회복	26	매일 아침 나라와 매일 밤 나라	• 낡은 것과의 싸움: • 새로운 시작의 출발욕구와 부정적 과거의 심상 간의 대립	• 적응, 대처의 전략개발을 통한 인지적 통찰 • 새로운 관계형성 • 새로운 행동 형성 • 새로운 행동실천
		27	놀림받아서 나갈 수 없는 똥오줌싸개 아이	• 새로운 성장을 위한 진통: 유분증과 또래관계 간의 갈등과 직면 • 유분증 극복과의 투쟁적 심상	
		28	무제	• 내면탐색, 의식과 무의식의 화해로 카타르시스 경험 • 모친과의 새로운 관계형성과정	
		29	물을 못 먹어서 목마른 아이의 물먹기	• 고통의 표현, 자아의 재인식 • 유분증의 극복과 새로운 적응 행동형성	
		30	아기가 자라서 소녀가 되고, 소녀가 자라서 엄마가 되었다.	• 자아의 수용과 균형회복 • 또래관계 사회성 회복	
		31	무제	• 부정적인 내면의 갈등 극복 • 자아통합·새로운 관계형성	
		32	맛있는 케이크 만들어 먹기		

	자아통합·새로운 관계 형성	33	무섭지만 친구들과 신나게 놀기	• 또래관계에서의 사회성의 회복 • 모친과의 관계회복 • 새로운 관계형성	
	자신감의 회복	34	축하파티를 열어요	• 왜곡된 인지과정 통찰과 갈등의 해결 • 새로운 통합된 자아의 회복 • 자신감의 회복: 만족감과 행복감	

② 음악치료 목표와 내용

첫째, 음악치료 활동을 통하여, 아동의 무의식에 내재되어 있는 외상적 상처와 관련한 혼란과 공포감, 불안갈등을 분출하도록 도와, 아동의 불안정서와 문제행동을 감소시킨다.

둘째, 음악치료 활동 안에서 능동적 심상 표현을 활성화 시켜 부정적 정서를 적극적으로 표출하도록 도와 카타르시스 경험하도록 함으로써, 포르노 비디오에 대한 과몰입 현상과 유분증의 증상을 소거시키고, 긍정적 정서를 증진시킨다.

셋째, 음악치료 활동 안에서의 자존감 회복을 통하여, 권위자(엄마, 치료사, 어른 등의)에 대한 적절한 수용능력을 기르도록 돕는다.

넷째, 음악치료 활동을 통하여, 자신과 타인에 대한 수용능력을 향상시켜 외부 환경적 자극을 극복할 수 있는 강인한 자아를 수립하여, 사회정서적 적응행동 능력을 향상시키도록 한다.

대상 2에 적용한 구체적인 음악치료 프로그램의 목표와 내용은 〈표 13〉과 같다.

〈표 13〉 음악치료 프로그램의 목표와 내용 (대상 2)

구분	회기	활동목표	활동내용
1단계 : 탐색 단계	1회기	• Assessment • 라포형성	• 자유활동: 악기연주, Singing, 비눗방울 불기
	2회기	• Assessment • 라포형성	• 자유활동: 악기연주, Singing, Movement
	3회기	• Assessment • 라포형성	• 자유활동: 악기연주, Singing, Movement, 즉흥연주(Improvisation)
	4회기	• Assessment • 라포형성	• 자유활동: 악기연주, Singing, Movement, Playlng 즉흥연주(Improvisation)
2단계 : 통찰 단계	5회기	• 무의식적 내면의 갈등과 부정적 감정의 분출	• 자유활동 & 구조화된 활동: 악기연주, Singing, Movement, Playlng, 즉흥연주(Improvisation), Song writing, • 심상표현 & 즉흥연주(Image & Improvisation): 인형놀이
	6회기	• 내면갈등과 부정적 감정의 분출, 카타르시스 경험. • 규칙지키기를 통한 적절한 사회교류 능력에 대한 탐색과 인지적 통찰 유도	• 자유활동 & 구조화된 활동: Singing, Music & Movement(룰 안에서 공놀이), 즉흥연주(Improvisation), Song writing
	7회기	• 내면갈등과 억압된 감정의 분출, 카타르시스 경험 • 규칙지키기를 통한 적절한 사회교류 능력에 대한 탐색과 인지적 통찰 유도 • 자기 조절능력 기르기	• 자유활동 & 구조화된 활동: 음악감상과 만다라 그리기, 음악과 상상여행 • 심상표현 & 즉흥연주(Image & Improvisation)
	8회기	• 7회기와 동일	• 자유활동 & 구조화된 활동: 악기연주, 음악과 상상여행 • 심상표현 & 즉흥연주(Image & Improvisation), Playlng
3단계 : 행동의 단계	9회기	• 7회기와 동일	• 자유활동 & 구조화된 활동: Singing, 자유심상과 Song writing
	10회기	• 7회기와 동일	• Movement, 즉흥연주(Improvisation)
	11회기	• 7회기와 동일 • 적절한 타인 수용 능력과 사회교류 능력 증진	• 자유활동 & 구조화된 활동: Singing, 심상표현 & 즉흥연주(Image & Improvisation), 인형놀이

	12회기	• 내면의 부정적 정서의 극복과 긍정적 정서함양 • 적절한 타인 수용 능력과 사회교류 능력 증진	• 자유활동: 합주를 통한 교류, 주고받기, 즉흥연주(Improvisation), 음악 감상 후 노래부르기
	13회기	• 내면의 부정적 정서의 극복과 긍정적 정서함양 • 적절한 타인 수용 능력과 사회교류 능력 증진 • 자존감과 자신감 증진	• 자유활동 & 구조화된 활동: 내 친구들에 대한 이야기 듣기, 자유 선택한 음악 듣고 노래부르기, 녹음하기, 즉흥연주(Improvisation)
	14회기	• 13회기와 동일 • 가족에 대한 통찰과 갈등분출하기	• 자유활동 & 구조화된 활동: 내 친구들에 대한 이야기 듣기, 인형극 놀이, 심상표현과 즉흥연주(Improvisation)
	15회기	• 13회기와 동일	• 자유활동 & 구조화된 활동:Song writing, Singing, 미술표현활동
	16회기	• 긍정적인 사회적 교류에 대한 인지적 통찰과 행동형성 • 긍정적인 정서함양 • 자존감 회복과 증진, 사회성 향상	• 자유활동 & 구조화된 활동:Song writing, Singing, 심상표현과 즉흥연주(Improvisation)
	17회기	• 긍정적인 사회적 교류에 대한 인지적 통찰과 행동형성(규칙지키기, 타인의견 수용하기) • 긍정적인 정서함양 • 자존감 회복과 증진, 사회성 향상	• 자유활동 & 구조화된 활동: 악기연주와 Playlng, 음악감상과 즉흥연주(Improvisation), 바하의 미뉴엣 감상 후 연주하기
	18회기	• 17회기와 동일	• 자유활동 & 구조화된 활동: 음악 만들기, 인형놀이극

(3) 대상 3의 각 영역별 치료목표

대상 3의 아동에게는 모래놀이치료, 음악치료, 언어치료를 실시하였고 구체적인 각 영역의 치료목표와 내용은 다음과 같다.

① 모래놀이 치료 목표와 내용

대상 3은 심한 위축과 매우 낮고 부정적인 자존감을 지닌 문제, 미숙한 정서적 표현과 미숙한 관계형성의 문제 등의 특성을 보이고 있어, 비언어적인 표현방법인 모래놀이를 통하여 내담자의 자기 치유력을 활성화시켜 내담자의 치료에 접근하고자 하였다.

모래놀이는 모래상자라는 보호된 공간 안에서 치료자와 내담자가 신뢰로운 동맹을 맺고 내담자의 무의식에 잠재하고 있는 것을 놀이 상징으로 표현된 심상을 통하여, 치료자와 내담자가 온전히 일치되는 경험을 하게 된다. 내담자는 자기치유력에 의하여 스스로 성장하고 발달하며 변화하여 자기성찰과 자아통합의 과정을 이끌어 내는 심리치료라 볼 수 있다. 최근 아동에서 성인에 이르기 까지 다양한 심리적 행동적 문제의 치료에 그 효과가 입증되고 있는 모래놀이는 특히 위축되고 자존감이 낮아 언어적 자기표현이 어려운 내담자에게는 비언어적 의사소통의 장(場) 위에서 자신의 내면을 자유로이 표현할 수 있는 장점이 있다. 내담자는 모래놀이를 통하여 자신만의 내면의 이야기를 상자로 꾸미고 상징적인 체험을 하는 과정을 반복하면서 성장한다.

따라서 아동의 사회적 상호작용에서의 불안하고 위축된 정서에서 자유로워지도록 무언의 비언어적 의사소통 매체인 모래와 모래상자, 내면의 정서와 욕구를 표현할 수 있는 소품들을 이용하여 자신의 억압된 내면을 드러내 분출하여 정화시키고 통합하는 심리치료를 통하여 중재하고자 하였다. 연구자는 모래놀이가 의식과 무의식의 연결 및 상호작용을 통하여 인간 스스로 전체성을 이루려는 의지에 의하여 자아를 통합하고자 놀이와 함께 정신 역동이 능동적으로 활발히 이루어진다는 점과 내담자의 의식과 무의식의 내면통합에 에너지를 제공하여 자기 치유적 관계형성을 도울 수 있다는 점에서 아동과 함께 모래놀이를 시작하였다. 내담자가 자신의 수용하기 어려운 불안하고 공포스러운 현실에서 자유로워지도록 자유롭고 보호된 공간을 제공하였다. 제공된 자유롭고 보호된 공간 안에서 내담자 자신의 혼돈과 무질서를 정리하고 정화하여 자신과 타인을 수용하고 자신감을 회복하는 것을 치료목표로 삼았다.

대상 3에 적용한 구체적인 모래놀이치료 프로그램의 목표와 내용은 〈표 14〉에 제시하였다.

〈표 14〉 모래놀이 치료 프로그램의 목표와 내용 (대상 3)

구 분	장기목표	회기	작품 주제	상자 꾸미기에서의 목표	작품 감상 · 이야기 나누기 목표
1 단계: 탐색단계 (동식물의 단계)	무의식 속에 내재되어 있는 자신의 감정, 욕구, 갈등, 자아 탐색 무의식의 혼돈과 내면의 부정적 심상 표출	1	무제	• Assessment, 라포 형성 • 감정탐색, 갈등탐색 • 무의식의 무질서와 혼돈 표출	자신의 감정 인식 자신의 감정, 사고, 행동에 대한 탐색
		2	무제	• Assessment, 라포 형성 • 가족탐색, 감정 탐색, 욕구탐색 • 내재화된 부정적 심상표출(타인에 대한 거부와 공포감 표출)	
		3	무제	• Assessment, 라포 형성 • 내재화된 갈등 표출	
		4	악당	• Assessment, 라포 형성 • 외부환경에 대한 공포와 혼란스런 정서표출	
		5-6	싸움	• 외부환경에 대한 공포와 혼란스런 정서표출 • 내재된 불안의 심상 분출	
		7-10	무제	• 내재화된 억압과 공포, 불안 등의 부정적 심상표출 • 무의식의 무질서와 혼돈 표출 • 부정적 정서의 분출을 통한 카타르시스 경험	
2 단계: 통찰단계 (투쟁의 단계)	무의식 속에 내재되어 있는 자신의 부정적 감정, 욕구, 갈등, 자아 통찰	11-12	무제	• 가족 탐색과 통찰, 자신의 행동과 정서적 욕구통찰 • 내재화된 부정적 심상과의 투쟁	• 자신의 과거탐색, 통찰 • 자신의 감정, 사고, 행동에 대한 인지적 통찰
		13	싸움	• 낡은 것과 새로운 힘의 투쟁을 통한 카타르시스 경험	
		14	보물 지키기	• 부정적 자아에 대한 심상표출과 극복을 위한 투쟁	
		15	형짱구와 동생 짱구	• 내재화된 억압과 공포, 불안 등의 부정적 심상과의 투쟁 • 욕구통찰과 강인한 자아 수립을 위한 도전	

		16	무제	• 욕구통찰과 강인한 자아 수립을 위한 도전	
		17	터널기차	• 내적 억압감에 대한 분출과 카타르시스 경험	
		17	터널기차	• 내적 억압감에 대한 분출과 카타르시스 경험	
		18	위험해진 짱구들	• 부정적 외부환경과 내적 공포, 억압감의 심상표출과 극복의지의 대립과 투쟁	
		19	해적과 보물 지키기	• 내적 심상의 갈등표출: 선과 악의 대결과 투쟁	
		20	싸움	• 자신의 왜곡된 욕구를 이겨내고자 하는 용기에 대한 도전 • 부정적 내면의 욕구의 극복 의지의 발현	
		21	보물	• 부정적 정서의 분출과 자아회복을 위한 도전	
		22	무제	• 내재화된 공격성과 파괴 본능의 분출 • 부정적 정서의 분출과 자아회복을 위한 도전	
	불안, 위축, 우울된 정서행동에 대한 도전과 투쟁 지지 부정적 정서 분출과 카타르시스를 경험	23	성과 집지키기	• 내면의 불안 공포, 억압감등의 혼란스런 정서의 극복을 위한 투쟁 • 보호양육에 대한 내적 욕구와 변화에 대한 도전적 심상	• 자신의 감정, 사고, 행동의 이해
		24	아기들이 길을 잃었어.	• 혼돈되고 혼란스런 자아의 탐색 • 보호와 양육에 대한 욕구의 분출	
		25	화재폭발이 나서 다 죽었다.	• 우울정서의 분출 • 내재화된 분노분출을 통한 카타르시스의 경험 • 새로운 세계에 대한 관심 표출	
		26	음식보물의 숨바꼭질	• 욕구의 좌절과 획득에 대한 도전, 투쟁의 가속화	
		27	대한민국에 지진이 났다.	• 무의식의 혼란스런 내적 심상의 분출 • 새로운 도전 • 긍정적 통찰: 내적 에너지의 충족과 성장을 위한 진통과 즐거운 투쟁의 긍정적 심상	
		28	나쁜 놈과 착한 놈의 대결	• 선과 악, 긍정적인 것과 부정적인 것과의 치열한 투쟁 • 강한 자아수립의지의 발산	
		29	무제	• 긍정적인 것과 부정적인 것과의 치열한 싸움으로 내적 욕구 표현 • 새로운 환경 획득에 대한 내적 심상의 도전	

		30	가족	• 새로운 형성을 위한 욕구 표현 • 부정적 정서행동에 대한 직면과 통찰 • 새로운 내적 외적 환경의 재구성을 위한 적극적 투쟁	
3 단계: 행동단계 (적응의 단계)	무의식에 내재되어 있는 왜곡, 상실, 억압된 갈등 표출·카타르시스의 경험을 통한 고통의 승화 자아의 수용과 균형회복 또래관계 사회성 회복 자아통합·새로운 관계 형성 자신감의 회복	31	엄마 오리와 아기 오리	• 낡은 것과의 싸움: • 새로운 관계형성의 시작과 사회성의 회복을 위한 심상표현 • 친사회적 행동과 또래 간의 협력표현	• 적응, 대처의 전략개발, 인지적 통찰 • 새로운 관계 형성 • 새로운 행동 형성 • 새로운 행동 실천
		32	아기가 응애응애 울어요.	• 새로운 성장을 위한 투쟁 • 내적 욕구의 통찰과 도전	
		33	무제	• 내면탐색, 부정적 자아와 강안한 자아회복의 투쟁표현	
		34	새집 짓기	• 안정된 기반 형성을 이루기 위한 내적 투쟁 • 안정과 질서의 회복과 사람과 사람, 자연사이의 균형 표현	
		35	길 만들기	• 자아의 수용과 균형회복 • 성장과 변화를 위한 도전과 투쟁	
		36	거인이 나쁜 놈 괴물 왕을 이겼다.	• 강한 자아의 재확립	
		37	해골 아기랑 해골 아빠의 싸움놀이	• 부친과의 긍정적 관계형성 표현	
		38	엄마 아빠를 찾았다.	• 부모와의 관계회복 • 새로운 관계형성	
		39	나쁜 놈, 악당의 공격 이기기	• 왜곡된 인지과정의 공포 불안과의 투쟁 • 자신감의 회복 과정 표출	
		40	악의 죽음 그리고 선이 태어남	• 부정적 자아의 소멸과 건강한 자아 회복과 성장 표출 • 자신감의 회복 과정 표출	
		41	나쁜 놈은 죽고 모두 착한 놈	• 부정적 자아의 소멸과 건강한 자아 회복과 성장 표출 • 자신감의 회복 과정 표출	
		42	가족, 보물	• 가족에 대한 새로운 인식과 새로운 의식의 성장 표출	
		43	힘센 마법구슬 친구들	• 또래와의 협력 추구와 또래 수용 • 자신감의 회복	

		44	집 옮기기	• 새로운 행동의 변화과정 표현 • 자신이 원하는 새로운 환경의 획득욕구 표현	
		45	거인이 물 가져오기	• 새로운 관계형성, 부모자녀 관계의 회복에 대한 심상표현 • 에너지의 회복	
		46	착한 놈과 나쁜 놈의 대결	• 부정적인 내적 갈등과의 분출 • 감정인식과 인지적 통찰	
		47	마을	• 자연과 사람의 균형있는 관계회복 • 사회성의 회복을 보여줌	
		48	나쁜 놈이 없는 마을로 이사했어요.	• 외부환경, 타인과의 소통 표현 • 긍정적 자아개념의 회복 • 자아의 균열 회복 표현	
		49	나쁜 놈보다 힘이 세진 아기	• 자아의 통합과 자존감 향상 • 자신감의 회복	
		50	아주 편한 세상	• 자아 통합과 자아수용 • 갈등의 극복	

② 음악치료 목표와 내용

대상 3은 신체기능의 저하와 과도한 긴장으로 인한 들숨 날숨의 호흡이 불규칙하여 숨 조절의 어려움이 있다. 또한 지나치게 낮은 음성의 문제와 작고 힘이 없으나 날카롭게 말끝을 올려 소리 지르듯 말하는 습관으로 생긴 불안정한 음성의 문제와 주의집중의 어려움, 대인관계에서의 불안 공포와 회피 등의 문제가 심각한 수준이다. 따라서 내담자의 언어적 문제인 음성조절능력의 향상과 타인과의 교류와 상호작용능력의 향상, 자기조절능력의 향상을 위하여 역동적인 음악 활동(즉흥연주, 리듬, 리듬써클, Drumming, 노래 부르기, 음악적 활동 안에서의 신체표현, songwriting, 합주하기, 음악 감상, 음악동화 만들기 등)을 통해서 감정 분출하기, 자발적이고 능동적으로 표현하기, 은유와 상징을 사용하여 대상에 대해 무의식적인 분노를 풀어내기 등을 지지하며 아동의 사회 · 정서문제행동을 극복을 돕고자 한다. 또한 이러한 음악활동 안에서 자율신경계의 자극과 운동중추의 자극으로 운동촉진 등 생리적인 긴장이완을 통한 몸의 경직성을 감소시키고 정서적 안정성을 유도하며, 치료사와 합주를 통한 교류에 성공적인 경험으로 아동의 또래 및 가족관계, 대인관계의 어려움을 극복하는 것을 치료목표로 삼았다.

대상 3에 적용한 구체적인 음악치료 프로그램의 목표와 내용은 〈표 15〉에 제시하였다.

〈표 15〉 음악치료 프로그램의 목표와 내용 (대상 3)

구분	회기	활동목표	활동내용
1단계: 탐색 단계	1회기	• Assessment • 라포형성	• 자유활동: 악기연주, Singing
	2회기	• Assessment • 라포형성	• 자유활동: 착석 유도, 악기연주
	3회기	• Assessment • 라포형성	• 자유활동: 착석 유도, 즉흥연주, 악기연주, Singing, Music & Movement
	4회기	• Assessment • 라포형성	• 자유활동: 악기연주, Singing, Movement, Playlng, 즉흥연주(Improvisation)
2단계: 통찰 단계	5회기	• 무의식적 내면의 갈등과 부정적 감정의 분출 • 자기 조절능력 기르기 • 공감과 수용을 통한 타인에 대한 긍정적 감정형성과 안정감 형성의 촉진	자유활동 & 구조화된 활동: 악기연주, Singing, Movement, Playing, Improvisation, Song Writing, 마사지, Music & Game, Music & Image playing
	6회기	• 내면갈등과 부정적 감정의 분출, 카타르시스 경험 증진 • 심상적 활동 촉진으로 자신의 감정인식하기 • 우울감과 불안정서의 분출 및 극복유도 • 신체접촉을 통한 애착형성의 촉진 • 공감과 수용을 통한 타인에 대한 긍정적 감정형성과 안정감 형성의 촉진	자유활동: Singing, Music & Movement, Improvisation, 마사지
	7회기	6회기와 동일	자유활동 & 구조화된 활동: Music & Movement, Improvisation, Music & Image: 상상여행
	8회기	• 공감과 수용을 통한 타인에 대한 긍정적 감정형성과 안정감 형성의 촉진	• 자유활동 & 구조화된 활동: Singing, Playlng & Improvisation

	• 기다리기를 통한 자기통제력 기르기 • 자기조절 능력 기르기	
9회기	• 8회기와 동일	• 자유활동 & 구조화된 활동: Singing, Music & Movement, Improvisation
10회기	• 8회기와 동일	• 자유활동 & 구조화된 활동: Singing, Music & Movement, Improvisation
11회기	• 8회기와 동일 • 적절한 타인 수용 능력과 사회교류 능력 증진	• 자유활동 & 구조화된 활동: Singing, Improvisation, 음악 & 게임놀이(Music & Game)
12회기	• 내면갈등과 부정적 감정의 분출, 카타르시스 경험 증진 • 심상적 활동 촉진으로 자신의 감정통찰하기 • 11회기와 동일	• 자유활동: Singing, Music & Image(상상여행), Improvisation
13회기	• 11회기와 동일	• 자유활동: Improvisation, 함께하는 놀이, Singing

③ 언어치료 목표와 내용

대상 3은 뇌성마비와 같은 마비성 장애아동은 아니나 발성과 호기력이 약하며 호흡조절 또한 불규칙한 상태에 있다. 또한 발성 시에 과긴장으로 인하여 흉부가 불룩하게 올라온다. 아동은 구개열 수술경험이 있고 수술시 구순의 양끝을 절개했다고 하는데, 수술 당시의 절개 부위가 딱딱하게 뭉쳐 굳어 있고 구순 주위와 입술 끝이 매우 경직되어 있어 발성 시 입술의 경직이 심하게 나타나며 운동성 또한 매우 느렸다. 아동의 조음구사력을 관찰하기 위한 혀의 움직임을 확인한 결과, 아동은 혀와 입술의 불수의적 움직임이 심하여 제시하는 표적수행이나 발성 후 혀와 입술의 정지 상태 수행이 거의 불가능한 상태에 있었다. 이와 같은 문제들을 해결하기 위해서는 뇌성마비와 같은 마비성 장애를 가지고 있지 않은, 일반아동의 조음장애라 할지라도 단순히 조음훈련만으로는 그 치료효과를 볼 수 없을 것이다. 대상 3이 본 연구 프로그램의 적용 전에 이미 타 기관에서 언어치료사에 의하여 1년 정도의 언어치료를 받았음에도 불구하고 조음음운장애의 치료가 효과를 보지 못하고 조음음운 능력의 개선이 이루어지지 않은 것은 이런 사항을 간과하고 단순히 조음훈련만을 적용했던 것이 문제의 이유라고 생각한다. 따라서 호흡훈련과 구강운동 및 구순주위의 마사지·조음훈련을 통하여 아동의 조음기관기능을 향상시키고, 아동의 조음음운능력 개선을 치료목표로 삼았다. 조음음운 능력 개선 훈련목표 및 훈련방법은 〈표 16〉에 제시하고, 구체적인 언어치료 프로그램의 목표와 내용은 〈표 16〉에 제시하였다.

〈표 16〉 조음음운 능력 개선 훈련목표 및 훈련방법 (대상 3)

훈련 목표	호흡과 구강기능개선 및 조음훈련 방법	가정지도
구강 호흡법 인식하기	• 숨을 입으로 들이쉬고 입으로 내쉬기 • 입으로 호흡하면서 촛불 끄기	복습
비강호흡법 인식하기	• 숨을 코로 들이마시고 코로 내쉬기 • 코로 호흡하면서 휴지 날리기 • 배 위에 손을 얹고 코 훌쩍거리기	복습
구강과 비강을 이용한 호흡법 인식하기	• 숨을 코로 들이마시고 입으로 내쉬기 • 숨을 입으로 들이마시고 코로 내쉬기 • 입술 주변과 안면근 맛사지 하기	복습
입술 이완시키기	• 입술을 편안하게 다물고 있기 • 두 개의 집게손가락으로 위 아랫입술을 번갈아 가며 오므렸다 펴기 • 입술을 다문 상태에서 입술을 옆으로 천천히 늘이기	복습
호기와 동시에 모음 발음에 의한 입술 훈련하기	• 숨을 입으로 들이 마시고 /오/를 하면서 숨을 짧게 내쉬기 • 숨을 코로 들이마시고 /오/를 발음하면서 최대한 길게 내쉬기 • 숨을 입으로 들이 마시고 /오/를 하면서 숨을 짧게 내쉬기 • 인형을 이용하여 뽀뽀하기 • 자신의 손등에 뽀뽀하기 • 립스틱을 입술에 칠하고 종이에 입술 찍기 • /아, 에, 이, 오, 우/를 호기를 짧게, 길게 번갈아가면서 소리내기 • 숨을 입으로 들이마시고 /이/를 하면서 짧게 숨을 내쉬기 • 숨을 코로들이마시고 /이/를 발음하면서 최대한 길게 내쉬기 • /아-오, 아-우, 아-이, 아-어/오-아, 우-아, 이……아, 어-아/호기를 최대한으로 연장하기	복습
혀 근육 이완시키기	• 혀 부위를 설압자로 누르며 맛사지 하기	복습

혀 자극하기	• 부드러운 칫솔로 혀의 안쪽 면에서 가볍게 문질러 주기 • 혀의 양 옆 부분을 혀의 안쪽에서 끝 쪽으로 문질러 주기 • 장갑을 낀 검지 손가락으로 혀의 앞쪽 평평한 부위 표면에 대고 가볍게 눌러주기(5초유지) • 설압자를 혀끝에 대고 압력가하기(5초유지) • 설압자를 이용하여 혀의 뒷부분 평평한 부위에 놓고, 혀의 중앙선에서 오른쪽, 왼쪽, 앞쪽, 중간 부위 등 각각 압력을 가하기	복습
/음/소리내기 /아/발음 유도하기 코로 숨을 들이 마시고 입으로 호기 발성하기	• 불수의적으로 움직이는 입술을 고정하기 위해서 입을 다물고 있기 • 입을 자연스럽게 벌렸다 닫았다 하면서 상하 입술을 가볍게 맞붙도록 접촉하기 • 입을 천천히/빨리 벌렸다 닫았다 반복하면서 숨을 짧게 내쉬기 • 숨을 들이마시고 입으로 /아/하면서 숨을 내쉬기 • /하, 음/하면서 숨을 들이마시고 입으로 내쉬기 • /아 · 으/반복하기 • /아 · 에 · 이 · 오 · 우 · 어 · 애 · 으/ 등의 올바른 구형을 모방하면서 숨을 내쉬기	복습
뺨 안쪽 맛사지하기	• 뺨의 안쪽을 입 중심에서 입 끝 방향으로 검지손가락으로 돌려가며 맛사지하기 • 뺨의 안쪽을 입 끝에서 중심 쪽으로 맛사지하기	복습
잇몸감각자극을 위한 맛사지하기	• 윗잇몸을 입 중심에서 끝 방향으로 맛사지하기 • 윗잇몸을 입 끝에서 입 중심 쪽으로 맛사지하기 • 양 앞쪽으로 잇몸 맛사지하기	복습
볼 근육 맛사지하기	• 오른 손의 손가락을 턱 위에 놓고 턱 부위에서 오른쪽 볼 위로 눈썹 끝까지 손가락을 올려나가기 • 손바닥을 들어 올려 볼 근육 조직을 위쪽으로 펴주어 광대뼈 쪽으로 올리기 • 손으로 볼을 빠르고 세게 두드리기	복습
볼 감각운동하기와 볼 근력 강화운동하기	• 검지손가락을 입 인쪽에 넣어 볼의 안쪽 벽에 대고 엄지 손가락을 볼 바깥쪽에 댄 후, 볼을 가볍게 쥐고 입술을 향해 당기면서 시계방향으로 돌리기 • 검지손가락을 입 인쪽에 넣어 볼의 안쪽 벽에 대고 엄지 손가락을 볼 바깥쪽에 댄 후, 볼을 가볍게 쥐고 검지손가락을 밖으로 가볍게 당기며 볼 근육 늘리기 • 얼음조각으로 볼의 감각을 촉진하기 위하여 볼기능을 촉진시키기 • 흡기를 내쉬지 않고 부풀린 볼을 좌/우로 공기를 넣고 유지하기	복습
연구개 감각 자극과 연구개 이완시키기	• 차가운 얼음물에 담가둔 티스푼으로 연구개 맛사지 • 입천장 안쪽을 목젖 근처방향으로 맛사지하기 • 혀의 안쪽 2/3지점을 설압자로 10회 눌러주기-설압자로 누를 때 /아/ 발성하기	복습
연구개 강화운동하기	• 입을 크게 벌리게 한 다음 두 개의 손가락으로 턱을 안정시키고 /크 크크/ 발성하기 • 연인두와 목젖의 상호작용을 확인하면서/가/ 발음하기	복습

	• 숨을 멈추었다가 /카/ 소리를 내면서 숨을 내쉬기 • 물을 한 모금 입에 물고 고개를 뒤로 젖힌 상태에서 가글링 놀이하기 • /가 · 카 · 까 · 응/ 소리내기	
혀의 각 방향에 대한 저항능력 기르기	• 거즈로 검지를 감싸고 혀 앞쪽 평평한 부의 표면에 대고 가볍게 눌러주기 • 거즈로 감싼 설압자의 평평한 부위를 혀 끝에 대고 압력을 가하여 혀 눌러주기 • 손가락 또는 설압자를 이용하여 혀의 뒷부분을 평평한 부위에 놓고 혀의 중앙선에서 오른쪽 부위, 앞쪽부위, 혀의 중간부위에 압력가하기 • 혀의 좌우측면을 설압자로 압력가하기	복습
에/소리를 내면서 혀의 근력 강화시키기 혀 올리고 내리기 운동과 혀의 구강내 운동하기	• /에/ 소리를 내면서 혀를 입술 밖으로 내밀고 오랫동안 유지하기 • /에/ 소리를 내면서 혀를 입술 밖으로 내밀고 죠리퐁을 여러개 올릴 때까지 유지한 후 먹기 • 액체성 쵸콜릿을 설압자에 묻힌 후 혀 내밀어 핥아먹기 • 액체성 쵸콜릿을 입술 끝의 구각 상하좌우에 바른 후, 혀를 내밀어 혀끝으로 쵸콜릿 핥아먹기 • 혀를 길게 밖으로 내밀며 메롱 놀이하기	
	• 거즈로 감싼 손가락 또는 설압자를 혀 아래 끝부분에 놓고 아랫방향으로 누르기 • 혀끝을 치아나 아랫입술에 접촉하기 • 구개 · 치경부 · 치아 부위의 순으로 혀 쓸어내리기	복습
치조 비음과 치조 파열음, 소리 유도를 위한 혀 운동하기	• 혀를 윗입술 / 구개에 접촉하기 • 혀를 위 앞니 뒤쪽에 갖다대기 • 김을 치조 안쪽에 붙이고 떼어먹기 • 혀를 치조에 대고 /ㄴ/ 소리를 내면서 호기하기 • 혀를 이사이에 놓고 /ㄴ/ 소리를 내면서 호기하기 • 혀를 치조에 대고 /ㄷ/ 소리를 내면서 호기하기 • 혀를 이사이에 놓고 /ㄷ/ 소리를 내면서 호기하기 • 혀끝을 치조에 대어 숨을 멈추었다가 혀끝을 떼면서 소리내기 • /나나나/, /다다다/, /타타타/, /따따따/발음하기	복습
양순 파열음 소리를 내면서 호기능력 강화하기	• 호기를 이용하여 파열음을 소리를 내면서 다양한 거리에서 촛불끄기 · 깃털 또는 휴지 조각 불어 날려 보내기 • 탁구공을 일정한 목표 지점에 불어서 보내기 • 시범에 따라 호루라기 불기 • 바람개비를 빨리 / 천천히 불기 • 비누방울 물에 빨대를 넣어 호기를 이용하여 거품만들기 • 불기 거리와 호기의 세기를 조절하면서 /파, 페, 피, 포, 푸, 패, 프/ 소리내기	복습

양순 파열음 발성시 호기 지속하기	• 입술 구형을 만들어가며 양순 파열음 반복하기 • /ㅁ, ㅂ/를 /아 · 에 · 이 · 오 · 우 · 어 · 애 · 으/ 구형에 맞추어 1회 회기시 짧게 끊어주기 • /ㅁ, ㅂ/를 /아 · 에 · 이 · 오 · 우 · 어 · 애 · 으/ 구형에 맞추어 1회 회기시 길게 연장하여 발음하기	복습
입술근육 강화훈련하기	• 설압자를 위 아래 입술로 물고 수초 동안 버티기 • 죠리퐁 → 콩 → 땅콩을 입술사이에 물고 버티기 • 실로 꿰매어 놓은 단추(단추 크기는 다양하게 준비)를 입술로 물고 빠지지 않게 하기	복습
호흡을 이용한 볼 근육 강화시키기/호흡과 발성을 연합하여 양순 파열음 발성의 효율성 높이기	• 컵에 담긴 물을 빨대로 불다가 흡기를 이용하여 빨아 마시기 • 입술을 다물고 양볼을 크게 부풀리기 • 양볼을 부풀린 후 갑자기 꺼지게하기 • 양볼의 숨을 /파, 페, 피, 포, 푸, 패, 프/ 하면서 터뜨리기	복습
연구개소리 유도하기	• 구토 흉내내기 • 목구멍에 힘을 준채로 구토하는 흉내내기 • 구토를 흉내 내면서 /악, 앙/ 소리를 내게하기 • 발음을 통한 연구개 폐쇄운동하기 • 호기를 자연스럽게 /아/ 발성으로 내쉬기 • /아-ㄱ/ 연구개 소리 유도하기 • /아-ㅇ/소리를 유도하기	복습
혀 방향 운동하기	• 설압자로 혀 양옆을 압박하기 • 혀를 좌/우 구각에 접촉하기 • 구각 좌/우에 묻힌 꿀 또는 쵸콜릿을 혀로 핥아먹기 • 혀끝을 이용하여 볼 내부를 밀어내기 • 구각주위에 꿀 또는 쵸콜릿을 묻히고 둘레를 혀로 핥아먹기 • 거울을 보고 혀끝으로 입술 둘레를 회전하기	복습
호기를 통하여 경구개 소리 유도하기	• 경구개 부위에 설압자를 대면 혀 가져다 대기 • /즈, 츠, 쯔/ 소리내기 • /즈, 츠, 쯔/ 소리를 /아 · 에 · 이 · 오 · 우 · 어 · 애 · 으/ 구형에 맞게 호기 시에 발성하기 • /치, 쳇, 쩝쩝/을 반복적으로 발음하기 • 가글링 하기 • 가글링을 하면서 경구개 소리를 호기로 연장하기	복습
다양한 소리로 하악 운동하기	• 비스킷을 4-5개 포개어 과장된 움직임으로 저작하며 우얼거리는 소리를 내며 먹게한다. • 입을 크게 벌렸다가 작게 벌리면서 차례로 /아-으/소리를 낸다. • 입을 동그랗게 오무렸다가 앞으로 내밀면서 치레로 /오-우/ 소리를 낸다. • /야야, 요요/를 반복한다. • /야요, 야요/를 반복한다.	복습

	• /다, 대, 도/를 반복한다. • /사사, 세세, 소소, 사세소/ 발음하기 • /아이/, /이오/, /우아/, /에이/를 반복한다. • /우오아/,/ 아오우/, /아오이/를 반복한다. • 턱의 움직임의 변화를 느끼도록, /아-으-오-우/를 차례로 연결하여 발성하도록 한다.	
하악을 움직여 연구개, 경구개 소리내기	• 하악을 최대한으로 하강시켰다 다물게하기(- /아아아, 파파파, 아파아파/ 발음의 속도를 천천히/빨리 반복하기 - 과장된 움직임으로 /파파파/ 연습하여 속도를 증가시키기) • 연구개 소리를 내면서 하악 운동하기(ㄱ,ㄲ,ㅋ,ㅇ) • 경구개 소리를 내면서 하악 운동하기(ㄹ,ㅈ ㅉ, ㅊ)	복습
호기를 이용하여 모음발성 지속하기	• 치료사의 입모양을 보고 각 모음 /아 · 에 · 이 · 오 · 우 · 어 · 애 · 으/를 발음하면서 10초간 지속하기 • 각 모음 /아에 · 에에 · 이에 · 오에 · 우에 · 어에 · 애에 · 으에/를 발음하면서 1회 호기를 유지하기 • 모음/아으어, 오으어, 에으이/를 발음하면서 1회호기 유지하기	복습
모음발성	• 기본 모음을 올바른 구형으로 발성하도록 한다./아·에·이·오·우·어/ • 기본 모음으로 단절음을 내도록 한다. • 기본 모음으로 연장음을 내도록 한다.	복습
모음발성	• 한번 호흡으로 기본 모음을 연장하여 소리 내도록 한다. • 기본 모음으로 구성된 2음절 발성지도를 한다. -아아, 에에, 이이, 오오, 우우, 어어, 애애, 으으 -아에, 아이, 아오, 아우, 아어, 아애, 아으 - 에아, 에이, 에오, 에우, 에어, 에으 - 아이, 이오, 우아, 아오, 에이 • 기본 모음으로 구성된 3음절 발성지도를 한다. - 아에이, 아에오, 아에우, 아에어, 아에애, 아에으 - 에오아, 에오우, 에오이, 에오어, 에오애, - 우오아, 아오우, 아오이, 이오우... • 기본 모음으로 구성된 4음절 발성지도를 한다. - 아에이오, 아에이우, 아에이어, 아에이애, 아에이으 - 오이에아, 우이에아, 어이에아, 애이에아, 으이에아 • 1회 호기동안 1-2음절의 소리내기 • /야야, 여여, 요요/ 발음하기	복습
성문음 발성하기	• 호기를 이용하여 성문음 /ㅎ/소리내기	복습
호기를 안정화 시키면서 입술을 움직여 양순음 발음하기	• 양순음 /ㅁ/발성놀이-/음마음마/, /엄마엄마/, /암마암마/ • 양순음 /ㅂ/발성놀이-/음바음바/, /엄바엄바/, /암바암바/ • 양순음 /ㅃ/발성놀이-/음빠음빠//엄빠엄빠//암빠암빠/ • 양순음 /ㅍ/발성놀이-/음파음파//엄파엄파//암파암파/ • 숨을 잠시 멈추었다가 입술 파열로 /빠/소리내기 • 숨을 잠시 멈추었다가 입술 파열로 /파/소리내기 • /삐삐, 브브/하고 피리 부는 소리 흉내내기	복습

	• /빠빠, 바바, 마마, 뽀뽀, 보보, 모모, 포포/발음하기 • 양순음의 올바른 구형을 만들면서 /마마마/, /바바바/, /빠빠빠/, /파파파/ 반복하기	
호기를 안정화시키면서 혀를 움직여 치조, 연구개, 경구개음 발음하기 연구개 파열음 유도하기	• 혀끝을 아랫니에 댄 다음 윗잇몸과 혓바닥 사이로 바람내기 • 숨을 멈추었다/치/하면서 공기를 파열시키기 • 설압자로 혀의 윗면을 목젖쪽으로 밀기 • 혀뿌리를 상하로 움직여 연구개에 대고 운동하기 • 혀를 연구개 위치에 닿도록 설압자로 밀어주면서 느린 호기로 /그, 끄, 크/소리 유도하기 • 거울을 보면서 연인두와 목젖의 상호작용을 확인하면서/ㄲ/발음하기 • /악/하며 숨을 잠시 멈추었다가 손을 턱밑에 대어 혀뿌리의 움직임을 감지하며 /ㄲ/소리내기 • /ㅋ/ 발음을 하면서 휴지조각 날리기 • 발음을 통한 연구개 폐쇄운동하기 • /아/를 짧고 강하게 발음하여 연구개를 자동화시키기 • 혀를 경구개 위치에 닿도록 설압자로 위치를 알려주면서 /르, 즈, 쯔, 츠/ 소리 유도하기 • 혓바닥을 경구개에 갖다대기 • 치조음(ㄷ, ㄸ, ㅌ, ㅅ, ㅆ, ㄴ), 연구개음(ㄱ,ㄲ,ㅋ,ㅇ), 경구개음(ㄹ, ㅈ, ㅊ, ㅉ)소리내기	복습
자음발성 훈련	• 양순음(ㅁ,ㅂ, ㅍ, ㅃ) + 기본모음(아, 에, 이, 오, 우, 어)의 발어지도를 한다. • 설단음 및 치조음(ㄷ, ㄸ, ㅌ, ㅅ, ㅆ, ㄴ) + 기본모음(아, 에, 이, 오, 우, 어)의 발어지도를 한다. • 경구개음(ㄹ, ㅈ, ㅊ, ㅉ) + 기본모음(아, 에, 이, 오, 우, 어)의 발어지도를 한다. • 연구개음 및 후두음(ㄱ, ㄲ, ㅋ, ㅇ, ㅎ) + 기본모음(아, 에, 이, 오, 우, 어)의 발어지도를 한다. • 자음에 모음을 합하여 2음절, 3음절 조음훈련을 한다(뽀삐, 맴맴,... 모자, 포도... 으르렁, 하히후, 깔깔깔,... 따오기, 연두부...). • 자음에 모음을 합하여 1음절, 2음절, 3음절 이상의 단어를 조음훈련을 한다(눈, 코, 소 ...우유, 바지, 전화,...사랑방, 장난감, 어부바, 밥주걱, 자전거,... 할아버지, 해바라기, 바람개비...).	복습

〈표 17〉 조음음운능력 개선을 위한 언어치료 프로그램 (대상 3)

구분	활동목표	활동내용	가정지도
1 회기 - 10 회기	1. 바른 호흡자세 확립하기: ① 흉식 호흡 훈련 ② 복식 호흡 훈련 ③ 호기와 흡기 훈련 ④ 바른 호흡법 익히기(구강-비강 호흡법 익히기, 구강호흡과 비강호흡 구별하기) ⑤ 발성을 위한 적절한 호기압 유지하기(빠른 흡기하기, 흡기 유지하기, 호기유지하기) ⑥ 호흡조절 능력 기르기 2. 음의 감각·지각 기능을 향상시키기(음 확인하기, 음 변별하기). 3. 음 확립의 기초 기능을 촉진시키기(호흡하기, 조음기관 운동하기). 〈음 확인하기〉 • 단모음의 청각적, 시각적, 촉각-근육 운동적 속성 확인하기 • 양순음의 청각적, 시각적, 촉각-근육 운동적 속성 확인하기	① 호흡훈련, 구강·구순·혀 마사지 ② 하악·구강·구순·혀 운동 ③ 입술의 긴장-이완훈련 ④ 기본 모음훈련(아, 에, 이, 오, 우, 어, 으, 애): • 정확한 모음 구형 만들기 • 입술교호운동 • 기본 모음소리를 반복하며 하악 운동하기 ⇨ 전설모음, 중설모음, 후설모 음 확인하기 ⇨ /ㅁ, ㅂ, ㅃ, ㅍ/확인하기	① 회기내 활동에 대한 부모교육 및 훈련방법지도 ② 활동일지 제공 ③ 주간동안 매일 훈련내용 복습하고 기록해오기
11 회기 - 15 회기	1. 음 확립의 기초 기능을 촉진시키기(호흡하기, 조음기관 운동하기): 기능 수준이 낮은 운동영역을 중점적으로 반복하여 지도한다. 2. 음의 감각·지각 기능을 향상시키기 〈음 확인하기 〉 치조음의 청각적, 시각적, 촉각-근육 운동적 속성 확인하기 경구개음의 청각적, 시각적, 촉각-근육 운동적 속성 확인하기	① 호흡훈련, 구강·구순·혀 마사지 ② 하악·구강·구순·혀 운동 ③ 입술의 긴장-이완훈련 ④ 기본 모음훈련(아, 에, 이, 오, 우, 어, 으, 애): • 정확한 모음 구형 만들기 • 입술교호운동 • 기본 모음소리를 반복하며 하악 운동하기 • 모음 발성 훈련: 기본 모음으로 단절음, 연장음, 2음절, 3음절 4 음절 발성지도 ⇨ /ㄴ, ㄷ, ㄸ, ㅌ, ㄹ, ㅅ, ㅆ/ 확인하기 ⇨ /ㅈ, ㅉ, ㅊ/ 확인하기	① 회기내 활동에 대한 부모교육 및 훈련방법지도 ② 활동일지 제공 ③ 주간동안 매일 훈련내용 복습하고 기록해오기

16 회기 - 20 회기	1. 음 확립의 기초 기능을 촉진시키기(호흡하기, 조음기관 운동하기): 기능 수준이 낮은 운동 영역을 중점적으로 반복하여 지도한다. 2. 음의 감각 · 지각 기능을 향상시키기 〈음 확인하기〉 • 연구개음의 청각적, 시각적, 촉각-근육 운동적 속성 확인하기 • 성문음의 청각적, 시각적, 촉각-근육 운동적 속성 확인하기 • 음의 전후관계에서 표적음 확인하기	① 호흡훈련, 구강·구순·혀 마사지 ② 하악·구강·구순·혀 운동 ③ 입술의 긴장-이완훈련 ④ 기본 모음훈련(아, 에, 이, 오, 우, 어, 으, 애): • 정확한 모음 구형 만들기 • 입술교호운동 • 기본 모음소리를 반복하며 하악 운동하기 • 모음 발성 훈련: 기본 모음으로 단절음, 연장음, 2음절, 3음절 4음절 발성지도 • 모음 발성 훈련: 기본 모음으로 단절음, 연장음, 2음절, 3음절 4음절 발성지도 • 자음 발성 훈련: 양순음+기본모음, 치조음+기본모음, 경구개음+기본모음, 연구개음+기본모음, 성문음+기본모음 ⇨ /ㄱ, ㄲ, ㅋ, ㅇ/확인하기 ⇨ /ㅎ/ 확인하기 ⇨ 무의미 1음절에서 확인하기 1음절 단어에서 확인하기 2음절 단어에서 확인하기	① 회기내 활동에 대한 부모교육 및 훈련방법지도 ② 활동일지 제공 ③ 주간동안 매일 훈련내용 복습하고 기록해오기
21 회기 - 25 회기	1. 음 확립의 기초 기능을 촉진시키기(호흡하기, 조음기관 운동하기): 기능 수준이 낮은 운동 영역을 중점적으로 반복하여 지도한다. 2. 음의 감각·지각 기능을 향상시키기- 〈음 변별하기〉 3. 발성 훈련(모음훈련과 자음훈련)	① 호흡훈련, 구강·구순·혀 마사지 ② 하악·구강· 구순·혀 운동 ③ 입술의 긴장-이완훈련 ④ 기본 모음훈련(아, 에, 이, 오, 우, 어, 으, 애): • 정확한 모음 구형 만들기 • 입술교호운동 • 기본 모음소리를 반복하며 하악 운동하기 • 모음 발성 훈련: 기본 모음으로 단절음, 연장음, 2음절, 3음절 4음절 발성지도 • 표적음과 비표적음 변별하기다단어간 표적음 변별하기표적음의 오류를 지각, 기억, 예측하기 ⇨ 모음 발성 훈련: 기본 모음으로 단절음, 연장음, 2음절, 3음절 4음절 발성지도 ⇨ 자음 발성 훈련: 양순음+기본모음, 치조음+기본모음, 경구개음+기본모음, 연구개음+기본모음, 성문음+기본모음	① 회기내 활동에 대한 부모교육 및 훈련방법지도 ② 활동일지 제공 ③ 주간동안 매일 훈련내용 복습하고 기록해오기

26 회기 - 30 회기	1. 음 확립의 기초 기능을 촉진시키기(호흡하기, 조음기관 운동하기): 기능 수준이 낮은 운동영역을 중점적으로 반복하여 지도한다. 2. 음의 감각·지각 기능을 향상시키기- 〈음 확인하기〉 복습 3. 발성 훈련(모음훈련과 자음훈련)을 통한 음 안정 기능 확립하기: 단일음 안정시키기, 무의미 음절 안정시키기	① 호흡훈련, 구강·구순·혀 마사지 ② 하악·구강·구순·혀 운동 ③ 입술의 긴장-이완훈련 ④ 기본 모음훈련(아, 에, 이, 오, 우, 어, 으, 애): • 정확한 모음 구형 만들기 • 입술교호운동 • 기본 모음소리를 반복하며 하악 운동하기 ⇨ 모음 발성 훈련: 기본 모음으로 단절음, 연장음, 2음절, 3음절 4음절 발성지도 • 모음 발성 훈련: 기본 모음으로 단절음, 연장음, 2음절, 3음절 4음절 발성지도 • 자음 발성 훈련: 양순음+기본모음, 치조음+기본모음, 경구개음+기본모음, 연구개음+기본모음, 성문음+기본모음 • 자음에 모음을 합하여 1음절, 2음절, 3음절 조음훈련을 한다. • 자음에 모음을 합하여 1음절, 2음절, 3음절 이상의 단어를 조음훈련을 한다.	① 회기내 활동에 대한 부모교육 및 훈련방법지도 ② 활동일지 제공 ③ 주간동안 매일 훈련내용 복습하고 기록해오기
31 회기 - 40 회기	1. 음 확립의 기초 기능을 촉진시키기(호흡하기, 조음기관 운동하기): 기능 수준이 낮은 운동영역을 중점적으로 반복하여 지도한다. 2. 음의 감각·지각 기능을 향상시키기-〈음 확인하기 복습〉: 기능 수준이 낮은 음 영역의 「표적음소」를 중점적으로 반복하여 지도한다. 3. 발성 훈련(모음훈련과 자음훈련)을 통한 음 안정 기능 확립하기: 단어 안정시키기	① 호흡훈련, 구강·구순·혀 마사지 ② 하악·구강·구순·혀 운동 ③ 입술의 긴장-이완훈련 ④ 기본 모음훈련(아, 에, 이, 오, 우, 어, 으, 애): • 정확한 모음 구형 만들기 • 입술교호운동 • 기본 모음소리를 반복하며 하악 운동하기 • 모음 발성 훈련: 기본 모음으로 단절음, 연장음, 2음절, 3음절 4음절 발성지도 ⇨ 자음 발성 훈련: 양순음+기본모음, 치조음+기본모음, 경구개음+기본모음, 연구개음+기본모음, 성문음+기본모음 • 자음에 모음을 합하여 1음절, 2음절, 3음절 조음훈련을 한다. • 자음에 모음을 합하여 1음절, 2음절, 3음절 이상의 단어를 조음훈련을 한다.	① 회기 내 활동에 대한 부모교육 및 훈련방법지도 ② 활동일지 제공 ③ 주간동안 매일 훈련내용 복습하고 기록해오기
41 회기 - 45 회기	1. 음 확립의 기초 기능을 촉진시키기(호흡하기, 조음기관 운동하기): 기능 수준이 낮은 운동영역을 중점적으로 반복하여 지도한다.	① 호흡훈련, 구강·구순·혀 마사지 ② 하악·구강·구순·혀 운동 ③ 입술의 긴장-이완훈련 ④ 기본 모음훈련(아, 에, 이, 오, 우, 어, 으, 애):	① 회기내 활동에 대한 부모교육 및 훈련방법지도 ② 활동일지 제공

	2. 조음훈련을 통하여 단어와 문장에서 표적음을 정확하게 발음한다. 〈음 확립하기〉 ① 단어 확립하기: 청각적·시각적·촉각적 단서를 사용하여 제시되는 1음절어, 2음절어, 다음절어를 모방하여 정확하게 발음한다. ② 문장 확립하기: • 청각 모방법에 의하여 짧은 문장에서의 표적음을 정확하게 발음한다. • 청각 모방법에 의하여 다양한 길이의 문장에서의 표적음을 정확하게 발음한다. ③ 음 안정 기능 확립하기: 단어 안정시키기, 문장 안정시키기, 담화 안정시키기	• 다양한 음절과 음절위치별 표적음을 듣고 정확하게 모방 발성한다. • 모든 음을 표적음과 표적위치가 같은 음소로 전이하기: 단어에서 전이하기, 구에서 전이하기, 문장에서 전이하기	③ 주간동안 매일 훈련내용 복습하고 기록해오기
46회기-50회기	1. 음의 유지기능 확립하기 2. 다양한 음절에서 위치별 표적음을 정확하게 발음할 수 있다. 3. 표적음이 있는 문장에서 문장을 통해 오류없이 표적음을 정확히 발음할 수 있다.	① 호흡훈련, 구강·구순·혀 마사지 ② 하악·구강·구순·혀 운동 ③ 입술의 긴장-이완훈련 ④ 기본 모음훈련(아, 에, 이, 오, 우, 어, 으, 애): • 2음절, 3음절, 다음절어에서 〈어두 표적음〉을 정확하게 발음하기 • 2음절, 3음절, 다음절어에서 〈어중 표적음〉을 정확하게 발음하기 • 2음절, 3음절, 다음절어에서 〈어말 표적음〉을 정확하게 발음하기 • 다섯 단어 문장에서 3개, 4개 표적음 발음하기 • 구조화된 질문을 통해 표적음을 발음할 수 있다. • 비구조화된 질문을 통해 표적음을 발음할 수 있다.(예; 소꿉놀이, 수수께끼놀이를 통한 회화에 대답하기)	① 회기내 활동에 대한 부모교육 및 훈련방법지도 ② 활동일지 제공 ③ 주간동안 매일 훈련내용 복습하고 기록해오기

5. 자료처리, 결과분석 및 비교분석

1) 자료처리

첫째, 먼저 본연구의 준비단계로 실시한 진단용 검사의 결과 분석을 토대로 부모와의 결과 상담을 진행하고 아동의 심리상태와 현재의 주호소 문제를 해결하기 위하여 통합적 치료의 각 영역을 선택하였다.

둘째, 대상아동에 대한 사전검사 항목을 선정한 후, 사전검사를 실시하고 분석하였다.

셋째, 각각의 아동에게 통합적 치료를 실시한 후, 각 아동에게 적용한 통합적 치료 영역에서의 활동일지의 변화분석과 아동의 정서행동문제에 대한 추적행동관찰의 변화분석을 통하여 치료효과에 대한 질적 검토를 실시하였다.

넷째, 통합적 치료 종결 1주일 후, 각 아동에 대하여 사후검사를 실시하였고, 그 결과를 도출하여 사전검사와 비교분석함으로써 치료효과에 대한 양적검토를 실시하였다.

다섯째, 통합적 치료를 통하여 개선된 아동의 정서행동문제가 일상생활에서 어느 정도 유지되고 있는지를 확인하기 위하여, 1개월 후 유지검사를 실시하고 그 결과를 사후 검사와 함께 비교분석함으로써 치료효과에 대한 양적검토를 실시하였다.

2) 결과분석 및 비교분석

첫째, 대상 아동들의 각 중재 목표인 문제행동의 변화와 중재 목표행동과 관련되는 각 영역의 세션을 진행하며 작성한 각 활동 영역별, 회기별 활동일지의 일화기록 자료를 질적으로 분석하여 제시하였다.

둘째, 아동과 관련한 상담과 양육태도에 대한 변화를 위한 부모교육 실시시 얻은 자료 즉, 아동의 가정과 사회적 상황에서의 사회 정서적 문제행동의 변화에 대한 평가 자료를 질적으로 분석하여 제시하였다.

셋째, 또한 각각의 사례별로 중재효과의 효과 검증을 위하여 사전검사-사후검사(치료 1주일 후 실시)-유지검사(치료 1개월 후 실시)로 적용한 각각의 척도를 양적으로 분석하여 제시하였다.

제 **5** 장

통합적 치료 연구 결과 및 해석의 실제

- 외상 후 스트레스 장애로 인한 정서행동문제 여아 사례(대상1)
- 포르노 비디오 과다노출에 의한 과몰입 및 유분증 등 정서행동문제 여아 사례(대상2)
- 일차적인 문제 발생 후 부모의 부적절한 양육으로 인한 위축 · 우울 · 불안과 기능적 조음음운장애 남아 사례(대상3)

본 연구는 각각 유발 요인에 따른 주요 정서행동문제와 복합적인 정서행동문제를 가지고 있는 아동 3명을 대상으로 정서행동문제(내재화 문제, 외현화 문제)의 해결에 효율적이라고 검토되는 '통합적 치료 즉, '이론적 통합'과 '기법적 통합'을 다차원적으로 구성하여 적용한 종합적인 통합적 치료 방법을 실시하였다.

대상 1, 2, 3의 주요 증상과 복합적인 정서행동문제 해결에 적합하다고 사료되는 각 치료영역은 선행연구를 토대로 하여 선택하였으며, 치료영역은 대상 아동의 진단결과에 따라 각각 달리 적용되었다.

본 연구를 통하여 얻은 결과에서 정서행동문제 아동 대상에 각각 적용한 통합적 치료방법이 대상 1, 2, 3이 갖는 정서행동문제의 감소와 사회정서적 적응행동 향상에 긍정적인 효과가 있었다는 것을 [그림 9]와 같이 확인하였다.

따라서 본 장에서는 질적 분석과 양적 분석을 통하여 정서행동문제 아동에 적용한 통합적 치료의 효과를 검토하였다

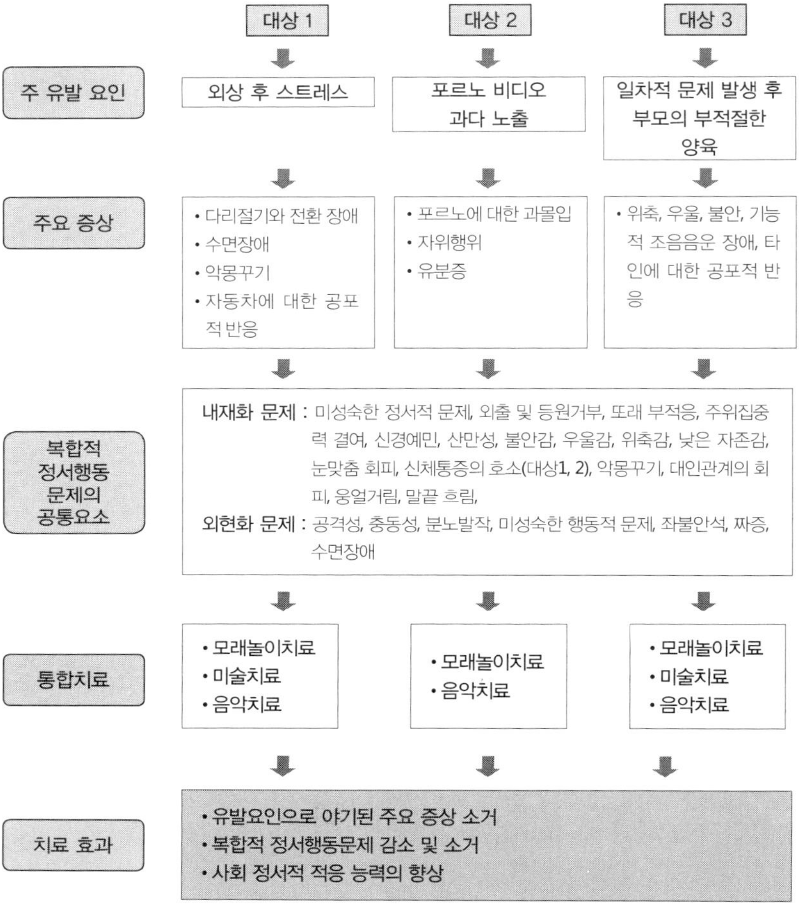

[그림 9] 정서행동문제 아동의 통합치료 적용 효과(대상1, 2, 3)

1. 아동의 대상별 정서행동문제(내재화 문제, 외현화 문제)에서 통합적 치료의 질적인 효과

본 연구에서 대상 1, 2, 3의 정서행동문제(내재화 문제, 외현화 문제)를 해결하기 위하여 실시한 이론 통합적 접근과 기법 통합적 접근을 적용한 통합적 치료의 효과를 알아보았다. 또한 이와 같은 통합적 치료 방법은 각 치료영역별, 단계별에서 어떠한 효과가 나타났는지 그 변화양상을 알아 본 결과는 다음과 같다.

1) 통합적 치료의 단계별 질적 효과 분석

(1) 통합적 치료 1단계(탐색단계)의 질적 효과 분석

대상 1, 2, 3의 통합적 치료 적용결과를 토대로 1단계인 탐색단계에서 보여준 변화를 비교하여 분석해 보면 〈표 18〉와 같다.

〈표 18〉 통합적 치료의 단계별 변화 비교 분석 결과(대상 1, 2, 3) 〈1단계〉

구분		대상 1	대상 2	대상 3
탐색 단계의 감정의 인식	모래 놀이 치료	1~4회기	1~10회기	1~10회기
		• 부정적 자아개념 갈등 표출 • 억압된 자신의 혼란스럽고 정돈되지 않은 감정 표출과 긴장과 불안감 표출 • 안전, 보호에 대한 욕구와 긴장 등의 감정 표출 • 외상 후 스트레스 갈등 표현과 외부환경으로부터의 고난과 갈등 표출	• 자신에 대한 부정적 갈등 • 자신의 권위에 대한 욕구 표출(명령, 공격적) • 통제된 억압감과 억압된 내면의 고통 표현 • 관계사이의 부적응성 및 외로움, 고독감, 좌절 표출 • 초월적 힘에 의한 내적 요구 충족에 대한 갈망	• 정서적 불안감 • 집중력 부족 및 주의력 산만 • 타인에 대한 강한거부, 공포, 불안, 위축, 우울 등의 무의식적 갈등 표출 • 공격성 및 분노 표출

		• 간절한 자기 치유 욕구 표출	• 성적 호기심, 욕구 및 갈등 표출 • 양육환경의 부적절함과 위험성 인식에 대한 심상표현 • 유분증에 대한 갈등 표출 • 여성에 대한 적개심 • 남성에 대한 애화심 • 처벌욕구에 대한 갈등 • 공격성, 공포, 불안 등의 혼란스러운 정서 표출	• 자신의 무의식적 행동에 대한 확인 및 행동에 대한 두려움 표출 • 미성숙하고 혼란스러운 심상 표출 • 짜증과 애기울음 소리의 감소 • 같은 말의 반복이나, 확인하는 어투가 감소하고, 타인의 의견을 구하는 모습과 존댓말을 사용하는 모습이 나타나기 시작 • 과도한 자기 주장을 보이며 거부감을 보이나, 점차 회기가 지나며 상황인식 및 수용능력이 향상되기 시작
		1~4회기	1~4회기	1~4회기
	음악 치료	• 왼손사용이 미숙하고, 호흡조절의 어려움 • 초기에는 작은 목소리 였으나 회기가 지나며 목소리가 커짐 • 악기연주를 즐기며, 부드러운 악기소리 선호하며, 흐름에 대한 이해시 시간이 필요 • 외상 후 스트레스 증상 표출 과 사고에 대한 회피적 반응 • 일정하고 안정된 리듬반응	• 주의력 산만 및 부주의 • 모친에 대한 거부, 부정적 감정을 표출하나, 퇴행적인 모습(애기 같은 목소리와 행동)과 주의 관심을 끄는 행동을 보이며, 지지받고 싶은 욕구, 보상 욕구 표출 • 공격성 표출 • 일부 활동에 한한 안정된 자세 • 권위자에 대한 지배욕구 및 경쟁욕구 표출 • 셈여림 조절이 잘 됨 • 치료사의 지시 수용시작 • 강한 터치 연주 • 성적인 관심의 표출 • 자기조절의 어려움	• 산만하며, 행동조절이 어렵고, 착석이 어려움 • 악기연주는 과격하며, 공격성향과 반항적 행동을 드러냄 • 제한설정에 불순응 • 경쟁욕구 • 퇴행욕구, 양육욕구 표출 • 상호작용과 교류가 어려우며, 자기 중심적 사고와 행동이 강함. • 반말 사용 • 바르지 않은 자세 • 눈맞춤의 회피
		미술: 1~4회기	x	언어: 1~10회기
	미술 치료/ 언어 치료	• 가족 내에서의 갈등으로 인한 불안정감 표출 • 외상에 대한 갈등과 분노감, 좌절감 과, 외부환경의 재해로 인한 극도의 고통스러움과 좌절감, 절망감 표출		• 호기, 흡기의 불안정 하였으나 조절능력 개선 훈련 • 혀 운동기능이 원활하지 않았으나, (좌, 우, 상, 하) 개선 시작 및 유지시작

		• 공격성의 분출 • 공포감 표출 • 모친에 대한 불안 갈등과 결핍된 구강기적 식이 욕구에 대한 보상적 욕구 표출		• 구강 내 혀의 불수의적 움직임이 매우 심하였으나, 안정적이 되어감 • 기본 모음의 정확한 구형 만들기, 정조음이 안되었으나, 점차 개선: • 〈어,으,오,우,에〉에서 심하였으나, 〈우〉는 50%개선되었고, 〈어, 으〉의 경우 개선되었다 저하됨 • 〈아,에,이,오〉에서 정확한 구형, 정조음이 가능 • 초성/ㅁ,ㄴ,ㅇ/의 변별 발성 50% 향상 되었다가 발성가능 개선 유지됨 • 초성/ㅁ, ㅂ, ㅃ, ㅍ/의 변별 발성 이 어려웠다가, 80% 향상되었다가, 개선 유지됨 • 종성/ㅁ, ㅂ, ㅃ, ㅍ/의 변별 발성의 어려움

(2) 통합적 치료 2단계(통찰단계)의 질적 효과 분석

대상 1, 2, 3의 통합적 치료 적용결과를 토대로 2단계인 통찰단계에서 보여준 변화를 비교하여 분석해 보면 〈표 19〉과 같다.

〈표 19〉 통합적 치료의 단계별 변화 비교 분석 결과(대상 1, 2, 3) 〈2단계〉

구분		대상 1	대상 2	대상 3
통찰 단계의 인지적 통찰	모래 놀이 치료	5~6회기	11~25회기	11~30회기
		• 불안, 공포 등 심리적 억압감 • 외상 후 스트레스 증상 과 외부환경에 대한 무력감을 표출 하였으나, 6회기 에서 외부환경에 대한 극복의지 및 대인관계 재개 의지를 표출 • 좌절 무기력감→ 긍정적 성장욕구 • 적응력 향상을 위한 내적 변화를 보이며, 적극적인 극복의지 표출	• 유희욕구 • 보호와 안전에 대한 욕구 • 성적 욕구와 본능에 대한 갈등과 투쟁 • 파괴적 본능의 공격성 분출(간헐적) • 내적 공상을 통한 보호와 양육, 애정욕구의 좌절과 투쟁의 분출 • 부적절한 양육환경에서의 좌절감 과 갈등을 표출하며, 투쟁	• 내면의 대립하는 심상적 갈등 표출 • 놀이에 대한 집중력 향상 및 다양화 • 불안감의 감소와 정서적 안정감의 증대 • 친밀감 증대 및 활동성 증대 • 권위욕구, 힘에 대한 욕구 • 생성과 소멸에 대한 대립 갈등 표출

			• 양육자로부터의 독립과 의존에 대한 양가감정 • 대립과 투쟁의 내재화 • 균형감에 대한 표현 • 긍정적 내면의 힘의 변화(자신의 불안 공포와 투쟁) • 도덕성과 관련한 죄책감, 처벌에 대한 두려움 표출 • 새로움에 대한 의지 표현 • 타인과의 교류를 갈망하는 내재적 욕구 표현 • 자신을 위협하는 것들과의 대항 • 초월적인 부정적 힘에 의한 굴복하는 심상 표출 • 적극적인 내적 갈등의 분출을 통한 자신의 감정인식 • 부정적 자기 대상에 대한 갈등 • 활동에의 몰입과 집중력 향상, 유지 및 적극적 심상 표출 • 유분증과 관련한 갈등 • 혼란스러운 정서의 대립과 투쟁의 순환 • 불안공포와 이완, 억압, 긴장, 무기력감 표출 • 외부와의 소통욕구표현 • 가정환경과의 갈등 완화되고 있는 신호	• 외부환경에 대한 위험, 공포, 불안, 무력감, 좌절감 등의 혼란스러운 내적심상의 갈등 표출 • 지속적인 외부 환경적 재해에 대한 투쟁의 힘 • 자신의 행동에 대한 긍정적 평가 갈망 • 내재화된 억압감과 그에 대한 공격성 표출 • 당당한 태도로의 변화 감지 • 자아 재확립을 위해 투쟁하고, 건강한 자아를 회복 및 수립을 위한 노력(보호, 보살핌, 양육)과 투쟁의 가속화 • 집중력 향상, 유지 • 같은 말의 되풀이 현상의 소거 • 돌아다니면서 이야기하는 현상의 현저한 감소 • •선과 악의 대결과 투쟁으로 자아를 지켜내려는 의지의 가속화 • 적극적 심상 표출 • 유희욕구의 증가 • 보호 양육에 대한 욕구와, 양육환경에서의 좌절감 표출 • 내재화된 혼란스러운 불안과 공포 등 부정적 요소들의 극복을 위한 투쟁 • 퇴행되고 미성숙한 자아에 대한 갈등 • 양가감정, 우울감 • 긍정적인 모습 (욕구충족을 위한 즐거운 투쟁) • 힘이 생성된 자아의 움직임을 드러냄 • 부정적인 것, 나쁜 것을 이겨내기 위한 전투의 조직화 되고 가열화된 내용 표현 • 새로운 출발을 위한 적극적 획득 욕구
	음악치료	5~6회기	5~10회기	5~27회기
		• 정서적 불안감과 공포감 • 긴장감 표출 • 외상 후 스트레스 증상 표출 • 안정적인 눈맞춤	• 모친에 대한 부정적 감정과 공격욕구, 거부욕구 표출 • 적극적인 자기표현 • 퇴행적인 모습의 감소 및 소거(애기같은 목소리 와 행동) • 치료사의 규칙 수용 및 적극적 활동 수행	• 반말 사용, 착석의 어려움 • 상호작용과 교류의 어려움 • 자신의 감정, 행동에 대한 지지와 수용 받고 싶은 욕구 표출 • 과격하고 산만하며, 회피적 태도를 보임 • 권위자와 통제에 대한 강한 거부

			• 외부환경적 재해로 인한 정신적 외상과 불행감 표출 • 불안정한 음성, 긴장, 우울, 흥분, 분노, 좌절감 표출 • 강한 터치 연주 • 적절한 자기표현 시작 • 주의력 산만 및 부주의성의 변화: 조심스럽고 신중한 태도 • 강한 경쟁욕구와 권위욕구 • 권위자의 통제에 대한 강한 거부 • 낮은 자신감과 타인수용능력의 부족, 배려의 미숙함 • 거부적 회피적 태도	• 타인 또는 규칙에 대한 수용능력의 향상 되었으나, 약속을 수용하는 데에 시간이 필요하며, 자신이 원하는 대로 되지 않으면 거부적 태도를 보이기도하며, 자신이 원하는 것이 가능함을 알면 수용이 빨라진다. • 제한과 기준을 초기에 비해 비교적 잘 받아들인다. • 적극적인 활동 참여 및 집중 향상 • 공격적 행동은 감소하였으나, 공격성은 여전히 표출 • 호흡조절의 어려움 • 적극적으로 활동제안을 하기도 하고, 자신이 제안한 의견 끝까지 수행 • 정서적 행동적 조절의 어려움 • 즐거운 정서 표현, 적극적인 자신의 욕구 및 의사표출 • 퇴행적 행동표출 • 불안과 공포감 표출 및 우울과 부정적 심상표현(때려서 우는 것) • 긍정적인 모습 증가 (자신의 의견을 제시하고 조정하는 모습) • 자기수용과 긍정적 정서 표현 • 치료사의 의견 존중의 태도 보임 • 구조적 활동에 거부적 모습을 보이나, 이후 수용 가능 • 고집이나 거부적 태도의 감소
	미술치료 / 언어치료	**미술: 5~6회기**	x	**언어: 11~30회기**
		• 외부 재해로 인한 깊은 좌절감 → 자기 보호욕구 • 외상 후 스트레스 증상 표출 • 퇴행과 안전 보호에 대한 욕구와 공포감, 두려움 갈등 표출		• 혀의 불수의적 움직임이 개선향상되어 안정과 불안정을 반복 후 안정유지 • 안정된 호흡, 입술 긴장의 개선 및 안정화 유지 • 조음기관 운동 능력이 향상 유지 • 종성/ㅁ, ㅂ, ㅃ, ㅍ/의 변별 발성 향상 및 확립 • 기본모음의 표적음 2음절어→ 4음절어 정조음 가능 • 초성에서/ㄹ/음소 정조음 가능 • 초성에서/ㄹ/과 /ㄴ/의 변별발성 가능 및 확립

				• 종성에서/ㄹ/음소 정조음 50%로 향상 후 확립 • 종성에서/ㅁ,ㄴ,ㅇ/ 변별 발성이 어려웠으나 70%로 개선 후 확립유지 • 초성에서/ ㄷ, ㄸ, ㅌ/의 정조음 가능해짐 • 초성에서/ ㄷ, ㄸ, ㅌ,ㅅ, ㅆ/의 정조음 확립 • 초성에서/ㄷ/과 /ㅈ/의 변별발성 50%로 개선 후 확립 유지 • 초성에서/ㅅ/과 /ㅌ/의 변별발성 80%로 개선 후 확립 유지 • /ㅈ, ㅊ, ㅉ/의 변별발성 확인 • 2음절어, 3음절어, 4음절어: 양순음+ 기본모음, 치조음+기본모음의 정조음 향상 • 4음절: 연구개음+ 기본모음, 성문음+기본모음의 정조음 확립 • 초성/ㄱ, ㄲ, ㅋ/의 정조음 확립 • 1음절, 2음절, 3음절: 종성/ㅇ/과 /ㄱ/의 변별력 향상 • 종성/ㄱ/과 /ㅇ/의 혼합구조에서 정조음 확립 • /ㅎ/확립 • 초성 4음절: /ㄷ/과 /ㅈ/의 변별 발성 유지 • 무의미 단어 2음절: 종성에서/ㅁ,ㄴ,ㅇ/의 혼합구조에서 정조음 확립 • 무의미 단어 2음절: /ㄱ, ㄲ, ㅋ/,/ㅈ,ㅉ,ㅊ/의 혼합구조에서 정조음 확립 • 4음절: 초성 /ㅅ/과 /ㅌ/의 변별발성 유지 • 4음절: 종성/ㅇ/과 /ㄱ/의 변별발성 유지 • /어, 으/ 발성, 입술모형의 불안정현상이 안정되어짐 • /ㅠ, ㅕ,ㅟ, ㅚ, ㅢ/의 발성, 입술모형훈련 후 개선향상 • 4음절, 4음절 이상: 자음+기본모음의 조음능력의 향상 유지

(3) 통합적 치료 3단계(행동단계)의 질적 효과 분석

대상 1, 2, 3의 통합적 치료 적용결과를 토대로, 3단계인 행동단계에서 보여준 변화를 비교하여 분석해 보면 〈표 20〉와 같다

〈표 20〉 통합적 치료의 단계별 변화 비교 분석 결과(대상 1, 2, 3) 〈3단계〉

구분		대상 1	대상 2	대상 3
		7~12회기	26~34회기	31~50회기
행동 단계의 새로운 행동 형성	모래 놀이 치료	• 긍정적인 표현(탄생, 출발과 시작의 표현) • 내면으로부터의 문제해결 의지 , 분노와 갈등을 통제하려는 의지 확인 • 안전과 양육에 대한 욕구 • 마음속으로부터 엄마와의 교통 시작 • 긍정적 자아개념 형성과 자신감 향상 • 자신의 갈등 해소 노력을 통해 긍정적 해결 • 안정감 형성, 콧노래, 행복감, 밝고 쾌활한 목소리 • 구강적 욕구의 좌절감과 보상적 욕구 • 적극적인 자기치유욕구와 건강해짐에 대한 표현 • 동생에 대한 친밀감 • 아버지에 대한 갈등 해소 조짐 • 긍정적인 변화의 모습(외상 후 스트레스의 해결장면 묘사)	• 새로운 성장을 위한 긍정적 움직임(사막에 심은 나무와, 솟아나는 물) • 초월적 힘에 의존한 성장욕구 • 부적절한 양육환경에서의 좌절감 표출, 후기에 양육자와의 관계회복을 위한 움직임을 보임 • 유분증과 관련한 갈등해소의 조짐 과 긍정적 변화 • 집중력 향상 유지 및 적극적 심상표출 • 적극적으로 자기 자신을 보살피고 양육 • 새로운 변화추구(부정적 환경요소와 투쟁) • 긍정적인 타인과의 소통욕구, 사회성의 회복 • 과거의 부정적인 자신 → 투쟁을 통해 이겨냄 (성적 관심이나 욕구의 거절) • 성장과 좌절의 반복 • 역기능적 사고에 대한 통찰 • 친밀감을 주는 타인과의 사회적 관계 회복	• 외부세계에의 새로운 출발을 위한 적극적 욕구 • 집중력 향상 유지 및 적극적 심상표출 • 무기력하지 않은 자신의 투사 • 내면의 힘의 성장 표현 • 새로운 성장을 위한 진통 • 안정된 기반형성에 대한 욕구, 균형감, 안정감 형성 • 새로운 성장과 변화를 위한 노력 • 새로운 양육자 형상화를 통한 결핍된 지원욕구 충족 • 실수로 인한 처벌에 대한 두려움 • 보호와 보살핌을 통한 새로운 관계 형성 표현 • 내재된 부적응적 요소와의 싸움을 통한 자아의 균열 회복과정 표현 • 자아의 균열의 회복과 성장, 자신의 자아 수용 • 가족관계에 대한 새로운 인식 • 힘에 대한 욕구 충족 • 환경변화를 위한 적극적 시도 • 긍정적 표현 증가 • 선과 악에 대한 투쟁의 반복 • 새로운 관계와 사회성의 회복

		대상 1	대상 2	대상 3
		7~12회기	11~18회기	28~49회
	음악 치료	• 안정적인 즉흥연주 • 새로운 작업에 대해 긴장 • 집중력 부족 • 부정적 감정에 대한 표출 및 사고에 대한 전환 • 다소 어색한 다리 움직임 • 신체표현이 큰 활동을 즐김, 자신감 향상, 적극적인 활동수행 및 참여	• 불안, 긴장, 우울, 거부, 초조감 표출 • 보호 양육자에 대한 양가감정 • 혼란과 좌절의 반복 • 진지하고 적극적인 활동 참여 • 보호 양육욕구 표출 • 공격적 행동의 감소 • 주의집중력 향상 • 적극적이며 즐거운 정서활동 유지 • 시끄러운 소리 연주 • 부모의 거부적 양육태도에 관한 갈등, 자신의 부모에 대한 거부욕구 표출 • 모친과의 부정적 갈등과 양가감정 표출 • 성적 욕망과 위험인식 등의 갈등 표출 • 적극적 활동참여, 의존성 감소, 유친욕구 표출 • 새로운 관계형성의 긍정적 욕구 표출 • 자신감 • 반성적 사고 • 권위자, 타인 수용 욕구 표출 • 산만 • 치료사의 구조적 활동에 수용거부 • 치료사의 의견 수용능력 향상	• 우울하고, 부정적인 심상표현 하나 점차 긍정적 정서 표현이 증진됨 • 치료사의 차례와 과제를 수용 • 경쟁욕구 표출 • 우울하고 부정적인 심상표현이 긍정적 심상표현으로 변화 • 타인과의 교류능력 (감정수용, 공감)의 증가, 타인인식 향상, 눈맞춤 유지 향상 • 긍정적이고, 수용적이며 온정적 정서 표현 증가 • 한 가지에 집중하는 모습을 보임 • 자유롭고 활발하게 활동 참여 • 능동적이고 즐거운 정서표현 • 자기조절능력의 향상 (기다리기, 선택하고 정리하기, 스스로하기) • 수용능력 향상 (이전에 비해 수용하는 데까지 걸리는 시간이 감소함) • 경쟁 욕구 • 지시따르기시 집중을 잘 하고 수행능력도 현저히 향상됨 • 자신의 행동 반영에 대한 저항: 부정적 행동 반영 시 하지 말라며 떼쓰고 눈물을 글썽거림 • 고집피우고 떼쓰는 시간과 모습이 현저하게 감소 • 과격한 움직임 → 부드럽고 자연스러운 움직임으로 변화, 안정적인 Singing • 즐거운 정서 표현, 활기찬 움직임의 활동 • 적극적 행동 변화의 욕구 • 적극적 전략개발 활동 참여: 음악놀이를 통해 다양한 상황을 함께 해결함. • 능동적인 자기 표현력 향상 • 친구나 또래 관계에 대한 개념 미형성 • 즉흥연주 시 두려워하지 않고 자신감 있게 연주 • 높은 집중력 • 구조에 따른 치료사의 이야기 수용

				• 자신감 증진: 큰 소리로 씩씩하게 책을 읽어나감 • 조절능력의 향상(다이나믹 한 연주를 하다가 제한에 따라 부드럽게 연주 가능)
		x	x	언어: 31~50회기
	미술 치료/ 언어 치료			• /어, 으/ 발성, 입술모형의 안정 • /ㅑ,ㅠ, ㅕ,ㅟ, ㅚ, ㅢ/의 발성, 입술모형 향상 유지 • 2음절: 조음위치와 조음방법이 다른 표적음의 정조음 • 2음절: 무의미어 /ㅑ,ㅠ, ㅕ,ㅟ, ㅚ, ㅢ/의 표적음의 정조음 • 2음절: 조음위치와 조음방법이 다른 표적음의 정조음 • 표적음/ㅁ, ㅂ, ㅃ, ㅍ/어두 2, 3음절어 정조음 • 표적음/ㄴ, ㄷ, ㄸ, ㄹ, ㅌ, ㅅ, ㅆ/어두 2, 3음절어 정조음 • 표적음/ㄱ, ㄲ, ㅋ/어두 2, 3음절어 정조음 • 호흡, 구강기능, 입술의 모형, 기본모음의 발성 및 입술 모형의 유지 확인 • 자음+모음 2, 3, 4음절의 단어에서 표적발성의 정조음 유지 확인 • 표적음/ㅎ/어두 2, 3음절어 정조음 • 4음절 이상의 단어에서 표적발성의 정조음 유지확인 • 표적음/ㅁ, ㅂ, /어말 다음절어 정조음 • 표적음/ㄴ, ㄹ, ㄷ /어말 2, 3음절어 정조음 • 표적음/ㄱ,ㅇ /어말 다음절어 정조음 • 표적음 /ㅁ,ㅂ,ㅃ, ㅍ/조음위치의 혼합구조에서 다음절어 정조음 • 표적음 /ㄴ, ㄷ, ㄸ, ㄹ, ㅌ, ㅅ, ㅆ/조음위치의 혼합구조에서 다음절어 정조음 • 표적음/ㄱ, ㄲ, ㅋ/조음위치의 혼합구조에서 다음절어 정조음 • 표적음이 어두에 있는 두단어, 세단어 반복 문장에서의 정조음 예:귀여운+개를/고래를/ 개구리를+그려요 • 표적음이 어중에 있는 두단어, 세단어 반복 문장에서의 정조음

				• 표적음이 어말에 있는 두 단어, 세단어 반복 문장에서의 정조음 • 어두, 어중, 어말에서 표적음 반복 문장의 정조음 확립 • 일상생활의 대화에서 표적음의 장조음 확인 • 다양한 문장 형식에서 정조음 유지 확인

이상과 같이 아동의 대상별 정서행동문제(내재화 문제, 외현화 문제)에서 통합적 치료의 단계별 질적 효과 분석을 위하여 1 단계인 탐색단계, 2 단계인 통찰단계, 3단계인 행동단계의 과정을 분석한 결과를 종합해 보면, 치료영역별로 각 단계의 진행에는 차이가 있었다. 이와 같은 이유는 대상 아동들이 가지고 있는 문제와 아동의 성격특성, 처해진 환경 등이 각각 다르기 때문으로 본다. Kalff는 모래놀이에 표현된 여러 사례를 종합하여 사람에 따라, 발달단계에 따라 진행 단계의 길이에 차이가 있으나, 3단계의 거쳐 놀이가 진행된다고 보았다(김보애, 1994; 河合•심재경, 1994; 염숙경, 1991). 본 연구의 대상 아동들에게 공통적으로 적용한 모래놀이치료와 음악치료에서 각 단계의 진행과정이 각기 달랐다.

모래놀이치료는 1단계에서 대상 1은 1-4회기, 대상 2는 1-10회기, 대상 3은 1-10회기까지 진행되었다. 2단계에서 대상 1은 5-6회기, 대상 2는 11-25회기, 대상 3은 11-30회기까지 진행되었다. 3단계에서 대상 1은 7-12회기, 대상 2는 26-34회기, 대상 3은 31-50회기까지 진행되었다.

음악치료에서는 1단계에서 대상 1, 2, 3 모두 1-4회기까지 진행되었다. 그러나 2단계에서 대상 1은 5-6회기, 대상 2는 5-10회기, 대상 3은 5-27회기까지 진행되었다. 3단계에서 대상 1은 7-12회기, 대상 2는 11-18회기, 대상 3은 28-49회기까지 진행되었다. 이와 같이 대상 아동들이 각 단계의 진행에서 회기의 길이가 달랐고 아동들의 문제해결을 위한 진행단계의 길이에는 개인차가 있음을 알 수 있었다.

다음으로, 대상 1, 2, 3 아동은 각각에게 적용된 통합적 치료의 1단계(탐색단계)를 통하여 자신의 감정, 사고, 행동을 탐색하고 아동 자신의 감정 인식을 하였다. 또한 통합적 치료의 2단계(통찰단계)를 통하여 자신의 감정, 사고, 행동을 이해하고 아동 자신의 감정을 인지적으로 통찰하는 모습을 보였다. 또한 자신들의 과거의 탐색과 통찰을 통하여 이를 극복하기 위한 도전과 투쟁을 하며 새로운 경험을 위한 시작을 보여주었다. 그리고 통합적 치료의 3단계(행동단계)를 통하여 자신의 감정 인식과 인지적 통찰을 통한 새로운 행동의 변화를 모색하였다. 이러한 과정 안에서 새로운 행동을 형성하고 새로운 성장을 위한 자아의 균열을 회복하는 힘을 기르며 자아의 통합과 자신과 타인을 수용하였다. 결과적으로 아동들은 자신들의 내재화 되고 외현화된 정서행동문제를 극복하고 새로운 사회성을 회복하며 사회정서적 적응행동을 향상시켜 나갔다.

2) 대상 아동별 각 통합적 치료영역에서의 과정과 표적행동관찰 변화에 따른 질적인 효과 분석

대상 1, 2, 3 아동에게 통합적 치료로 실시한 각 영역에서의 과정별 변화 분석 결과와 표적행동 관찰 변화에 따른 질적인 효과는 다음과 같다.

(1) 대상 1(외상 후 스트레스장애로 인한 정서행동문제 아동)

대상 1의 정서행동 문제의 변화 결과를 알아보기 위하여, 통합적 치료의 기법으로 적용한 모래놀이치료 · 음악치료· 미술치료의 각 회기별 변화

과정 내용을 분석하고, 표적행동 관찰 결과를 사전-사후-유지 단계로 평가하고 그 결과를 비교분석 하였다. 그 결과 외상 후 스트레스 장애에 따른 문제행동 감소와 불안정서의 감소 및 사회정서적 적응행동 향상에 긍정적인 효과가 있었음을 확인하였다.

① 대상 1의 모래놀이치료 · 음악치료 · 미술치료 결과

대상 1에 통합적 치료의 기법으로 적용한 모래놀이치료 · 음악치료 · 미술치료의 각 회기별 변화 과정은 〈표 21〉과 같다.

〈표 21〉 대상 1의 모래놀이치료 · 음악치료 · 미술치료의 변화과정

구분	모래놀이치료 내용	음악치료 내용	미술치료 내용
1회기	• 안전과 보호에 대한 욕구 • 혼란스럽고 정돈되지 않은 감정 표출 • 외상 후 스트레스갈등 표현 • 회피와 위축의 심리적 증상표현	• 일정하고 안정된 리듬반응 • 왼손사용 • 호흡조절 • 작은 목소리 • 부드러운 악기소리 선호 • 흐름에 대한 이해 • 사고에 대한 회피적 반응	• 가족 내에서의 갈등으로 인한 불안정감 표출 • 외상에 대한 갈등과 분노감, 좌절감 표출 • 외부환경의 재해로 인한 극도의 고통스러움과 좌절감, 절망감 표출 (사진 2-1)
2회기	• 긴장과 불안감 표출 • 보상욕구와 혼란된 정서표현	• 작은 목소리 • 악기연주의 즐거움 • 왼손사용 • 외상 후 스트레스 증상 표출	• 자동차에 대한 극도의 공포감과 적개심, 분노감 표출 및 분출 • 공격성의 분출 (사진 2-2)
3회기	• 외상 후 스트레스 갈등 폭발 • 보안, 긴장 등의 감정 표출 • 외부환경으로부터의 고난과 갈등 표출 • 긍정적인 표현 (사진 1-1)	• 목소리가 커짐 • 일정하고 안정된 리듬반응 • 왼손사용 • 호흡조절 • 외상 후 스트레스 증상표출	• 공포감 표출 (사진 2-3)
4회기	• 부정적 자아개념 갈등표출 • 억압된 자신의 혼란한 감정표출 • 간절한 자기 치유 욕구 표출 • 보호와 돌봄의 양육욕구(사진 1-2)	• 왼손사용 • 호흡조절 • 외상 후 스트레스 증상표출 • 사고에 대한 회피적 반응	• 결핍된 구강기적 식이욕구에 대한 보상적 욕구 • 모친에 대한 불안 갈등 표출 (사진 2-4)

5회기	• 불안, 공포 등 심리적 억압감 • 적극적 극복의지 (밝은 목소리) (사진1-3)	• 정서적 불안감과 공포감, • 긴장감 표출 • 외상 후 스트레스 증상 표출	• 외부 재해로인한 깊은 좌절감 → 자기 보호욕구 • 외상 후 스트레스 증상 표출 • 퇴행과 안전 보호에 대한 욕구 (사진 2-5)
6회기	• 외상 후 스트레스 증상 표출 • 외부환경에 대한 무력감 표출 • 좌절 무기력감 → 긍정적 성장욕구 • 적응력 향상을 위한 내적 변화 • 외부환경에 대한 극복의지 및 대인관계 재개 의지 표출	• 안정적인 눈맞춤	• 공포감과 두려움 갈등 표출 • 외상 후 스트레스의 갈등 분출 • 외상 후 스트레스의 갈등 분출 • 외부 재해로 인한 좌절감 (사진 2-6)
7회기	• 긍정적인 표현(탄생과 시작의 표현) • 내면으로부터의 문제 해결 의지 확인 (사진 1-4)	• 안정적인 즉흥연주 • 새로운 작업에 대해 긴장	x
8회기	• 안전과 양육에 대한 욕구 • 밝고 쾌활한 목소리, 콧노래 • 긍정적인 표현(출발과 시작의 표현) (사진 1-5)	• 적극적인 활동 수행	x
9회기	• 마음속으로부터 엄마와의 교통 시작 • 부정적 갈등의 해결 • 긍정적 자아개념 형성 • 자신의 갈등 해소 노력 (사진 1-6)	• 부정적 감정에 대한 표출 • 집중력 부족	x
10회기	• 안정감 형성 • 엄마에 대한 마음 열기 • 콧노래, 행복감 (사진 1-7)	• 부정적 사고에 대한 전환 • 적극적인 활동참여 • 어색한 다리 움직임	x
11회기	• 구강적 욕구의 좌절감과 보상적욕구 • 적극적인 자기치유 욕구 표출 • 자신감 • 동생에 대한 친밀감 • 자기치유 욕구와 건강해짐에 대한 표현 (사진 1-8)	• 부정적 사고에 대한 전환 • 신체표현이 큰 활동을 즐김	x
12회기	• 분노와 갈등을 통제하려는 의지 확인 • 갈등의 긍정적 해결 • 아버지에 대한 갈등 해소 조짐 • 긍정적인 변화의 모습(외상 후 스트레스의 해결장면 묘사) (사진1-9)	• 신체표현이 큰 활동을 즐김 • 자신감 향상	x

❖ 칼프의 발달 3단계에 따른 모래놀이치료 분석결과 (조정숙, 2010).

본 대상 아동의 모래상자를 칼프(1989)의 발달단계에 따라 분석해본 결과, 1회기에서 4회기까지는 동식물의 단계, 5회기에서 6회기는 투쟁의 단계, 7회기에서 12회기까지는 적응의 단계로 볼 수 있었다.

1단계인 동식물의 단계에서 아동은 1회기에서 4회기까지에서 자신의 혼돈되고 혼란스러운 내적 불안과 갈등을 분출하고 해소하며, 자신의 무의식에서의 혼돈과 무질서를 극복해가는 과정을 보여주었다.

대상 1은 1회기에서 현재 자신의 상태를 부숴지는 두꺼비집에 숨었다가, 더 단단하고 깊숙이 파서 만든 두꺼비집에 두꺼비를 넣어주는 것으로 자신의 안전과 보호에 대한 욕구를 나타내었다. 또한 이와 관련한 좌절과 퇴행욕구와의 혼란스럽고 정돈되지 않는 감정을 표출하였다. 대상 1은 자동차를 만들고 부수기를 반복하고 자동차의 틀을 치료실 바닥에 과격하게 집어던지는 행동을 통해, 자신을 공격한 자동차에 대한 분노를 분출하기도 하였다. 두꺼비 집을 반복해서 만들고 공격적인 파괴를 통해 안전과 보호의 욕구가 좌절됨에 대한 자신의 현재 상황을 표현하였다.

2회기에서는 여러 채의 집을 배치하고 수차례 집에 모래를 뿌리는 행동으로, 가정불화로 인한 긴장과 불안갈등을 분출하였다. 떡과 빵, 밥이 혼란스럽게 전환적으로 계속 나오는 것으로 보아 아동의 구강기적 욕구의 고착이 나타남을 알 수 있었다. 또한 사고를 당했던 놀이터에서 자신과 동생이 노는 모습과 어린이집에 가지 않고 쉬고 있으면서도 학교에 가 있는 자신을 표현하였다. 또한 사고로 하반신을 잃고 활동이 불가능해진 아빠는 2층에서 누워 있다가 베란다에서 집 뒤로 떨어지고 또 다른 아빠는 회사에 다니고 있다. 즉, 자신의 상황과 상반되는 모습을 연출함으로써, 현실에서는 얻지 못하나 이 상황을 놀이를 통하여 보상받고자 하였고, 이와 같은 자신의 양가감정과 혼란된 정서를 분출하였다.

3회기에서는 자신과 동일시되는 신데렐라와 엄마인 세일러문의 하체를 모래에 묻고, 폭죽을 터뜨리고 폭죽에서 나온 색줄을 이용해 두 사람의 다리를 묶음으로써, 외상 후 스트레스 증상에 대한 갈등과 자율욕구의 통제에 대한 갈등을 분출하였다. 엄마를 묶어서 모래 속에 묻고 꺼내어 던지고 때리는 행동과 엄마오리가 등에 아기오리를 태우고 가는 도중 모래를 뿌리는 행동으로 모친에 대한 갈등과 분노를 분출시키고 있었다. 그리고 또 아리를 틀고 있는 뱀이 오리들 뒤를 노리고 있어서 아동의 내면의 갈등과 불안, 긴장을 혼란스럽게 분출시키고 있다. 중앙에 2개의 연꽃(동생과 자신이라 함)에는 각각 1명씩의 아이가 올려져 있는데 아이들에게 모래비를 뿌려 외부환경으로부터 오는 재해에 대한 고난과 역경을 나타내고 있는 것으로 보인다.

4회기에서 작품의 주제를 무서운 검은 비라고 하였고, 더러운 검은 비를 맞고 쓰러져 있는 아이와 검은 비를 맞아서 죽은 나무와 동물들을 표현하였다. 그 검은 비가 자신의 나쁜 마음이고 그 검은 비로 인하여 온 세상이 죽는다고 함으로서, 아동은 자신에 대한 부정적 자아개념 갈등과 깊은 우울감을 분출하고, 좌절되고 불행한 자신의 무의식적 내면의 고통을 드러내었다.

그러나 긍정적인 변신을 위한 하얀 비를 기다리는 아이가 나타나고 간절한 자기치유의 욕구를 드러내기 시작하였다. 또한 거인엄마가 쓰러진 아이들과 동물들에게 약초를 먹이는 것으로, 보호와 돌봄인 양육의 욕구를 충족시키려 하고 있었다. 그러나 또 다시 석탄을 캐는 나쁜 아저씨들이 감옥에 강아지들을 가두는 것으로, 억압되고 제한된 자신의 혼란된 감정을 다루었다.

이를 종합해 보면, 모래놀이 1단계에서 자신의 혼돈되고 혼란스러운 내적 불안과 갈등을 분출하고 해소하며, 자신의 무의식에서의 혼돈과 무질서를 극복해가는 과정을 보여주었다. 즉, 모래놀이치료에서 1단계는 동·식물의 단계 즉, 혼돈의 단계로 대개 첫 작품이나 초기의 작품에 나타나며 현재 아동의 생활이나 현재할 수 있는 것을 나타내고(이숙 외, 2002), 분화되지 않은 혼란스러운 자아의 모든 측면을 한꺼번에 나타내는 복잡한 작품 즉 아동의 정서적 혼란과 혼돈을 반영하는 작품을 꾸민다는 Kalff(1989)의 견해와 일치한다.

2단계인 투쟁단계는 5회기에서 6회기를 통하여 진행되었으며, 자신의 부정적 내면과 싸워 이겨나가며, 자신을 위협하는 외적환경의 억압감과 투쟁하면서 힘을 길러나가는 모습을 보여 주었다.

5회기에서는 즐겁게 재롱잔치를 하는 아이들이 옷을 갈아입는 탈의실이 나타나고, 동물들을 노리는 위험한 사냥꾼이 등장하였다. 그리고 벌레들이 밟으면 깨물어 조심해야 하는 상황을 꾸며 자신의 불안 공포감등 심리적 억압감을 나타내었으나, 남자아이와 짝을 맞추고 춤을 추는 자신을 꾸며 대립된 상황을 보여주었다. 이렇게 상반된 정서와 행동적 표현을 통해, 자신의 공포감과 불안 갈등에 대하여 양가감정과의 투쟁을 보여주었다.

6회기에서는 모래에서 발견한 철사를 보고 부러진 사람다리라며 매우 흥분되고 공포적 반응을 보여 외상 후 스트레스 증상이 나타났다. 그러나 짝짓기를 하는 물고기들로 새로운 탄생을 기다리고, 상어를 피해 도망가는 고기들은 위험으로부터 자신을 지켜내는 적응력을 갖고자 하는 욕구를 드러냄으로써 아동의 내적 힘이 증가하고 있음이 엿보였다. 그러나 또다시 부정적인 갈등을 드러낸다. 돌고래가 인어공주를 돌보고자하는데, 아빠 임금은 돌고래를 감옥에 가두어 보호받고자하는 욕구를 좌절시킨다. 여기서 인어공주와 물고기들과 돌고래는 도둑이 들어오지 못하게 문을 잠그고 잤고 사람들도 숨어서 자고 있어, 외부환경으로부터 오는 위협과 공격으로 인한 내적 공포와 불안감으로 위축되고 무기력해진 자신을 다루었다.

그러나 다시 아침이 오고 물고기가 친구네 집에 가려고 일어나서 가고 있는 것으로써, 새로운 시작과 외부환경에 대한 극복의 시작을 준비하고 대인관계 재개에 대한 의지를 나타내었다. 그러나 돌멩이가 있어서 못가고 돌아오며 돌고래는 아직 안 일어나고 계속 자고 있다고 함에서, 자신의 갈등을 해결하고 에너지를 갖기에는 아직 역부족인 상태를 암시하며 좌절·무기력함을 드러내었다. 나무가 뽑히고 임금님이 물고기들을 가뒀으며 귀신들이 물고기들을 잡아먹으나 임금님이 다시 심어 나무는 다시 잘 자랐다는 내용에서 아동이 기억하는 외상에 대한 공포와 갈등을 극복하고 긍정적으로 성장하고자 하는 욕구를 드러내었다.

이처럼 대상 1은 Kalff의 견해에서처럼 2단계의 과정에서 자신의 무의식적 내면의 불안·긴장·공포·억압감등의 갈등과 이를 극복하려는 내적 에너지와의 투쟁을 하고 있음을 보여주었다.

3단계인 적응의 단계는 7회기에서 마지막 12회기까지 진행되었다. 이 단계에서 아동은, 새로운 시작과 낡은 것과의 싸움을 통하여 새로운 성장을 위한 진통 등을 겪어 나가며, 새로운 관계가 생기고 사회성이 회복되어 감을 나타내었다.

7회기에서는 결혼식과 하객들로 가득 찬 축하연회에서 반짝이를 뿌려주고 비눗방울을 터뜨려 주며, 신랑신부를 위해 친척 언니들과 꽃을 뿌려주고 노래를 부른다. 신랑신부가 촛불을 끄고 케익을 자르는 행동을 반복하였다. 결혼식은 새로운 탄생과 시작을 상징하므로 아동의 내면의 문제가 해결되고 새로운 시작을 암시한다고 볼 수 있겠다. 8회기에서도 신랑신부상의 배치로 새로운 출발을 꾀한다. 하단에 묻혔던 개구리가 모래 바다에서 돛단배를 타고 있는 것으로 자신의 고통스런 현실을 헤쳐 나가려는 무의식의 움직임을 보여주며, 이는 새로운 성장을 위한 진통을 겪고 있음을 시사 한다고 볼 수 있겠다.

사지 관절이 단단히 고정되지 않고 제멋대로 돌아가는 남자아이를 통하여 부친의 신체이미지와 하반신 상실에 대한 부친의 좌절된 모습을 다루고 있으나, 착한 마법사 요정이 나타나 아기들을 돌보고 있고 아동의 목소리는 밝고 쾌활하며 연신 콧노래를 불러 긍정적인 에너지를 회복한다. 수영장인 동시에 아이들 목욕탕이 등장하여 이 또한 새로운 출발과 시작의 힘을 엿볼 수 있게 한다. 불꽃과 기도하는 십자가와 천사의 등장시켜 자신을 돌보는 영적 에너지를 상승시키고 있다.

여기에서 아동은 3단계 즉, 적응의 단계에서 보여주는 새로운 것과 낡은 것과의 싸움, 새로운 성장을 위한 진통을 겪고 있음을 보여주고 있다. 또한 결혼식을 통하여 새로운 관계가 형성되고, 새로운 사회성이 회복 되어감을 암시해주고 있다.

9회기에서는 중앙에 원을 그리고 보호벽을 쌓고 그 안에 혼자 사는 아이를 두었다. 두꺼비 집을 단단하게 만들기를 반복한 후 두꺼비집에 혼자 사는 예쁜 사람이라는 표현으로 자신에 대한 긍정적 자아개념과 자신을 수용함이 엿보인다. 또한 엄마인 미니마우스 앞으로 길을 열어둠으로써 엄마에게로 연결되는 통로를 열어둔다. 무덤처럼 높은 봉분을 손가락으로 앞뒤로 통하게 구멍을 뚫는 행위를 통해 물이 흐르고, 자신의 갈등의 문제해결로 에너지가 흐르고 배출되고 있음을 시사하였다.

10회기에서는 큰 쵸코 무덤을 만들고 쵸코 나라가 있으면 엄마랑 자신이 행복하다며 콧노래를 불렀고, 엄마에게로 향해 나가는 기찻길과 그 위를 달리는 기차가 놓여졌다. 동물들에게도 밥을 주고 전체적으로 양육과 행복추구의 밝은 에너지를 회복하고 있음을 보여주었다. 11회기에서도 신나는 동물식당을 주제로 농장의 모든 동물들에게 음식을 먹임으로써, 자신을 양육하고 힘을 충족시키고 있음을 보여주었다. 또한 자신인 기린에 매달린 동생 원숭이를 나타내어 동생과도 가까운 친밀감을 드러낸다. 그리고 밥과 국을 그릇에 담다가 그릇에 데인 아기돼지가 보건실로 가서 주사를 맞아서 이젠 씩씩하게 되었다고 이야기함으로써, 아동의 적극적인 자기치유의 욕구와 자신이 건강해짐을 드러내고 있다.

12회기에서 아동이 그릇에 가득 채워 따른 물은 생명력의 소생을 바라는 물이다. 그 물을 그릇에 담을 때 체에 받쳐 불순물을 거르는 정수과정을 거친다. 다리가 부러진 큰 아빠코끼리를 중앙상단에 배치하고, 하반신에 장애를 갖고 있는 부친이지만 아이들을 태우고 새로운 세상인 넓은 바다로 여행을 떠나려 한다. 고난과 역경을 이겨내고 정상적으로 달리게 된 빨간 사슴을 통하여 자신의 외상 후 스트레스가 해결되는 과정을 보여주었다.

또한, 대상 1은 3단계가 진행되는 회기들에서 상징적으로 완전함과 전체감의 표현인 원, 네모 등의 이미지(만다라)가 나타내며, 모래놀이 치료를 통한 본능적인 힘의 통합을 의미하는 것(Kalff, 1989)이라고 하는 작품을 보여주었다.

대상 1의 모래놀이치료를 칼프(1989)의 발달단계에 따라 분석해 본 결과 아동의 모래놀이는 동식물의 단계인 혼돈의 단계, 투쟁의 단계, 적응의 단계를 거치며 진행되고 있었고 혼란스러웠던 자아가 통합되며 건강한 자아가 회복되어 감을 보여주었다.

결과적으로 이러한 세 단계의 통합은 자아의 발달 과정인 동시에 자기와 자기와의 관계를 개선하는 과정이고, 사회성의 발달을 시작하는 과정이며 부모를 포함하여 사람과의 관계를 개선하는 과정을 나타내는 것이라는 이숙 외 (2002)의 견해와 일치하는 결과를 얻었다. 또한 박지연(2008)의 「우울·불안과 위축행동을 보이는 아동에 대한 모래놀이치료 효과」에서도 3명의 대상아동들은 이와 같은 3단계를 거치며 성장 발달하고 있음을 발표하였고 본 연구를 통해서도 일치하는 결과를 얻었다(조정숙, 2010에서 재인용).

❖ 음악치료의 분석결과

대상 1의 치료 활동에 적용한 주된 프로그램은 외상 후 스트레스에 따른 부정적인 정서행동문제를 극복시키고 사회정서적 적응행동을 향상시키기 위하여, 노래부르기(Sing along)·음악쓰기(Songwriting)·악기연주(Instrument)·즉흥연주(Improvisation)·음악과 신체활동(Music & Movement)등의 방법을 사용하였다. 이밖에도 음악 감상과 토론(Music listening & Discussion), 음악적 게임(Music game)·음악과 미술(Music & Art)·음악과 심상(Music & Image) 등의 방법을 사용하였다.

그 결과, 아동과 연구자의 라포가 형성된 4회기에서 부터는 내적 갈등의 심상을 드러내기 시작하였고, 사고 상황과 관련된 직접적인 이야기는 회피하는 모습을 보였으나, 점차 회기가 진행됨에 따라 적극적인 음악치료 활동을 주도적으로 이끌며 자신의 내적 감정들과 갈등을 표출하는 모습을 보여주었다. 아동은 치료사와의 음악 활동을 통하여, 자신의 외상적 경험으로 인한 불안하고 고통스러운 내적 감정들과 갈등을 분출함으로써 자신의 혼란스런 감정을 정화하고 자신의 왜곡된 인지, 사고, 행동을 인식하고 통찰함의 과정을 통하여, 새로운 행동형성을 이끌어내어 사회 정서적으로 적응행동의 향상을 보여주었다.

먼저, 대상 1의 각 회기별 음악치료 내용과 결과분석에서 부모의 행동관찰보고를 통하여, 문제행동에 대한 변화과정을 살펴보자면 다음과 같이 개선되어갔음을 알 수 있었다. 〈1회기〉에서는 밖에 혼자 나가서 노는 것을 두려워하고 짜증이 심하며 밤에 잠을 잘못 잔다고 하였고 다리를 절며 자주 넘어지는 현상을 보이고 있었다. 〈2회기〉에서는 짜증은 줄었으나 모친에 대한 반항과 도전이 매우 심하고 다리를 절며 자주 넘어지는 현상과 잠을 자지 못하며 애기처럼 응석이 심하였으며, 〈3회기〉에서는 분노폭발이 있었으나, 어린이집 등원이 가능해 졌다고 하였다. 아동의 주 호소 문제인 다리절기는 〈6회기〉부터 점차적으로 소거된 모습을 알 수 있었다. 아동은 〈1회기〉에서 〈4회기〉까지는 수면장애의 문제가 지속되고 있었으나, 〈5회기〉부터 개선되기 시작하여 약 복용 없이 잠을 잘 수 있게 되었다고 한다. 또한 자주 넘어지던 현상이 줄고 무척 명랑하고 밝아졌다고 한다. 어린이집 등원의 문제는 〈3회기〉부터 가능해졌고 〈4회기〉부터는 순조로웠다고 한다. 또한 사고 현장이나 슈퍼, 놀이터 등의 외출이 〈6회기〉부터 가능해지고 〈7회기〉부터는 순조로워져 혼자서도 외출이 가능해졌고 TV보는 시간이 현저하게 줄었으며 동생하고도 싸우지 않고 잘 논다고 하였다. 〈9회기〉에서는 친구들도 많아지고 숙면을 취하고 있다고 하였다. 〈10회기〉에서는 부모에게 존댓말을 쓰며, 친구들 이야기를 많이 하고 있다고 보고하여 또래관계가 원만해졌음을 알 수 있었다. 이와 같이 소거된 문제행동과 새로운 행동이 형성된 부분은 〈12회기〉까지 유지가 되고 있어 대상 1의 이와 같은 문제행동이 완전히 소거되어 개선되었음을 알 수 있었다.

❖ 회기내 행동변화의 추적 관찰을 통해 확인된 문제행동의 개선

〈1회기〉에서 호흡조절이 어려웠으며 매우 조심스런 행동과 작은 목소리로 다리를 절며 활동에 임하였고, 왼손사용의 어려웠다. 곡의 흐름에 대한 이해도에는 시간이 필요하였으나 멜로디인지와 리듬인지는 높은 편이었다. 그러나 신체 표현에서 정확한 표적 활동이 어려웠고 회피적인 태도가 관찰되었다.

〈2회기〉에서는 발과 북치기의 동시 수행이 어려웠으며, 왼손 사용이 어려워 악기 연주에 어려움이 따랐다. 이야기 시 말끝을 흐려 불분명하였으나, 활동시에는 까르르 웃기도 하며 즐거운 정서를 표현하였다. 〈3회기〉에서는 목소리도 커지고 자신 있게 노래하는 모습이 관찰되었다. 그러나 다리절기, 왼손사용의 어려움, 손과 발의 협응의 어려움, 호흡조절의 어려움은 여전히 나타나고 있다.

〈4회기〉에서는 악기 연주시 표적활동이 정확하게 수행이 안 되고 있었다. 그러나 눈맞춤이 매우 향상되었고 즉흥연주는 일정하고 안정된 리듬을 보이며 즐거운 정서를 표현하였다. 신체활동에서는 움직임이 작으나 즐거워하며 적극적인 모습을 보였다.

〈5회기〉에서는 외상 후 스트레스장애에 따른 외상적 경험의 무의식적 심상을 적극적으로 표현하였고, 강한 불안감과 긴장감이 고조된 모습을 보였으며 다리를 심하게 절었다. 그러나 〈6회기〉에서는 눈맞춤이 매우 높고 안정적이었으며, 다리를 절지 않았다. 또한 목소리도 매우 커지고 자신 있는 모습으로 활기차게 활동하는 모습을 보였다. 〈7회기〉에서도 〈6회기〉의 안정감을 유지하고 있었으며, 능동적이고 적극적으로 활동에 참여하며, 매우 흥미있게 참여하였다. 또한 음악동화를 통하여 심상적 갈등과 부정적 감정을 분출하고 카타르시스를 경험하는 모습을 보여주었다.

〈8회기〉에서는 아동의 자기 표현력과 수용능력이 향상되었으며, 즉흥연주에서 가족갈등을 적극적으로 분출하며 즐거운 정서를 표현하였다.

〈9회기〉와 〈10회기〉를 통해서는 자신의 부정적인 내적 심상이 집중적으로 다루어질 때, 합주시에 집중력이 감소하였으며, 자신의 차례를 놓치기도 하였다. 또래관계의 갈등이 드러날 때에는 즉흥연주를 완성하지 못하는 모습도 보였다.

〈11회기〉에서는 생일파티에 대한 안 좋은 기억을 떠올리며 우울해 하였고, 악기연주시에는 긴장하며 집중력이 떨어지는 현상을 보이기도 하였다. 그러나, 신체표현이 큰 활동을 통하여 즐거움을 회복하였다. 〈12회기〉에서는 즐거운 정서를 회복하고 있었으며, 활동에의 참여도가 매우 높았다.

따라서 본 연구의 결과는 선행연구에서처럼 음악치료가 주는 효과로서 병리 생리학적 증상이 음악치료를 통하여 불안감 감소 · 근육 긴장도의 감소 · 근육통 이완 등의 효과가 있다고 보고한 정현주(2006)의 견해를 지지한다.

본 연구결과를 통하여 '음악과 심리적 반응'에 대한 연구로, 음악은 인간의 마음에 직접적으로 영향을 주고 감각을 자극하고 정서를 불러일으키며 생리적 정신적 반응을 유발하고 몸과 마음에 활력을 북돋우는 역할을 하며, 정신과 신체에 대해서 큰 효과를 미치는 정신의 신체언어라는 김동주(2005)의 견해를 지지한다.

동시에 Brusca(1989)는 음악은 본능적 욕구를 자극하거나 표현하며 이를 해소 또는 감소시킴으로 본능에 영향을 주고, 자아를 강화하는 동시에 감정을 발산시키거나 통제하여 자아에 영향을 주며, 감정을 순화시켜주거나 수준 높은 미적 경험을 갖게 함으로써 초자아에 영향을 준다고 한(정현주 외 2002; 박연희, 200에서 재인용) 의견에도 동의할 수 있는 결과를 얻었다.

또한, 본 연구프로그램을 통하여 내담자에게 음악쓰기(Songwriting)는 감정을 경험 · 확인 · 표현 · 교류하며, 감정적 행동의 조절과 변형을 촉발시키기 위해 구성되고 개인의 내면세계를 탐색하도록 하며(최병철, 1999), 주로 자기를 표현하고 자아 존중감을 증진시키며, 억압되어 있는 감정과 욕구를 표현하는 것을 목적으로 시행하게 되는데 스스로 노래가사를 만듦으로써 재인식의 과정을 거쳐 새로운 인지체계를 형성한다(Ficken, 1976)는 주장에도 동의한다. 아동은 치료과정에서 흥미를 갖고 음악쓰기를 통하여 자신의 내적심상을 적극적으로 표출하는 모습을 보였다(5회기 · 6회기 · 9회기).

즉흥연주(improvisation)는 동시적 상징과 직접적인 행동을 나타내는 것으로 어떤 특정한 인식이 없이 감정적인 에너지의 해소를 통해 강한 감정의 표현과 정신적 자유를 제공할 수 있고, 자기표현을 증진시키며 정서적 변화와 함께 면역기능의 긍정적인 변화까지도 유도할 수 있다(Ostwald, 1968; Robb, 1996)는 주장처럼 본 아동은 2회기 · 3회기 · 5회기 · 6회기 · 8회기 · 10회기 · 12회기에서 음악에 맞춰 다양한 악기와 리듬으로 즐겁게 참여 하였고 자신의 내면의 불안과 갈등을 적극적으로 다루어내며 자신의 감정적인 에너지의 해소를 통해 강한 감정의 표현과 카타르시스를 경험하고 자기표현을 증진시키며 정서적 변화를 꾀하는 변화를 보여주었다.

즉, 대상 1은 본 연구에서의 음악치료 활동을 통하여, 자신의 무의식에 잠재하고 있는 능동적 심상 표현을 활성화 시켜 부정적 정서를 적극적으로 표출하고 카타르시스 경험함으로써, 무의식에 내재되어 있는 공포, 불안으로부터의 긴장이완을 통하여 외상 후 스트레스 증상을 개선시켜나갔다. 또한, 음악치료 활동 안에서 자기 표현력을 증진시키고 자존감을 회복하며, 활동을 통하여 자신의 감정, 사고, 행동에 대한 내면성찰을 적극적으로 추진시킴으로써 자아를 회복시키고 타인과의 교류능력도 길러나갔다. 또한 음악치료 활동을 통하여, 자율신경계의 자극과 운동중추의 자극으로 운동촉진 등이 이루어져 호흡조절의 문제, 좌우의 신체사용의 불균형의 문제를 해결해나갔다. 동시에 자신과 타인에 대한 수용능력을 향상시켜 외부환경적 자극을 극복할 수 있는 강인한 자아를 수립하여, 사회정서적 적응행동 능력을 향상시켰다고 볼 수 있겠다.

❖ 미술치료분석 결과

대상 1은 외상 후 스트레스로 자아경계가 약하고 매우 혼돈되고 혼란스러우며, 자신을 위협하고 있는 외상적 경험으로 인하여 강한 스트레스를 받음으로써, 수면장애와 다리절기라는 신체화증상이 고착된 전환장애 상태를 보이고 있다. 또한 악몽꾸기와 자동차에 대한 공포적 반응이나 외부환경에 접촉하지 않으려는 상태에 있는데, 이처럼 무의식에 내재되어 있는 공포, 불안, 혼돈 등의 억압된 정서를 미술활동을 통하여 분출시키고 카타르시스를 경험하도록 하기 위하여 능동적 심상표현을 촉진하는 정신분석적 이론과 분석심리 이론을 적용하여 활동을 진행시켰다. 아울러 자신의 감정, 사고, 행동을 탐색하고, 자신을 위협하는 과거의 외상경험과 투쟁하며 인지적 통찰을 유도하여 새로운 행동을 형성하고 건강한 자아를 회복하도록 돕고자 하였다.

본 연구에서의 미술치료의 활동은 테두리법, 난화 이야기법, 꼴라쥬, 자유화 및 상상화 그리기, 조소활동법 등을 활용하였다.

대상 1의 미술치료에서의 회기별 활동에서 다음과 같은 모습을 보여주었다.

〈1회기〉에서는 가족어항을 그림으로써, 가족 내에서의 갈등으로 인한 불안정감을 표출하고, 외상에 대한 갈등과 분노감, 좌절감을 표현하였다. 또한 외부환경의 재해로 인한 극도의 고통스러움과 좌절감, 절망감을 표출하였으며, 〈2회기〉를 통해서는 자동차에 대한 극도의 공포감과 적개심, 분노감, 공격성을 표현하였다. 스스로 자동차를 만들었지만, 바퀴 만드는 것을 두려워하였고, 치료사의 도움을 받아 완성한 후에는 망치를 이용해 자동차를 여러 차례 두드려 패서 부숴버렸다.

〈3회기〉에서는 자신을 매일 괴롭히는 꿈 이야기를 하며 아파트 귀신을 그렸으며, 공포감을 표출하였다. 치료사가 그림속의 아파트 귀신이 아동보다 작아서 아주 쉽게 이길 수 있을 것 같다는 말에 환하게 웃으며 즐거워하였고, 이길 수 있을 것 같다고 긍정적인 반응을 하며 자신감을 나타내었다.

〈4회기〉에서는 행복한 시간이라는 제목으로 꼴라쥬를 하였는데, 결핍된 구강기적 욕구에 대한 보상적 욕구의 심상을 표현하였고, 모친에 대한 불안 갈등을 표출하였다.

〈5회기〉에서는 〈두꺼비 집에 불이 났어요〉라는 작품을 통하여 외부 환경적 재해로 인한 외상 후 스트레스 증상의 표출과 깊은 좌절감, 퇴행욕구와 자기 보호욕구를 표현하였다. 이러한 무의식의 내면에 잠재된 갈등에 대하여 〈6회기〉에서도 적극적으로 다루어 나갔다. 아동은 자신의 사고 현장인 〈놀이터 가는 길〉을 그려 나가면서 놀이터에서의 외상적 경험과 그로 인한 공포감과 두려움으로 자신이 고통을 당하고 있음을 나타내었다. 또한 그로 인하여 자신이 놀이터에 가서 친구들과 놀 수 없게 됨에 대한 좌절감을 '놀이터 가는 길이 찐득찐득하고 더러워서 갈 수 없는 길'로 나타내었다.

이처럼 대상 1은 미술치료 활동을 통하여 자신의 무의식에 잠재되어 있는 고통스런 심상들을 외적으로 표출함으로써, 능동적이고 적극적으로 외상 후 스트레스의 갈등을 분출시켜 나갔음을 확인할 수 있었다.

이상의 결과를 종합하여 보면, 외상 후 스트레스장애에 수반되는 주요 증상과 복합적인 정서 행동문제는 감소하였고, 사회정서적 적응행동은 향상되어, 대상 1의 치료에 긍정적인 효과가 있었음을 확인할 수 있었다.

❖ 〈일상생활에서의 아동의 문제 행동변화 관찰보고〉를 분석한 결과

수면장애의 문제는 5회기부터는 약을 복용하지 않고도 잘 자며, 6회기부터는 엄마보다도 먼저 잠이 들며 혼자서도 잘 잔다고 보고하였다. 이후로도 수면에는 문제가 없어 수면장애 증상이 개선되었음을 알 수 있었다. 3회기에는 어린이집 등원을 하기 시작하여 이후 어린이집 등원거부의 문제는 나타나지 않았다. 5회기부터 자주 넘어지는 현상이 줄고 다리를 저는 문제도 더 이상 보고되지 않아 증상이 개선되었음을 알 수 있었다. 또한 아동이 무척 밝아지고 명랑해졌다는 보고가 있었으며, 6회기에서는 사고 장소였던 놀이터와 슈퍼에도 외출이 가능해졌다고 보고하였다. 7회기에서부터는 혼자서도 밖에 나가 잘 놀며 동생과도 싸우지 않고 잘 놀고 있으며, 9회기에서는 친구들이 많아지고 밝고 활발한 모습으로 잘 지낸다고 보고하였다. 10회기에서는 부모에게 존댓말을 사용하고 있음을 보고하였다. 이와 같은 모친의 보고를 종합해 보면, 대부분의 문제행동이 개선되었음을 알 수 있었다.

❖ 모래놀이치료를 통하여 얻은 문제행동의 변화 분석결과

다리절기는 6회기 때부터 소거되어 더 이상 나타나지 않았으며, 8회기 때에는 폴짝폴짝 뛰어다니는 경쾌한 움직임을 보여주었다. 불안하고 위축되어 웅얼거리는 말투는 3회기에서 공격적이고 억눌린 말투로 갑가지 빠르게 변하고, 4회기에서는 힘없는 말투와 낮은 음성을 보이다가 5회기에서는 안정적인 음성이나 응석어린 말투를 사용하였다. 6회기에서는 무미건조한 서술식으로 말하다가 다시 안정적인 음성으로 말하기 시작하며 7회기 때부터는 점차 힘 있는 목소리와 밝고 경쾌하며 차분하고 안정적인 음

성으로 이야기하는 모습을 유지하였다. 8회기부터는 존댓말을 사용하였다. 경쾌한 콧노래로 흥얼거림은 5회기에서부터 시작되어 줄곧 이루어지다가 9회기에서는 부르지 않았으나 이후 마지막 12회기까지 매회기 콧노래를 불렀다. 눈맞춤은 5회기 때부터 적극적으로 이루어졌고 9회기에서 일시적으로 회피가 나타났다가 10회기부터는 다시 적극적인 눈맞춤이 이루어졌다.

이와 같이 아동은 모래놀이치료를 통하여 자신의 극심한 내적 공포와 불안, 무력감과 좌절감, 우울감과 긴장감을 점진적으로 극복하고 명랑하고 쾌활한 모습을 되찾았으며 안정된 정서를 유지해 나가는 모습을 보여주었다. 또한 가족관계 및 또래관계, 자신을 위협했던 사회적 환경 안에서의 갈등을 극복하고 적응행동이 현저히 향상되었다.

본 연구대상의 아동의 세부적 임상 과정을 종합하여 살펴보면, DSM-IV에서 외상 후 스트레스 장애의 진단기준에서 명시하고 있는 다양한 증상들을 아동 자신이 스스로 각각의 영역의 활동을 하면서 점진적으로 극복해 나갔다. 즉, 아동이 자신에게 제공된 활동환경에서 주제를 다루어 반복적으로 무너지고 훼손되는 두꺼비집, 자동차에 대한 공격성과 공포감, 공포스런 아파트 귀신꿈 이야기, 철사를 보고 부러진 사람다리라고 표현하는 현상 등과 같은 자신의 극심한 내적 공포와 불안, 무력감과 긴장감의 강박적이고 반복되는 고통들이 미술치료, 모래놀이치료 활동을 통하여 불안이나 각성을 지속적으로 경험하고 외상적 갈등을 적극적으로 분출하는 과정을 거치면서 자신의 문제를 잘 극복하여 나가는 모습을 보여주었다. 〈과긴장으로 인한 호흡조절의 어려움〉은 음악치료, 미술치료, 모래놀이치료 활동 내에서 각각 5회기 때부터 개선되기 시작하여 6회기 때부터는 안정적인 호흡을 하며 안정적인 음성으로 이야기하거나 노래하는 모습을 나타내었다.

그러나 모래놀이와 미술활동 시에는 나타나지 않았던 〈왼손사용의 어색함〉과 〈손과 발의 협응이 동시에 요구되는 신체활동에서 표적활동의 수행상의 어려움〉, 〈아동과 치료사의 합주시 집중력이 감소하는 현상〉등이 음악치료영역에서만 나타났다. 〈왼손사용의 어색함〉과 〈손과 발의 협응이 동시에 요구되는 신체활동에서 표적활동의 수행상의 어려움〉은 8회기 이후부터 개선되어 10회기 때에는 나타나지 않았다. 〈아동과 치료사의 합주시 집중력이 감소하는 현상〉은 9회기까지 나타나다가 10회기 때부터 개선되어 소거되었다.

전환 장애로 진행되고 있었던 신체적 증상인 다리 절기는 모래놀이치료와 음악치료, 미술치료영역에서 6회기 때부터 소거되기 시작하여 치료가 실시된 지 2개월 정도가 지난 후에는 다리절기 증상이 완전히 소거되었다. 또한 더 이상 밤에 잠을 못자는 일이 없어지고 공포스러운 꿈도 사라졌다는 아동과 모친의 보고로 수면장애 증상도 소거되었음을 알 수 있었다. 아울러 동생과도 잘 놀아주고, 또래관계도 매우 좋아졌으며 외상 후 스트레스를 경험한 사고에서도 아무 문제없이 지속적으로 잘 놀게 되었다. 그리고 모래놀이 8회기 때부터는 치료사에게 애기말투나 혀 짧은 소리, 반말을 쓰지 않게 되었으며, 10회기부터는 꼬박꼬박 존댓말을 사용하였다.

이처럼 외상 후 스트레스 증상이 만성적으로 진행된 상태에서 약물치료의 도움에도 효과를 보지 못하고 고통을 받고 있던 아동이 연구기간 중 약물치료 없이 3개월간이라는 짧은 기간의 심리치료로 아동의 외상 후 스트레스를 극복할 수 있었던 것은 모래놀이, 음악치료활동, 미술치료활동 등이 동시에 진행된 통합적 접근 치료의 긍정적 효과에 따른 결과이다.

그 결과를 분석해 보면, 아동의 문제행동이 세 가지 영역에서 공통적으로 나타나고 개선 또는 소거된 부분이 있었고, 모래놀이치료와 미술치료 안에서만 표출되고 개선된다거나 음악치료 안에서만 표출되고 개선 또는 소거된 문제행동들이 있었다.

❖ 세 가지 영역에서 공통적으로 나타나고 동시에 개선 또는 소거된 문제행동

첫째, 〈과긴장으로 인한 호흡조절의 어려움〉이 적용한 세 가지 영역에서 5회기 때부터 공통적으로 개선되기 시작하여 안정적인 호흡과 안정적인 음성으로 이야기하게 되었다는 점이다,

둘째, 아동이 외상 후 스트레스장애로 인해 갖게 된 신체적 주요증상인 〈다리절기〉와 〈공포스런 꿈꾸기〉·〈수면장애의 증상〉이 적용한 세 가지 영역에서 6 회기 때부터 거의 동시에 개선되기 시작하여 소거된 부분을 확인하였다는 점이다.

❖ 모래놀이치료와 미술치료 안에서만 표출되고 개선되거나 음악치료 안에서만 표출되고 개선 또는 소거된 문제행동

첫째, 자신의 극심한 내적 공포와 불안, 무력감과 긴장감의 강박적이고 반복되는 고통들에 대한 문제는 미술치료와 모래놀이치료 활동 안에서만 반복적으로 무너지고 훼손되는 두꺼비집, 자동차에 대한 공격성과 공포감, 공포스러운 아파트 귀신꿈 이야기, 검은 비 이야기, 철사를 보고 부러진 사람다리라고 표현하는 현상 등과 같은 불안이나 각성을 지속적으로 경험하고 외상적 갈등을 적극적으로 분출하는 과정을 보여주었다는 점이다.

둘째, 모래놀이와 미술활동 시에는 나타나지 않았던 문제행동들 (왼손 사용의 어색함, 손과 발의 협응이 동시에 요구되는 신체활동에서 표적활동의 수행상의 어려움, 아동과 치료사의 합주 시 집중력이 감소하는 현상)이 음악치료 영역에서만 나타나게 되었고, 음악치료 세션이 진행됨에 따라 개선이 이루어 졌다는 점이다.

이상의 연구 결과들을 종합해보면, 모래놀이치료와 미술치료, 음악치료의 개별적 치료영역을 같은 기간 동안 각각 병행 실시하여 적용한 통합적 접근치료 방법이 외상 후 스트레스장애에 수반되는 문제행동 감소와 불안정서의 감소 및 적응행동 향상에 긍정적인 효과가 있었음을 알 수 있었다. 이와 같은 결과를 고려해 볼 때, 아동의 문제를 치료할 때 개별적인 한 가지 방법만을 적용하기보다는 다양한 접근의 통합적 치료를 적용했을 때 더 많은 문제행동들을 해결해나가는데 효과적이라 할 수 있다. 따라서 본 연구에서 적용한 통합적 접근치료 방법이 단일 접근법의 한계점의 극복하고 매체통합을 통한 보완효과를 가지며 임상적으로 유용함을 확인하였다.

이상과 같은 결과에서 다음과 같은 결론을 내릴 수 있다. 모래놀이치료와 미술치료, 음악치료의 개별적 치료영역을 같은 기간 동안 각각 병행 실시하여 적용한 통합적 접근치료 방법은 외상 후 스트레스장애에 따른 정서행동상의 제반 문제행동과 불안정서의 감소시키는데 효과적이며, 사회정서적 적응행동 향상에도 긍정적인 효과를 얻을 수 있다는 것이다(조정숙·김상희, 2010에서 재인용).

② 대상 1의 정서행동문제 중 표적행동 관찰의 분석 결과

아동의 〈치료회기별 행동을 관찰한 일지의 내용 분석〉, 〈회기별 일상생활에서의 모친보고내용 분석〉, 〈초기상담에서 작성한 문제행동 목록〉을 근거로 아동의 정서행동문제 중 표적행동을 분석한 결과는 〈표 22〉와 같다. 그 결과 대부분의 문제행동은 회기가 진행됨에 따라 점차 소거되기 시작하여 대부분의 증상은 개선되었다.

〈표 22〉 대상 1의 정서행동문제 중 표적행동 관찰의 분석 결과

구 분		정서행동문제에 대한 변화
치료 전 문제행동 (사전 검사 결과)	내재화 문제	외출을 꺼려하고 어린이집 등원거부(+), 기어들어가는 듯하면서 웅얼거림(+), 모친과의 분리불안(+), 주의집중의 어려움(+), 호흡조절의 어려움(+), 신체통증의 호소(+), 대인관계의 회피(+), 눈맞춤의 회피(+), 우울(+), 불안(+), 위축(+), 신경예민(+), 악몽꾸기(+), 산만(+), 의존성(+), 또래형성의 어려움(+), 학습부진(+), 부정적이고 낮은 자존감(+). 미성숙한 정서문제(+)
	외현화 문제	공격성(+), 충동성(+), 짜증(+), 분노발작, 다리절기(+), 자주 넘어지기(+), 노란 자동차에 대한 공포적 과잉반응 (+), TV시청에 과몰입(+), 수면장애(+), 미성숙한 행동문제(+), 좌불안석(+)
치료 후 문제행동 (사후, 유지검사 결과)	내재화 문제	외출을 꺼려하고 어린이집 등원거부(-), 기어들어가는 듯하면서 웅얼거림(-), 모친과의 분리불안(-), 주의집중의 어려움(-), 호흡조절의 어려움(-), 신체통증의 호소(-), 대인관계의 회피(-), 눈맞춤의 회피(-), 우울(-), 불안(-), 위축(-), 신경예민(-), 악몽꾸기(-), 산만(-), 의존성(-), 또래형성의 어려움(-), 학습부진(-), 부정적이고 낮은 자존감(-). 미성숙한 정서문제(-)
	외현화 문제	공격성(-), 충동성(-), 짜증(-), 분노발작 다리절기(-), 자주 넘어지기(-), 노란 자동차에 대한 공포적 과잉반응 (±), TV시청에 과몰입(-), 수면장애(-), 미성숙한 정서문제(-), 좌불안석(-)

이와 같이 대상 1의 문제행동은 〈노란 자동차에 대한 공포적 과잉반응〉을 제외한 대부분이 소거되거나 감소하였다. 자동차에 대한 반응은 노란색 유치원 버스를 보았을 때에만 가끔씩 긴장하는 정도로 남아 있다고 모친이 보고하고 있다.

(2) 대상 2(포르노 비디오 과다노출에 의한 과몰입 및 유분증 등 정서행동문제 아동)

대상 2의 정서행동 문제의 변화 결과를 알아보기 위하여, 통합적 치료의 기법으로 적용한 모래놀이치료 · 음악치료의 각 회기별 변화 과정 내용을 분석하고, 표적행동 관찰 결과를 사전-사후--유지 단계로 평가하고 그 결과를 비교분석 하였다. 그 결과 포르노 비디오 과다노출에 의한 문제행동 및 유분증 등의 문제행동 감소와 불안정서의 감소 및 아동의 사회 정서적 적응행동 향상에 긍정적인 효과가 있었음을 확인하였다.

① 대상 2의 모래놀이치료 · 음악치료의 결과

본 사례 대상 2에 통합치료를 실시한 모래놀이치료 · 음악치료의 각 회기별 변화 과정은 〈표 23〉와 같다.

〈표 23〉 대상 2의 모래놀이치료 · 음악치료의 변화 과정

구분	모래놀이치료 내용	음악치료 내용
1회기	• 좌절된 욕구표현 • 관계사이의 부적응성 표출 • 통제된 억압감 • 처벌욕구에 대한 갈등	• 주의력 산만 및 부주의 • 퇴행적인 모습 (애기같은 목소리와 행동) • 일부 활동에 한한 안정된 자세
2회기	• 성적관심 및 갈등 • 가정환경에 대한 외로움, 고립감 • 여성에 대한 적개심 • 남성에 대한 애화심	• 퇴행적인 모습 (애기같은 목소리) • 이기려는 욕구(반칙사용) • 치료사의 주의 관심끌기
3회기	• 자신의 권위에 대한 욕구 표출	• 퇴행적인 모습의 감소 (애기같은 목소리) • 셈여림 조절이 잘 됨 • 치료사의 지시 수용 • 강한 터치 연주
4회기	• 성적욕구 • 자위행위에 대한 감정표출 • 자신의 권위에 대한 욕구분출(명령, 공격적)	• 성적인 관심의 표출 • 자기조절의 어려움 • 모친에 대한 거부, 부정적 감정 표출

		• 공격성 표출 • 지지받고 싶은 욕구, 보상 욕구 표출 • 권위자에 대한 지배욕구 및 경쟁욕구 표출
5회기	• 초월적 힘에 의한 내적 요구 충족에 대한 갈망	• 부모와의 갈등 표출 • 모친에 대한 부정적 감정과 거부욕구 표출 • 긴장, 분노, 좌절, 우울감 표출
6회기	• 외로움, 고독감, 억압된 심성, 무의식속에서의 성적갈등 표출	• 적극적인 자기표현 • 퇴행적인 모습의 감소 (애기같은 목소리와 행동) • 치료사의 규칙 수용
7회기	• 두려움과 공격성의 혼란스러운 무의식적 심상 분출 • 자신에 대한 부정적 갈등 • 좌절감 분출	• 퇴행적인 모습의 소거 (애기같은 목소리와 행동) • 적극적인 활동 수행 • 모친에 대한 공격욕구, 거부욕구표출 • 외부환경적 재해로 인한 정신적 외상과 불행감 표출 • 불안정한 음성 • 불안, 긴장, 우울, 흥분
8회기	• 혼란스러운 정서 표출 • 자신의 권위에 대한 욕구 표출 • 거부욕구 분출 • 억압감, 갈등, 좌절감 표출	• 강한 터치 연주 • 치료사의 규칙수용 • 적절한 자기표현 • 주의력 산만 및 부주의성의 변화: 조심스럽고 신중한 태도
9회기	• 성적 호기심, 성적 욕구 표출 • 양육환경의 부적절함에 대한 심상표현 • 자신의 가정에 대한 위험성 인식 및 표출	• 경쟁욕구와 권위욕구가 지배적 • 수용과 배려의 미숙함 • 권위자의 통제에 대한 강한 거부
10회기	• 경쟁욕구와 권위욕구가 지배적 • 수용과 배려의 미숙함 • 권위자의 통제에 대한 강한 거부	• 낮은 자신감과 타인수용능력의 부족 • 강한 경쟁욕구와 권위욕구 • 수용과 배려의 미숙함 • 거부적 회피적 태도
11회기	• 파괴적 공격성 표출 • 성적 갈등 표출: 성행위 묘사의 혼란스런 심적 갈등, 공상을 분출 • 유희욕구	• 불안, 긴장, 우울, 거부, 초조감 표출 • 보호 양육자에 대한 양가감정 • 혼란과 좌절의 반복 • 진지하고 적극적인 활동참여
12회기	• 보호와 안전에 대한 욕구 • 양육에 대한 좌절감과 투쟁욕구 • 성적 욕구와 본능에 대한 투쟁 양상 • (사진 **3-1**)	• 보호 양육욕구 표출
13회기	• 퇴행욕구와 성장욕구의 대립 갈등 • 파괴적 본능의 공격성 분출(간헐적) • 보호 양육에 대한 본능 표출	• 공격적 행동의 감소 • 주의집중력 향상 • 적극적이며 즐거운 정서활동 유지

14회기	• 내적 공상을 통한 보호와 양육, 애정욕구의 좌절과 투쟁의 분출	• 시끄러운 소리 연주 • 부모의 거부적 양육태도에 관한 갈등 표출 • 자신의 부모에 대한 거부욕구와 갈등 표출 • 모친과의 부정적 갈등과 양가감정 표출 • 성적 욕망과 위험인식 등의 갈등 표출
15회기	• 대립과 투쟁의 내재화 • 균형감에 대한 표현 • 긍정적 내면의 힘의 변화 (자신의 불안 공포와 투쟁) (사진 3-2)	• 적극적 활동참여 • 새로운 관계형성의 긍정적 욕구 표출 • 의존성의 감소 • 자신감
16회기	• 15회기와 동일	• 반성적 사고 • 유친욕구 표출 • 권위자, 타인수용욕구 표출
17회기	• 공격성, 파괴성 표출 • 도덕성 과 관련한 죄책감 표현 • 억압된 자아의 표현 • 잠재적 투쟁 의식의 표출 • 처벌에 대한 두려움 표출 • 새로움에 대한 의지 표현 (사진 3-3)	• 산만 • 치료사의 구조적 활동에 수용거부
18회기	• 억압감, 무기력감 표출 • 타인과의 교류를 갈망하는 내재적 욕구 표현 • 자신을 위협하는 것들과의 대항 (사진 3-4)	• 치료사의 의견 수용능력 향상
19회기	• 보호의 욕구 갈망 • 초월적인 부정적 힘에 의한 굴복하는 심상 표출 • 적극적인 내적 갈등의 분출을 통한 자신의 감정인식 • 활동에의 몰입과 집중력 향상 (사진 3-5)	x
20회기	• 부정적 자기 대상에 대한 갈등 • 양육환경에 대한 갈등과 투쟁 • 활동에의 몰입과 집중력 유지 (사진 3-6)	x
21회기	• 애정욕구의 좌절 • 유분증과 관련한 갈등 • 양육자로부터의 독립과 의존에 대한 양가감정 • 활동에의 몰입과 집중력 유지 (사진 3-7)	x
22회기	• 혼란스러운 정서의 대립과 투쟁의 순환 • 불안공포와 이완, 억압과 • 자율에 대한 양가감정의 대립과 투쟁 • 집중력 향상 유지 • 적극적 심상 표출 (사진 3-8)	x

23회기	• 외부와의 소통욕구표현 • 가정환경과의 갈등 완화되고 있는 신호 • 집중력 향상 유지 • 적극적 심상 표출 • 정서적 고갈 호소 • 긴장 강화 • 양육환경에 대한 갈등과 투쟁 (사진 3-9)	x
24회기	• 내재화된 공격성 표출 • 양육환경에서의 좌절감 표출 • 집중력 향상 유지 • 적극적 심상 표출 (사진 3-10)	x
25회기	• 자아 확립을 위한 투쟁의 가속화 • 부적절한 양육환경에서의 좌절 • 집중력 향상 유지 • 적극적 심상 표출 (사진 3-11)	x
26회기	• 새로운 성장을 위한 긍정적 움직임(사막에 심은 나무와, 솟아나는 물) (사진 3-12)	x
27회기	• 초월적 힘에 의존한 성장욕구 • 부적절한 양육환경에서의 좌절감 • 유분증과 관련한 갈등해소의 조짐 • 집중력 향상 유지 • 적극적 심상 표출 (사진 3-13)	x
28회기	• 적극적으로 자기 자신을 보살피고 양육 • 새로운 변화추구(부정적 환경요소와 투쟁) • 양육자와의 관계회복을 위한 움직임 • 집중력 향상 유지 • 적극적 심상 표출 (사진 3-14)	x
29회기	• 긍정적인 타인과의 소통욕구 • 유분증 문제의 긍정적인 변화 • 집중력 향상 유지 • 적극적 심상 표출 (사진 3-15)	x
30회기	• 사회성의 회복 보여줌 • 과거의 부정적인 자신 → 투쟁을 통해 이겨냄 • (성적 관심이나 욕구의 거절) (사진 3-16)	x
31회기	• 성장과 좌절의 반복	x
32회기	• 새로운 관계형성	x
33회기	• 역기능적 사고에 대한 통찰 • 친밀감을 주는 타인과의 사회적 관계 회복 (사진 3-17)	x

34회기	• 사회성의 회복 • 안전하고 행복한 새로운 환경에서의 관계성 회복 • 행복감 (사진 3-18)	x

❖ 칼프의 발달 3단계에 따른 모래놀이치료 분석결과

대상 2의 모래상자를 칼프(1989)의 발달단계에 따라 분석해본 결과, 1회기에서 10회기까지는 동식물의 단계, 11회기에서 25회기는 투쟁의 단계, 26회기에서 34회기까지는 적응의 단계로 볼 수 있었다.

1단계인 동식물의 단계에서 대상 2는 1회기에서 10회기까지에서 1단계의 발달단계를 보여주며 자신의 혼돈되고 혼란스러운 내적 불안과 갈등을 분출하고 해소하며, 자신의 무의식에서의 혼돈과 무질서를 극복해가는 과정을 보여주었다. 1단계에서 통제된 억압감, 처벌욕구와 관련한 갈등, 자신의 성적욕구와 갈망, 자위행위와 관련한 죄책감과 억압감과 관련한 양가감정, 내적 · 외적 · 사회적 소외감과 고립감, 결핍된 욕구에 따른 좌절감, 유분증 등 현재의 갈등을 표출하며, 분화되지 않은 혼란스런 자아의 모든 측면을 한꺼번에 표출하고 있었다.

1회기에서는 엄마오리와 아기오리들을 위해 미끄럼틀과 목욕탕을 배치하고 그네를 집에 걸어두나 실제 행위는 나타나지 않고 좌절된 욕구를 드러내나 햄스터에게는 미끄럼을 태우고 목욕을 시켜 양가감정을 표출하였다. 짱구가 친구에게 자기소개를 하고 인사하며 같이 놀자고 하나, 친구는 이사를 가야 한다고 함으로써 자신의 또래관계 속에서의 부적응적인 현재를 드러내었다. 웨딩드레스를 입은 여자가 등장하여 "이게 무슨 차지? 결혼 차잖아? 내 차잖아? 누가 탔나본데?"라는 것에서 아동 자신의 어떤 박탈감에 대한 갈등을 드러내며, 여왕을 감옥에 가두고, 살려 달라고 하나 아무도 안 살려줘 여왕이 울며, 배가 나타나고 왕도 가두는 것에서 아동의 통제된 억압감 또는 처벌욕구와 관련한 갈등을 표출하였다. 갑자기 국기에 대한 맹세문을 외우다가 여자아이를 가져와 목을 떼어 놓고 "어? 얼굴이 찢어졌네?" 하고 다시 목을 끼워 "됐다!" 하며 즐거워하는 내용이나, 여전사에게 "안돼! 건드리면 안돼! 너는 손이 안 된다고!!" 하다가 "나 좀 안아줘!" 하고 애걸하듯 말하고, 여전사가 "안 되는데" 하면서 안아주는 이야기를 통하여도 아동의 혼돈되고 혼란스러운 대상에 대한 양가감정과 혼란된 내적 갈등을 드러내기도 하였다. 문이 열리지 않는 강아지 집을 가져와서는 "여긴 어떻게 들어가요? 문이 없는데요. 어떻게 들어가야 해요? 아무것도 없어요." 라며 울상인 모습을 하다가 아기가 타고 있는 유모차에 모래를 마구 붓는 행위를 통해서 아동자신이 거부적 존재 또는 부적절한 양육에 대한 갈등을 드러낸다. "왕자를 보러 가야겠네!" 하면서 급하게 배치한 여자의 다리를 꼬게 하여 앉히고 여자 밑으로 햄스터를 배치하더니, 햄스터를 화살로 맞히는 행위에서는 아동의 성적 관심과 갈등문제와 그에 따른 죄책감 등을 표출하기도 하였다.

2회기에서는 천사와 감옥에 갇힌 여자로 아동의 양가감정이 엿보이며, 엄마를 "얘는 누가 옷을 벗기고 나쁜 짓을 해서 감옥에 갇혔어요", "진짜로 벗길 거예요. 벗겼다." 하고 여자의 옷을 벗기고 가두는 행위를 통해 성적관심과 그와 관련한 갈등 등의 양가감정을 드러내었다. 또한 무장한 말을 타고 온 남자전사가 신부를 칼로 찌르게 하고, 그 남자전사가 든 칼이 자신을 정면으로 겨누도록 세워두어 자신이 위험에 빠뜨리다가, 요정의 요술 봉을 들고 남자전사를 〈개구리 소년〉으로 만들고, 전사의 말을 감옥에 가두었으나 말을 다시 감옥에서 탈출시키는 행위를 꾸미며 남자에 대한 공격적이고 위험하다는 무의식적 심상과 그에 초월적인 마법의 힘으로 맞서는 아동의 내면을 드러내었다.

생일파티를 하는 가족상을 중앙에 배치하며 "난 이런 장면이 생각난다. 어딘가 이런 장면이 있을거야." 시무룩하게 바라보더니 소거시키는 행위에서는 아동의 행복하고 단란한 가족에 대한 좌절감과 가족 내 환경적 갈등을 드러내었다. 집을 중앙에 배치하고는 "우리 집은 이렇게 좋은 집이야. 혼자서 미끄럼 타고 논다. 나중에 친구들이 놀러 올거야."에서도 가정환경에 대한 외로움과 고립감, 양가감정이 표출되었다.

감옥에 가두고 "도둑질 했는데…" "난 몰라요."하고 말하는 것에서는 도덕성과 처벌에 대한 두려움 등과 관련한 갈등을 드러내고, 무도회 복을 입고 춤추는 여자 대상에 〈웃는 못난이 인형〉이 비웃듯이 깔깔대며 웃는 것, 용이 춤추는 여자들을 공격하는 것에서 여성에 대한 적개심이나 부정적 심상을 드러내었다. 또한 "왕자가 집의 굴뚝으로 몰래 들어온다"와 "여자가 남자가 들어 온 집을 훔쳐가서 감옥에 갇혔다"고 말하고는 여자가 탈출해서 지붕 위를 걸어가 왕자한테로 걸어간다는 이야기를 통하여 남성을 원하는 심상적 갈등을 드러내었다.

6회기에서는 둥글게 모래를 끌어 모아 다지고 사슬로 섬이라며 표시를 하는 행위에서 자신의 외로움과 고립감, 억압된 심상을 표출하였고, 7회기를 통해서는 아동의 두려움과 공격성 등의 혼란스런 무의식적 심상을 분출하고 있었다.

「"어두운 숲 속에 뱀들이 지나가고 있어요. 선생님, 이건 뱀 땅이예요. 아주 깊죠." 하면서 땅 속 밑을 파고 갑자기 "피다!"하고 외치는 것, "왕뱀이 〈요리사〉를 자기 굴속으로 데려다 잡아와서 먹었고, 그 때, 한 뱀이 와서 왕뱀 위에 앉았고 그 뱀은 내 왕뱀의 친구였지. 작고 색색의 뱀들이 모두 몰려와서 자고 있었지. 큰 꽃뱀이 노랑색 뱀을 꼬리에 묶어서 데리고 갔지 뭐야. 왕뱀이 작은 뱀들을 〈다 잡아 먹을테야!〉외치면서 다 잡아먹어 버렸어."」

또한 여자 2명이 "가까이 좀 오지마!…제발 지겨워 죽겠어.…지겨워, 짜증나."하고 화를 내며 말하는 것을 통하여 아동은 자신이 거부적 존재임에 대한 갈등 또는 타인에 대한 거부욕구 등의 갈등을 분출하였다. 그러다가

도 생일파티가 열리고 생일을 맞은 주인공은 예쁜 숙녀와 꽃을 든 아주머니가 꽃씨와 나무씨앗을 심었고 나무가 자라났으며 그 여자의 목에 도망가지 못하게 아기오리를 매어 줬다고 하는 것과 "끝까지 같이 있기다!! 끝까지 같이 하기야!! 그런데 사람들이 다 없어졌어. 꽃도 없어졌어. 케 도 없어졌고, 나무도 없어졌어. 생일여자도 없어졌고, 왕도 왕비도 없어졌다." 고 울먹이는 것에서 아동의 양육자와의 분리불안과 사회적 관계나 모녀사이에서 자신이 거부당하는 존재라는 부정적 갈등과 좌절감을 표현하고 있었다. 둘이 뽀뽀하는 부부상을 감옥에 넣어 "감옥에 갇혔어" 임금을 괴물이라고 하고, 공주는 아직 감옥에 갇혔고 1년 동안 이렇게 있어야 한다고 말하는 것을 통해서 아동이 가족관계에서의 갈등과 억압감을 느끼고 있는 갈등의 분출되고 있다고 생각되어진다.

9회기를 통해서는 자신의 성적욕구나 성적 호기심 등을 드러내어 그에 따른 갈등을 폭발적으로 분출하고 있었다.

「알라딘 공주를 "어떤 나쁜 놈들이 얘를 막 잡으러 다녀요! "얘는 거지같은 잘생긴 놈을 아주 좋아해요. 그 거지 놈이 하얀 옷을 입고 얘를 데리고 갔어요. 호랑이도 있어요."라든가, 가슴이 풍만하고 반쯤 드러난 여자상의 가슴을 자꾸만 들여다보고 만지는 행위, 여자를 들고 신체의 아래를 밑에서 쳐다보며,"팬티 보인다! 이 팬티를 벗기면… 흐흐! 쭈쭈다! 쭈쭈~ 옷을 벗기면 흐흐! 쭈쭈가 나와." "이 여자, 이쁘다."하고 흥분하고 들뜬 목소리로 말하는 것, 키 큰 남자를 가지고 와서는 "둘이서(여자와 키 큰 남자) 뭐라고 말해…" 라며 둘을 물끄러미 쳐다보다가 남자의 옷을 들추면서, "난 그냥 보기만 하는 거예요, 난 아무 짓도 안 한다구요.… 난 그냥 보기만 해요" 라면서 남자의 셔츠 끝 가슴부분을 들추는 행위를 하였다.」

폭탄을 통에 넣어서 "나쁜 사람이 들어오면 쏴야 해요." "여기는 소원 비는 곳…비밀장소예요. 비밀장소를 보호하기 위해 설치한 거예요. 우리 집에는 무서운 것들이 되게 많아서 조심해야 해요. 도둑이 많아요. 위험해요.

우리 집은…”라는 표현에서 자신의 가정에 대하여 위험하고 부적절한 양육환경이라는 무의식적 심상과 불안을 표현하였다.

10회기에서는 햄토리를 바닥에 묻고 “숨을 쉴 수가 없어, 숨이 안 쉬어져!” 하고 외치며, 자신의 억업된 내면의 고통을 드러내었다. 그리고 집에 놀이터를 배치하고 “놀이동산♪, 놀이동산♪, 여기 집은 내 집!!”이라더니 “여기에다 돈을 100개나 줘야 해. 놀이동산에 들어가려면 …”라는 표현을 통하여 자신의 가정이 즐거운 유희욕구를 충족하기에는 너무나 쉽지 않은 곳이라는 결핍감 반영하였다. 또한 햄토리가 스케이트보드를 타고 친구들보다 먼저 왔다고 자랑하며, 아동은 유치원에 다니고 있는데“여기는 학교! 유치원! 땡땡땡!! 너무 좁다. 유치원은 없음!”이라는 표현 등을 함으로써 유치원 등원에 대한 거부와 또래관계에서의 유희욕구와 관련된 좌절에 대한 갈등을 표출하고 있었다.

또한 화장실의 상징이 되는 피규어를 배치하지는 않고서 “화장실이네… 화장실!” 하고 한참 생각에 빠져있음으로써 자신의 유분증과 관련한 갈등을 처음으로 드러내었다.

표범이 말을 잡아먹었다고 하고 표범의 머리를 떼어 냈고, 돼지가족을 사자가 먹었다가 맛이 없어서 살려줬고 도망쳐서 숨었으며 “돼지가족은 무서워서 여기를 다시는 안 보려고 생각했지.”와 “말의 목에 피가 났어. 표범한테 조금 물렸거든요.”등의 이야기를 통하여 아동은 공격성•공포•불안 등의 혼란스런 정서를 드러내었다.

대상 2가 모래놀이 활동에서 반영한 1단계는 모래놀이치료에서 1단계는 동식물의 단계 즉, 혼돈의 단계로 대개 첫 작품이나 초기의 작품에 나타나며 현재 아동의 생활이나(이숙 외, 2002), 분화되지 않은 혼란스러운 자아의 모든 측면을 한꺼번에 나타내는 복잡한 작품, 즉 혼란과 혼돈을 반영하는 작품을 꾸민다는 칼프(1989)의 견해와 일치함을 알 수 있었다.

2단계인 투쟁의 단계는 11회기에서 25회기를 통하여 진행되었으며, 자신의 무의식에 내재되어 있는 포르노 비디오의 과대노출에 따른 집착 등 과몰입에 관련한 갈등, 성적 갈망과 관련한 욕구의 결핍감과 좌절감 또는 그로 인하여 생성된 부정적 자아개념 등 부정적인 내면과 싸우고 점차로 투쟁을 가속화 시켜나갔다. 또한 자신을 위협하는 외부환경의 억압감, 도덕성과 관련한 양가감정, 처벌에 대한 두려움과 자신의 내재화된 공격성과 불안, 퇴행과 관련한 사회적 정서적 미성숙함 등의 내재화된 심상을 외적으로 드러내 투쟁하면서 힘을 길러 나가고 있었다. 즉 자신의 무의식에서 대립하는 양가감정을 모래놀이라는 작품활동을 통하여 자신의 공상을 본능과 연결하여 표현하며, 자기와 동일시되는 대상을 가두기도 처벌하기도 하면서 투쟁을 가속화시켜 나갔다. 세부적인 내용을 살펴보면 다음과 같다.

"소꼬리가 악어 배 구멍으로 쏙! 들어갔지 뭐야. 기린 꼬리가 악어 배 구멍으로 쏙 들어갔다가 나왔지." 악어 배를 보여주며 배의 아래 꼬리 쪽에 있는 구멍 속에 꼬리를 넣었다가 빼는 행동을 매우 느린 동작으로 여러 차례 반복하면서 보여줌으로써, 포르노비디오의 시각적 자극에 의한 파괴적 공격성의 장면과 성행위 묘사의 혼란스런 심상적 갈등을 공상으로 본능과 연결하여 분출하였다. 이러한 활동은 12회기에서 결혼한 강아지 두 마리를 모래 속에 묻어두고, 큰 개가 작은개를 덮치는 것을 치료사의 눈치를 보며 진행하고 개들을 모두 결혼한 강아지들과 함께 묻어두는 행위로 이어져 자신의 성적 욕구의 본능과 투쟁을 지속시켜나갔다.

또한 가정환경 내에서의 위험과 파괴적인 장면을 꾸미며 갈등을 분출하고 대립과 투쟁의 형태와 긴장과 이완을 반복하며, 자신의 내적 심상에서 보호와 안전에 대한 양육적 환경에서의 좌절과 관련한 갈등과 투쟁을 심화시켜나갔다.

「"우리 집은 너무 좁아! 근데 우리 집은 너무 위험해서 조심해야 해요. 폭탄을 설치해야 해요. 나쁜 사람들이 들어오면 안돼요. 도둑이 오면 안

되니까 여기서 폭탄이 나와요." "선생님 우리 집에는 〈폭탄〉이 아주 많아요. 우리 집에는 〈화살〉도 있어요." "보물상자에도 폭탄이 들어있어요. 우리 집 굴뚝에도 폭탄이 있어요." "나는 여기서 함께 사는 여자예요. 엄마랑 딸은 이 폭탄이 알처럼 생겼다고 알에 뽀뽀를 했어. 엄마와 딸은 〈보물〉로 돌아갔어. 엄마와 딸은 폭탄 없는 곳으로 통해서 〈보물〉을 보러갔어. 이 길은 알고 있는 도둑이 있었어요. 그래서 보물을 한 개 잃어버렸어요." "엄마와 내 동생(1인 자녀 외동딸임)은 음악을 듣고 있어. 키는 좀 커요. 근데 음악을 듣고 있어. 엄마! 친구들이랑 놀고 올께요, '그래라', 갔다올께요." "근데, 집에 도둑들이 왔어요. 2명. 도둑 한 명이 들어와서 폭탄이 터졌어. 그런데 살아났어. 도둑이 보물을 침범했어. 도둑이 보물을 가지고 달아나다가 폭탄이 날아와서 도둑은 죽었어요. 얘는 배고프다고 엄마를 졸라서 밥을 먹었어."」

해적들, 아기 침대에 누운 아기, 엄마 옆에 누운 아기를 통하여 보호, 양육과 관련한 대립된 내면의 심상을 드러내고 남녀 1쌍을 지켜주는 울트라맨을 배치시킴으로써, 영웅이 등장시키기도 하였다. 영웅이나 수호천사라는 초월적인 힘을 가진 대상을 등장시켜 내적 공상을 통하여 보호양육, 애정욕구의 좌절과 관련한 투쟁을 내재화하여 분출하기도 하였다.

「"근데 수호천사가 죽었어. 그래서 나는 무덤을 해줬어. 그리고 얘는 손이 되려고 해. 그건 케이크를 만드는 손!!" "애기들이 무덤에서 놀고 있어. 근데 여긴 가라져 있어서, (무덤과 집 사이) 엄마를 만날 수가 없어. 자동차도 진짜 자동차는 아니구!" 아기들이 수호천사의 무덤을 파헤치고 그 속에 숨는다. "우리 빨리 숨자!" 우리 엄마가 내가 죽은 걸로 알게 하려고 해… "엄마가 아이들을 찾아요." 엄마는 "어떻게 해. 우리 아이들이 없어졌어." "통속에 애기들이 들어있었어. 엄마가 보고 꺼내서 차에 나란히 태워줬어."」

이처럼 침대에 든 아기를 침대에서 꺼내서, 갖난 아기의 요람에 옮겨 놓는 행위, 보물과 수호천사를 좌우에 배치하는 것과 〈마법 목걸이〉를 아기 침대 속에 넣어두는 것 등을 통하여 자신의 보호와 양육에 대한 욕구를 본능과 연결하여 표현하며 초월적이고 영웅적인 힘을 빌려 좌절된 욕구와 투쟁을 가속화 하였다. 이와 같은 내용은 15회기에 이르러 좌측과 우측의 대립, 큰 땅과 작은 땅의 대립, 수호천사가 있는 곳과 없는 곳의 대립, 요정과 평범한 소녀의 대립된 이미지를 통하여 치열한 양가적인 투쟁을 내재화하고 땅이 갈라진 가운데에 보물상자를 배치함으로써 자아의 균형을 이루려는 심상을 드러내고 있다.

「"친구야 놀자~땅도 망가뜨리고, 친구랑 놀다가 바다에 빠질 수 있지. 친구 때문에. 근데, 그것보다 더 중요한 게 있어. 아주 불쌍한 아기들이지… 그때 큰 용이 우리 집에 나타났어. 나는 용이 못 따라올 줄 알았는데, 용이 따라왔어. 용이 너무 무서웠어. 아기들은 집안에 두고, 나는 용을 때려서 쫓아냈어, 그때 〈텔레토비가 나타났어.〉 텔레토비가 알려줬어. "용기 사탕을 주면 돼" 용이 나타났어. 나는 용에게 사탕을 얼른 줬어. 그래서 용이 움직이기 시작했어. 나는 너무 무서웠어. 무서운 용에게 나는 사탕을 줬어. 자꾸만 달라는 것 같았어. 계속 줬는데, 입에 찰 때까지 계속 달라고 했어. 안주면 잡아먹겠다고 했어. 너무 무서웠지. 사탕을 계속 주자, 용은 날아갔어. 용은 맛있다고 달아났어."」

또한 모래놀이 작품 활동을 이용하여 스스로 용기를 되찾으며 자기 자신의 불안 공포와 투쟁하며 이겨나가고 있는 긍정적인 내면의 힘을 드러내며, 강한 자아를 재확립하기 위한 투쟁이 외적으로 발산하는 형태를 나타내었다.

17회기에서는 "어떤 아저씨가 자기가 거짓말을 하고, 이 오빠가 거짓말을 했다고 해서 곧 하늘에서 벌을 받게 될 거예요." 오빠를 모래 속에 묻고 하늘에서 벌을 받아 죽었다고 하는 이야기를 통해서 도덕성과 관련하여 죄책감과 처벌에 대한 두려움의 투쟁을 내재화하여 드러내었다. 뿐만 아니라 아기 돌고래가 들어있는 구슬을 품고 있는 조가비, 침대 속에 아기가 들어 있는 것, 신발 속에 들어 있는 아기, 엄마오리가 침대라고 하는 것, 화난못난이 인형을 차에 태워 주고서 웃는 아이와 우는 아이를 번갈아 가며 차에 태워 주더니. 갑자기 웃는 아이를 '퍽' 때려주고 재빨리 "아기들은 없다!" "애기들은 너무 많이 싸워" 하면서 모두 소거시키는 행위를 통하여 아동이 자신의 퇴행된 모습과의 심상적 투쟁을 분출하였다. 또한 뱀과 그것을 공격하는 데이노니쿠스, 데이노니쿠스가 뱀의 꼬리를 마구 물어뜯게 하고 공격하는 장면을 통하여 내재화된 공격성과 파괴 본능의 투쟁을 드러내면서도 새로운 탄생을 상징하는 달걀을 아기들 앞에 배치하였다.

모래놀이 치료회기가 중반으로 접어들자, 18회기에서 "할머니를 악어가 잡아먹었어.…아기들이 나타났어" 라는 내용을 통하여 무기력하고 쇠퇴한 리비도와 생성되는 리비도와 투쟁하는 아동의 내적 심상을 드러내기 시작하였다. 아동은 점차 긍정적인 힘이 생성되는 투쟁을 보여준다. 〈공중전화기〉라는 타인과의 의사소통욕구를 발현시키고 〈포크레인〉과 〈도저〉는 건설작업을 위하여 사용되는 도구를 등장시킨다. 마법사가 위축된 모습의 앨리스를 우물에 빠지도록 한 다음, 마법사가 가슴이 풍만하고 요염하게 노출시킨 여자를 앨리스로 변신시킨다. 변신한 성숙하고 요염한 여자가 공주들을 공격한 다음 마법사를 공격해서 소거시킴으로써, 아동의 공상을 피규어들의 본능과 연결하여 내재화된 투쟁을 하고 있음을 보여준다.

아동은 놀이동산과 터널, 괴물을 배치하여 대립된 심상의 갈등을 계속적으로 드러낸다. "애(앨리스)는 터널에 갇혀 버렸어. 나쁜 놈들(괴물)이 가뒀어요." 괴물 쌍둥이를 터널 양쪽에 배치한 후 "애(앨리스)가 달아나지 못하게 감시하고 있어요."에서 괴물들한테 감시당하면서 터널 속에 갇혀 있는 자기상을 두어 자기와 동일시하는 억압의 행동을 보여준다. 그러나 다시 아기요람에 보물상자를 놓고 "여기에 보물이 있어" 라며 보물을 지키기 위하여 나쁜 괴물들을 할머니의 초가집 지붕 위로 쫓아냄으로써 위협하는 그 무엇과 투쟁한다. 또한 "인어공주가 3명의 아이를 낳았고 인어공주는 자동차에 아기들을 태워서 보호하고 있어요. 누가 못 데려가게요."와 괴물들은 여자의 병사들이고 갇혀있는 앨리스를 괴물병사들이 보호하고 있는 것으로 바꾸어 내재화된 보호 양육환경에서의 결핍된 욕구를 보상하고 있다. 이와 같은 욕구는 19회기에서 더욱 가속화 되고 부정적인 강력한 힘에 의하여 무기력하게 굴복하게 되는 이야기의 전개로 양가감정과의 투쟁을 더욱 심화시켜 나타내었다.

「작은 집을 새장 앞 나무들 사이에 배치하고 "거기에 한 소녀가 살고 있었어." "집이 불편해. 공주들 4명이 살고 있었어. 거기에는 나쁜 게 있었어! 사과도 귤도 다 썩게 만들고, 벌레 먹게 하고 폭탄도 설치했어. 거기에다가 이 괴물들이 썩은 사과를 다 먹어 치우고 도망갔어."그러면서 방어벽을 공주들 뒤편으로 배치하는 것을 통하여 자신을 보호하기 위한 투쟁을 준비한다. 배를 못타고 혼자뿐이라는 앨리스를 인어공주 요정이 앨리스를 작게 만들어 주고 , 소원을 이뤄서 배를 탈 수 있게 됐으며 거기에 한 〈알〉이 떨어져 거기에서 아기가 하나 또 뚝 떨어지게 된다. 이때 마왕이 그 아기를 데리고 가며 알에다가 벌레를 잔뜩 붙이고 알을 가지고 도망갔다고 한다. 알이 깨지고 애기가 한명 태어났고 마왕이 아기를 데려가다가 배에 태워놓고 도망갔다고 한다. 또 한편으로 "거기에 알 하나가 도로 뚝 떨어졌고 마왕이 그 아기가 너무 보고 싶어서 왔어. 그런데 〈착한 수호신〉이 넌 아기를 가져갈 수 없어. 가져가려면 가위바위보 해서 이겨야 해. 그런데 마왕이 이겼어. 그리고 〈애기를〉데리고 어디론지 가버렸어." "그때 무시무시한 뱀이 나타났어. 이 샘물들을 다 먹고 (뱀이)애기들을 잡아먹어야지. 수호신은 그 뱀을 잡아서 애기들한테 주려고 했어. 그런데 뱀은 물을 다 먹고 나서 사과를 훔쳐 먹었고, 수호신이 뱀의 입에 돌을 물려줬어. 뱀은 꼬리로 입안에 있는 〈돌〉을 꺼냈어. 그리고 물부터 먹기 시작했어. 물을 먹고 애기를 잡아먹기로 했어. 내가 물을 얼마나 좋아하는데, 그것도 모르고 날 맨날 혼내고 있어. 그때 악어가 나타났어. 마왕이 데려간 그 애기를 악어한테 던져줬어. 악어는 애기를 먹기 시작했어. 한입에 뚝뚝 먹으려고 물방울을 먹이면서 그것이 애기였어. 악어는 〈애기를 잡아먹은 후에〉 〈사과〉를 먹고 〈인어공주 요정〉도 먹기 시작했어. 그리고 다른 강도 있었어. 그리고 악어는 물을 또 먹기 시작했어. 그때 한 조개가 바다에 둥둥 떠 있었어요. 악어는 그걸 먹으려고 했어요. 악어는 한입에 먹어치우려다 이가 부러지고 피가 났어요. 도마뱀과 상어가 나타났어. 물을 먹어치워서 다 떨어지게 했어. 그 물들을 먹고 먹고 또 먹고 또 먹었어. 물들이 너무 시원해서 물을 자꾸 먹어서 조개는 사라졌어. 도마뱀은 물을 또 먹었어. 또 다른 악어가 수호신을 잡아먹어 버렸어요."」

20회기에서는 "애들이 꽃을 다 꺾었어. 꽃을 꺾어서 심어서 이상한 섬을 만들었어요. 애들은 여기가 참 좋았어요. 성 뒤편으로 여자아이가 들어가 봤어요. "너무 어둡다." 한 아이는 성 위에 올라갔다가 떨어졌어요. '으악!' 군인들이 이 집을 망가뜨리려고 해요. 이유는 저도 몰라요. 고양이만 남기고 군인들은 다 사라졌어." 라는 장면에서 부정적인 자아개념, 욕구의 좌절과 절망감, 파괴적인 이야기를 본능과 연결하여 분출하고 "못난이 삼형제는 〈갓난아기들〉이 모두 보기 싫어서 찡그리고 쳐다보고 있어요." 라며 새엄마와 새엄마의 아이들이 등장시켜, 양육자로부터 온정적인 지지를 받지 못하고 있는 부정적인 자기대상에 대한 갈등을 심화시켜 표출하였다. 또한 정원은 파괴되고 집에는 구렁이가 매일 나타나 자신을 위협하는데 돌보는 양육자는 없고 혼자서 왕관을 쓰고 있는 무방비 상태로 방임되어 고립되고 외롭고 두려운 상태에서 아기들은 사고를 친다는 이야기로 자신 내면의 두려움, 불안과 투쟁하며 왕관을 찾고 있는 이야기로 자신을 지켜내기 위한 투쟁을 내재화하여 드러내었다.

「"여긴 아무것도 없는 그냥 정원이예요. 불 탄 곳이예요. 여긴 더 이상 정원은 아니예요. 우리 집에는 맨날맨날 뱀(큰 구렁이)이 나와서 나뭇잎을 먹고 있어요. 전 차에 타고 있어요. 얘는 (앨리스)는 왕관을 쓰고, 원래부터 쓰고 있었어요. 혼자 집에 있어요. 사람들은 여기에 햄스터가 사는 줄 모르고 있어요. 용은 달아났어." "새엄마는 우리가 떠났으니 사라졌어요. 아빠는 돌아가셨어요. 새엄마 때문에, 새엄마는 거짓말쳐서 아빠가 거기에 속아 따라다니다가 죽었단 말이예요. 우리는 돌봐주는 사람이 없어요. 얘는 (앨리스) 잃어버린 왕관을 찾고 있어. 고양이가 작은 집을 지었어. 애기들이 사고쳤어. 그런데 피는 안 났어."」

21회기에 이르러서는 자신의 유분증과 관련한 내재화된 갈등을 표출하였다. "똥싸개, 오줌싸개는 누굴까?" 엄마, 딸, 아기를 번갈아가며 머리에 삼태기를 씌우고 엄마오리가 아기오리를 등에 태우고 삼태기 우산을 써서 비를 막아준다고 함으로써 아동의 유분증과 관련한 내재화된 갈등을 엄마의 보호양육과 연결하여 나타내었다. 또한 "미운오리" 한 마리와 다른 종류의 오리를 배치하고 "이건 미운오리… 엄마는 왜 나를 미워할까?"라고 말하며 모친과의 애정욕구와 관련한 좌절된 갈등을 표출하였다.

"어떤 집 나무집에 아기들이 가득해졌어요. 아기들만요. 아기들 요람은 연못, 여기에 미운오리가 풍덩! 들어왔어요. 아기오리는 진흙을 너무 좋아해요. 그래서 진흙오리가 되었어요. 미운오리가 아니었어요." 라는 이야기를 통하여 보호와 보살핌을 적극적으로 해 줄 양육자의 부재에 대한 갈등을 표출하며, 그런 양육자에 의존하지 않으려고 더 이상 미운오리가 아닌 진흙오리로 자신을 지켜내려 하고 있다. 이러한 갈등은 "엄마품은 이제 지겨워! 난 바다에 살거야. 새가 날아왔어요. 아기오리를 잡아먹었어요." 를 통하여도 방임과 거부로 일관하는 양육자를 자신이 적극적으로 거부하며 투쟁하는 내면의 심상을 드러내었다. 아동은 더 이상 양육자가 필요한 아기이기를 거부하며 의존성에서 자유로워지기 위하여 새를 등장시키고 아기오리를 잡아먹게 하는 것으로 대항한다. 그러나 또 새가 병아리들을 잡아먹고, 앨리스는 무서워서 집 뒤에 숨었으며 새가 아기를 잡아먹으러 굴뚝으로 들어와서 맨날 아기를 잡아먹고 살며, 하마가 〈애기 머리카락을 먹었어요. 잡아먹으려다가요. 그래서 하마는 죽었어요.〉라고 이야기를 전개함으로써 아동 자신의 양육자로 부터의 독립과 의존에 대한 양가감정과 대립하며 투쟁하고 있는 내적갈등을 심화시켜 분출하고 있다. 이것이 지진이라는 파괴적인 외부 환경적 재해로 심상화되어 나타난다.

"열매가 가득 열렸어요. 그때 물고기들은 너무 무서워서 달아났어요. 무시무시한 〈지진이〉 일어났어요. 그래서 〈무〉가 바닥에 떨어졌어요." 이러한 심상에 대한 이완으로 아동은 알에서 〈악어〉를 태어나게 하고, 그 악어가 앨리스와 아기들을 보호하게 한다.

22회기에서는 이야기와 피규어들을 이용하여 무의식에 심상화된 공상을 통하여 혼란스런 자신의 본능과 연결하여 표현하며 내재화된 공포와 두려움에 대하여 대립과 투쟁을 순환하며 양가감정을 분출하고 있음을 나타내었다.

「"해적들의 집(해골섬)이예요. 여기는 아주 으스스해요."라며, 토끼와 강아지를 지붕 위로 숨긴다. 또한 "어디 가다가, 해적한테 붙잡혀서 〈감옥〉에 갇혔어요. 그런데, 감옥을 뚫고, 박치기를 해서 나왔어요. 알라딘을 봤어요. 그런데 아주 착해요. 나쁘기도 하고. 근데 쥐가 됐어요. 도둑질을 해가지고…" 감옥 앞에 선을 긋고서, "여기까지 온 사람은 잡혀갈 수 있어요." 앨리스와 여신들, 뱀을 배치했다가 소거시키고 이어서 감옥, 해적 집, 해적들을 소거시키고, 대포를 배치한다. "여기에선 꽃이 많이 피어! 여기에는 맨날 맨날 꽃이 많이 피어요. 그리고 미녀들이 모여들어요. 그리고 맨날맨날 행복해요. 여기에선 나무도 커요. 새가 날아와요. 근데! 거기에서는 〈뱀〉이 조금 살아. 어떤 공주가 뱀한테 다리를 물렸어. 거기 꽃밭에서 노래 부르다가. 근데, 아직까지는 집에서 못 나와요. 아직 안 나왔어요. 여기에서 집에서 이렇게 누워있어요. 여기 집은 다 연결된 집이예요. 공주들은 꽃마을에 놀러갔어. 새들이 있는데 그냥갈 수 없잖아요. 소중한 물건을 누가 가져갔어요."」

아동은 점차 환경을 개선하고 강한 자아를 재확립하기 위한 자신의 무의식적 투쟁을 진행시켜나간다. 환경과 내면의 이미지에서 불안공포와 이완, 억압과 자율사이에서 대립과 투쟁을 통하여 자신의 내재화된 양가감정을 적극적으로 분출하고 있다.

「"우린 꽃마을에서 살아요."엄마(다리 다친 여신)랑 내가(앨리스) 이사와요. 아파서 쓰러져서 누워있어. 푹신푹신한 침대를 만들어 줘야 해. 얘(앨리스)는 좋아하는 나무를 심었어. 꽃까지 피니까. 토끼는 맨날맨날 밖에 나갈 수 있는데, 이 여자들은 못나가. "나는 사람한테 잡아먹히게 됐네" 하고 뱀이 노래를 불러. 그러면 잡아먹혀. 그래서 빨리 도망가야 해. 집으로 도망 왔어. 토끼는 빨리 집으로 도망 왔는데, 문이 안 열렸어. 간신히 열고 들어왔어. 조금 있다가 도망치라고 했는데(남녀부부) 꼼짝도 안하다가 도망쳐서 이리로 왔어.」

23회기에서는 토끼, 강아지, 까마귀(흰색갈매기)를 각각의 집 앞에 배치하고 "위험한 사실이나 그런걸 알려줘요. 편지를 전해줘요."라는 이야기를 통하여 외부환경에 대한 관심이 생기고 자신이 아닌 다른 대상과 소통하고자 하는 욕구가 생기고 있음을 나타내었다. 그러나 사냥꾼이라는 파괴자를 다시 등장시키고 정서적 고갈을 호소하고 침입자에 대한 경보장치가 울리며 긴장을 강화시킨다. 〈사냥꾼이라고 할래요. 선생님이 준 하트가 점점 말라가고 있어요.〉 〈강아지였어.〉 도와준 경보장치가 끝까지 따라가서 침입한 강아지가 피할 수 없게 되자 아동은 경보장치를 파괴해 버린다. 그리고 "엄마 사슴은 죽었어요. 아기 사슴 혼자 남았어요. 먹이가 있는데요. 이 먹이를 다 먹으면 죽어요. 이 사람들도 오늘까지만 돌보고 이젠 안온대요. 이제 겨울이 시작되어서 추워서 안온대요."라는 이야기를 통해서 아동은 다시 양육자의 부재와 외로움과 좌절감, 환경적 냉혹함과 투쟁하고 있음을 표출하였다. 24회기에서도 사슴과 토끼한테 물을 가져다 준 후, "앨리스는 죽었어요. 왜 죽었는지는 몰라요. 사슴이 핥으면서 계속 보살펴줘요. 그때 하늘에서 큰 알이 떨어지고 알이 나왔는데 깨졌어요. 한 달 더 있어야 할 것 같아요. 그때 밤이 되었어요." 〈큰 알이 깨진 뚜껑〉에 나무와 꽃을 심고서 "작은 알이 깨지고 거기서 〈갓난아기 3명〉이 나왔어요." 아기들이 강에서 둥실둥실 떠다니다 "선생님 땅에 아기들이 도착했어요."라고 말함으로써, 이러한 갈등은 지속되어 나타났다. 25회기에서는 위협적이고 위험한 외부환경으로부터 자신을 보호하려는 투쟁을 폭탄이라는 파괴적인 힘을 빌어 보호하려는 것과 자신의 가족이 위험에 빠져있음에 대한 무의식에서의 직면을 표현하였다.

다시 한번 초반에 집중적으로 드러내던 성적인 문제와 관련된 내면의 갈등이 심화되어 표출되기도 하였다.

「"신랑감은 1명인데 처녀는 2명이었어. 남자는 1명을 골라야 했어. 신랑은 고민하다가 다음날로 결정을 미루기로 했어. 그런데 한 여자는 자기가 색시라고 자꾸 우겨서 시끄러워서 그러라고 했어. 결국 남자는 그 여자를 선택했고 결국 죽었다."와 "아주 먼 옛날에 한 소녀가 살았어. 엄마, 아빠는 돌아가셨고, 언니만 있는데. 언니는 나가 있어서 맨날 귀찮게 나가서 남자를 만나러 가야 했어. '마귀가 너희들을 죽일지도 모르니까 어디론가 떠나거라' 라고 엄마가 말했었어. 소녀는 고양이를 데려다 키웠어. 이 언니는 엄마가 되다가 또 죽어버렸어. 그때마다 누가 맨마다(매일마다) 죽어있던 거야. 호랑이가 말을 잡아먹고 죽이고 우리 집은 맨마다 말이 죽고 무덤이 많아지고 무덤 투성이가 됐어. 으스스한 집이 됐어. 우리 집이랑 꽃도 말라 죽고 집도 조그맣게 됐어."」

이와 같은 이야기의 전개로 무의식에 내재되어 있는 지속되는 아동의 성적욕망에서의 좌절과 부적절한 양육환경에서의 좌절 즉, 바람직한 양육자의 부재로 불안하고 두려운 공포와의 투쟁을 가속화하여 드러내었다. 그러나 이러한 치열한 내적 투쟁은 좌절된 상태에서 긍정적인 힘을 형상화하는 투쟁으로 이어져서 나타났다.

"하늘에서 알이 떨어졌어. 그리고 애기들이 태어났어. 그리고 그 애기들을 데려다 키웠어요. 애, 소녀는 우유랑 조금 젖이 있어서 애기를 키울 수 있어요." 라는 전환된 이야기를 통하여 새로운 탄생과 양육적 욕구를 스스로 충족시키며 힘을 길러가는 긍정적인 변화를 가져왔다. 또한 돼지와 새들은 도망쳤고 돼지가 깜빡 잊은 뭔가를 찾으러 해골섬으로 가서 무기를 찾아 한 발을 쐈다. 그런데 용이 안 맞고 용은 배가 아주 많이 고파서 돼지를 잡아먹기로 했다. 돼지는 도망칠 곳이 없었는데 새가 나타나서 돼지를 태우고 날아갔고 용은 죽었으며 로봇이 고장나서 멈췄다는 이야기로 자신의 내면에서 일어나는 투쟁을 점점 가속화하며 강한 자아를 확립하기 위하여 노력하고 있었다.

3단계인 적응의 단계는 26회기에서 마지막 34회기까지 진행되었다. 이 단계에서 아동은 칼프(1989)의 견해와 일치하는 작품들을 꾸며 나갔다. 즉, 새로운 것과 낡은 것의 싸움, 새로운 성장을 위한 진통을 겪으며, 자아의 균열이 회복되어가는 내용을 보여주었다. 아동은 점차 후반으로 갈수록, 자아를 수용하고 새로운 관계가 생기며 새로운 사회성이 회복되어 일상적인 생활의 측면을 꾸몄다.

적응의 단계에서, 내면에서 일어나는 선과 악의 투쟁 및 처벌에 대한 두려움과 무의식 속에서 발현되는 외부세계에의 새로운 시작과 유희욕구를 드러내기도 하고, 이와 같은 새로운 관계의 시작을 추구하는 아동의 욕구는 무의식에서 일어나는 부정적인 것과 투쟁하며, 음식을 통해 에너지를 충전하고 적극적 획득욕구를 추진한다. 이러한 심상적 움직임은 새로운 관계와 새로운 사회성이 회복을 암시하면서 정상적인 일상사를 나타내었다. 친사회적인 행동과 대화, 또래 간의 협력 등의 움직임이 표현되기도 하였으며, 초반기의 미약하고 불안과 공포로 좌절하며 무기력했던 아기는 음식을 많이 먹고 에너지를 얻어 아동 자신의 무의식적 심상에서 일어나는 새로운 것과 낡은 것과의 싸움, 새로운 성장을 위한 진통을 겪는 심상적 표현을 순환하여 나타낸다.

26회기에서 〈매일 아침나라와 매일 밤 나라〉라는 주제로 밤과 낮의 대립과 투쟁하며 사막에 나무를 심고 물이 조금씩 나오기 시작하는 이야기를 통하여 새로운 성장을 위한 긍정적인 움직임이 나타났다. 또한 "여긴 공사하는 중이예요!" 라며 좌측의 땅을 퍼서 우측으로 붓고, 할아버지들이 공사를 한다고 하며 어떤 할아버지들일까를 궁금해 하는데, 이를 통해서도 아동에게서 새로운 시작과 변화를 위한 움직임이 일어나고 있었다.

그러나 "해님 나는 집을 망쳐버렸어! 그래가지고 땅이 갈라지고 그래서 바다에 떨어지게 됐어. 그래서 계속 밤만 되는 곳과, 계속 해님만 있는 곳이 생겼어요. 그래서 얘는 계속 고민을 해요. 학교 가고 싶은데. 잠도 자고 싶은데. 계속해서 말없이 땅을 파면서 공사를 했어. 여기는 (좌측) 아침나라! 여기는 (우측) 밤 나라예요!"

이와 같은 이야기를 통하여, 대상 2의 호소문제에 있던 수면장애의 문제와 등원거부 등의 문제에 대한 변화를 꾀하려는 욕구의 발현이라 할 수 있는 표현 즉, 잠도 자고 싶고 학교도 가고 싶다는 새로운 성장을 위한 내재화된 갈등과 진통을 드러내며 새로운 사회성이 회복하려는 조짐의 투쟁이 반영되었다.

27회기에서는 고양이가 유령, 뱀, 쥐를 다 잡아먹고 할머니가 도와줘서 행복하게 되나, 밤 나라에 있는 엄마는 잠만 계속 자고 나는 똥오줌을 싸서 차가운데서 그냥 잔다는 표현을 통하여, 자신의 내재화된 불안과 공포와 싸워 이겨나가고 있으나, 양육자의 무기력과 무관심 등의 방임은 계속되어 부정적인 양육환경에 대한 좌절은 지속되고 있다. 그러나 〈작은 집〉에 유령, 뱀, 쥐를 잡아먹어 없앤 고양이를 배치하고 야채와 과일을 심으며 좌측의 햇님 나라에 배치하고 밤 나라에는 〈멋진 전원주택〉을 둠으로써, 새로운 성장을 위한 투쟁의 에너지가 표출되고 있었다. 또한 밤의 나라 끝에 앨리스를 두고 "놀림받아서 나갈 수가 없대요. 오줌 똥 싸서 갓을 쓰고 있어요."라며 놀림받아서 나갈 수 없게 된 다리 없는 아이의 앞에 배치함으로써, 자신의 유분증과 관련한 갈등과 그로 인한 사회적 관계에서의 놀림받고 위축된 자신의 문제와 직면하여 투쟁하고 있었다.

28회기에서는 "비가 주루룩 왔어. 근데 우리 땅은 비가 계속 주루룩 왔어. 5년 동안이나 왔어요! 지금도 비는 안 그쳤어요. 우리나라에서 대충 뭐 공사하고 있어요." 라는 이야기를 통하여 외부 환경적 문제는 여전히 우울함과 좌절된 상황이나 공사를 하고 있다는 내용으로 오랫동안 지속되고 있는 자신의 부정적 환경요소와 투쟁하며 새로운 변화를 추구하고 있음을 드러내었다. 그리고 온정적이고 따뜻한 양육을 받을 수 없었던 외롭고 위험에 빠진 아기를 구해, 따뜻하고 온정적인 보살핌을 하고 있는 소녀를 통하여, 아동 스스로 자기 자신을 구하기 위해 자신을 적극적으로 양육하고 있는 내적 보살핌을 추구하였다. 또한 아동은 부정적인 양육을 하던 엄마를 죽게 하고 새로운 엄마를 탄생시키며 엄마와의 새롭게 관계를 회복하여가려는 내적 움직임을 표출하였다.

이와 같은 움직임은 29회기에서 땅, 물길, 터널, 꽃 ,울타리, 공중전화, 제일 작은 미니 집, 초가 모양의 전원주택, 큰 전원주택, 앨리스, 소년, 소녀, 보물상자의 배치로 양가감정의 대립은 여전히 존재하나 긍정적인 타인과의 소통의 욕구가 발현시켰다. 또한 화장실에 데려 갔다가 오는 행동을 보여주어 유분증의 문제도 정상적인 적응행동으로의 긍정적인 변화를 시사하였고, "한주일 동안 물을 못 먹어서 물을 먹고 있는 중이예요."라는 표현을 통해서도 갈등을 해소하고 회복되어가는 에너지를 생성시키고 있음을 나타내주었다.

30회기를 통해서는 친구들이 있어서 위로가 되는 새로운 환경을 만들어 사회성이 회복되어감을 보여주고, 책 + 지구본 + 잉크를 집 앞에 배치하여 학업과 관련한 새로운 관심사를 표현한다. 〈아기가 자라서 소녀가 되고, 소녀가 자라서 아기한테 엄마를 찾아줬다〉라는 주제를 통하여, 아동은 이제 성장하여 새로운 세상을 맞이하러 배를 타고 떠나려는 여정을 보여주며, 엄마가 없는 불쌍한 아기를 위해 엄마를 찾아주려는 힘 있는 아이가 되어갔다. 욕구를 충족시킨 아이들이 모여 공부도 하고 놀이를 하기도 하는 새로운 관계가 형성되고 사회성이 회복되어 정상적인 일상사를 반영하였다. 또한 "내가 너한테 반한 멋진 남자를 소개해줄게. 남자를 배에 태워서 데려왔어." "자 이제 난 바빠서 돌아간다. 이 남자랑 재미있게 놀아. 하고 여자아이는 돌아갔어. 소녀가 남자아이를 좋아하지 않아서, 남자는 바다에 풍덩 빠졌고, 거대 상어가 남자를 잡아먹었어." 라는 이야기를 통해서 무의식에 내재화되어 있던 성적관심이나 욕구의 거절을 보여주며 과거의 부정적인 자신과 싸워 이겨내고 있음을 나타내었다.

33회기에서는 〈무섭지만 친구들과 신나게 놀기〉라는 주제를 다루며 전회기들보다 내재화된 불안, 공포감이라는 진통을 겪어내며 더욱 강한 자신이 되기 위한 투쟁을 진행한다. 점차 힘을 길러 외부세계와의 새로운 관계를 적극적으로 추구하며 사회성을 회복해가고 있음을 보여주었고 더불어 위험으로부터 자신을 보호하고자 적극적으로 대처하고 있는 심상을 드러내고 있다. 또한 친구들을 집으로 초대하고 모두들 신나했으며 너무나 즐거워했다고 이야기를 전개하며 자신과 이웃 친구들과 적절히 연결하고 친밀감을 주는 타인과의 사회적 관계회복을 나타내주고 있다. 그리고 집과 엄마가 없어졌다고 하다가 사실은 길을 잘못 든 것이었다는 이야기를 통하여, 자신의 역기능적 사고에 대한 통찰을 이루어내고 있으며, 모친과의 관계를 회복함을 꾸며나갔다.

「"앨리스는 고양이가 해칠까봐 무서워서 덜덜덜 떨며 자면 안돼! 자면 안돼!" 그런데 두려움에 싸여서 밖에도 못나가고 떨어서, 떨려서 밖에 나가고 싶어도 안 나갔어. 집에서 혼자서 무섭고 벌벌 떨었어. "여기는 햄토리의 집이야. 햄토리는 고양이가 하나도 안 무서웠어. 겁쟁이가 아니야. 그래서 놀이터에 나가서 실컷 놀고 계속 놀고 있어. 사람이 오면 얼른 달려가서

"뭘 도와드릴까요?" 하면서 달려갔어!!" "햄토리는 사다리를 1층과 2층에 연결해 놓고 자유롭게 돌아다녔어." "앨리스는 여기서 고양이 때문에 덜덜 떨고 있었어. 마당에 모닥불을 피워 놓았어. 집에서 모든 문과 구멍을 막아 놨어. 고양이가 오지 못하도록!! (앨리스) 얘는 계속 무서워서 불안했어." "얘들은 매일 서로 공평하게 밀어 주면서 시소를 타며 사이좋게 놀았어. 햄토리는 이웃집 앨리스가 고양이가 무서워서 불안해서 벌벌 떠는 얘길 하면서, 앨리스한테 문안을 갔어!! 햄토리들은 각자 사탕을 먹고 자기 집으로 돌아갔는데, 아기 햄토리는 엄마가 사라졌어. 집도 없어졌어. 그런데 사실은 집이 없어진 게 아니고 길을 잘못 든 거였어. 뒤쪽에 있는 집이었어." "얘는 햄토리의 집에 와서 마구 공부를 했어" "친구들을 불렀어. 아기 햄토리의 집으로 초대 했는데 모두들 신나했어. 너무나 즐거워했어."」

마지막 34회기에서는 "친구들이 모여서 파티를 하고 있어요. 우리는 언니가 차려 준 맛있는 음식을 먹고 있어요. 경찰이 와서 우리를 안전하게 지켜주고 있어요. 꽃들이 우리를 축하해줘요. 아기가 자라서 언니가 된 것을 축하해 주는 파티를 열고 있는 거예요. 여기는 더 이상 나쁜 도둑이 올 수 없어요. 밤만 있는 밤의 나라와 햇님만 있는 낮의 나라도 이제는 사이좋게 반반씩 친구하기로 약속을 했어요. 언니는 이제 아기들을 잘 키워요. 엄마는 비를 잘 막아주죠. 아기들은 이제 무섭지도 않고, 그래서 이제는 울지 않아요. 행복하게 잘 살았습니다. 끝!!"

이와 같이 3단계인 적응의 단계에서, 자신의 갈등을 극복하고 자아의 균열을 회복하여 자아를 수용함으로써 새로운 관계와 새로운 사회성을 회복하며 정상적인 일상사의 반영을 보여주었다. 질서가 회복되어 적절한 환경에서 살게 되고 양육자와의 관계회복으로 친밀감을 회복하고, 또래와의 친밀감과 행복함을 드러내었다.

대상 2의 모래놀이치료를 칼프(1989)의 발달단계에 따라 분석해 본 결과, 동식물의 단계인 혼돈의 단계, 투쟁의 단계, 적응의 단계를 거치며 진행되고 있었고 혼란스러웠던 자아가 통합되며 건강한 자아가 회복되어 감을 보여주었다.

결과적으로 이러한 세 단계의 통합은 자아의 발달 과정인 동시에 자기와 자기와의 관계를 개선하는 과정이고, 사회성의 발달을 시작하는 과정이며 부모를 포함하여 사람과의 관계를 개선하는 과정을 나타내는 것이라는 이숙 외(2002)의 견해와 일치하는 결과를 얻었다. 또한 박지연(2008)의 「우울 · 불안과 위축행동을 보이는 아동에 대한 모래놀이치료 효과」에서도 3명의 대상아동들은 이와 같은 3단계를 거치며 성장 발달하고 있음을 발표하였고 본 연구를 통해서도 일치하는 결과를 얻었다.

❖ 음악치료의 분석결과

종래의 음악치료의 선행연구들에서 밝혀진 바와 같이 대상 2는 음악치료활동을 통하여, 자기 자신의 여러 감정이나 생각들을 동시적으로 표현하며 내면의 갈등과 분노를 방어하기보다는 적절하게 분출하고 표현함으로써 카타르시스를 경험하고 있었다. 특히, 라포가 형성된 4회기에서 부터는 내적 갈등의 심상을 드러내기 시작하였고, 점차 회기가 진행됨에 따라 적극적인 음악치료 활동을 주도적으로 이끌며 자신의 내적 감정들과 갈등을표출하는 모습을 보여주었다. 아동은 음악과 미술표현(Music & Art) · 음악과 심상활동(Music & Image) · 자유 심상과 즉흥연주와 놀이(Image & improvisation & playing) · 음악쓰기와 악기연주(Songwriting & Instrument) · 노래부르기와 게임(Sing along & game) 등의 활동을 통하여, 자신의 불안하고 고통스러운 내적 감정들과 갈등을 음악을 이용하여 보다 쉽게 표출하며 점차적으로 치료사와의 활동 안에서 사회 정서적으로 적응행동의 향상을 보여주었다

❖ 부모의 행동관찰 보고를 통한 일상생활에서의 문제행동에 대한 변화의 분석결과

〈1회기〉에서는 포르노 비디오를 보여 달라고 하루 종일 조르고 집착하며, 뜻대로 되지 않으면 울고불고 하여서 할 수 없이 보여주게 되는 상태였다.

〈2회기〉에서는 모친에 대한 반항과 도전이 매우 심하고, 비디오를 보여주지 않으면 비디오가게 앞에서 계속 매달려 있을 정도의 집착을 보이고 있었다.

〈3회기〉에서는 아동이 밖에 나가지 않으며 비디오를 보여주지 않으려는 통제에 몰래몰래 비디오를 찾으러 방안을 샅샅이 뒤지고 다니다가 폭발하는 행동을 보이고 있었으며, 〈4회기〉의 보고에서도 비디오에 대한 집착은 조금 줄었으나 TV드라마의 애정표현 장면을 찾느라 채널을 계속 돌리며, 매우 무기력해지고 우울해 한다는 보고에서 비디오 단절에 대한 금단현상을 나타내고 있음을 알 수 있었다.

〈5회기〉에서 〈6회기〉과정 동안에는 엄마한테 짜증을 많이 부리면서도 같이 놀자고 조르며 놀아주면 무척 신나하고 즐거워하나, 하루 종일 끝도 없이 놀자고 해서 감당이 안 된다고 호소하였다. 또한 하루 종일 같이 놀자고 조르며, 엄마의 행동을 일일이 간섭하고 통제하려고 해서 아무것도 할 수가 없고 충돌이 무척 심하다고 하였다. 〈7회기〉에서는 비디오를 한번만 보여 달라고 애걸복걸하기도 하며, 우울해하거나 불안해하고 화를 자주 내면서도, 엄마 옆에서 떨어지지 않고 가끔씩 대변을 지린다고 하는 보고를 통하여, 변화가 미미한 정도로 평가되었다.

그러나, 대상 2의 주 호소 문제인 포르노 비디오에 대한 과몰입과 집착 문제행동은 〈8회기〉부터 점차적으로 소거된 모습을 알 수 있었다. 아동은 더 이상 비디오나 자위행위에 집착하지는 않으나, 부모행동에 대한 통제가 점점 심하여 설득하는데 시간이 많이 걸리며 "대신에 나랑 놀아줘"하고 요구한다고 하였다. 드디어 아동이 음란매체가 아닌 사람과의 관계에서의 교류를 원하는 모습이 보이기 시작하였고, 자신의 결핍된 유희욕구의 충족을 원하고 있는 모습이 관찰되었다. 〈10회기〉에서는 아이가 표정도 밝아지고 엄마 말을 잘 들으며 엄마 일을 도우려 하는 등 매우 긍정적인 변화를 보이면서, 그러다가도 변덕을 부려 반항하며 화를 낸다고 하였다.

〈11회기〉의 보고에서는 포르노비디오를 보여 달라고 하지 않기로 한 약속을 잘 지키고 있으나, 엄마의 행동을 일일이 통제하려 해서 화가 나 견딜 수 없다고 함으로써, 권위자에 대한 권위경쟁욕구를 드러내고 있었다.

그러나 〈12회기〉가 진행될 즈음에는 포르노비디오를 보여 달라고 하지 않기로 한 약속하고 잘 지키고 있는 중이라고 한다. 또한 모친에게도 많이 부드러워졌다고 하며, 〈13회기〉에서는 자위행위의 감소와 대변을 지리거나 싸는 일의 소거를 보고하였다. 그러나 응석과 짜증이 조금 늘었고 밤새도록 놀이를 해달라고 조른다고 하여 아동이 결핍된 만족감을 유희욕구의 충족으로 보상받으려 함을 알 수 있었다. 〈14회기〉에서부터는 부모와의 관계가 조금 나아졌고 떼를 쓰는 횟수도 매우 감소하였으며, 포르노비디오를 보여 달라는 것 · 자위행위를 하는 모습 · 대변을 지리거나 싸는 일은 나타나지 않았다고 보고함으로써, 문제행동이 개선됨이 유지되고 있음을 알 수 있었다. 〈16회기〉의 보고에서는 엄마랑 같이 마트에 가자고 조르는 횟수가 늘고, 마트에 같이 가는 도중에는 손을 꼭 잡고 놓지 않는다고 하였다. 〈17회기〉의 보고에서 모친은 아동이 친구가 늘었다고 좋아하였으며, 마지막 〈18회기〉에서는 친구 집에 놀러가기도 하고 친구를 데려오기도 한다고 기뻐하였다. 또한 아동이 더 이상 포르노비디오를 보여 달라고 하거나 자위행위를 하지 않으며, 대변을 싸거나 지리는 일이 없어 대상 2의 제반 문제행동이 개선되고, 동시에 사회정서적 적응행동이 매우 향상되었음을 보고하였다.

❖ 회기내 행동변화에 대한 추적 관찰 내용에서 개선된 문제행동 분석

〈1회기〉에서 아동은 ADHD는 아니지만 매우 부산스럽고, 물건들을 떨어뜨리는 일이 빈번하고 한 가지 악기에 집중하는 시간이 1분미만으로 산만한 태도를 보였다. 또한 애기 같은 목소리와 행동으로 자신이 꺼낸 악기의 제자리가 어디인지 기억하지 못하는 등의 현상을 보였으나, 자신이 집중하는 활동에서는 산만한 모습을 보이지 않고 안정된 자세로 즐겁게 참여하는 모습이었다.

〈2회기〉에서는 입장하자마자 Large Ball 위에 올라타며 위험스럽게 공을 가지고 놀며, 치료사와 함께 Game할 때는 애기 같은 소리를 계속 쉬지 않고 내며 이기려고 손을 사용하거나 반칙을 사용하였다. 또한 관심을 끌기 위하여 가끔씩 일부러 넘어지거나 아픈 척을 하기도 하였으나, Game에서 이기자 매우 좋아하였고 이후 활동에서도 정해진 시간에 맞춰 전반적으로 잘 참여하는 모습을 보였다. 〈3회기〉에서는 아동이 축구놀이를 하자고 제안하여 10분만 축구를 하고, 나머지 시간은 연주를 할 거라는 치료사의 말을 수용했고 10분이 지난 후 바로 연주에 참여하였다. 아동은 초반에 공놀이를 할 때에는 애기소리를 계속 내었으나, 악기연주에서는 관찰되지 않았다.

〈4회기〉에서는 남녀 간의 애정표현에 관심을 드러내며, 치료실 책상위에 있는 에그헤드(가족인형)를 보고 여자인형과 남자인형을 꺼내어 뽀뽀를 시키는 등 성적 관심을 표출하였다. 또한 치료사가 엄마인형을 개입하여 이야기를 시작하자, 엄마 인형을 때리며, 모친에 대한 거부와 부정적 감정과 공격성을 표출하기도 하였다. 동시에 치료사의 구조나 지시에 따르기보다는 치료사와 경쟁하듯이 계속 자신의 요구를 지시하는 모습을 보이며, 권위자에 대한 지배욕구와 경쟁욕구를 표출하였다.

〈5회기〉때부터는 아동의 내면의 심상을 드러내기 시작하였다. 인형놀이에서 대부분 아동과 아빠가 노는 모습에서 엄마가(치료사역할) 개입하려 하면 뒤에 숨어서 "우리 지금 엄마 아빠 놀이하는 거예요." 라고 말하며 은밀한 행동을 보였다. 그러다가 이야기가 진행됨에 따라 긴장하고, 화난 표정과 음성으로 고조된 모습을 보였다가, 매우 좌절되고 힘없는 슬픈 표정을 짓기도 하면서 감정의 기복을 드러내었다.

〈6회기〉에서는 아동이 치료실에 오자마자 공놀이를 하자며 규칙을 설명하는 등 치료사의 의견과 상관없이 놀이를 리드하며 자신이 하고 싶은 대로 규칙을 바꾸었으나, Game을 잠시 중단하고 '규칙'을 확실히 정한 다음 다시 시도 했을 때에는 잘 따르며 참여하였다. 긍정적인 행동의 변화로는 애기소리를 내거나 떼를 쓰는 모습이 현저하게 감소하였다는 점이다.

〈7회기〉에서는 〈6회기〉에 이어 치료사의 의견을 잘 수용하는 모습을 보였고 치료사가 음악감상 program에 대해 설명하자 수용하여 잘 참여하였다.

심상적 표현에서는 〈7회기〉에서 바닷속 그림을 그렸는데 어두운 바다속 상어가 엄마를 공격하는 모습으로 그렸으며, 가족이 동굴 앞에 있고 큰 상어가 엄마를 지나가는 모습을 그렸다. 이때, 자신의 머리에는 누군가의 피가 묻어있다고 하며, 그러나 누구의 피인지는 모르겠다고 하였다. 아동은 그림을 그리는 동안 상어가 나온 부분의 음악(제일 자극적)을 계속 들려달라고 요구하였다. 이렇듯 심상활동을 통하여 모친에 대한 공격성과 공격욕구, 모친에 대한 거부욕구, 외부 환경적 재해로 인한 정신적 외상과 불행감을 드러내었고, 불안함 · 긴장감 · 우울감 · 흥분과 동요되는 정서를 보이면서도 매우 진지하였으며 적극적으로 활동하는 모습을 보였다. 또한 애기소리는 하지 않았으나 음성은 불안정하였다.

〈8회기〉에서는 자기표현력과 수용능력이 향상되어, 음악실 안에서는 규칙도 잘 따르며, 자기표현도 적절하게 하다. 그러나 엄마와의 관계에서는 여전히 엄마를 무시하거나 시험하는 태도를 보이고 있었다. 그러나 〈9회기〉에서는 다시 경쟁욕구와 권위욕구가 지배적이어서, 타인에 대한 수용이나 배려하려는 태도가 아직 미숙함을 보였다. 아동은 활동에서 치료사와 경쟁도구에 있는 것처럼 매 순간마다 자기가 주도하려는 경향을 보였고, 노래 할 때에도 치료사 노래보다 더 크게 불렀으며 치료사가 노래할 때는 다른 노래로 넘어가는 행동을 나타내었다. 이러한 부정적 행동은 〈10회기〉에서도 계속 나타나며 경쟁욕구 · 권위욕구 · 권위자에 대한 거부와 지배욕구를 나타내며, 타인에 대한 수용이나 배려하려는 태도가 아직 미숙함을 보여주고 있었다. 아동은 치료사의 말을 듣지 않으려 하고 자신이 하고 싶은 요구만 계속 하였으며, 키보드 연주 시 치료사가 못하게 하며 혼자 하려는 행동을 보였다. 〈11회기〉에서는 활동에서 불안함 · 긴장감 · 우울감 · 거부와 초조감등으로 동요되는 정서를 보인다. 그러면서도 매우 진지하였으며 적극적으로 활동하는 모습을 보였다.

〈13회기〉에서부터 행동적 변화는 매우 긍정적으로 개선됨을 보여주었다. 아동은 공격적인 행동이 매우 감소하였고, 주의집중력 또한 향상되어 활동시간 내내 집중이 잘 이루어졌으며, 활동에의 참여도 매우 적극적이며 즐거운 정서를 활동하는 내내 유지하는 모습이었다. 〈15회기〉에서는 의존성이 감소하여 노래 배울 때 잘 모르는 노래지만 의존하지 않고 혼자 부르려는 모습을 보인다.

〈15회기〉 · 〈16회기〉 · 〈17회기〉에서는 치료사에게 도전하거나 반항하려는 등 부정적인 행동을 다시 보였다. 떼를 쓰기도 하고 치료실을 돌아다니며 산만한 모습도 같이 보여주었다. 또한 치료사와 함께 하거나 노래할 때 피아노를 못 치게 방해하기도 하고 세션 후에는 의자에 눕거나 치료사의 말을 전혀 듣지 않고 청개구리처럼 행동하는 모습을 보여 주었다. 그러나 마지막 회기인 〈18회기〉에서는 keybord〈drum kit〉로 음악을 만들며 치료사와 상의하여 잘 참여하였고, 음악 연주시 함께 연주해도 거부하지 않고 잘 수용하는 모습이었다.

결과를 종합해 보면 아동은 〈15회기〉이전에는 긍정적인 행동적 변화를 보여주었으나 〈15회기〉·〈16회기〉·〈17회기〉에서는 다시 부정적인 문제행동을 나타내다가 마지막 회기에서 다시 회복하는 모습을 보였다. 이와 같은 치료사와의 활동 내에서의 부정적 행동의 재출현은 가정과 일상생활에서의 긍정적 변화와 문제행동의 변화와는 크게 불일치하는 것이었다. 부모관찰 보고에서는 일상생활에서의 아동은 〈8회기〉때부터 문제행동이 점차 큰 폭으로 개선되며 변화하였고 〈13회기〉이후에서는 유분증이나 자위행위가 소거되었으며 〈14회기〉때부터는 포르노 비디오에 대한 집착도 소거되기 시작하여 매우 긍정적인 행동적 변화를 유지하고 있었다. 또한 〈16회기〉의 보고에서부터는 사회정서적 적응행동이 매우 향상되어 또래관계나 부모와의 관계에서도 매우 긍정적으로 유지되고 있었다. 이와 같이 〈15회기〉·〈16회기〉·〈17회기〉에서는 다시 부정적인 문제행동을 보인 이유는 다음과 같이 부모와의 상담을 통하여 예측할 수 있었다. 모친이 "이제는 너의 모든 행동이 엄마 마음에 들고, 네가 나쁘게 행동하는 것이 없어져서 이번 달로 연구소에 가는 것을 그만 끊을거야" 라고 말해 주었다고 한다. 아동은 이에 대한 반응으로 무척 속상하다고 말하였고 시무룩해 하였다고 하였다. 이와 같은 사실을 고려해 볼 때 아동은 이별할 준비를 아직 하지 못하여 마음속의 갈등을 역기능적으로 치료사에게 나타내었던 것으로 사료된다. 그러나 마지막 회기에 와서는 자신의 상황을 받아들이며 수용하는 모습을 보여 대상 2의 적응력은 긍정적으로 개선되었음을 확인할 수 있었다.

이상의 결과를 근거로 하여, 대상 2에 적용한 음악치료는 효과적이었음을 알 수 있었다.

따라서 본 연구의 결과는 선행연구에서처럼 음악치료가 주는 효과로서 병리 생리학적 증상이 음악치료를 통하여 불안감 감소·근육 긴장도의 감소·근육통 이완 등의 효과가 있다고 보고한 정현주(2006)의 견해에 지지한다.

또한 본 연구결과를 통하여 '음악과 심리적 반응'에 대한 연구로, 음악은 인간의 마음에 직접적으로 영향을 주고 감각을 자극하고 정서를 불러일으키며 생리적 정신적 반응을 유발하고 몸과 마음에 활력을 북돋우는 역할을 하며, 정신과 신체에 대해서 큰 효과를 미치는 정신의 신체언어라는 김동주(2005)의 견해를 지지한다.

동시에 Brusca(1989)는 음악은 본능적 욕구를 자극하거나 표현하며 이를 해소 또는 감소시킴으로 본능에 영향을 주고, 자아를 강화하는 동시에 감정을 발산시키거나 통제하여 자아에 영향을 주며, 감정을 순화시켜주거나 수준 높은 미적 경험을 갖게 함으로써 초자아에 영향을 준다고 한(정현주 외 2002; 박연희,200에서 재인용) 의견에도 동의할 수 있는 결과를 얻었다.

아울러 본 연구프로그램을 통하여 내담자에게 음악쓰기(Songwriting)는 감정을 경험 · 확인 · 표현 · 교류하며, 감정적 행동의 조절과 변형을 촉발시키기 위해 구성되고 개인의 내면세계를 탐색하도록 하며(최병철, 1999), 주로 자기를 표현하고 자아 존중감을 증진시키며, 억압되어 있는 감정과 욕구를 표현하는 것을 목적으로 시행하게 되는데 스스로 노래가사를 만듦으로써 재인식의 과정을 거쳐 새로운 인지체계를 형성한다(Ficken, 1976)는 주장에도 동의한다. 아동은 치료과정에서 흥미를 갖고 음악쓰기를 통하여 자신의 내적심상을 적극적으로 표출하는 모습을 보였다(9회기 · 13회기 · 15회기).

즉흥연주(improvisation)는 동시적 상징과 직접적인 행동을 나타내는 것으로 어떤 특정한 인식이 없이 감정적인 에너지의 해소를 통해 강한 감정의 표현과 정신적 자유를 제공할 수 있고, 자기표현을 증진시키며 정서적 변화와 함께 면역기능의 긍정적인 변화까지도 유도할 수 있다(Ostwald, 1968; Robb, 1996)는 주장처럼 본 아동은 5회기 · 11회기 · 12회기 · 14회기 · 16회기에서 음악에 맞춰 다양한 악기와 리듬으로 즐겁게 참여하였고 자신의 내면의 불안과 갈등을 적극적으로 다루어내며 자신의 감정적인 에너지의 해소를 통해 강한 감정의 표현과 카타르시스를 경험하고 자기표현을 증진시키며 정서적 변화를 꾀하는 변화를 보여주었다.

즉, 대상 2는 본 연구에서의 음악치료 활동을 통하여, 자신의 무의식에 잠재하고 있는 능동적 심상 표현을 활성화 시켜 부정적 정서를 적극적으로 표출하고 카타르시스 경험함으로써, 포르노 비디오에 대한 과몰입 현상과 유분증의 증상을 개선시켜나갔으며 긍정적 정서를 증진시켜나감을 지켜볼 수 있었다. 또한, 음악치료 활동 안에서 아동은 점차적으로 자존감을 회복해가고, 권위자(엄마, 치료사, 어른 등의)에 대한 적절한 수용능력도 길러나갔다. 결과적으로 대상 2는 자신과 타인에 대한 수용능력을 향상시켜 외부 환경적 자극을 극복할 수 있는 강인한 자아를 수립하여, 사회정서적 적응행동 능력을 향상시켰다고 볼 수 있겠다.

따라서 본 연구를 통하여 이와 같은 통합적 접근의 치료방법이 포르노 비디오 과다노출에 의한 문제행동 및 유분증 등 복합적인 정서행동문제의 감소와 아동의 사회 정서적 적응행동 향상에 긍정적인 효과가 있다는 것을 확인하였다.

단, 대상 2의 〈권위에 대한 도전〉의 문제는 현저히 감소되긴 하였으나 완전히 소거되지는 않았고, 개선 중에 있었다. 이 문제가 완전히 개선되지 않은 것에 대해서는 대상아동의 부친이 현재에도 아동에 대한 양육태도와 부부문제에서 변함없이 폭력적이고 통제적이며 권위적인 행동을 하고 있는 것을 원인으로 본다.

② 대상 2의 정서행동문제 중 표적행동 관찰의 분석 결과

대상 2의 〈치료회기별 치료사가 관찰한 일지의 내용 분석〉, 〈회기별 일상생활에서의 모친보고내용 분석〉, 〈초기상담에서 작성한 문제행동 목록〉을 근거로 표적행동을 사전-사후검사(종결 1주일 후)-유지검사(종결 1개월 후)를 각각 비교 분석하였다. 그 결과는 〈표 24〉와 같다. 그 결과 대부분의 문제행동은 회기가 진행됨에 따라 점차 소거되기 시작하여 대부분의 증상은 개선되었다.

〈표 24〉 대상 2의 정서행동문제 중 표적행동 관찰의 분석 결과

구 분		정서행동문제에 대한 변화
치료 전 문제행동 (사전검사 결과)	내재화 문제	아기흉내내기(+), 산만한 행동(+), 의존성(+), 주의집중의 어려움(+), 대인관계의 회피(+), 위축(+), 외출거부와 등원거부(+), 아무도 자기를 사랑하지 않는다는 불평(+), 낮은 자존감(+), 악몽꾸기(+), 지나친 죄책감(+), 감정기복이 심함(+), 조리있게 말하지 못하며 한글을 읽지 못함(+), 의심(+), 자살에 대해 자주 이야기 함(+), 불행감(+), 우울감(+), 눈맞춤의 회피(+), 또래형성의 어려움(+), 신체통증의 호소(+)
	외현화 문제	공격성(+), 충동성(+), 짜증(+), 좌불안석(+),분노발작(+), 수면장애(+), 포르노 비디오에 대한 집착과 과몰입(+), 자위행위에의 몰두(+), 유분증(+), 말다툼과 센 고집(+), 남자처럼 행동하기(+), 하루 종일 같은 말 되풀이하기(+),고함과 타인 위협하기(+), 나쁜 일을 저지르고도 아무렇지도 않게 생각하는 것(+),물건을 아무거나 입에 넣고 먹으려 함(+),거짓말(+),신경이 날카롭고 신경질적이며 긴장되어 있음(+),잘 울기(+), 권위에 대한 도전(+)
치료 후 문제행동 (사후, 유지 검사 결과)	내재화 문제	아기흉내내기(-), 산만한 행동(-), 의존성(-), 주의집중의 어려움(-), 대인관계의 회피(-), 위축(-), 외출거부와 등원거부(-), 아무도 자기를 사랑하지 않는다는 불평(-), 낮은 자존감(-), 악몽꾸기(-), 지나친 죄책감(-), 감정기복이 심함(-), 조리있게 말하지 못하며 한글을 읽지 못함(-), 의심(-), 자살에 대해 자주 이야기 함(-), 불행감(-), 우울감(-), 눈맞춤의 회피(-), 또래형성의 어려움(-), 신체통증의 호소(-)
	외현화 문제	공격성(-), 충동성(-), 짜증(-), 좌불안석(-), 분노발작(-), 수면장애(-), 포르노 비디오에 대한 집착과 과몰입(-), 자위행위에의 몰두(-), 유분증(-), 말다툼과 센 고집(-), 남자처럼 행동하기(-), 하루 종일 같은 말 되풀이하기(-), 고함과 타인 위협하기(-), 나쁜 일을 저지르고도 아무렇지도 않게 생각하는 것(-), 물건을 아무거나 입에 넣고 먹으려 함(-), 거짓말(-), 신경이 날카롭고 신경질적이며 긴장되어 있음(-), 잘 울기(-), 권위에 대한 도전(±)

이와 같이 각 영역의 치료세션의 과정에서 나타나는 〈회기별 연구자가 아동의 행동을 관찰한 활동일지〉와 대상 2의 일상생활에서의 변화에 대하여 〈일상생활에서의 아동의 정서행동문제 변화에 대한 모친의 보고 내용〉에 대한 분석 결과, 대상 2는 권위에 대한 도전의 문제는 개선 중에 있었고 나머지 문제행동은 모두 소거되었음을 확인하였다.

3) 대상 3(일차적인 문제 발생 후 부모의 부적절한 양육으로 인한 위축·우울·불안과 기능적 조음음운장애 등 정서행동문제 아동)

우울 · 위축 · 불안과 기능적 조음음운장애 아동의 위기를 극복하기 위하여, 모래놀이치료, 음악치료, 언어치료의 통합적 치료 방법을 적용하고 그 효과를 검증하였다.

대상 3의 정서행동 문제의 변화 결과를 알아보기 위하여, 통합적 치료의 기법으로 적용한 모래놀이치료 · 음악치료 · 언어치료의 각 회기별 변화 과정 내용을 분석하고, 표적행동 관찰 결과를 사전-사후--유지 단계로 평가하고 그 결과를 비교분석 하였다. 그 결과 우울 · 위축 · 불안과 기능적 조음음운장애에 따른 문제행동 감소 및 사회정서적 적응행동 향상에 긍정적인 효과가 있었음을 확인하였다.

① 대상 3의 모래놀이치료·음악치료·언어치료 결과

본 사례 대상 3에 통합치료를 실시한 모래놀이치료 · 음악치료 · 언어치료의 각 회기별 변화 과정은 〈표 25〉와 같다.

〈표 25〉 대상 3의 모래놀이치료 · 음악치료 · 언어치료의 변화 과정

구분	모래놀이치료 과정	음악치료 과정	언어치료 과정
1회기	• 정서적 불안감. • 집중력 부족 • 타인과의 신뢰구축 미흡 • 과도한 자기 주장 • 진지함에 대한 수용	• 눈맞춤의 회피 • 착석 • 반말 사용 • 제한설정에 불순응 • 바르지 않은 자세	• 호기, 흡기의 불안정 • 구강 내 혀의 불수의적 움직임이 매우 심함. • 혀 운동기능이 원활하지 않음 • 기본 모음의 정확한 구형 만들기, 정조음이 안됨.
2회기	• 정서적 불안감 • 거부감 및 불안표출 • 진지함에 대한 수용 • 공격성 표출	• 눈맞춤의 회피 착석 • 반말 사용 • 과격한 악기 연주 • 공격적 성향, 반항적 행동	• 혀 내밀어 입술 끝 좌, 우 접촉 가능해짐. • 호기, 흡기의 조절능력 개선훈련 • 구강 내 혀의 불수의적 움직임이 매우 심함. • 입술이완의 어려움. • 혀 운동기능이 원활하지 않음 • 기본 모음의 정확한 구형 만들기, 정조음이 안됨. • 〈어, 으, 오, 우, 에〉에서 심함.
3회기	• 정서적 안정감 • 상황인식 및 수용 (사진 4-1)	• 눈맞춤의 회피 • 착석 • 반말 사용 • 상호작용과 교류 • 자기 중심적 사고와 행동 • 경쟁욕구 • 행동조절 • 퇴행욕구 표출 • 양육욕구 표출	• 혀의 불수의적으로 움직임의 변화 보임 • 혀 운동기능 개선됨(좌, 우, 하) • 〈아, 에, 이, 오〉에서 정확한 구형, 정조음 가능
4회기	• 정서적 불안감. • 주의력 산만 • 행동적 분노표출 • 자신의 행동에 대한 두려움 표출	• 눈맞춤의 회피 • 착석 • 반말 사용 • 상호작용과 교류 • 산만한 움직임 • 퇴행욕구 표출 • 양육욕구표출	• 혀 운동기능 개선됨(좌, 우, 상, 하) • 호기, 흡기의 조절능력 개선 • 구강 내 혀의 불수의적 움직임 개선보이기 시작 . • 기본 모음의 정확한 구형 만들기, 정조음: 〈어, 으, 우〉의 50%개선이 나타남.
5회기	• 강력한 거부감 표출	• 눈맞춤의 회피 • 착석 • 반말 사용 • 상호작용과 교류 • 자신의 감정, 행동에 대한 지지와 수용 받고 싶은 욕구 표출	• 혀의 불수의적으로 움직임 개선시작 • 혀 운동기능 개선유지 • 〈어, 으, 우〉의 개선 4회기보다 향상됨

6회기	• 공격성 표출	• 적극적인 활동 참여 • 적극적인 자기표현	• 혀의 불수의적으로 움직임의 개선이 향상됨. • 기본모음의 정확한 구형 만들기, 정조음 개선 유지됨 • /ㅁ,ㄴ,ㅇ/의 변별 발성이 안됨. • /ㅁ, ㅂ, ㅃ, ㅍ/의 변별 발성이 안됨.
7회기	• 공격성 표출 • 내재화된 불안감과 공포감 • 의심, 분노, 초조감	• 수용능력의 향상 • 공격성 표출 • 과격하고 산만	• 혀의 불수의적 움직임이 약간 안정적임 • 기본모음의 정확한 구형 만들기, 정조음 개선 유지됨 • 초성에서/ㅁ,ㄴ,ㅇ/ 변별 발성이 50%정도로 향상됨. • 초성/ㅁ, ㅂ, ㅃ, ㅍ/의 변별 발성이 80%정도로 향상됨.
8회기	• 타인에 대한 거부와 공포, 불안, 위축, 우울 등의 무의식적 갈등 표출 • 혼란스러운 정서분출 • 짜증과 애기울음 소리 사라짐 • 같은 말의 반복이나, 확인하는 어투의 사라짐 • 의견 구함 (사진 4-2)	• 착석 • 반말 사용 • 통제에 대한 강한 거부	• 기본모음의 정확한 구형 만들기, 정조음 유지 • 초성에서/ㅁ,ㄴ,ㅇ/ 변별 발성이 매우 향상됨. • 초성/ㅁ, ㅂ, ㅃ, ㅍ/의 변별 발성 가능
9회기	• 타인에 대한 거부와 공포, 불안,위축,우울 등의 무의식적 갈등 표출 • 혼란스러운 정서분출 • 공격성 • 자신의 무의식적 행동에 대한 확인	• 수용능력 향상 • 조절능력이 떨어짐 • 감정조절의 어려움(통제상황 및 자신의 뜻대로 되지 않는 상황 시) • 권위자에 대한 강한 거부감 • 공격성 표출, 회피적 태도	• 〈어, 으〉에서 정확한 구형 만들기, 정조음능력 저하 • 초성에서 /ㅁ,ㄴ,ㅇ/ 변별 발성 가능 • 초성 /ㅁ, ㅂ, ㅃ, ㅍ/의 변별 발성유지
10회기	• 미성숙하고 혼란스러운 심상 표출 • 타인의 시선에 대한 거부와 불편감 표출 • 존댓말 사용 (사진 4-3)	• 수용능력 향상 • 짧은 집중시간	• 기본모음의 정확한 구형 만들기, 정조음 유지 • 초성에서/ㅁ,ㄴ,ㅇ/ 변별 발성 유지 • 종성/ㅁ, ㅂ, ㅃ, ㅍ/의 변별 발성의 어려움
11회기	• 내면의 대립하는 심상적 갈등 표출 • 과격한 놀이 • 놀이에 대한 집중력 향상 (사진 4-4)	• 타인 또는 규칙에 대한 수용능력의 향상	• 혀의 불수의적 움직임의 개선 • 조음기관 운동 능력이 향상됨 • 안정된 호흡, 입술 긴장의 개선 • 종성/ㅁ, ㅂ, ㅃ, ㅍ/의 변별 발성 가능

			• 기본모음의 표적음 2음절어 정조음 가능
12회기	• 11회기와 동일	• 타인 또는 규칙에 대한 수용능력의 향상 유지	• 혀의 불수의적 움직임의 개선유지 • 종성/ㅁ, ㅂ, ㅃ, ㅍ/의 변별발성 향상 • 기본모음의 표적음 4음절어 정조음 가능
13회기	• 불안감의 감소와 정서적 안정감의 증대 • 친밀감 증대 (사진 4-5)	• 타인 또는 규칙에 대한 수용능력의 향상 유지 • 적극적인 활동 참여 • 공격적 행동의 감소 • 주의집중력 향상 • 호흡조절의 어려움	• 혀의 불수의적 움직임의 12회기보다 향상됨 • 종성/ㅁ, ㅂ, ㅃ, ㅍ/의 변별발성확립 • 초성에서/ㄹ/음소 정조음 가능
14회기	• 불안감의 감소와 정서적 안정감의 증대 • 친밀감 증대 (13회기보다 더 안정감) (사진 4-6)	• 치료사의 활동제안에 수용 • 자신이 제안한 의견 끝까지 수행 • 적극적 활동 제안 • 규칙수용 • 떼쓰기의 현저한 감소 • 정서적 행동적 조절의 어려움	• 초성에서/ㄹ/과 /ㄴ/의 변별발성 가능해짐 • 종성에서/ㄹ/발성 정조음 50%로 향상
15회기	• 권위욕구, 힘에 대한 욕구 • 생성과 소멸에 대한 대립갈등 표출 • 외부환경에 대한 위험, 공포, 불안 등의 혼란스러운 내적 심상의 갈등 표출 • 자아 재확립을 위한 투쟁 • 친밀감 증대 • 자신의 행동에 대한 긍정적 평가 갈망 (사진 4-7)	• 신나게 연주 • 즐거운 정서 표현	• 초성에서/ㄹ/과 /ㄴ/의 변별발성 가능해짐 • 종성에서/ㄹ/발성 정조음 확립 • 종성에서/ㅁ,ㄴ,ㅇ/ 변별 발성의 어려움
16회기	• 외부환경으로부터 오는 공포로 인한 무력감, 좌절감 • 건강한 자아를 회복하기 위한 노력(보호, 보살핌, 양육) (사진 4-8)	• 적극적인 자신의 의사표출 • 퇴행적 행동(아기같은 소리, 제스추어) • 불안정한 정서 표출	• 초성에서 /ㄹ/과 /ㄴ/의 변별발성 확립 • 종성에서 /ㅁ,ㄴ,ㅇ/ 변별발성의 어려움
17회기	• 내재화된 억압감과 그에 대한 공격성 표출 • 집중력 향상 • 활동성 증대	• 치료사와의 약속 수용의 문제	• 초성에서 /ㄹ/과 /ㄴ/의 변별발성 확립 유지 • 종성에서 /ㅁ,ㄴ,ㅇ/ 변별발성의 70%정도로 향상

			• 초성에서 /ㄷ, ㄸ, ㅌ/의 정조음 가능해짐
18회기	• 외부환경으로부터의 공격이나 재해와 투쟁 • 건강한 자아를 회복을 위한 노력 • 놀이의 다양화 • 집중력 향상 (사진 4-10)	• 퇴행적 행동 표현(아기 같은 소리와 몸짓) • 불안과 공포감 표출 • 적극적인 악기소리 탐색	• 종성에서 /ㅁ,ㄴ,ㅇ/ 변별 발성의 개선유지 • 초성에서 /ㄷ, ㄸ, ㅌ,ㅅ, ㅆ/의 정조음 확립 • 초성에서 /ㄷ/과 /ㅈ/의 변별발성 50%로 개선 • 초성에서 /ㅅ/과 /ㅌ/의 변별발성 80%로 개선 • /ㅈ, ㅊ, ㅉ/의 변별발성 확인
19회기	• 같은 말의 되풀이 현상의 소거 • 돌아다니면서 이야기하는 현상의 현저한 감소 • 활동에의 집중력 향상 유지 • 적극적 심상 표출 • 선과 악의 대결과 투쟁으로 자아를 지켜내려는 의지의 가속화 (사진 4-11)	• 거부적 반응을 보이나, 그 상황에서 의견조절이 가능 • 활동에의 집중	• 초성에서/ㄷ/과 /ㅈ/의 변별발성 유지 • 초성에서/ㅅ/과 /ㅌ/의 변별발성 유지 • 2음절어: 양순음+기본모음 정조음 확립 • 2음절어: 치조음+기본모음 정조음 확립
20회기	• 자신의 건강한 자아 수립을 위한 내재된 부정적 요소들과의 적극적 투쟁 • 긍정적 힘이 생김을 표현 • 집중력 향상 유지 • 적극적 심상 표출 (사진 4-12)	• 적극적인 자신의 욕구 표출 • 타인과의 교류문제	• 혀의 불수의적 움직임의 안정 • 조음기관 운동 능력이 향상 유지 • 안정된 호흡, 입술 긴장의 안정화 유지 • 초성 /ㄱ, ㄲ, ㅋ/의 정조음 확립 • 1음절: 종성 /ㅇ/과 /ㄱ/의 변별력 향상 • /ㅎ/확립
21회기	• 정체성 확립에 관한 갈등 표출 및 투쟁집중력 향상 유지 • 적극적 심상 표출 (사진 4-13)	• 자신이 원하는 것이 가능함을 알게 되면, 수용이 빨라진다.	• 혀의 불수의적 움직임의 안정유지 • 2음절: 종성/ㅇ/과 /ㄱ/의 변별력 향상 • 3음절어: 양순음+기본모음 정조음 확립 • 3음절어: 치조음+기본모음 정조음 확립
22회기	• 유희욕구의 증가 • 건강한 자아를 회복을 위한 투쟁의 가속화 (사진 4-14)	• 고집부리는 횟수의 감소 • 긍정적인 모습 증가 (자신의 의견을 제시하고 조정하는 모습) • 제한과 기준을 비교적 잘 받아들인다.	• 혀의 불수의적 움직임의 안정 • 4음절: 양순음+ 기본모음, 치조음+기본모음의 정조음 향상 • 3음절: 종성 /ㅇ/과 /ㄱ/의 변별력 향상

23회기	• 보호와 양육에 대한 욕구 표출 • 내재화된 혼란스러운 불안과 공포 등 부정적 요소들의 극복을 위한 투쟁 • 집중력 향상 유지 • 적극적 심상 표출 (사진 4-15)	• 치료사의 격려를 통해 자신에 대한 긍정적 표현가능 • 자기수용과 긍정적 정서 표현 • 치료사의 의견 존중의 태도 보임	• 혀의 불수의적 움직임의 불안정 현상 • 초성 4음절: /ㄷ/과 /ㅈ/의 변별 발성 유지 • 4음절: 연구개음+ 기본모음, 성문음+기본모음의 정조음 확립 • 무의미 단어 2음절: 종성에서 /ㅁ,ㄴ,ㅇ/의 혼합구조에서 정조음 확립
24회기	• 보호와 양육에 대한 욕구 표출 • 퇴행되고 미성숙한 자아에 대한 갈등 • 집중력 향상 유지 • 적극적 심상 표출 (사진 4-16)	• 구조적 활동에 거부적 모습을 보이나, 이후 수용 가능 • 공격성 표출	• 종성 /ㄱ/과 /ㅇ/의 혼합구조에서 정조음 확립 • 무의미 단어 2음절: /ㄱ, ㄲ, ㅋ/의 혼합구조에서 정조음 확립
25회기	• 새로운 세계에 대한 관심 • 내재화된 분노 분출 • 양가감정, 우울감 • 양육환경에서의 좌절 • 집중력 향상 유지 • 적극적 심상 표출 (사진 4-17)	• 고집이나 거부적 태도의 감소 • 충분히 관찰 후 적극적인 활동 참여	• 무의미 단어 2음절: /ㅈ,ㅉ, ㅊ/의 혼합구조에서 정조음
26회기	• 긍정적인 모습 (욕구충족을 위한 즐거운 투쟁) • 집중력 향상 유지 • 적극적 심상 표출 (사진 4-18)	• 자신이 원하는 대로 되지 않으면 거부적 태도 보임 • 능동적으로 참여 • 세션이 끝날때 아쉬움 표출	• 4음절: 초성 /ㅅ/과 /ㅌ/의 변별발성 유지
27회기	• 힘이 생성된 자아의 움직임을 드러냄 • 지속적인 외부 환경적 재해에 대한 투쟁의 힘 • 집중력 향상 유지 • 적극적 심상 표출 (사진 4- 19)	• 우울하고, 부정적인 심상 표현(때려서 우는 것) • 적극적인 활동 참여	• 4음절: 종성 /ㅇ/과 /ㄱ/의 변별발성 유지
28회기	• 자아확립을 위한 투쟁의 외적 발산 • 집중력 향상 유지 • 적극적 심상 표출 (사진 4-20)	• 상대방의 입장에서 생각하는 모습이 나타남 • 긍정적 단어의 연상 • 우울하고, 부정적인 심상 표현	• 혀의 불수의적 움직임의 안정 • /어, 으/ 발성, 입술모형의 불안정현상 • /ㅠ, ㅕ,ㅟ, ㅚ, ㅢ/의 발성, 입술모형훈련 • 4음절: 자음+기본모음의 조음능력의 향상유지

29회기	• 부정적인 것, 나쁜 것을 이겨내기 위한 전투의 조직화되고 가열화된 내용 표현 • 집중력 향상 유지 • 적극적 심상 표출(사진 4-21)	• 치료사의 차례와 과제를 수용 • 경쟁욕구 표출	• 혀의 불수의적 움직임의 안정유지 • /어, 으/ 발성, 입술모형의 불안정현상의 개선 • /ㅠ, ㅕ,ㅟ, ㅚ, ㅢ/의 발성, 입술모형의 개선 • 4음절 이상: 자음+기본모음의 조음능력의 향상
30회기	• 새로운 출발을 위한 적극적 획득욕구 • 집중력 향상 유지 • 적극적 심상 표출(사진 4-22)	• 우울하고 부정적인 심상표현이 긍정적 심상표현으로 변화 • 타인과의 교류능력의 증가	• /어, 으/ 발성, 입술모형의 안정 • /ㅠ, ㅕ,ㅟ, ㅚ, ㅢ/의 발성, 입술모형 27회기보다 향상
31회기	• 외부세계에의 새로운 출발을 위한 적극적 획득욕구 • 관계향상 • 집중력 향상 유지 • 적극적 심상 표출 (사진 4-23)	• 긍정적이고, 수용적이며 온정적 정서 표현 증가	• /어, 으/ 발성, 입술모형의 안정 • /ㅑ,ㅠ, ㅕ,ㅟ, ㅚ, ㅢ/의 발성, 입술모형 향상 유지 • 2음절: 조음위치와 조음방법이 다른 표적음의 정조음
32회기	• 무기력하지 않은 자신의 투사 • 내면의 힘의 성장을 표현 • 집중력 향상 유지 • 적극적 심상 표출 (사진 4-24)	• 한 가지에 집중하는 모습을 보임 • 자유롭고 활발하게 활동 참여 • 능동적이고 즐거운 정서표현 • 자기조절능력의 향상(기다리기, 선택하고 정리하기, 스스로하기)	• 2음절: 무의미어 /ㅑ,ㅠ, ㅕ, ㅟ, ㅚ, ㅢ/의 표적음의 정조음 • 2음절: 조음위치와 조음방법이 다른 표적음의 정조음
33회기	• 새로운 성장을 위한 진통 • 보호와 양육의 욕구 • 집중력 향상 유지 • 적극적 심상 표출 (사진 4-25)	• 눈맞춤 유지가 잘 됨 • 고집부리며, 자신이주도적으로 진행하려고 함 (이전 회기에 비해 수용 능력이 떨어짐)	• 표적음/ㅁ, ㅂ, ㅃ, ㅍ/어두 2, 3음절어 정조음
34회기	• 안정된 기반형성에 대한 욕구 • 집중력 향상 유지 • 적극적 심상 표출 (사진 4-26)	• 부정적으로 노래하던 모습의 소거 • 상호교류의 문제	• 표적음 /ㄴ, ㄷ, ㄸ, ㄹ, ㅌ, ㅅ, ㅆ/ 어두 2, 3음절어 정조음
35회기	• 새로운 성장과 변화를 위한 노력 • 집중력 향상 유지 • 적극적 심상 표출(사진 4-27)	• 타인의 감정을 수용하고 공감하는 모습을 보임 • 수용능력 향상(이전에 비해 수용하는 데까지 걸리는 시간이 감소함) • 경쟁욕구	• 표적음/ㄱ, ㄲ, ㅋ/어두 2, 3음절어 정조음

36회기	• 자아의 균열 회복되는 심상표현 • 집중력 향상 유지 • 적극적 심상 표출 (사진 4- 28)	• 지시따르기시 집중을 잘 하고 수행능력도 현저히 향상됨 • 안정적인 Singing	• 호흡, 구강기능, 입술의 모형, 기본모음의 발성 및 입술 모형의 유지확인 • 자음+모음 2, 3, 4음절의 단어에서 표적발성의 정조음 유지확인
37회기	• 새로운 양육자 형상화를 통한 결핍된 지원욕구 충족 • 실수로 인한 처벌에 대한 두려움 • 보호와 보살핌을 통한 새로운 관계 형성 표현 • 집중력 향상 유지 • 적극적 심상 표출 (사진 4- 29)	• 자신의 행동 반영에 대한 저항: 부정적 행동 반영 시 하지 말라며 떼쓰고 눈물을 글썽 거림	• 표적음/ㅎ/ 어두 2, 3음절어 정조음
38회기	• 내재된 부적응적 요소와의 싸움을 통한 자아의 균열 회복 과정 표현 • 집중력 향상 유지 • 적극적 심상 표출 (사진 4-30)	• 고집피우고 떼쓰는 시간과 모습이 현저하게 감소 • 과격한 움직임 → 부드럽고 자연스러운 움직임으로 변화 • 타인의 의견 존중하려는 태도 보임 (~하는게 어때요)	• 4음절 이상의 단어에서 표적발성의 정조음 유지 확인
39회기	• 자아의 회복과 성장모습 표현 • 집중력 향상 유지 • 적극적 심상 표출 (사진 4-31)	• 활동에 대한 집중력 향상 • 타인인식의 향상(다른 대상을 걱정해 주는 모습이 나타남)	• 표적음/ㅁ, ㅂ, /어말 다음절어 정조음
40회기	• 39회기와 동일함 유지(사진 4-32)	• 즐거운 정서 표현, 활기찬 움직임의 활동 • 적극적 행동 변화의 욕구 • 적극적 전략개발 활동 참여: 음악놀이를 통해 다양한 상황을 함께 해결함.	• 표적음/ㄴ, ㄹ, ㄷ /어말 2, 3음절어 정조음
41회기	• 39회기와 동일함 유지(사진 4-33)	• 긍정적 정서표현의 향상 (찡그리거나 나쁜 표정을 모두 웃는 얼굴로 바꿈)	• 표적음 /ㄱ,ㅇ /어말 다음절어 정조음
42회기	• 39회기와 동일함 유지 • 가족관계에 대한 새로운 인식 (사진 4-34)	• 긍정적인 정서 표현의 증진 • 능동적인 자기 표현력 향상	• 표적음 /ㅁ,ㅂ,ㅃ, ㅍ/조음위치의 혼합구조에서 다음절어 정조음
43회기	• 39회기와 동일함 유지 • 힘에 대한 욕구 충족 • 사회성 회복 (사진 4-35)	• 친구나 또래 관계에 대한 개념 미형성	• 표적음 /ㄴ, ㄷ, ㄸ, ㄹ, ㅌ, ㅅ, ㅆ/조음위치의 혼합구조에서 다음절어 정조음
44회기	• 39회기와 동일함 유지 • 환경변화를 위한 적극적 시도 (사진 4-36)	• 부정적 표현의 긍정적 변화 (안 반가워 → 반가워) • 타인의 감정에 교류하고 격려하는 모습이 나타남	• 표적음/ㄱ, ㄲ, ㅋ/조음위치의 혼합구조에서 다음절어 정조음

45회기	• 39회기와 동일함 유지 • 긍정적 표현 증가 (사진 4-37)	• 즉흥연주 시 두려워하지 않고 자신감 있게 연주 • 긍정적 정서 표현	• 표적음이 어두에 있는 두단어, 세단어 반복 문장에서의 정조음 • 예:귀여운+개를/고래를/ 개구리를+그려요
46회기	• 39회기와 동일함 유지 • 선과 악에 대한 투쟁의 반복 (사진 4-38)	• 높은 집중력 • 구조에 따른 치료사의 이야기 수용	• 표적음이 어중에 있는 두단어, 세단어 반복 문장에서의 정조음
47회기	• 39회기와 동일함 유지 • 새로운 관계와 사회성의 회복 • 균형감형성 (사진 4-39)	• 수용능력의 향상 • 자신감 증진: 큰 소리로 씩씩하게 책을 읽어나감	• 표적음이 어말에 있는 두단어, 세단어 반복 문장에서의 정조음
48회기	• 47회기와 동일함 유지 • 안정감형성 (사진 4-40)	• 즉흥연주시 자유롭게 악기를 연주하고 표현 • 조절능력의 향상(다이나믹한 연주를 하다가 제한에 따라 부드럽게 연주 가능)	• 어두, 어중, 어말에서 표적음 반복 문장의 정조음확립
49회기	• 48회기와 동일함 유지(사진 4-41)	• 타인과의 교류능력 향상	• 일상생활의 대화에서 표적음의 장조음 확인
50회기	• 48회기와 동일함 유지 • 자신의 자아 수용 및 회복 (사진 4-42)	x	• 다양한 문장 형식에서 정조음 유지 확인

❖ 칼프의 발달 3단계에 따른 모래놀이치료 분석결과

대상 3의 모래상자를 칼프(1989)의 발달단계에 따라 분석해본 결과, 1회기에서 10회기까지는 동식물의 단계, 11회기에서 30회기는 투쟁의 단계, 31회기에서 50회기까지는 적응의 단계로 볼 수 있었다.

1단계인 동식물의 단계에서 대상 3은 1회기에서 10회기까지에서 자신의 혼돈되고 혼란스러운 내적 불안과 갈등을 분출하고 해소하며, 자신의 무의식에서의 혼돈과 무질서를 극복해가는 과정을 보여주었다. 아동의 초기의 작품에서 보호와 보살핌을 받지 못하고 혼자인 아기는 괴물들의 공격을 받아서 울다가 죽고, 괴물들은 서로 공격하며 아수라장이 되어 죽고, 죽인다. 뼈다귀괴물은 죽여도 다시 계속 살아나고 있었다. 박쥐나라, 곤충나라, 검정색 나라에도 갔고 아기와 왕관이 더러워졌다며 수돗가에 데려가 씻어주는 행동을 함으로써 분화되지 않은 혼란스런 자아의 측면을 드러내며, 정서적 혼란과 혼돈의 갈등, 좌절과 퇴행욕구와의 혼란스럽고 정돈되지 않는 감정을 표출하며 현재 자신의 상태를 드러내었다. 또한 아동의 문제인 타인에 대한 거부와 공포감 등의 내재화된 갈등을 표출하고 있었으며(기차놀이에서 선로를 이탈시키면서 계속해서 사고를 내며 사람들을 쏟아냄으로써 기차가 고쳐졌다. 그러나 또 사고가 나고 얼굴이 없어서 그렇다), 아동의 주요 문제인 위축되고 불안하며 외부환경에 대한 공포감을 갖고 있는 것과 미성숙하게 퇴행되어 있는 자신의 내재화된 갈등을 반영하는 작품을 꾸미고 있었다.

대상 3은 외부 환경적 요소가 모두 자신의 자아를 위협하는 대상으로 인식하고 있음을 반영하는 작품을 꾸밈으로써, 자신의 공포스럽고 혼돈된 정서를 분출하고 동물들과 괴물들, 전사 등 가릴 것 없이 서로 공격에 공격을 반복하면서 무의식에 내재화되어 있는 정서적 혼란과 공격성을 분출하는 작품이 주로 많이 나타났다. 놀이에서 공격자가 다양한 동물들의 얼굴을 가면삼아 쓰고 싸움을 하는 것과 얼굴끼리의 싸움을 통하여, 타인과 외부환경에 관련한 공포와 불안 · 위축 등의 내재화된 무의식적 갈등과 혼란스런 투쟁을 하며 혼돈된 정서를 분출하는 작품을 많이 꾸몄다.

모래놀이치료에서 1단계는 동식물의 단계 즉, 혼돈의 단계로 대개 첫 작품이나 초기의 작품에 나타나며 현재 아동의 생활이나(이숙 외, 2002), 분화되지 않은 혼란스러운 자아의 모든 측면을 한꺼번에 나타내는 복잡한 작품, 즉 혼란과 혼돈을 반영하는 작품을 꾸민다는 칼프(1989)의 견해와 일치함을 알 수 있었다.

2단계인 투쟁의 단계는 11회기에서 30회기를 통하여 진행되었으며, 자신의 무의식에 내재되어 있는 불안·공포·우울·위축 등의 부정적인 내면과 싸우고 점차로 투쟁을 가속화시켜 나갔다. 자신을 위협하는 외부환경의 억압감과 내적 심상과 투쟁하면서 힘을 길러 나가고 있었다. 아동의 놀이는 투쟁의 단계에서 대립과 투쟁이라는 형태로 악당이나 괴물과의 싸움장면, 전쟁장면, 파괴적인 장면들이 반복적으로 나타나고 있었다. 대포를 쏘고 총을 쏴서 서로 죽고 죽이는 장면, 칼로 찔러 서로 죽고 죽이는 장면들, 폭발하거나 하는 장면들이 주를 이루고 있었다. 낡은 것과 새로운 것의 투쟁, 폭탄의 폭발과 화재 등의 전쟁과 파괴의 투쟁이 진행되고 있었다. 권위욕구와 힘에 대한 욕구, 생성과 소멸에 대한 대립 갈등을 표출하며, 강한 자아를 재확립하기 위한 투쟁이 외적으로 발현되며 선과 악의 대결과 투쟁이며, 자아를 지켜내기 위한 투쟁도 가속화 되어 나타났다. 또한 유희욕구를 놀이를 통하여 충족시키고 굴뚝에서 자고 있는 형 짱구를 통하여 갈등과 좌절감을 대립시켜 투쟁하며 샤워를 통하여 부정적인 측면을 스스로 돌보고 양육하며 새로운 탄생을 갈구하고 있었다. 무의식에 내재화된 혼란스런 불안과 공포 등 부정적인 요소들을 극복하기 위한 투쟁이 지속되고, 치료 중반기로 갈수록 전투가 가열되고 조직화되어 나타났으며 무기력하고 약한 자아를 위험스런 외부 환경적 재해로부터 보호하기 위한 투쟁이 가속화되고 있는 무의식적 심상을 표출하였다.

또한 양육환경에서의 좌절을 표출하다가 다시 힘을 내어 자신이 사랑으로 돌보며 보호하고 양육하는 긍정적인 심상을 나타내며 부정적인 갈등과의 투쟁하기도 하고, 욕구충족을 위한 에너지원들과 즐거운 투쟁을 하고 있는 긍정적인 모습을 드러내었다. 선과 악, 긍정적인 것과 부정적인 것과의 치열한 투쟁으로 강인한 자아를 확립하기 위한 심상이 놀이를 통하여 외적으로 발산되고, 점차적으로 나쁜 것을 이겨내기 위한 전투가 조직화되고 치열하게 가열되는 내용도 나타내었다. 30회기에서는 새로운 출발을 하려는 적극적 획득욕구가 발현되고 험난한 고난을 맞이하게 되나 굴복하지 않고 새로운 방법을 모색하며 극복해가는 점차 강인해지는 자아의 회복을 보여주었다.

모래놀이에서 2단계인 투쟁의 단계는 대립과 투쟁이라는 형태로 전쟁 장면이나 파괴적인 장면, 폭발하거나 총에 맞는 등의 장면들이 많이 나타나며, 치료의 중반기로 갈수록 전투가 가열해지고 조직화 되며, 일반적인 파괴가 아니라 균형 있는 투쟁이 나타난다. 또한 영웅이 등장하여 힘을 행사하는 장면이 꾸며지고 이 때 남아들은 강한 자아를 재확립하기 위해 노력하며 투쟁이 외적으로 발산된다. 따라서 총소리나 폭발하는 소리를 내기도 하고 파괴적인 놀이를 첨가하기도 한다. 시간이 지나면서 건설적인 장면이나 움직임이 많은 작업을 하는 장면을 꾸미게 되어 힘을 건설적으로 발산하는 것을 볼 수 있다고 한 Kalff(1989)의 견해와 일치하는 것을 알 수 있었다.

3단계인 적응의 단계는 31회기에서 마지막 50회기까지 진행되었다. 이 단계에서 아동은 칼프(1989)의 견해와 일치하는 작품들을 꾸며 나갔다. 즉, 새로운 것과 낡은 것의 싸움, 새로운 성장을 위한 진통을 겪으며, 자아의 균열이 회복되어가는 내용을 보여주었다. 아동은 점차 후반으로 갈수록, 자아를 수용하고 새로운 관계가 생기며 새로운 사회성이 회복되어 일상적인 생활의 측면을 꾸몄다. 또한 건설 현장이나 아파트나 집, 공원, 마을 등을 꾸며나가고, 질서가 생기며 자연과 사람 사이에 균형이 잡히고 생활에 리듬이 생겨나는 작품도 꾸몄다. 동물과 식물들 자연환경은 적절한 곳에서 살게 되고 자연과 마을이 균형을 이루었다.

대상 3은 적응의 단계에서, 내면에서 일어나는 선과 악의 투쟁 및 처벌에 대한 두려움과 무의식 속에서 발현되는 외부세계에의 새로운 시작과 유희욕구를 드러내기도 하고, 이와 같은 새로운 관계의 시작을 추구하는 아동의 욕구는 무의식에서 일어나는 부정적인 것과 투쟁하며, 음식을 통해 에너지를 충전하고 적극적 획득욕구를 추진한다. 이러한 심상적 움직임은 새로운 관계와 새로운 사회성이 회복을 암시하면서 정상적인 일상사를 나타내었다. 친사회적인 행동과 대화, 또래 간의 협력 등의 움직임이 표현되기도 하였으며, 초반기의 미약하고 불안과 공포로 좌절하며 무기력했던 아기는 음식을 많이 먹고 에너지를 얻어 나쁜 놈들과의 싸움을 하고 더 이상 무기력하지 않은 존재로 성장해 있다. 아기는 이제 기분도 좋아지고 활동적이며 괴물한테 장난도 치고 공격도 하며 스스로 계단도 오르고 자유롭게 하늘도 난다. 이러한 성장과 변화 속에서 아기는 에너지를 생성하고 있지만 아동은 코끼리의 보호와 양육을 받고 초월적인 힘을 얻기 위하여 마법 목걸이를 필요로 하며 스스로를 지원한다. 괴물 왕들이 다시 나타났으나 아기는 공격도 하지 않았고 괴물들과 부딪치기만 했는데도 괴물들은 죽는다. 이처럼 아기가 초월적인 힘을 갖게 되었음을 나타내었다. 자신의 무의식적 심상에서 일어나는 새로운 것과 낡은 것과의 싸움, 새로운 성장을 위한 진통을 겪는 심상적 표현을 순환하여 나타낸다. 괴물을 없애려고 대포를 쏘다가 괴물과 대포 사람 모두가 죽게 되고 공룡들은 전기에 들어가려다 죽는다. 그러나 아동은 이야기를 통하여 공상을 자신의 본능과 연결시켜 자신을 짱구와 동일시하며 공포와 싸워 이길 수 있는 힘을 자각하고 새로운 건설을 위한 일하는 남자가 열심히 땅을 파서 집을 만들며 이 집들을 한 곳에 모여 놓아두어 안정된 기반인 집의 회복을 만들어냈다. 또한 〈새 집짓기〉를 통하여 안정된 기반형성에 대한 자신의 욕구를 적극적으로 추진하였고, 주차장을 만들고 집 주변에는 숲이 만들어졌으며, 곤충들이 살고 있는 환경을 조성하였다. 성장과 변화를 위하여 아동은 장애물을 적극적으로 극복하고자 열심히 작업하며 새로운 기찻길을 건설하며 〈길 만들기〉를 통하여 힘을 건설적으로 발산함을 볼 수 있었다. 이처럼 안정과 질서가 회복되고 자연과 사람사이의 균형이 생김을 드러내었다.

또한, 말썽장이 아기이지만 위험에 처한 아기를 모두가 도와서 구해주는 이야기를 통해 아기는 더 이상 혼자가 아니며 보호와 보살핌을 받고 새로운 관계를 형성한다. 엄마에 대한 결핍된 지원욕구를 이야기를 통하여 충족하며 방임하는 양육자가 아니라 보호와 지지를 해주는 새로운 양육자를 회복한다. 안정된 기반을 구축한 아기는 〈나쁜 놈, 악당의 공격 이기기〉를 통하여 나쁜 놈 사자와 괴물과의 싸움에서 사람이 승리를 거두고 "사람이 이겼어요."라는 표현을 하며 혼란스런 내면의 공포와 싸워 이겨 낸 기쁨과 자신감 회복을 드러내주었다. 이처럼 모래놀이를 통하여 실체 없는 공포와 불안 두려움 등 무의식에 내재되어 있던 부적응적인 요소를 괴물이라는 상징과 싸워 이기며 자아의 균열이 회복 되어가는 것을 보여주었다.

더 나아가 〈악의 죽음 그리고 선이 태어남〉이라는 작품 활동과 악당"나쁜 놈들" 괴물들은 착한 놈과 싸워서 죽게 되고 죽은 후에는 모두 착한 놈으로 다시 태어나고 있음으로써, 건강한 자아회복과 성장을 위한 투쟁이 진행되고 있었다. 마침내 아기 물고기가 상자 전체를 돌아다니며 〈물길〉을 만들고 "물이 나오고 있다"고 환호하며 긍정적인 내적심상을 표출하였다.

이렇게 성장하는 내적 적응은 〈가족 보물〉이라는 주제를 다루며 가족이 보물이라는 새로운 의식을 성장시켜 나갔으며, 아동은 〈집 옮기기〉라는 작품을 꾸밈으로써 자신의 마음에 들지 않는 환경을 적극적으로 변화시켜 자신이 원하는 환경을 획득하고, 〈힘센 마법구술 친구들〉이라는 작품을 통하여 친구를 수용하고 친구들의 협력의 중요성에 대한 의식의 성장을 보여주었다. 이와 같은 내적 심상은 〈거인이 물 가져오기〉로 이어져 숲에서 어미 새들이 아기를 보호하고 싸움이나 전쟁이 없으며 친구들이 같이 앉아서 무언가 대화를 나누고 책과 편안한 안락의자, 거인의 보물인 십자가, 거인이 가져다 준 생명력과 에너지의 상징인 물이 있는 상징으로써 새로운 관계의 회복과 사회성의 회복을 나타내었다. 이어지는 회기에서는 〈마을〉이 조성되고 자연과 사람이 균형 있게 생겨났으며 〈나쁜 놈이 없는 마을로 이사했어요.〉로 아동이 불안과 공포감에서 벗어나 안정된 기반을 회복했음을 나타내주었다. 〈우체통〉, 〈전화기〉, 〈휴대폰〉을 마련하여 외부 환경이나 타인과의 의사소통 욕구가 발현되어 있다. 다른 동물 가족들도 이사를 해 오고 경찰이 안전하게 보호를 하고 있어 새롭게 획득한 마을은 안전하며 즐거움이 있고 친사회적 공간이 되어 있었다. 이제 〈나쁜 놈 보다 힘이 세진 아기〉는 나쁜 놈으로부터 무기를 뺏어내어 스스로 자신을 지켜낸다. "아기는 이제 힘이 세요. 나쁜 놈을 물리쳤어요." 미약했던 아기들은 자신들의 힘으로 자라고 괴물을 물리치며 즐겁게 뛰어논다. 또한 부모의 적절한 양육을 받으며, 부모는 아침에 일터로 나가는 일상적인 생활이 표현되어 반영되었다. 마지막 회기에서 아동은 자신의 작품의 주제를 〈아주 편한 세상〉이라 하였다. 어미 새가 함께 있는 새둥지, 풀, 잔디를 가득 꾸미고 "닭들이 심은 거예요. 꽃, 나무, 풀들 일•많이 했죠.…왕꽃이예요. 연꽃인데 정말 커요. 잘 컸어요." 편한 마을엔 다양한 동물들이 이사를 해 왔고, "놀이동산이 다시 살아났어요. 여기는 아주 편한 곳이예요."라고 말하였다. 아동은 아주 편한 세상을 통하여 자신의 자아를 수용하고 회복하여 더 이상 고통스럽지 않은 해방된 심상을 드러내 주며 본능적인 힘의 통합을 나타내었다.

대상 3의 모래놀이치료를 칼프(1989)의 발달단계에 따라 분석해 본 결과 아동의 모래놀이는 동식물의 단계인 혼돈의 단계, 투쟁의 단계, 적응의 단계를 거치며 진행되고 있었고 혼란스러웠던 자아가 통합되며 건강한 자아가 회복되어 감을 보여주었다.

결과적으로 이러한 세 단계의 통합은 자아의 발달 과정인 동시에 자기와 자기와의 관계를 개선하는 과정이고, 사회성의 발달을 시작하는 과정이며 부모를 포함하여 사람과의 관계를 개선하는 과정을 나타내는 것이라는 이숙 외(2002)의 견해와 일치하는 결과를 얻었다. 또한 박지연(2008)의 「우울·불안과 위축행동을 보이는 아동에 대한 모래놀이치료 효과」에서도 3명의 대상아동들은 이와 같은 3단계를 거치며 성장 발달하고 있음을 발표하였고 본 연구를 통해서도 일치하는 결과를 얻었다.

❖ 음악치료의 분석 결과

종래의 음악치료의 선행연구들에서 밝혀진 바와 같이 아동은 음악치료 활동을 통하여, 자기 자신의 무의식에 내재화되어 억압되어 있는 갈등과 감정, 생각들을 동시적으로 표출하며 내면의 갈등과 분노를 방어하3는 적절하게 분출하고 현시화 함으로써 카타르시스를 경험하고 자신의 문제를 극복해 나갔다. 즉, 아동은 역동적인 음악 활동(즉흥연주, 리듬, 리듬써클, Drumming, 노래 부르기, 음악적 활동 안에서의 신체표현, songwriting, 합주하기, 음악 감상, 음악동화 만들기, 음악극활동 등)을 통해서 자신의 내재화된 갈등 또는 부정적 감정 분출하기, 자발적이고 능동적으로 표현하기, 은유와 상징을 사용하여 대상에 대해 무의식적인 분노를 풀어내기 등을 통하여 아동의 사회 · 정서문제행동은 점차 개선되어 갔으며, 회기가 진행함에 따라 문제행동의 거의 대부분이 소거되는 결과를 얻었다.

또한 이러한 음악활동 안에서 자율신경계의 자극과 운동중추의 자극으로 운동촉진 등 생리적인 긴장이완을 통하여 몸의 경직성이 감소되고 정서적 안정을 찾았으며 특히 치료사의 공감과 수용, 지지적인 활동을 바탕으로 교류에 성공적인 경험을 촉진시켜 아동의 또래 및 가족관계, 대인관계의 어려움을 극복할 수 있었다.

❖ 음악치료시 회기별 아동의 문제행동 변화과정 분석결과

아동의 각 회기별 활동시 행동 변화 분석을 통하여, 아동이 점차적으로 내면의 심상활동을 활발하게 촉진시키며 사회정서적 적응능력을 향상시켜 나갔음을 확인할 수 있었다.

〈1회기〉에서 아동은 자리착석이 잘 이루어지지 않았으며 자세가 흐트러지며 돌아다니는 등의 산만한 모습을 보였다. 세션 내에서 금지하는 행동을 하면서 즐거워하며, 반말로 말대꾸를 하는 등 반항적인 모습을 보이나, 낮은 톤으로 주의를 주면 금방 수긍하고 존댓말을 하였다.

〈2회기〉에서도 여전히 산만하고 움직임이 많으며 자리착석이 잘 이루어지지 않았으며, 코끼리 피리로 치료사를 공격하고, 키보드를 마구 치는 등의 공격적 행동을 보였다.

〈3회기〉에서는 공놀이와 풍선치기 활동 시 공을 아무데나 던지고 무조건 이기고 지는 승부로 생각하며 이기려고 하는 모습을 보여, 타인과의 교류가 어려우며, 자기 중심적으로 사고하고 행동하는 모습을 보였다.

〈4회기〉와 〈5회기〉에서는 과잉활동적이며 매우 산만한 모습을 보였으나, 활동을 마친 후 "힘나라고 주물러 주는 거야"라며 마사지를 해주자 "힘!힘!힘!!"이라고 말하며 즐거워하며, 자신의 감정이나 행동에 대해 지지와 수용을 받고 싶은 욕구를 적극적으로 드러냈다.

〈6회기〉와 〈7회기〉에서는 이전까지의 회기에 비하여 인사시 착석 유지가 가능해졌다. 그러나 치료사에게 반말의 명령조로 이야기 하여, 권위적고 반항적인 모습을 보였으나, 〈7회기〉때는 점차 이전의 회기들에 비하여 치료사의 말을 수용하는 능력이 향상되었다. 그러나 여전히 악기도구가 날아가게 하거나 강하게 치는 등 공격적이고 과격 · 산만한 모습을 보였고, 악어를 보며 '응애응애'하는 애기소리를 내는 모습이 나타났다.

〈8회기〉·〈9회기〉·〈10회기〉를 통해서도 인사활동 시 착석은 유지되고 있었으나, 자신이 원하지 않는 활동에 대해서는 강하게 거부하며 치료사의 말을 수용하지 않으며 계속적으로 반말을 사용하는 모습을 보였다. 치료사가 말을 수용하도록 눈을 맞추도록 하면 때리려고 하는 공격적인 모습도 보였다. 자신이 원하지 않는 것일 때 눈맞춤을 하지 않으려 하며, 기타를 과격하게 치고, 조율키를 돌리는 등 활동이 잘 이루어지지 않도록 하는 반항적이며 도전적인 모습을 보인다. 아동은 자신을 통제하려 하거나, 자신의 뜻대로 이루어지지 않는 상황에서 매우 감정을 조절하지 못하고 짜증을 내는 등 권위자에 대한 강한 거부감과 공격성, 회피하는 태도를 강하게 드러내고 있었다. 그러나 〈10회기〉를 통하여 지난 〈8회기〉, 〈9회기〉에 비해서 향상된 수용능력을 관찰할 수 있었다. 아동은 여전히 자신이 원하는 대로 활동하려 하지만, 그것을 왜 할 수 없는지에 대한 이야기에 대해서는 수용하는 모습을 보여 타인의 감정이나 제안에 수용할 수 있는 능력이 증진됨을 보였다.

〈11회기〉에서도 치료사가 규칙과 제한설정을 다시 환기시켜주자 악기를 다시 놓고 제자리로 돌아와 규칙과 타인 수용능력이 크게 향상됨을 보여주었으며, 〈12회기〉에서는 기다리기와 착석이 잘 이루어졌다. 또한 칭찬에 많이 고무된 모습을 보였다. 풍선치기 활동 또한 〈3회기〉때와는 달리 잘 수행하였다.

이와 같은 적응능력과 수용능력은 점차적으로 개선이 활발해지면서 〈13회기〉에서는 활동에 적극적이며 즐겁게 참여하고 활동 내내 유지하는 모습을 보였다. 또한 공격적 행동은 감소하였으며, 주의집중력 또한 향상되었다. 또한 이전 회기들에서는 자기가 하고 싶은 대로 하려고 하였으나, 오늘은 선생님이 하고 싶은 대로 다 하라고 하는 모습을 보여 수용능력이 점차 향상되고 있다.

호흡 연습시 불필요한 동작이나 잘못된 자세가 많이 나타났으나 주어진 과제를 적극적으로 따라오는 모습을 보였다. 특히 들숨이 약하고 호흡조절이 미숙하나 의성어를 무의식적으로 모방할 때는 자연스럽게 호흡조절을 한다.

〈14회기〉에서도 막무가내로 떼를 쓰거나 하는 모습은 보이지 않고 치료사의 의견과 자신의 의견을 종합해 좋은 의견을 내는 모습도 보이며, 자기 나이 또래에 어울리는 역할놀이도 잘 수용하는 모습을 보여주었다.

〈18회기〉에서는 세션 시작까지 대기실에서 기다리는 것이 조금 어려웠으며, 현대음악에서 사용되는 괴기한 소리나 소녀가 앉아있는 그림을 보고 무서워하였으나, 치료사의 무릎에 앉거나, 설명을 들음을 통해서 안정을 찾았다.

〈22회기〉에서는 '내가 할꺼예요'라고 고집을 부리는 횟수는 감소하였으며, '~하는거 어때요?' 라며 자신의 의견을 제시하고 조정하려는 긍정적인 모습이 증가하였다. 치료사의 제한과 기준에 대해 '싫어요, 더해요' 등의 의견제시 및 거부를 보였으나 치료사의 의견을 수용하고 따라오는 모습을 보였다.

이처럼 긍정적으로 치료사의 의견을 수용하는 능력과 자신의 의사를 긍정적으로 표현하는 자기표현능력은 조금씩 향상을 나타내어갔다. 그러나 〈24회기〉에서는 세션 도중 짜증을 내거나 화를 내고, 헤어지는 인사 활동을 거부 하는 등 거부적이고 부정적인 태도를 보였으며, 활동 중 받고 싶은 선물을 그리라고 하자 '그리면 안돼!' 라고 반복적으로 이야기 하며 치료사를 매직으로 공격하려 하는 모습을 보이며 다시 문제행동을 드러내었다. 하지만 다시 〈25회기〉에서 헤어지는 인사활동에 고집을 부리지 않고 잘 수용하는 모습을 보였고, 〈28회기〉에서는 자리착석이 잘 이루어졌으며, 활동 시 눈맞춤도 잘 이루어졌다.

〈30회기〉와 〈31회기〉에서는 아동은 그림그리기 활동에서 창의력과 융통성, 타인을 배려하고 도와주는 모습을 보였다. 긍정적인 심상표현과 자기 표현력 및 타인과의 교류능력이 증가한 모습을 보였다. 또한 활동에서도 긍정적이고 수용적이며 온정적인 정서적 표현이 증가하였다. 치료사의 지시에도 잘 따라오는 모습을 유지하였으며, 〈32회기〉에서는 역할 놀이 시 한 가지에 집중하는 모습을 보였고 악기선택 및 정리하기, 기다리기, 스스로하기 능력이 크게 향상되었음을 확인할 수 있었다. 또한 〈33회기〉에서는 대기실에서 기다리기 수행이 잘 되었다. 인사 노래시 자세 흐트러짐은 나타나지 않았으며, 눈맞춤도 잘 유지하는 모습을 보였다. 〈35회기〉에서는 타인의 감정을 수용하고 공감하는 모습과 주어진 과제들을 수용하는 데까지 걸리는 시간이 단축되는 모습도 관찰되었다. 〈36회기〉에서는 치료사의 언어적 지시에 잘 집중하고 과제수행과 인사노래를 안정적으로 수행하고, 짜증 또는 고집을 부리는 모습이 나타나지 않아 문제행동이 대체로 감소되어 개선되어 가고 있음을 확인할 수 있었다.

〈38회기〉에서는 '~하는게 어때요?' 라며 자신의 의견을 제시하는 긍정적인 모습이 나타났고, 활동에 집중하는 모습을 보였다. 〈40회기〉에서도 대기실에서 기다리기 수행이 잘 유지되고 있다. 하고 싶은 이야기가 있을 때 손을 들어 신호를 보내기, 활동이 끝날 때까지 기다리기의 제한설정에도 잘 따라와 기다리기 수행이 잘 유지되고 있다.

〈42회기〉에서는 능동적인 자기 표현력이 향상되었고, 긍정적 정서표현 또한 증가하였고, 〈45회기〉에서는 활동 시 자신감 있게 연주하여 아동의 자신감이 증진된 모습을 확인할 수 있었다. 〈24회기〉나 〈26회기〉에서는 헤어지는 인사나 활동 시 거부적인 모습을 보이기도 했으나, 스스로 시간을 보며 미리 끝날 시간을 확인하고 치료사에게 말해주는 모습을 보였다.

〈48회기〉에서는 치료사의 지시에 따라 기다리고 수용하는 것이 유지되며 치료사의 볼에 뽀뽀를 해주는 모습도 나타났다. 마지막 회기인 〈49회기〉에서는 사진 찍기를 거부하며 자신이 드러나는 것을 부정하지 않고, 자신있게 사진을 찍는 포즈를 취하고 치료사와 함께 교류하는 모습을 보였다.

이와 같이 아동은 치료사와의 음악치료 활동 안에서 점차 자신의 정서적 행동적 문제들을 해결해가며 자신과 타인을 받아들여감으로써, 자기수용능력과 타인에 대한 수용능력, 타인과의 상호교류능력을 키워가며 전반적으로는 정서행동적 적응능력을 향상시켜나갔다.

❖ 모친의〈일상생활에서 아동의 행동관찰보고〉를 통한 문제행동 변화과정 분석결과

아동의 주호소 문제인 계절에 상관없이 더운 여름 날씨임에도 불구하고 담요를 항상 두르고 문제는 〈7회기〉 때부터 변화를 보고하였는데, 담요를 두르고 다니는 일은 매우 감소하여 가끔씩 기분이 언짢을 때에만 두르고 있다고 하였다.〈12회기〉때 보고에서는 담요를 두르고 다니는 일이 관찰되고 있지 않다고 보고하였고 이후에는 담요를 두르고 다니는 문제는 소거되어 있었다.

아기나 타인에 대한 거부와 공포반응과 이들이 자신의 집에 방문하였을 때 장롱 또는 침대 밑에 숨는 행동의 문제는〈6회기〉때부터 감소하고 있음을 보고하여, 〈13회기〉에서는 집에 다른 사람이 놀러오거나 아기들이 놀러와도 더 이상 숨거나 하지 않고 인사를 할 정도로 변화하고 있었다. 〈22회기〉의 보고에서는 담요를 쓰고 다니는 일은 최근 한 번도 없었다고 하며, 타인이 집에 와도 인사를 곧잘 한다고 하였고, 〈23회기〉에서는 아동이 놀이터에 가서 한 두 시간씩 놀고 들어오기 시작하였으며 집에 아무도 없이 혼자 있게 되어도 울지 않는다고 보고하였다.

항상 응애응애 아기소리를 내고 다니는 문제는 〈14회기〉에서 개선되고 있다는 변화를 보고하였다. 〈19회기〉에서는 응애응애 하고 아기소리 내는 횟수가 현저히 줄었고, 아기 같은 행동도 거의 하지 않는다고 하였다.

자기 뜻대로 되지 않으면 울고불고 떼를 쓰며 분노발작을 일으키는 문제는 〈9회기〉에서 변화를 보이기 시작하였다. 이때의 보고에서 아동의 분노폭발은 매우 감소하였고 짜증은 조금씩 부린다고 하였다. 〈11회기〉때에는 아동이 자신의 뜻대로 되지 않아도 때때로 기분 좋게 수용하는 모습을 보인다고 보고하였다. 〈13회기〉때부터는 자신의 의견이 수용이 안 되더라도 분노발작이 없고 울거나 때리거나 하지는 않게 되었다고 변화를 보고하였다.

〈14회기〉에서는 형이나 부모와의 의견수용이 잘 이루어지고 있고, 아침에 일어났을 때 아기처럼 우는 횟수도 매우 감소하였으며 아기소리도 거의 소거된 상태라고 아동의 변화를 보고하였다. 또한 평소에 우는 횟수도 현저히 줄어든 상태였다. 〈15회기〉에는 아동의 문제행동이 현저히 개선이 되어 있었다.

아동은 집에서 인형놀이를 매우 활발하게 하며, 엄마와 함께 역할놀이를 하고 있다고 하였으며, 〈16회기〉의 보고에서는 아동이 많이 밝아지고 다른 친구들과도 어울리고 있었다.

수면장애의 문제는 〈13회기〉에서 변화를 보여 밤에 제법 깨지 않고 잘 자는 편이라 하였다. 〈17회기〉때부터는 아동의 사회적 적응능력이 매우 향상되어 있음을 보고하였다. 이때부터 아동은 최근 유치원에서 배운 노래 '노을'을 집에 와서 부르기도 하고 유치원 생활을 물어보면 '기억 안나! 몰라!' 등을 얘기했었으나 요즘은 유치원 카페트 색깔이 바뀌고 어떤 친구랑 놀았는지 이야기 한다고 향상 정도를 보고하였다. 또한, 〈18회기〉때는 아동과 함께 놀이공원에 다녀올 수 있게 되었고, 유치원에서도 (담임선생님의 보고를 통해) 친구들과 이야기를 하고 함께 어울려 놀기도 한다고 하였다.

〈20회기〉에서는 가정과 유치원에서 아동의 적응행동이 큰 폭으로 변화하여 향상되었음을 보고하였다. 즉, 형한테 양보하는 행동과 형제 간 우애가 좋아졌으며, 유치원에서 처음으로 발표를 했다고 담임선생님한테서 연락이 왔다고 기뻐하였다.

〈25회기〉에서는 주의 집중력이 많이 향상되어 방문교사와의 수업이 잘 이루어지고 있다고 하였으며, 엄마 아빠의 지시나 제안에 대하여 거부하거나 반항하는 일이 거의 없이 수용하게 되었다. 〈26회기〉때는 형과 엄마한테 인형놀이와 게임놀이를 하자고 하거나, 혼자서 그림을 그려가며 이야기를 꾸미기도 하는데 웅얼거리거나 말끝을 흐리지는 않는다고 개선정도를 보고하였다.

〈28회기〉의 변화 보고에서는 아동이 엄마한테 심부름을 시켜달라고 말하기도 하고, 형하고도 밖에 나가서 노는 횟수도 많아졌다고 한다.

〈29회기〉에서는 아동의 유치원 생활에서 현저히 향상됨을 보고하였다. 즉, 산만하게 행동하는 일은 거의 눈에 띄지 않고 주의집중력은 매우 좋아졌으며 수업태도가 매우 좋다고 칭찬을 들었으며, 〈30회기〉에 들어서는 유치원에서 발표를 곧잘 한다고 알림장에 써왔다고 기뻐하였다. 또한 친구들과 어울려 노는 것도 무리없이 잘하고 있어 더 이상 혼자 있는 일이 없다고 담임선생님이 말하였다고 한다. 〈31회기〉에서는 옆집아기가 놀러와도 울거나 숨지 않으며 자신의 장난감도 빌려 주고 있다고 하여, 아동의 아기에 대한 특정 공포증이 완전히 소거되고 적응능력이 향상되었음을 알 수 있었다.

언어문제의 변화에 대해서는 〈32회기〉에서 두드러지게 향상되어 있음을 보고하였다. 즉, 아동의 발음이 많이 좋아져서 아동의 말을 다른 사람들도 잘 알아듣고 재차 물어야 하는 일이 거의 없다고 하였다. 〈33회기〉에서는 소리 지르는 듯한 말투가 안정적인 말투로 정착이 되어가고 있다고 하였으며, 같은 말을 몇 번씩 되풀이하는 습관은 거의 수정이 된 듯 하다고 보고하였다. 또한 최근에는 거의 입을 씰룩씰룩 움직이지 않고 있으며, 아기처럼 오물오물하는 모습은 거의 없어졌음을 보고하였다.

이처럼 아동의 정서행동 문제는 점차적으로 소거되고 개선되어짐을 회기별 행동변화관찰 보고를 통하여 알 수 있었다. 아동의 문제행동이 개선되어감에 따라 아동은 자존감이 향상되어 자신감을 회복하여 갔으며, 점차적으로 타인에 대한 수용능력이나 타인과의 사회정서적 교류능력이 향상되어 감을 〈34회기〉부터 확인할 수 있었다.

이 시기에서 아동은 "내가 할거야, 나도 할 수 있어" 라는 말을 자주 하며, 장난감 조립이나, 만들기 등을 할 때에 부모나 형에게 의존하는 일이 거의 없고 혼자서 해결하려는 모습이 자주 관찰되고 있다고 한다. 〈35회기〉에서는 아동이 말이 많아졌고, 떼를 쓰는 대신 자기감정을 자주 이야기한다고 하였다. 〈36회기〉에서는 아동이 혼자서도 집을 볼 수 있게 되었으며, 놀이터에도 긴 시간은 아니나 혼자서 놀고 들어오는 일이 생겼다고 무척 기뻐하였고, 〈37회기〉의 보고에서는 아동이 그동안 엄마 아빠 방에서 같이 잤으나, 아동의 방에서 혼자서 자게 되었다고 보고하였다.

〈38회기〉와 〈39회기〉의 보고에서는 유치원에서 배운 활동들을 집에서 재연하며 "봐봐, 나 잘해?" 하고 물으며 칭찬해주면 무척 신나서 몇 번이고 한다고 보고하며 아동이 자신감이 많이 늘었고 친구들도 많아진 것 같다고 하였다. 종종 떼를 쓰기는 하지만 타이르면 금방 "그럼 다음에 해요" 하거나 "다음에 내가 잘하면 사줘" 라고 말하며 기다린다고 하였다. 또한 〈40회기〉때는 아동의 발음이 거의 명확하게 교정이 되어 주변에서 놀라워하며 칭찬해 주는 일이 계속되자, 아동은 신이 나서 인사도 더 잘하고 다른 사람과의 이야기에도 재미를 붙인 것 같다고 보고하였다. 〈41회기〉와 〈42회기〉는 아동은 최근에 책을 소리 내어 큰 소리로 읽으며 엄마보고 들으라고 하기도 하고, 엄마한테 책을 읽어주겠다고 하며 선생님처럼 행동하는 역할놀이를 자주 하고 있으며, 큰소리로 책읽기에 푹 빠져있다고 보고하였다. 또한 형과 경쟁하려 하거나 무조건 이기려는 행동이 개선이 되어 가고 있으며, 엄마 말을 잘 수용하고 자신의 의견도 꼬박꼬박 얘기를 하며 떼를 쓰거나 화를 내는 일이 거의 없다고 하였다.

〈43회기〉에서는 혼자서 심부름을 시켜달라고 하고 다녀와서는 매우 뿌듯해한다고 하였으며, 〈44회기〉에 이르러서는 형과의 사이가 부쩍 좋아졌고 형이 아프거나 시무룩해 있으면, 형한테 무척 상냥하게 대하며 위로하려는 기색이 보인다고 하였다. 〈45회기〉에서는 엄마의 옷이나 화장, 헤어스타일에 관심을 보이며, 평가를 하기도 하고 칭찬을 하기도 하나, 자신의 마음에 들지 않으면 "이상해, 안 예뻐" 라고 말해주기도 한다고 하여 아동이 자신의 생각과 의견을 표현하게 되고 타인의 감정에 공감하고 위로하는 등 타인과의 사회정서적 상호교류능력이 매우 향상되고 있음을 확인할 수 있었다.

〈46회기〉에서 모친은 아동이 별로 나무랄 데가 없이 마음에 든다고 하였고, 〈47회기〉에서는 문제행동이 거의 소거된 것 같다고 하며, 모친이 종료를 의뢰하여 왔다. 또한 〈48회기〉의 보고에서도 매우 씩씩해졌고 불안해하거나 우울해하는 모습은 관찰되지 않은 상태가 꽤 지속되었다고 보고하였으며, 타인에 대한 거부나 공포감도 완전히 소거된 것 같다고 하였으며 종료회기에서는 아동의 정서적, 행동적 변화에 만족한다고 하였다.

따라서 본 연구의 결과는 선행연구에서처럼 음악치료가 주는 효과로서 병리 생리학적 증상이 음악치료를 통하여 불안감 감소 · 근육 긴장도의 감소 · 근육통 이완 등의 효과가 있다고 보고한 정현주(2006)의 견해를 지지한다.

또한 본 연구결과를 통하여 '음악과 심리적 반응'에 대한 연구로, 음악은 인간의 마음에 직접적으로 영향을 주고 감각을 자극하고 정서를 불러일으키며 생리적 정신적 반응을 유발하고 몸과 마음에 활력을 북돋우는 역할을 하며, 정신과 신체에 대해서 큰 효과를 미치는 정신의 신체언어라는 김동주(2005)의 견해를 지지한다.

동시에 Brusca(1989)는 음악은 본능적 욕구를 자극하거나 표현하며 이를 해소 또는 감소시킴으로 본능에 영향을 주고, 자아를 강화하는 동시에 감정을 발산시키거나 통제하여 자아에 영향을 주며, 감정을 순화시켜주거나 수준 높은 미적 경험을 갖게 함으로써 초자아에 영향을 준다(정현주 외 2002; 박연희, 2006 재인용)고 한 의견에도 동의할 수 있는 결과를 얻었다.

또한, 본 연구프로그램을 통하여 내담자에게 음악쓰기(Songwriting)는 감정을 경험 · 확인 · 표현 · 교류하며, 감정적 행동의 조절과 변형을 촉발시키기 위해 구성되고 개인의 내면세계를 탐색하도록 하며(최병철, 1999), 주로 자기를 표현하고 자아 존중감을 증진시키며, 억압되어 있는 감정과 욕구를 표현하는 것을 목적으로 시행하게 되는데 스스로 노래가사를 만듦으로써 재인식의 과정을 거쳐 새로운 인지체계를 형성한다(Ficken, 1976)는 주장에도 동의한다. 아동은 치료과정에서 흥미를 갖고 음악쓰기를 통하여 자신의 내적심상을 적극적으로 표출하는 모습을 보였다.

즉흥연주(improvisation)는 동시적 상징과 직접적인 행동을 나타내는 것으로 어떤 특정한 인식이 없이 감정적인 에너지의 해소를 통해 강한 감정의 표현과 정신적 자유를 제공할 수 있고, 자기표현을 증진시키며 정서적 변화와 함께 면역기능의 긍정적인 변화까지도 유도할 수 있다(Ostwald, 1968; Robb, 1996)는 주장처럼 본 아동은 회기가 진행됨에 따라 음악에 맞춰 다양한 악기와 리듬으로 즐겁게 참여하였고 자신의 내면의 불안과 갈등을 적극적으로 다루어내며 자신의 감정적인 에너지의 해소를 통해 강한 감정의 표현과 카타르시스를 경험하고 자기표현을 증진시키며 정서적 변화를 꾀하는 변화를 보여주었다.

즉, 대상 3은 본 연구에서의 음악치료 활동을 통하여, 자신의 무의식에 잠재하고 있는 능동적 심상 표현을 활성화 시켜 부정적 정서를 적극적으로 표출하고 카타르시스를 경험함으로써, 우울·위축·불안과 그에 따른 제반 정서행동상의 문제행동을 개선시켜나갔으며 긍정적 정서를 증진시켜나감을 지켜볼 수 있었다. 또한, 음악치료 활동 안에서 점차적으로 자존감을 회복해가고, 자기 자신과 권위자(엄마, 치료사, 어른 등의)및 타인에 대한 적절한 수용능력도 길러나가고 있음이 각 회기별 활동내용과 행동관찰의 추적을 통하여 확인할 수 있었다.

따라서 본 연구를 통하여 음악치료가 우울·위축·불안을 가진 기능적 조음음운장애 아동의 우울 · 위축 · 불안과 그에 따른 제반 정서행동상의 문제행동을 개선시키고 사회 정서적 적응행동 향상에 긍정적인 효과가 있다는 결론을 얻었다. 또한 아동의 언어문제인 음성조절의 문제나 불규칙한 호흡과 발성에도 도움을 주고 있음을 확인하였다.

❖ 언어치료의 분석 결과

대상 3은 호기와 흡기가 불안정하고 혀 운동기능이 원활하지 않았으나, 3회기부터 개선이 시작되고 5회기에서부터는 유지되기 시작하였다. 또한, 구강 내 혀의 불수의적 움직임이 매우 심하였으나, 3회기에서부터 변화를 보이며 안정적이 되어갔다. 기본 모음의 정확한 구형 만들기와 정조음 능력은 4회기부터 점차 개선되기 시작하여 〈우〉는 50%개선되었다. 〈아,에, 이,오〉는 3회기에서 정확한 구형과 정조음이 가능하였다.

조음 훈련에서는 7회기에서 초성/ㅁ,ㄴ,ㅇ/의 변별 발성이 50% 향상되기 시작하여, 초성/ㅁ, ㅂ, ㅃ, ㅍ/의 변별 발성이 80%로 향상되어 개선이 유지되고 있었다.

11회기에서부터는 혀의 불수의적 움직임이 개선되고 향상되어 안정과 불안정을 반복 후 안정을 지속적으로 유지하게 되었다. 이와 같은 결과는 안정된 호흡, 입술 긴장의 개선 및 안정화 유지, 조음기관 운동 능력의 향상 유지가 지속되었기 때문이다. 이러한 조음기관의 운동능력의 향상은 자음과 모음에서의 정조음 능력을 빠르게 개선시키는 데 도움을 주었다.

21회기부터는 양순음, 연구개음, 경구개음, 치조음, 성문음 등으로 조합된 2음절어, 3음절어, 4음절어 단어에서 정조음 능력이 점차적으로 향상되어, 30회기에서는 확립되는 결과를 보여주었다. 또한 무의미 단어 2음절의 혼합구조에서도 표적음의 정조음이 확립되었고, 4음절 이상에서도 조음능력의 향상이 유지됨을 보여주었다.

31회기부터는 호흡, 구강기능, 입술의 모형, 기본모음의 발성 및 입술 모형이 유지되었다. 자음과 모음의 발성시 입술모형의 안정이 나타나고 표적음에 대한 정조음 능력의 유지와 함께 안정된 조음명료도를 보여주었다. 또한 조음위치와 조음방법이 다른 표적음의 정조음 능력이 점차적으로 획득되고, 4음절의 어두, 어중, 어말에서도 안정된 조음 명료도를 보여주었다. 또한 4음절 이상의 단어와 조음위치의 혼합구조에서 다음절어의 정조음을 확립하여 안정된 조음 명료도를 유지하였다.

40회기 이후에서는 표적음이 어두, 어중, 어말에 있는 두 단어, 세 단어 반복 문장에서도 정조음의 안정화로 조음이 명료하였고, 일상생활의 대화에서도 안정적으로 개선되었다. 또한 다양한 문장 형식에서 정조음을 유지하여 아동의 조음음운장애가 해결되었음을 확인하였다.

② 대상 3의 정서행동문제 중 표적행동 관찰의 분석 결과

아동의 〈치료회기별 치료사가 대상 3의 행동을 관찰한 일지의 내용 분석〉, 〈회기별 일상생활에서의 모친보고내용 분석〉, 〈초기상담에서 작성한 문제행동 목록〉을 근거로 표적행동을 사전-사후-유지검사를 비교 분석하였고 결과는 〈표 26〉과 같다. 이처럼 대부분의 문제행동은 회기가 진행됨에 따라 점차 소거되기 시작하여 대부분의 증상은 개선되었다.

〈표 26〉 대상 3의 정서행동문제 중 표적행동 관찰의 분석 결과

구 분		정서행동문제에 대한 변화
치료 전 문제행동 (사전검사 결과)	내재화 문제	외출을 꺼려 하고 어린이집 등원거부(+), 위축(+), 불안증상(+), 우울감(+), 모친과의 분리불안(+), 악몽꾸기(+), 주의집중의 어려움(+), 산만성(+),학습부진(+), 미성숙한 정서문제(+), 부정적이고 낮은 자존감(+), 눈맞춤의 회피(+), 대인관계의 회피(+), 또래관계의 어려움(+), 신경예민(+), 말끝을 흐리는 문제(+), 기어들어가면서도 웅얼거리는 말투(+)
	외현화 문제	공격성(+), 충동성(+), 좌불안석(+), 짜증(+), 분노발작(+), 수면장애(+), 과잉행동(+), 담요를 항상 두르고 다니는 행동(+), 타인에 대한 거부와 공포적 반응(+), 아기에 대한 병적인 거부 반응과 발작 증상(+), 타인이 집에 오면 침대 밑이나 식탁 밑 등에 숨는 행동(+), 반항과 고집부리기(+), 아기처럼 행동하기(+), 부드러운 인형에 대한 집착 증상(+), 울기와 막무가내로 떼쓰기(+), 형과의 과도한 경쟁욕구(+), 부모나 권위자에 대한 과도한 권위욕구(+), 똑같은 말 반복해서 말하는 것(+), 반대로 말하는 버릇(+), 조음음운장애(+), 불안정한 음성의 문제(+),혀의 불수의적 움직임(+), 발성시 입모양을 거의 움직이지 않고 입술을 붙인 채로 말하는 문제(+), 항상 입술을 씰룩씰룩 움직이는 문제(+), 입술주위의 근육의 과긴장의 문제(+), 혀를 입술 밖으로 길게 내밀지 못하는 문제(+), 입술이 우측으로 당겨진 듯 비뚤어지는 입모양(+)
	내재화 문제	외출을 꺼려 하고 어린이집 등원거부(-), 위축(-), 불안증상(-), 우울감(-), 모친과의 분리불안(-), 악몽꾸기(-), 주의집중의 어려움(-), 산만성(-), 학습부진(-), 미성숙한 정서문제(-), 부정적이고 낮은 자존감(-+), 눈맞춤의 회피(-), 대인관계의 회피(-), 또래관계의 어려움(-), 신경예민(-), 말끝을 흐리는 문제(-), 기어들어가면서도 웅얼거리는 말투(-)

치료 후 문제행동 (사후, 유지검사 결과)	외현화 문제	공격성(-), 충동성(-), 좌불안석(-), 짜증(-), 분노발작(-), 수면장애(-), 과잉행동(-), 담요를 항상 두르고 다니는 행동(-), 타인에 대한 거부와 공포적 반응(-), 아기에 대한 병적인 거부 반응과 발작 증상(-), 타인이 집에 오면 침대 밑이나 식탁 밑 등에 숨는 행동(-), 반항과 고집부리기(-), 아기처럼 행동하기(-), 부드러운 인형에 대한 집착 증상(-), 울기와 막무가내로 떼쓰기(-), 형과의 과도한 경쟁욕구(-), 부모나 권위자에 대한 과도한 권위욕구(-), 똑같은 말 반복해서 말하는 것(-), 반대로 말하는 버릇(-), 조음음운장애(-), 불안정한 음성의 문제(-), 혀의 불수의적 움직임(-), 발성시 입모양을 거의 움직이지 않고 입술을 붙인 채로 말하는 문제(-), 항상 입술을 씰룩씰룩 움직이는 문제(-), 입술주위의 근육의 과긴장의 문제(-), 혀를 입술 밖으로 길게 내밀지 못하는 문제(-), 입술이 우측으로 당겨진 듯 비뚤어지는 입모양(-)

이와 같이 대상 3의 문제행동은 전 항목의 정서행동문제에서 소거되었음을 확인하였다. 아동은 위축, 우울, 불안정서가 감소 또는 소거되면서 명랑하고 쾌활한 모습을 되찾고 안정된 정서를 유지해 나갔으며, 가족관계 및 또래관계, 사회적 환경 안에서의 적응행동능력이 향상되었다.

(4) 대상 1, 2, 3의 정서행동문제 중 표적행동 관찰 비교 분석

대상 1, 2, 3의 정서행동문제의 변화를 알아보기 위하여 표적행동 관찰을 실시하고, 그 변화에 대하여 사전-사후--유지 검사로 비교 분석한 결과는 〈표 27〉과 같다.

〈표 27〉 대상 1, 대상 2, 대상 3의 정서행동문제 중 표적행동 관찰의 비교분석

구 분		치료 전(사전검사 결과)	치료 후(사후, 유지검사 결과)
대상 1, 2, 3이 공통적으로 가지고 있는 복합정서행동 문제	내재화 문제	불안감(+), 우울감(+), 위축감(+), 신경예민(+), 낮은 자존감(+), 악몽꾸기(+), 의존성(+) 분리불안(+), 또래 부적응(+), 외출 및 등원거부(+), 주의집중력 결여(+), 산만성(+), 눈맞춤의 회피(+), 대인관계의 회피(+), 학습부진(+), 웅얼거리는 말투(+), 말끝 흐리기(+), 신체통증의 호소(대상1, 2: +)	불안감(-), 우울감(-), 위축감(-), 신경예민(-), 낮은 자존감(-), 악몽꾸기(-), 의존성(-) 분리불안(-), 또래 부적응(-), 외출 및 등원거부(-), 주의집중력 결여(-), 산만성(-), 눈맞춤의 회피(-), 대인관계의 회피(-), 학습부진(-), 웅얼거리는 말투(-), 말끝 흐리기(-), 신체통증의 호소(대상1, 2: -)

	외현화 문제	공격성(+), 충동성(+), 분노발작(+), 짜증(+), 미성숙한 행동적 문제(+), 수면장애(+), 좌불안석(+)	공격성(-), 충동성(-), 분노발작(-), 짜증(-), 미성숙한 행동적 문제(-), 수면장애(-), 좌불안석(-)
대상 1, 2, 3의 개별적 정서행동 문제	대상 1	다리절기(+), 자주 넘어지기(+), TV시청에 과몰입(+), 노란 자동차에 대한 공포적 과잉반응(+), 호흡조절의 어려움(+)	다리절기(-), 자주 넘어지기(-), TV시청에 과몰입(-), 노란 자동차에 대한 공포적 과잉반응(±), 호흡조절의 어려움(-)
	대상 2	포르노 비디오에 대한 집착과 과몰입(+), 자위행위에의 몰두(+), 유분증(+), 엄마 젖만지기와 아기흉내내기(+), 말다툼과 센 고집(+),남자처럼 행동하기(+), 하루종일 같은 말 되풀이하기(+), 고함과 타인 위협하기(+), 잘 울기(+), 나쁜 일을 저지르고도 아무렇지도 않게 생각하는 것(+), 물건을 아무거나 입에 넣고 먹으려 함(+), 아무도 자기를 사랑하지 않는다는 불평(+), 거짓말(+), 지나친 죄책감(+), 감정기복이 심함(+), 조리있게 말하지 못하며 한글을 읽지 못함(+), (+), 의심(+), 자살에 대해 자주 이야기 함(+), 불행감(+), 권위에 대한 도전(+), 또래형성의 어려움(+)	포르노 비디오에 대한 집착과 과몰입(-), 자위행위에의 몰두(-), 유분증(-), 엄마젖만지기와 아기흉내기(-), 말다툼과 센 고집(-), 남자처럼 행동하기(-), 하루 종일 같은 말 되풀이하기(-), 고함과 타인 위협하기(-), 잘 울기(-), 나쁜 일을 저지르고도 아무렇지도 않게 생각하는 것(-), 물건을 아무거나 입에 넣고 먹으려 함(-), 아무도 자기를 사랑하지 않는다는 불평(-), 거짓말(-), 지나친 죄책감(-), 감정기복이 심함(-), 의심(-), 자살에 대해 자주 이야기 함(-), 불행감(-), 권위에 대한 도전(±), 또래형성의 어려움(-)
	대상 3	담요를 항상 두르고 다니는 행동(+), 타인에 대한 거부와 공포적 반응(+), 아기에 대한 병적인 거부 반응과 발작 증상(+), 타인이 집에 오면 침대 밑이나 식탁 밑 등에 숨는 행동(+), 반항과 고집부리기(+), 부드러운 인형에 대한 집착 증상(+), 울기와 막무가내로 떼쓰기(+), 형과의 과도한 경쟁욕구(+), 부모나 권위자에 대한 과도한 권위욕구(+), 똑같은 말 반복해서 말하기(+), 반대로 말하는 버릇(+), 조음음운장애(+), 불안정한 음성의 문제(+), 기어들어가면서도 웅얼거리는 말투(+), 불규칙한 호흡의 문제(+), 짧은 호흡(+), 혀의 불수의적 움직임(+), 발성시 입모양을 거의 움직이지 않고 입술을 붙인 채로 말하는 문제(+), 항상 입술을 씰룩씰룩 움직이는 문제(+), 입술주위 근육의 과긴장 문제(+), 혀를 입술 밖으로 길게 내밀지 못하는 문제(+), 입술이 우측으로 당겨진 듯 비뚤어지는 입모양(+)	담요를 항상 두르고 다니는 행동(-), 타인에 대한 거부와 공포적 반응(-), 아기에 대한 병적인 거부 반응과 발작 증상(-), 타인이 집에 오면 침대밑이나 식탁 밑 등에 숨는 행동(-), 반항과 고집부리기(-), 부드러운 인형에 대한 집착 증상(-), 울기와 막무가내로 떼쓰기(-), 형과의 과도한 경쟁욕구(-), 부모나 권위자에 대한 과도한 권위욕구(-), 똑같은 말 반복해서 말하기(-), 반대로 말하는 버릇(-), 조음음운장애(-), 불안정한 음성의 문제(-), 기어들어가면서도 웅얼거리는 말투(-), 불규칙한 호흡의 문제(-), 짧은 호흡(-), 혀의 불수의적 움직임(-), 발성시 입모양을 거의 움직이지 않고 입술을 붙인 채로 말하는 문제(-), 항상 입술을 씰룩씰룩 움직이는 문제(-), 입술주위 근육의 과긴장 문제(-), 혀를 입술 밖으로 길게 내밀지 못하는 문제(-), 입술이 우측으로 당겨진 듯 비뚤어지는 입모양(-)

이와 같이 대상 1, 2, 3은 공통적으로 가지고 있는 복합적 정서행동문제와 개별적인 정서행동문제에서 모두 내재화된 문제와 외현화된 문제가 감소하고 개선되어 있음이 확인되었다.

대상 1의 〈노란 자동차에 대한 공포적 반응〉은 현저히 감소되긴 하였으나 완전히 소거되지는 않았고, 노란색 유치원 버스를 볼 때 이따금 긴장하는 정도의 모습을 보인다고 한다. 대상 1에게서 이와 같은 문제가 아직도 완전히 해결되지 않은 이유로는 직접적인 외상을 입힌 대상에 대한 두려움이로 가장 큰 스트레스로 작용하였기 때문일 것이다.

대상 2의 〈권위에 대한 도전〉의 문제는 현저히 감소되긴 하였으나 완전히 소거되지는 않고, 개선 중에 있었다. 이 문제가 완전히 개선되지 않은 것에 대해서는 대상아동의 부친이 현재에도 아동에 대한 양육태도와 부부문제에서 변함없이 폭력적이고 통제적이며 권위적인 행동을 하고 있는 것을 원인으로 본다.

2. 아동의 대상별 정서행동문제에서 통합적 치료의 양적인 효과

대상 1, 2, 3에게 통합적 치료를 실시하고 각각에게 적용한 통합적 치료가 효과적이었는지를 검증하기 위하여, 각 대상 아동의 통합적 치료 효과 검증에 사용한 양적 도구의 사전-사후-유지검사 결과의 비교분석을 실시하고 통합적 치료의 양적인 효과를 알아보았다. 그 결과는 다음과 같다.

1) 대상 1의 사전, 사후, 유지 검사의 양적분석 결과

대상 1의 정서행동 문제의 변화 결과를 알아보기 위하여, K-CBCL과 KPRC의 사전-사후검사(종결 1주일 후) 결과와 외상 후 진단척도(PDS)의 사전-사후(종결 1주일 후)-유지검사(종결 1개월 후)를 각각 비교 분석하였다.

(1) 아동청소년 행동평가척도(K-CBCL)의 사전, 사후검사에 대한 비교 분석 결과

대상 1에게 적용한 통합적 치료의 효과를 측정하기 위하여 사용한 K-CBCL의 사전, 사후검사의 비교분석 결과는 〈표 28〉과 같으며, 각 척도별 변화의 세부 내용은 다음과 같다.

〈표 28〉 K-CBCL의 사전, 사후검사의 비교분석 결과(대상 1) (단위: T점수)

구분		척도	사전 검사	사후 검사	향상 정도
사회 능력척도		총 사회능력 척도	21	65	44
		사회성	19	66	47
		학업수행	41	55	14
문제행동 증후군 척도		총 문제행동 척도	76	36	40
	내재화	위축	84	49	35
		신체증상	72	42	30
		우울/ 불안	76	43	33
		사회적 미성숙	69	38	31
		사고의 문제	80	46	34
		주의집중 문제	83	37	46
	외현화	비행	59	43	16
		공격성	61	41	20
		성문제	46	46	0

*사회능력척도: 30T 이하에서 임상범위임.
*문제행동 증후군: 70T 이상에서 임상범위임.

이와 같이 아동청소년 행동평가척도(K-CBCL)의 사전검사에서 아동은 사회능력 척도(21T)와 문제행동 증후군(내재화척도 78T, 외현화척도 61T, 총문제행동척도 76T)에서 임상범위에 속하였으나, 치료 후의 사후검사에서 사회능력척도(65T)와 문제행동 증후군(내재화척도 43T, 외현화척도 39T, 총문제행동척도 36T)에서 모두 정상범위로 개선되었다.

사회능력 척도에서 사회성은 19T로 임상법위에 속하였으나 사후검사에서 66T로 정상범위에 속하였다. 학업수행은 41T→55T로 향상되었다.

대상 1의 사회능력 척도의 사전, 사후검사의 비교분석 결과를 그래프로 나타내면 [그림 10]과 같다.

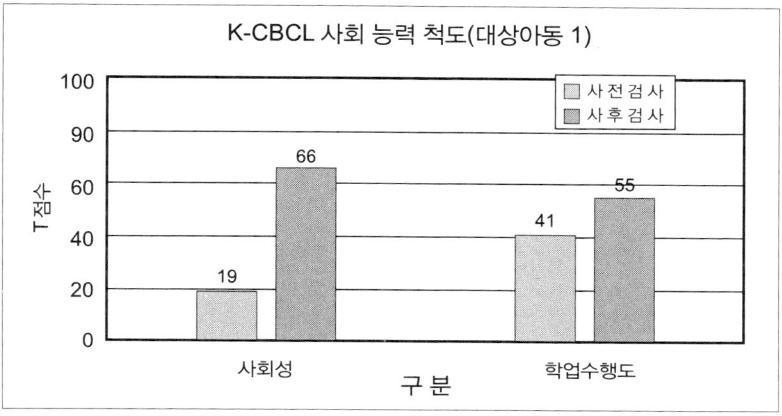

[그림 10] K-CBCL 사회능력 척도의 사전, 사후검사의 비교분석 결과(대상 1)

문제행동 증후군의 세부척도에서 위축, 주의집중의 문제, 사고의 문제, 우울/불안, 신체증상, 사회적 미성숙의 척도가 임상범위에 속하였으나, 치료 후 사후검사에서는 정상범위로 개선되었다. 사전검사와 사후검사의 T점수 변화를 살펴보면 위축(84T→49T)은 35점 향상, 주의집중의 문제(83T→37T)는 43점 향상, 사고의 문제(80T→46T)는 34점 향상, 우울/불안(76T→43T) 33점 향상, 신체증상(72T→42T) 30점 향상, 사회적 미성숙(69T→38T) 31점 향상으로, 전체적으로 높은 향상을 나타내었다.

대상 1의 문제행동증후군 척도의 사전, 사후검사의 비교분석 결과를 그래프로 나타내면 [그림 11]와 같다.

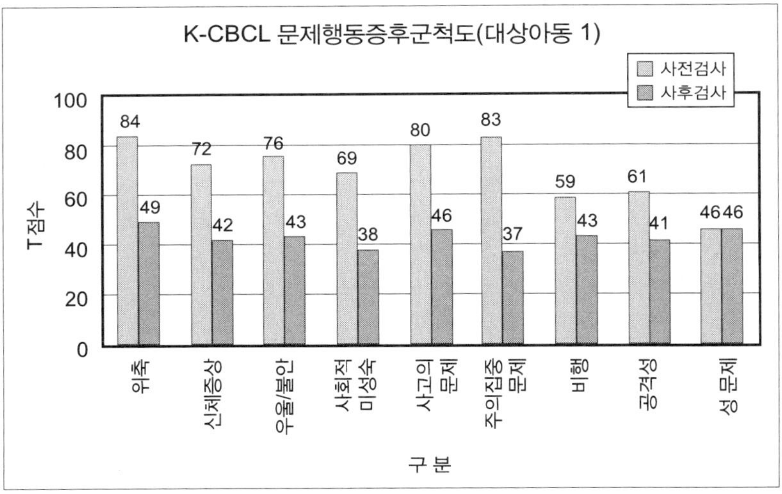

[그림 11] K-CBCL 문제행동증후군 척도의 사전, 사후검사의 비교분석 결과 (대상 1)

이처럼 사후검사의 결과, 사전검사에서 임상범위에 있던 모든 척도가 치료 후 사후검사에서 모두 정상범위로 개선된 것을 볼 때 대상 1에 적용한 통합치료가 적절하였음을 증명해준다.

(2) 한국아동 인성평정척도(KPRC)의 사전, 사후검사에 대한 비교 분석 결과

대상 1에게 적용한 통합적 치료의 효과를 측정하기 위하여 사용한 KPRC의 사전, 사후검사의 비교분석 결과는 〈표 29〉와 [그림 12]와 같으며, 각 척도별 변화의 세부 내용은 다음과 같다.

〈표 29〉 KPRC 사전, 사후검사의 비교분석 결과(대상 1) (단위: T점수)

구분	척도	사전 검사	사후 검사	향상 정도
자아탄력	자아탄력성(ERS)	17	59	42
지적발달	언어발달(VDL)	52	36	16
	운동발달(PDL)	51	43	8
정서	불안(ANX)	80	34	46
	우울(DEP)	90	41	49
	신체화(SOM)	82	31	51
행동	비행(DLQ)	71	41	30
	과잉행동(HPR)	62	29	33
대인관계	가족관계(FAM)	103	45	58
	사회관계(SOC)	80	44	36
현실접촉	정신증(PSY)	78	31	47

*자아탄력성: 30T이하에서 임상범위임.
*그 외 척도: 70T이상에서 임상범위임.

이와 같이 한국아동 인성평정척도(KPRC)의 사전검사에서 자아탄력성(ERS)에서 T점수 17로 임상범위에 속하였으나, 사후검사와 유지검사에서는 59T로 나타나 42T의 향상을 보이며 정상범위로 개선되었다. 정서척도에서 불안(ANX)은 80T→34T로 T점수 46이 향상되었고, 우울(DEP)은 90T→41T로 T점수 49의 매우 높은 향상정도를 보였으며, 신체화(SOM)는 82T→31T의 T점수51의 높은 향상을 보이며 정상범위로 개선되었다. 또한 행동척도에서 비행(DLQ)은 71T→41T로 T점수 30의 매우 높은 향상을 보였으며, 과잉행동(HPR)에서도 62T→29T로 나타나 T점수 33의 향상을 보이며 정상범위로 개선되었다. 대인관계척도에서는 가족관계(FAM)에서 103T→45T로 T점수 58이 향상되었고, 사회관계(SOC)는 80T→44T로 T점수 36의 향상으로 정상범위를 나타내고 있었다. 현실 접촉력척도에서 정신증(PSY)은 76T→31T로 T점수 41의 매우 높은 향상을 보이며 정신병리적으로 안전한 정상범위로 개선되어 있었다.

대상 1의 KPRC의 사전, 사후검사의 비교분석 결과를 그래프로 나타내면 [그림 12]와 같다.

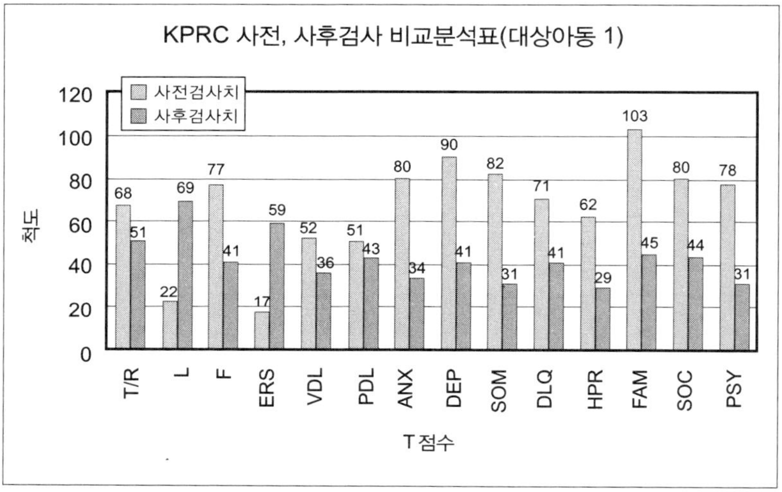

[그림 12] KPRC의 사전, 사후 검사의 비교분석 결과 (대상 1)

이처럼 사후검사의 결과, 사전검사에서 임상범위에 있던 모든 척도가 치료 후 사후검사에서 모두 정상범위로 개선된 것을 볼 때 대상 1에 적용한 통합치료가 적절하였음을 증명해준다.

(3) 외상 후 진단 척도(PDS)의 사전, 사후, 유지검사에 대한 비교 분석 결과

DSM-IV의 외상 후 스트레스 장애의 진단기준에서 명시하고 있는 증상 특성의 내용에 준거하여 외상 후 증상을 설문형식으로 평가하는 〈외상 후 진단 척도〉로 사전-사후, 유지검사를 실시하고 변화를 분석한 결과는 다음과 같다. 아동과 모친이 보고한 치료 전 검사에서 각각의 총점은

38점으로 나타났으며, 치료 종결 후 검사의 총점은 모친이 2점, 아동은 5점으로 감소되었다.

대상 1의 외상 후 진단척도(PDS)의 사전, 사후, 유지검사의 비교분석결과는 [그림 13]과 같다.

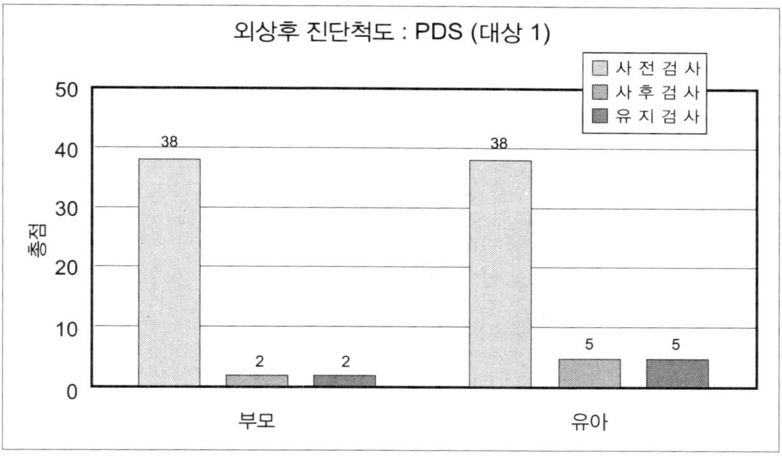

[그림 13] 외상 후 진단척도 사전, 사후, 유지검사의 비교분석 결과 (대상 1)

이처럼 사후검사의 결과와 1개월 후 유지검사의 결과가 동일한 것은 대상 1에 적용한 통합치료가 적절하였음을 증명해준다.

2) 대상 2의 통합적 치료에 대한 사전, 사후, 유지 검사의 양적분석 결과

대상 2에게 적용한 통합적 치료의 효과를 측정하기 위하여 사용한 K-CBCL과 KPRC의 사전-사후검사(종결 1주일 후)-유지검사(종결 1개월 후)를 각각 비교 분석하였다.

(1) 아동청소년 행동평가척도(K-CBCL)의 사전, 사후, 유지검사에 대한 분석결과

대상 2에게 적용한 통합적 치료의 효과를 측정하기 위하여 사용한 K-CBCL의 사전, 사후, 유지검사의 비교분석 결과는 〈표 30〉과 같으며, 각 척도별 변화의 세부 내용은 다음과 같다.

〈표 30〉 K-CBCL의 사전, 사후, 유지검사 결과의 비교분석(대상 2) (단위: T점수)

구분		척도	사전검사	사후검사	유지검사	향상 정도
사회 능력 척도		총사회능력 척도	24	48	48	24
		사회성	23	46	46	23
		학업수행	41	55	55	14
문제행동 증후군 척도		총문제행동 척도	80	51	51	29
	내재화	위축	70	49	49	21
		신체증상	42	42	42	0
		우울/ 불안	78	54	54	24
		사회적 미성숙	78	50	50	28
		사고의 문제	72	58	58	14
		주의집중 문제	73	54	54	19
	외현화	비행	64	43	43	21
		공격성	75	55	55	20
		성문제	78	59	59	19

*사회능력척도: 30T 이하에서 임상범위임.
*문제행동 증후군: 70T 이상에서 임상범위임

이와 같이 아동청소년 행동평가척도(K-CBCL)의 사전검사에서 대상2는 사회능력 척도(24T)와 문제행동 증후군(내재화 척도 71T, 외현화 척도 73T, 총문제행동척도 80T)에서 임상범위에 속하였으나, 치료 후의 사후 검사와 유지검사에서 사회능력 척도(48T)와 문제행동 증후군(내재화 척도 50T, 외현화 척도 54T, 총문제행동척도 51T)에서 모두 정상범위로 개선되었다.

사회능력 척도에서 사회성은 23T로 임상법위에 속하였으나 사후검사에서 46T로 정상범위에 속하였다. 학업수행은 41T→55T로 향상되었다. 대상 2의 사회능력 척도의 사전, 사후검사의 비교분석 결과를 그래프로 나타내면 [그림 14]와 같다.

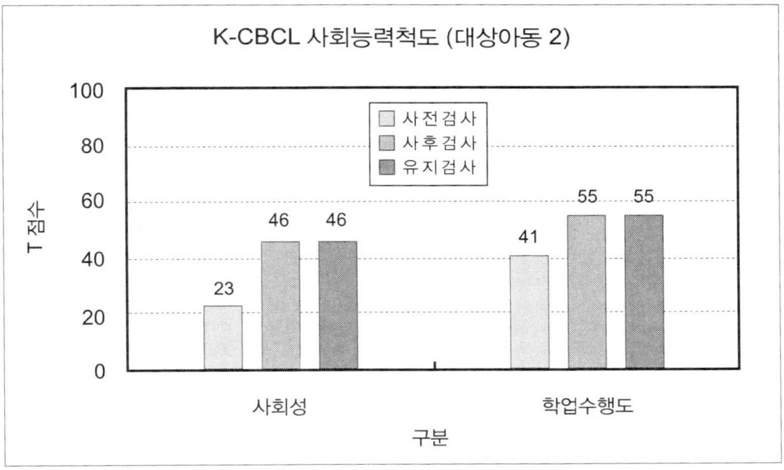

[그림 14] K-CBCL 사회능력 척도의 사전, 사후, 유지검사 결과 비교분석(대상 2)

문제행동 증후군의 세부척도에서도 대부분이 임상범위에 속하였으나, 치료 후의 사후 검사와 유지검사에서 위축(T점수 49), 우울/불안(T점수 54), 사회적 미성숙(T점수 50), 사고의 문제(T점수 58), 주의 집중의 문제(T

점수 54), 비행(T점수 43), 공격성 (T점수 55), 성문제(T점수 59)로 전 영역에서 정상범위에 속하고 있었다. 결과적으로 위축 (T점수 21), 우울/불안 (T점수 24), 사회적 미성숙 (T점수 28), 사고의 문제 (T점수 14,) 주의 집중의 문제 (T점수 19), 비행 (T점수 21), 공격성 (T점수 20), 성문제 (T점수 19)의 높은 향상을 나타내며 전 영역의 척도에서 정상범위로 개선되었다.

대상 2의 문제행동증후군 척도의 사전, 사후검사의 비교분석 결과를 그래프로 나타내면 [그림 15]와 같다.

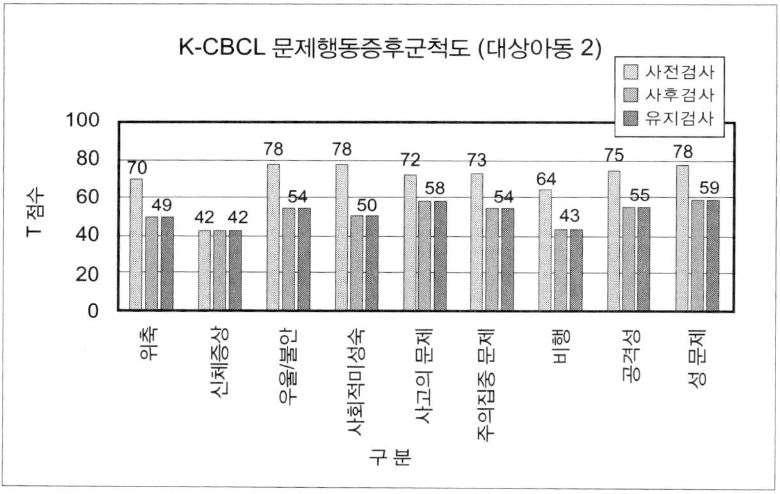

[그림 15] K-CBCL 문제행동증후군 척도의 사전, 사후, 유지검사 결과 비교분석(대상 2)

이처럼 사후검사의 결과와 1개월 후 유지검사의 결과가 동일한 것은 대상 2에 적용한 통합치료가 적절하였음을 증명해준다.

(2) 한국아동 인성평정척도(KPRC)의 사전, 사후, 유지검사에 대한 분석결과

대상 2에게 적용한 통합적 치료의 효과를 측정하기 위하여 사용한 KPRC의 사전, 사후, 유지검사의 비교분석 결과는 〈표 31〉과 같으며, 각 척도별 변화의 세부 내용은 다음과 같다.

〈표 31〉 KPRC의 사전, 사후, 유지검사 결과의 비교분석 (대상 2) (단위: T점수)

구분	척도	사전검사	사후검사	유지검사	향상정도
자아탄력	자아탄력성(ERS)	4	41	41	37
지적발달	언어발달(VDL)	79	66	76	3
정서	불안(ANX)	65	38	38	27
	우울(DEP)	92	56	56	36
	신체화(SOM)	66	45	45	21
행동	비행(DLQ)	86	48	48	38
	과잉행동(HPR)	75	49	49	26
대인관계	가족관계(FAM)	95	92	92	3
	사회관계(SOC)	74	48	48	26
현실접촉	정신증(PSY)	89	53	53	36

*자아탄력성: 30T이하에서 임상범위임.

*그 외 척도: 70T이상에서 임상범위임.

이와 같이 한국아동 인성평정척도(KPRC)의 사전검사에서 자아탄력성(ERS)은 T점수 4로 임상범위에 속하였으나, 사후검사와 유지검사에서는 T점수 41로 나타나 37T의 향상을 보이며 정상범위로 개선되었다. 정서척도에서 불안(ANX)은 65T→38T로 T점수 27이 향상되었고, 우울(DEP)은 92T→56T로 T점수 36의 매우 높은 향상정도를 보였으며, 신체화(SOM)는 66T→45T로 T점수 21의 향상을 보이며 정상범위로 개선되었다. 또한 행동척도에서 비행(DLQ)은 86T→48T로 나타나 T점수 38

의 매우 높은 향상을 보였으며, 과잉행동(HPR)에서도 75T→49T로 26의 높은 향상정도를 보이며 정상범위로 개선됨을 보여주었다. 그러나 가족관계(FAM:95T→92T)에서는 개선정도가 미미하여 임상범위로 남아있었다. 가족관계(FAM)에서 문제개선이 미미한 것은 부친과의 관계개선에서 부친의 문제(포르노 비디오와 인테넷 음란물 동영상에 대한 과몰입, 아내에 대한 성폭행과 가정폭력 문제)가 해결되지 않고 있음과 부부갈등이 개선되지 않고 있음이 문제의 원인으로 추정된다. 그러나 사회관계(SOM)는 74T→48T로 26T의 높은 향상으로 정상범위로 개선되었다. 현실접촉력 척도에서도 사전검사에서 정신증(PSY)은 89T로 매우 위험한 상태에 있었는데, 치료 후에서 53T로 T점수36의 매우 높은 향상을 보이며 정신병리적으로 안전한 정상범위로 개선되어 있었다.

대상 2의 KPRC의 사전, 사후검사의 비교분석 결과를 그래프로 나타내면 [그림 16]과 같다.

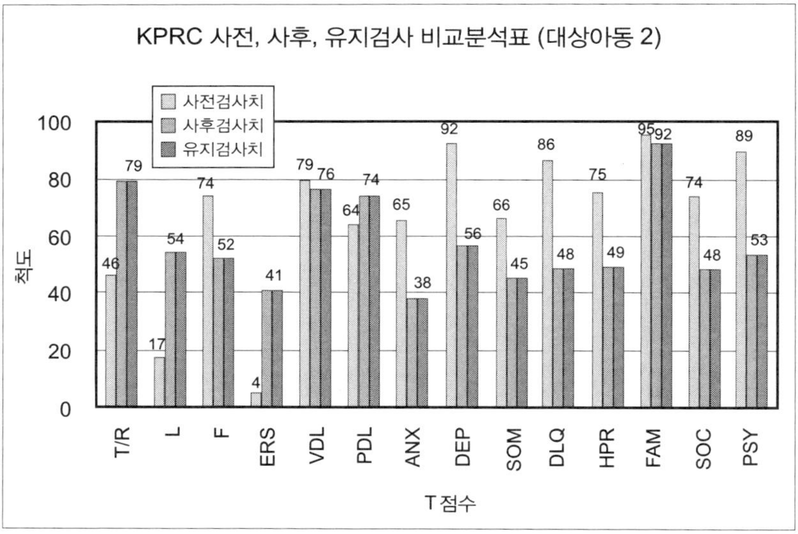

[그림 16] KPRC의 사전, 사후, 유지검사 결과 비교분석 (대상 2)

이와 같이 척도의 대부분은 임상범위에서 정상범위로 개선되고, 사후검사의 결과와 1개월 후 유지검사의 결과가 동일한 것은 대상 2에 적용한 통합치료가 적합하였음을 증명해준다.

3) 대상 3의 통합적 치료에 대한 사전, 사후, 유지 검사의 양적분석 결과

대상 3에게 적용한 통합적 치료의 효과를 알아보기 위하여 양적분석 도구로 사용한 K-CBCL과 KPRC,구강 조음기관의 기능 선별검사(OSMSE-R), 우리말 조음음운 평가(U-TAP)의 사전-사후검사(종결 1주일 후) -유지검사(종결 1개월 후)를 각각 비교 분석하였다.

(1) 아동청소년 행동평가척도(K-CBCL)의 사전, 사후, 유지검사에 대한 변화 분석결과

대상 3에게 적용한 통합적 치료의 효과를 측정하기 위하여 사용한 K-CBCL의 사전, 사후, 유지검사의 비교분석결과는 〈표 32〉와 같으며, 각 척도별 변화의 세부 내용은 다음과 같다.

〈표 32〉 K-CBCL의 사전, 사후, 유지검사 결과의 비교분석(대상 3) (단위: T점수)

구분		척도	사전 검사	사후 검사	유지 검사	향상 정도
사회 능력		총사회능력 척도	15	29	29	6
		사회성	30	34	34	4
		학업수행	22	37	37	15
문제행동 증후군	내재화	총문제행동 척도	67	40	40	27
		위축	72	55	55	17
		신체증상	51	42	42	9
		우울/ 불안	62	36	36	26
		사회적 미성숙	69	45	45	24

문제행동 증후군	내재화	사고의 문제	63	45	45	18
		주의집중 문제	62	41	41	21
	외현화	비행	60	40	40	20
		공격성	59	41	41	18
		성문제	59	46	46	13

*사회능력척도: 30T 이하에서 임상범위임.
*문제행동 증후군: 70T 이상에서 임상범위임.

이와 같이 아동청소년 행동평가척도(K-CBCL)의 사전검사에서 대상 3은 사회능력 척도(15T)와 문제행동 증후군(내재화 척도 65T, 외현화 척도 60T, 총문제행동척도 67T)에서 임상범위에 속하였다. 치료 후의 사후 검사와 유지검사에서 사회능력 척도(29T)로 개선을 보였으나 아직 임상범위에 속하고 있었다. 문제행동 증후군(내재화 척도 43T, 외현화 척도 40T, 총문제행동척도 40T)에서는 모두 정상범위로 개선되었다.

사회능력 척도에서 사회성 30T, 학업수행 22T로 임상법위에 속하였으나 사후검사에서 각각 34T와 37T로 향상되어 정상범위에 속하였다.

대상 3의 사회능력 척도의 사전, 사후검사의 비교분석 결과를 그래프로 나타내면 [그림 17]과 같다.

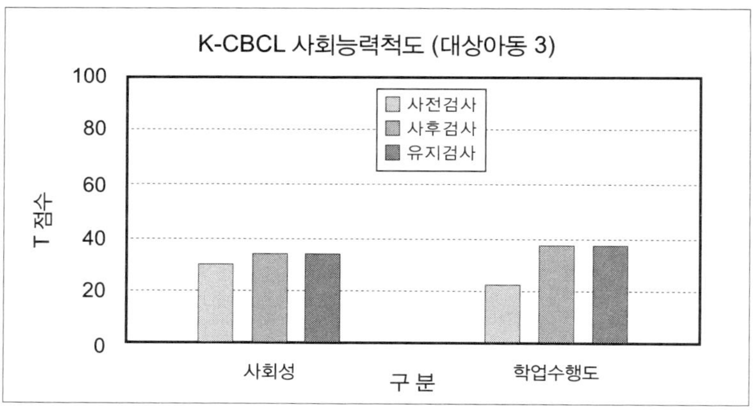

[그림 17] K-CBCL 사회능력척도의 사전, 사후, 유지검사 결과 비교분석(대상 3)

문제행동 증후군의 세부척도는 사전검사에서 위축(T점수 72)과 사회적 미성숙(T점수 69)이 임상범위에 속하고, 우울/불안(T점수 62)과 사고의 문제(T점수 63), 주의 집중의 문제(T점수 62)와 비행(T점수 60)이 경계선에 있었다.

치료 후의 사후 검사와 유지검사에서 위축(T점수 55), 우울/불안(T점수 36), 사회적 미성숙(T점수 45), 사고의 문제(T점수 45), 주의 집중의 문제(T점수 41), 비행(T점수 40), 공격성 (T점수 41), 성문제(T점수 46)으로 전 영역에서 정상범위에 속하고 있었다. 결과적으로 위축 (T점수 17), 우울/불안 (T점수 26), 사회적 미성숙 (T점수 24), 사고의 문제 (T점수 18), 주의 집중의 문제 (T점수 21), 비행 (T점수 20), 공격성 (T점수 18), 성문제 (T점수 13)의 높은 향상을 나타내며 전 영역의 척도에서 정상범위로 개선되었다.

대상 3의 문제행동증후군 척도의 사전, 사후검사의 비교분석 결과를 그래프로 나타내면 [그림 18]과 같다.

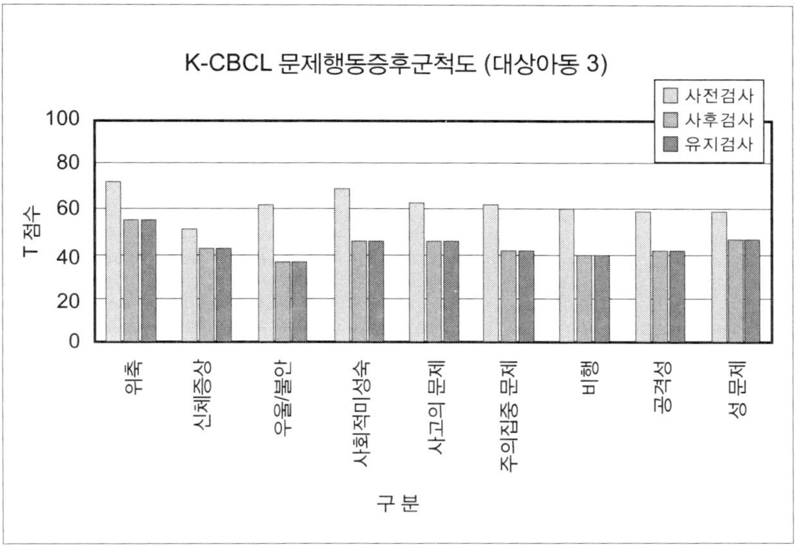

[그림 18] K-CBCL 문제행동증후군의 사전, 사후, 유지검사 결과 비교분석(대상 3)

이처럼 사후검사의 결과와 1개월 후 유지검사의 결과가 동일한 것은 대상 3에 적용한 통합치료가 적절하였음을 증명해준다.

(2) 한국아동 인성평정척도(KPRC)의 사전, 사후, 유지검사에 대한 변화 분석결과

대상 3에게 적용한 통합적 치료의 효과를 측정하기 위하여 사용한 KPRC의 사전, 사후, 유지검사의 비교분석 결과는 〈표 33〉과 같으며, 각 척도별 변화의 세부 내용은 다음과 같다.

〈표 33〉 KPRC의 사전, 사후, 유지검사 결과의 비교분석(대상 3) (단위: T점수)

구분	척도	사전검사	사후검사	유지검사	향상정도
자아탄력	자아탄력성(ERS)	18	40	40	22
지적발달	언어발달(VDL)	95	79	79	16
	운동발달(PDL)	81	71	71	10
정서	불안(ANX)	74	41	41	33
	우울(DEP)	71	59	59	12
	신체화(SOM)	42	34	34	8
행동	비행(DLQ)	80	55	55	25
	과잉행동(HPR)	68	50	50	18
대인관계	가족관계(FAM)	52	50	50	2
	사회관계(SOC)	78	65	65	13
현실접촉	정신증(PSY)	79	57	57	22

*자아탄력성: 30T 이하에서 임상범위임.
*그 외 척도: 70T 이상에서 임상범위임.

이와 같이 한국아동 인성평정척도(KPRC)의 사전검사에서 자아탄력성(ERS)은 T점수 18로 임상범위에 속하였으나, 사후검사와 유지검사에서는 40T로 나타나 22T의 향상을 보이며 정상범위로 개선되었다.

지적발달 척도에서 언어발달(VDL)은 95T→79T로 T점수 16이 향상되었고, 운동발달(PDL)은 81T→71T로 T점수 10이 향상되었으나 아직 임상범위에 속하고 있었다. 정서척도에서 불안(ANX)은 74T→41T로 T점수 33으로 매우 높은 향상을 나타냈다. 우울(DEP)은 71T→59T로 T점수 12의 향상을 보였고, 신체화(SOM)는 42T→34T로 T점수 8의 향상을 보이며 정상범위로 개선되었다. 또한 행동척도에서 비행(DLQ)은 80T→55T로 나타나 T점수 25의 매우 높은 향상을 보였으며, 과잉행동(HPR)에서도 68T→50T로 T점수 18로 정상범위로 개선되었다. 대인관계척도에서는 가족관계(FAM)에서 52T→50T로 T점수 2가 향상되었고, 사회관계(SOM)는 78T→65T로 T점수 13의 향상으로 정상범위를 나타내고 있었다. 현실접촉력 척도에서는 정신증(PSY)은 79T→57T로 T점수22의 매우 높은 향상을 보이며 정신병리적으로 안전한 정상범위로 개선되어 있었다.

대상 3의 KPRC의 사전, 사후검사의 비교분석 결과를 그래프로 나타내면 [그림 19]과 같다.

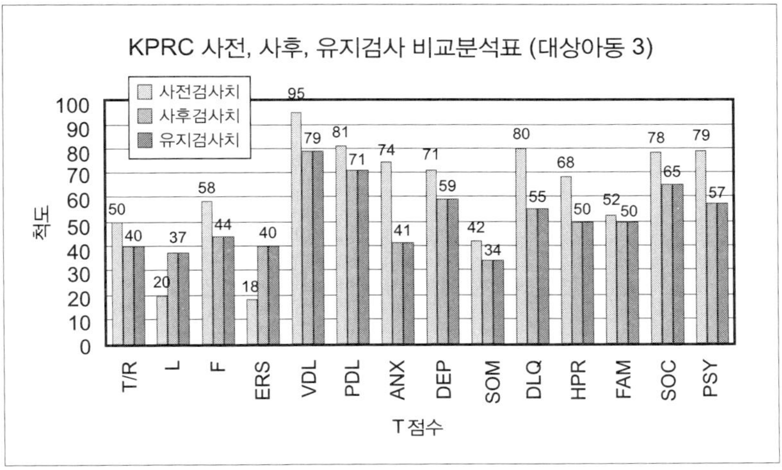

[그림 19] KPRC의 사전, 사후, 유지검사 결과 비교분석(대상 3)

이와 같이 척도의 언어발달과 운동발달을 제외하고는 모든 척도 영역이 임상범위에서 정상범위로 개선됨을 나타내었다. 대상 3의 조음음운의 문제는 언어치료에서 100% 개선이 되었으나, 아직 구문의미 이해력이나 문제해결능력 등의 문제가 해결과제로 남아있는 상태로 차후의 치료계획이 필요한 부분이다(본 연구에서 언어치료의 목표는 조음음운장애의 치료로 제한하였음).

이와 같은 문제를 제외하고 전 영역에서 정상범위로의 개선됨이 사후검사의 결과와 1개월 후 유지검사의 결과에서 동일한 것은 대상 3에 적용한 통합치료가 적절하였음을 증명해준다.

(3) 언어치료의 사전, 사후, 유지검사에 대한 결과분석

대상 3에게 적용한 언어치료 효과를 측정하기 위하여 사용한 구강 조음기관의 기능 선별검사(OSMSE-R)와 우리말 조음음운 평가(U-TAP)의 사전-사후검사(종결 1주일 후)-유지검사(종결 1개월 후)를 각각 비교 분석하였다.

① 호흡 및 조음기관 기능의 변화 비교분석 결과

대상 3에 구강 조음기관의 기능 선별검사(OSMSE-R)를 호흡 및 조음기관 기능검사 실시 모형〈표 34〉에 따라 검사를 실시하였다.

〈표 34〉 호흡 및 조음기관 기능검사 실시 모형(대상 3)

운동 영역	구분	검사 내용	운동 영역	구분	검사 내용
호흡 운동	1	숨을 코로 들이쉬어 코로 내쉬기	입술 운동	1	입술을 좌, 우로 늘이고 앞으로 내밀기 (이-우)
	2	입으로 들이쉬어 입으로 내쉬기		2	입술을 상, 하로 늘리고 앞으로 내밀기 (아-오)

	3	숨을 코로 들이쉬어 입으로 내쉬기		3	상, 하치아를 교합한 상태에서 입술을 개폐하기
	4	숨을 입으로 급히 들이쉬어 입으로 천천히 내쉬기		4	입을 다물고 양 볼을 볼록하게 만들기
	5	숨을 입으로 급히 들이쉬어 입으로 내쉬기를 끊어서 2번 하기		5	파열음 내기 (파-)
혀 운동	1	혀를 입 밖으로 내밀고 입속으로 넣기	턱 운동	1	아래턱의 개폐운동
	2	혀끝을 윗입술에 접촉시키기		2	상, 하치아를 부딪쳐 소리내기
	3	혀끝을 아랫입술에 접촉시키기		3	윗입술로 아랫입술 덮기
	4	혀끝을 좌우 구각에 접촉시키기		4	아랫입술로 윗입술 덮기
	5	혀끝을 치조에 접촉시키기		5	아래턱의 회선운동

아동의 호흡 및 조음기관 기능수준의 변화를 사전-사후-유지검사를 통하여 비교 분석한 결과는 〈표 35〉와 같다.

〈표 35〉 호흡 및 조음기관 기능수준의 변화(대상 3)

운동영역		사전			사후			유지		
		평가	평점	평균	평가	평점	평균	평가	평점	평균
호흡운동	1	D	40	32	A	100	76	A	100	76
	2	D	40		A	100		A	100	
	3	D	40		B	80		B	80	
	4	F	0		D	40		D	40	
	5	C	40		C	60		C	60	
혀움직임	1	A	100	64	A	100	92	A	100	92
	2	F	0		C	60		C	60	
	3	B	80		A	100		A	100	
	4	C	60		A	100		A	100	
	5	B	80		A	100		A	100	
입술 움직임	1	F	0	40	A	100	100	A	100	100
	2	B	80		A	100		A	100	
	3	E	20		A	100		A	100	
	4	F	0		A	100		A	100	
	5	A	100		A	100		A	100	
턱움직임	1	E	20	48	B	80	84	B	80	84
	2	A	100		A	100		A	100	
	3	B	80		A	100		A	100	
	4	D	40		A	100		A	100	
	5	F	0		C	60		C	60	

『단계별 평가』

A. 자발적으로 가동성, 안정성, 정확성이 있는 상태로 10회(20초내)

B. 자발적으로 가동성, 안정성, 정확성이 있는 상태로 10회 이상
C. 자발적으로 10회 가능
D. 자발적으로 5회 가능
E. 물리적인 보조에 순응하며 5회 가능
F. 불능, 물리적인 방법에 혐오적인 반응을 보임

아동의 호흡 및 조음기관 기능수준의 변화를 각 운동영역에 따라 사전-사후-유지검사에서의 호흡운동, 혀 움직임, 입술 움직임, 턱움직임으로 구분하여 그래프로 나타내면 [그림 20]과 같다.

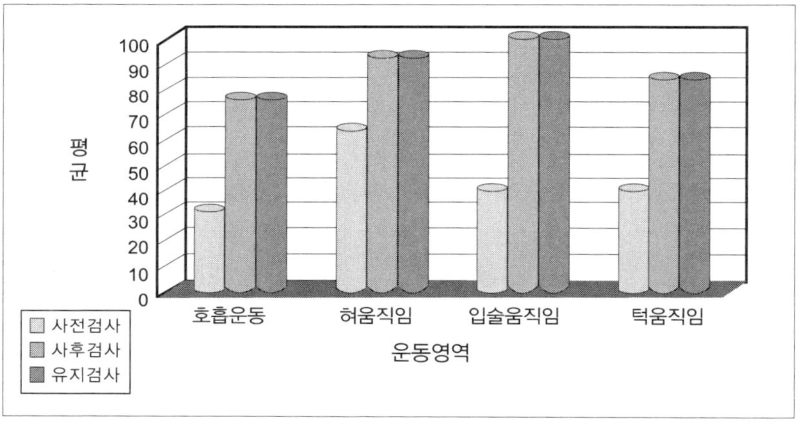

[그림 20] 호흡 및 조음기관 기능의 비교 (대상 3)

이와 같이 호흡 및 조음기관기능의 변화는 훈련 전 46%에서 훈련 후에 88%수준으로 향상되었으며, 조음훈련이 종료된 1개월 후 유지검사에서도 88%수준을 유지하였으며 훈련 전 수준에서 사후 유지수준까지는 42%의 향상효과를 보였다. 치료 전과 치료 후의 각 하위별 평균의 변화는 호흡 32→76%, 혀 움직임 64→92%, 입술 움직임 40→100%, 턱 움직임 40→84%수준으로 평가되었다. 한달 후 유지검사에서도 동일한 수준을 유지하고 있었다. 이러한 결과는 호흡훈련과 입술과 혀 등의 조음기

관의 운동기능을 향상시키기 위한 구강운동 및 구순주위의 마사지·조음 훈련 프로그램의 병행이 호흡 및 조음기관 기능의 개선에 효과적이었음을 보여준다.

② 조음음운능력 개선의 변화에 대한 비교 분석 결과

대상 3의 조음능력 개선의 변화를 알아보기 위해서 〈조음 정확도〉에서 자음과 모음의 정확도에 대하여 사전-사후--유지검사를 낱말 수준과 문장수준에서 검사를 실시하였다. 또한 〈음운 변동률 변화〉에 대해서도 사전-사후--유지검사를 실시하고 측정한 결과를 비교분석하였다.

A. 조음 정확도 변화의 비교 분석 결과

대상 3의 조음능력 개선의 변화를 알아보기 위해서 조음 정확도에서 자음과 모음의 정확도에 대하여 사전-사후--유지검사를 낱말 수준과 문장수준에서 검사를 실시하고, 측정한 결과를 비교분석한 결과는 〈표 36〉과 같다.

〈표 36〉 조음 정확도의 변화(대상 3) (단위 %)

단 계	사 전		사 후		유 지	
구분	자음 정확도	모음 정확도	자음 정확도	모음 정확도	자음 정확도	모음 정확도
낱말수준	51.0%	40%	100%	100%	100%	100%
문장수준	48.8%	40%	100%	100%	100%	100%

이와 같이 조음정확도의 변화를 살펴보면 〈낱말수준에서의 자음정확도〉는 치료 훈련 전에 51.0%에서 100%수준을 유지하며 49%의 향상을 나타내었다. 또한 〈문장수준에서도 자음정확도〉 48.8%에서 100%수준을

유지하며 51.2%의 향상을 나타내었다. 〈모음정확도〉는 치료 훈련 전에 낱말수준과 문장수준에서 40%를 나타내었으나, 치료 훈련 후에 100%수준을 유지하며 60%의 향상 정도를 나타내었다.

아동의 조음 정확도를 낱말 수준과 문장 수준에 따라 각각의 변화를 비교분석한 결과를 그래프로 나타내면 [그림 21]과 같다.

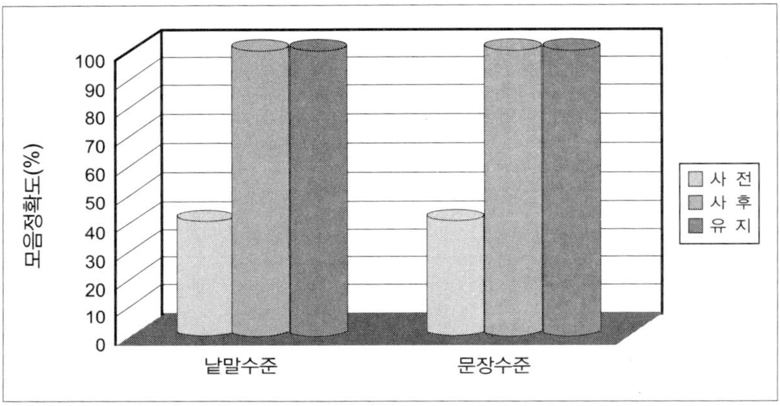

[그림 21] 조음 정확도의 변화 비교 (대상 3)

이와 같은 결과는 조음음운장애아동의 조음오류의 문제를 개선하는데 호흡훈련과 입술과 혀 등의 조음기관의 운동기능을 향상시키기 위한 구강운동 및 구순주위의 마사지·조음훈련이 필요하며, 이와 같은 방법을 병행 훈련하였을 때 조음음운장애아동의 조음 정확도 개선에 매우 효과가 있다는 사실을 확인할 수 있었다.

B. 음운 변동률 변화

대상 3의 조음능력 개선의 변화를 알아보기 위해서, 음운 변동률 변화에 대해서 사전-사후--유지검사를 실시하였다. 세부항목을 〈생략 및 첨가음운 변동〉과 〈대치음운 변동〉으로 구분하여 비교분석 하였다.

첫째, 대상 3의 음운 변동률 변화를 측정하기 위하여 〈생략 및 첨가음운 변동〉에 대하여 사전-사후--유지검사를 실시하고 비교분석한 결과는 〈표 37〉과 같다.

〈표 37〉 생략 및 첨가음운변동(대상 3) (단위 %)

음운변동			사전	사후	유지
생략 및 첨가 음운변동	음절 구조에 따른 음운변동	음절감소	0	0	0
		초성생략	16.6	0	0
		종성생략	21	0	0
		첨가	33.3	0	0
		평균	17.7	0	0
	조음방법에 따라 생략	파열음생략	0	0	0
		마찰/폐찰음 생략	0	0	0
		비음생략	4.5	0	0
		유음생략	66.6	0	0
		평균	17.8	0	0
	조음위치에 따른 생략	양순음 생략	0	0	0
		치조음생략	8.3	0	0
		경구개음생략	0	0	0
		연구개음생략	0	0	0
		성문음생략	0	0	0
		평균	1.66	0	0
평균			12.38	0	0

생략 및 첨가음운 변동결과, 사전검사 시의 음운오류의 출현률을 분석해 보면, 〈음절 구조에 따른 음운변동〉현상의 오류율 평균은 17.7%로 나타났으며 〈조음 방법에 따른 생략〉현상은 17.8%, 〈조음위치에 따른 생

략〉은 1.66%로' 나타났다. 그러나 치료 훈련 프로그램을 적용한 후 평가에서는 사후와 유지에서 각각 오류율 0%를 나타내며 높은 향상 결과를 보여주었다. 각 세부적 분석내용은 다음과 같다.

〈음절 구조에 따른 음운변동〉현상으로 첨가 33.3%와 종성생략 21%로 두드러졌고 초성생략 현상도 16.6%로 나타났으나, 사후와 유지에서는 나타나지 않았다. 〈조음 방법에 따른 생략〉현상은 유음생략이 66.6%,로 매우 두드러지게 나타났으며, 비음생략이 4.5%로 나타났으나, 사후와 유지에서는 개선되어 나타나지 않았다. 〈조음위치에 따른 생략〉에서는 치조음 생략현상이 8.3%로 나타났으나, 사후와 유지에서는 개선되어 나타나지 않았다. 결과적으로 생략 및 첨가음운 변동에서 전체 출현율 평균 12.38%의 오류를 보였으나 치료 훈련 후 0%로 오류율이 줄었으며, 유지도 가능하였다.

둘째, 대상 3의 음운 변동률 변화를 측정하기 위하여 〈대치음운 변동〉에 대하여 사전-사후--유지검사를 실시하고 비교분석한 결과는〈표 38〉과 같다.

〈표 38〉 대치음운변동(대상 3) (단위 %)

음운변동			사전	사후	유지
대치 음운 변동	조음위치 변동	연구개음의 전설음화	47	0	0
		경구개음의 전설음화	57.1	0	0
		성문음의 전설음화	0	0	0
		치조음의 후설음화	25	0	0
		경구개음의 후설음화	0	0	0
		양순음화	17.85	0	0
		치조음화	36.6	0	0
		경구개음화	3.3	0	0
		연구개음화	13.79	0	0
		성문음화	6.6	0	0
		평균	20.72	0	0

	조음방법 변동	파열음화	29.6	0	0
		마찰음화	6.6	0	0
		폐찰음화	0	0	0
		유음화	0	0	0
		비음화	17.85	0	0
		평균	10.81	0	0
	동 화	양순음동화	6.7	0	0
		치조음동화	4	0	0
		경구개음동화	0	0	0
		연구개음동화	12.5	0	0
		파열음동화	0	0	0
		마찰음동화	0	0	0
		폐찰음동화	0	0	0
		비음동화	15	0	0
		기식음동화	0	0	0
		긴장음동화	0	0	0
		평균	3.82	0	0
	긴장도 변동	긴장음화	0	0	0
		이완음화	9	0	0
		평균	4.5	0	0
	기식도 변동	기식음화	0	0	0
		탈기식음화	0	0	0
		평균	0	0	0
	그외	전환	0	0	0
		반복	7	0	0
		평균	3.5	0	0
평균			7.22	0	0

대치 음운변동에서 사전검사 시의 음운오류의 출현률을 분석해 보면, 조음위치변동 현상의 오류율 평균은 20.72%로 나타났다. 조음방법변동 현상의 오류율 평균은 10.81%이었고 동화 3.82%, 긴장도 변동 4.5%, 기식도 변동 0%, 그 외 3.5%로 각각 오류율을 나타내었다. 그러나 치료 훈련 프로그램을 적용한 후 평가에서는 사후와 유지에서 각각 오류율 0%를 나타내며 높은 향상 결과를 보여주었다. 각 세부적 분석내용은 다음과 같다.

〈조음위치 변동〉현상에서는 치료훈련 전에 경구개음의 전설음화 57.1%와 연구개음의 전설음화 47%로 오류율이 가장 높았고, 치조음화 36.6%와 치조음의 후설음화 25%, 양순음화 현상 17.85% 순으로 변동현상이 매우 두드러지게 나타나고 있다. 그 다음으로는 연구개음화 13.79%, 성문음화 6.6%, 경구개음화 3.3%로 오류율을 보였으나, 치료 훈련 프로그램을 적용한 후 사후와 유지에서 각각 오류율 0%를 나타내었다. 〈조음방법 변동〉에서는 치료훈련 전에 파열음화 29.6%와 비음화현상 17.85%로 두드러졌고 마찰음화 현상이 6.6%로 나타났으나, 사후와 유지에서 각각 오류율 0%를 나타내었다. 또한 〈동화〉현상에서는 비음동화 현상 15%, 연구개음 동화현상 12.5%와 양순음 동화현상 6.7%, 치조음 동화현상 4%로 나타나고 있었으나, 사후와 유지에서 각각 오류율 0%를 나타내었다. 〈긴장도 변동〉에서는 이완동화9% 〈그 외〉 반복에서 7%로 나타났으나, 사후와 유지에서 각각 오류율 0%를 나타내 높은 향상 결과를 보여주었다. 결과적으로 대치 음운변동에서 전체 출현률 평균7.22%의 오류를 보였으나 치료 훈련 후 0%로 오류율이 줄었으며, 유지도 가능하였다.

본 연구를 통하여 〈생략 및 첨가음운 변동〉과 〈대치 음운변동〉 모두에서 치료 훈련 프로그램을 적용한 후 각각 오류율 0%를 나타내며 높은 향상 결과를 보여준 결과는, 호흡훈련과 입술과 혀 등의 조음기관의 운동기능을 향상시키기 위한 구강운동 및 구순주위의 마사지·조음훈련 프로그램의 병행이 조음음운장애아동의 음운 변동 오류율감소에도 효과적이라는 사실을 뒷받침한다고 할 수 있다.

따라서 본 연구의 결과를 종합해 보면, 기능적 조음장애를 보이는 대상3에 호흡훈련과 입술과 혀 등의 조음기관의 운동기능을 향상시키기 위한 구강운동 및 구순주위의 마사지·조음훈련 프로그램을 병행하여 적용하였을 때, 조음기관 기능의 개선과 조음 정확도 개선, 음운변동 오류율 개선에 효과가 있어, 전반적인 조음음운능력 개선과 향상에 효과적이라는 결론을 얻었다.

이와 같은 결과는 뇌성마비아동의 조음장애 문제를 해결하기 위한 선행연구들에서 밝히고 있는 내용 즉, 조음훈련을 하기에 앞서 우선적으로 호흡훈련과 구강운동 등의 조음기관의 운동기능을 개선하는 훈련이 조음음운장애치료에 효과적이라는 것에 일치하는 결과이다. 이는 호흡훈련과 입술과 혀 등의 조음기관의 운동기능을 향상시키기 위한 구강운동 및 조음훈련 프로그램이 아동의 조음 정확도 개선에 효과가 있다(윤병완, 1990; 윤미경, 2002; 강현옥, 2005; 박정은, 2008)는 연구결과들과 맥을 같이 한다. 따라서 치료 훈련 후 자음과 모음의 음소 정확도가 100%수준으로 향상되어 유지되고 있는 본 연구 결과를 통하여, 조음음운장애아동의 조음오류의 문제를 개선하는데 호흡훈련과 입술과 혀 등의 조음기관의 운동기능을 향상시키기 위한 구강운동 및 구순주위의 마사지·조음훈련이 필요하며, 이와 같은 방법을 병행 훈련하였을 때 조음음운장애아동의 조음 정확도 개선에 매우 효과가 있다는 사실을 확인할 수 있었다.

본 연구의 결과를 통하여 아동의 조음음운장애의 문제를 개선하고 해결함에 있어서, 뇌성마비와 같은 마비성 조음장애가 아니라할지라도 호흡훈련과 구강운동 및 혀와 입술, 구순주위의 마사지 등 조음기관 운동기능의 개선이 효과적인 요인임을 확인할 수 있었다.

선행연구를 토대로 하여 본 연구에서 얻은 결론에 대하여 의의를 살펴보자면 다음과 같다. 즉, 앞에서 살펴본 대부분의 선행 연구들은 뇌성마비아동의 조음장애문제를 치료하기 위한 연구에 국한되어 있었다. 그러나 본 연구를 통하여 뇌성마비와 같은 마비성 조음장애를 가지고 있지 않은 단순히 기능적 조음음운장애를 나타내고 있는 아동의 경우에도 각각 개별적인 원인에 따라 차이는 있겠지만, 조음음운장애의 치료에는 호흡훈련과 구강운동 및 혀와 입술, 구순주위의 마사지 등 조음기관의 운동기능의 개선을 위한 훈련과 조음훈련의 병행이 필요함을 밝힐 수 있었다는 점이다.

또한 이와 같은 결론을 내리는 것에 다음과 같은 사항도 고려되었다. 즉, 대상 3은 본 연구에 앞서 다른 언어치료기관에서 이미 4세경에 언어치료사에 의하여 주 1회씩 1년 간의 언어치료를 받았으나, 언어장애의 문제 해결에 거의 변화와 진전이 없어서 본 연구에 의뢰되어 왔다. 이처럼 1년이라는 기간 동안의 언어치료에도 거의 변화가 없었던 아동에게서 얻은 본 연구의 결과는, 이와 같이 조음음운장애의 치료에는 호흡훈련과 구강운동 및 혀와 입술, 구순주위의 마사지 등 조음기관의 운동기능의 개선을 위한 훈련과 조음훈련의 병행이 필요하다는 사실을 뒷받침한다. 왜냐하면, 치료 전 각 하위별 평균이 호흡 32%, 혀 움직임 64%, 입술 움직임 40%, 턱 움직임 40%수준에서 치료 후 검사와 유지검사에서도 호흡 76%, 혀 움직임 92%, 입술 움직임 100%, 턱 움직임 84%수준으로 향상되었는데, 이와 같은 호흡 및 조음기관의 기능개선이 말 산출에 있어서 명료한 음소로 발성하도록 돕고, 표적음의 조음 훈련을 원활하도록 도와 조음정확도에 영향을 미쳤다고 생각한다. 사실상 매회기별 도입부에서 이와 같은 호흡 및 구강운동과 혀와 입술, 구순주위 마사지를 실시한 것도 이와 같은 치료적 효과를 고려하여 적용하였기 때문이다. 결과적으로 조음 정확도 개선에서도 낱말수준에서의 자음정확도는 치료 훈련 전에 51.0%에서 100%로, 문장수준에서도 자음정확도 48.8%에서 100%수준으로 향상되었다. 모음정확도 또한 치료 훈련 전에 낱말수준과 문장수준에서 40%수준에서 치료 훈련 후에 100%수준으로 향상됨을 보여 주었다. 아울러 〈생략 및 첨가음운 변동〉과 〈대치 음운변동〉도 치료 훈련 프로그램을 적용한 후 각각 오류율 0%를 나타내며 높은 향상을 보여주었는데 이러한 결과는, 호흡훈련과 입술과 혀 등의 조음기관의 운동기능을 향상시키기 위한 구강운동 및 구순주위의 맛사지·조음훈련 프로그램의 병행이 조음음운장애아동의 음운 변동 오류율감소에도 효과적이라는 사실을 뒷받침한다고 할 수 있다.

따라서 기능적 조음음운장애 아동들에게 나타나는 말 산출과정의 문제를 해결하기 위해서는 각 대상의 문제에 맞도록 치료계획을 수립하고, 말 산출에 관여하는 호흡훈련 및 조음기관의 기능 개선을 위한 구강운동 훈련과 조음훈련의 병행을 통한 조직적이고 계획적인 훈련이 필요하다고 사료된다.

3. 종합결과

위에서 살펴본 연구 결과의 분석을 종합해 보면, 모래놀이치료와 음악치료, 언어치료라는 통합적 치료적용에서 위축 · 우울 · 불안을 가진 기능적 조음음운장애 아동의 정서행동상의 문제행동의 감소와 아동의 사회정서적 적응행동 향상에 긍정적인 효과가 있었다는 것은 본 연구에서의 통합적 치료적용이 매우 효과적이었음을 밝혀준다.

언어치료에서 이와 같이 높은 치료효과를 볼 수 있었던 것은 다음과 같은 견해이다.

즉, 본 연구에서 조음음운 장애의 개선을 위하여 적용한 치료프로그램은 전장(前章)에서 살펴본 바에 의하면, 대부분의 선행 연구들이 뇌성마비아동의 조음장애문제를 치료하기 위한 연구에 국한되어 있었다. 그러나 본 연구를 통하여 뇌성마비와 같은 마비성 조음장애를 가지고 있지 않은 단순히 기능적 조음음운장애를 나타내고 있는 아동의 경우에도 각각 개별적인 원인에 따라 차이는 있겠지만, 조음음운장애의 치료에는 호흡훈련과 구강운동 및 혀와 입술, 구순주위의 마사지 등 조음기관의 운동기능의 개선을 위한 훈련과 조음훈련의 병행이 필요함을 밝힐 수 있었다는 점은 매우 큰 의의를 지닌다.

또한 마비성 장애를 가진 뇌성마비의 아동들에 적용한 이와 유사한 치료프로그램에서는 본 연구에서와 같이 100%의 개선효과를 보인 경우는 찾아볼 수가 없었다. 따라서 이처럼 본 연구가 뇌성마비아동들에 적용한 결과에 비해 치료효과가 월등히 높은 이유로는 다음과 같은 사항을 생각해 볼 수 있겠다.

첫째, 본 아동이 마비성 장애를 가지고 있지 않은 일반아동이어서 개선효과가 높았다고 사료된다.

둘째, 언어치료와 병행하여 음악치료와 모래놀이치료를 적용하여 통합적으로 치료적 접근을 하였기 때문이라고 생각한다.

대상 3은 우울 · 위축 · 불안 등 다양한 정서적 위기의 문제를 가지고 있는 아동이므로 언어치료만으로는 개선이 어려운 상황이었다. 즉 위축감이나 과도한 긴장이나 불안으로 신체상 과긴장의 문제가 있었다. 또한 자기조절능력이 떨어지면서 산만하여 주의집중이 어렵거나 신체기능의 저하와 과도한 긴장으로 인한 들숨 날숨의 호흡이 불규칙하여 숨 조절의 어려움, 지나치게 낮은 음성의 문제와 작고 힘이 없으나 날카롭게 말끝을 올려 소리 지르듯 말하는 불안정한 음성의 문제, 대인관계에서의 불안 · 공포와 회피 등의 문제가 심각한 수준으로 언어치료에 방해요인이었기 때문이다.

그러나 모래놀이와 음악치료라는 심리치료를 통합적으로 동시에 병행하여 적용함으로써 점차 정신병리적인 문제로부터 자유로워지면서 자신의 언어문제를 해결하기 위해 적극적으로 집중하고 훈련에 임하는 모습을 보였다.

심리치료가 언어치료에 긍정적인 영향을 미쳤다는 것과 마찬가지로 아동의 우울 · 위축 · 불안 등 다양한 정서적 위기의 문제를 해결하고자 하는 심리치료에서도 언어치료는 매우 큰 영향을 주었을 것이다. 왜냐하면, 아동은 조음음운장애를 가지고 있음으로써, 타인과의 의사소통이 거의 불가능한 상태였다는 점은 아동에게 충분히 좌절감과 우울감, 낮은 자존감과 불안감과 긴장감을 갖게 하는 요인으로 작용할 수 있음을 짐작할 수 있는 문제이기 때문이다. 실제로 치료에서도 언어문제가 해결되고 자신의 이야기를 타인이 알아듣게 되면 될수록, 자신이 언어표현에 자신감이 생길수록 심리치료에서도 더욱 적극적이고 긍정적인 정서를 표출해나갔기 때문이다.

따라서 모래놀이치료 · 음악 치료 · 언어치료의 통합적 치료적용이, 우울 · 위축 · 불안을 가진 기능적 조음음운장애 아동의 정서행동문제의 감소와 조음음운장애의 문제를 극복하고 아동의 사회 정서적 적응행동 향상에 긍정적인 효과가 있었다.

제 6 장

사례 연구

1. 외상 후 스트레스장애로 인한 정서행동문제 아동의 통합적 치료 사례

1) 연구대상 (대상1)

대상 아동은 외상 후 스트레스장애와 복합적인 정서행동문제를 가지고 있는 6세 여아이다. 아동은 본 연구 이전에 외상 후 스트레스 증상 발생 후 병원에서 약물치료를 4개월 이상 받았으나, 증상 개선에는 효과가 없는 채로 1년 이상 경과되었고, 외상 후 스트레스장애가 만성적으로 진행된 상태에서 다시 병원에서 약물치료를 시도했으나 증상개선에는 효과가 없었다고 한다. 이에 부모가 보험회사에 심리치료를 받을 수 있도록 요청하여 본 연구의 대상으로 선정하게 되었는데 연구대상 1의 정보는 〈표 39〉와 같다.

〈표 39〉 연구대상 정보 (대상 1)

연구대상	대상 1 (성명 : 이○○, 나이 : 6세 9개월) (여아)
선정배경	• 2006년 6월경 놀이터에서 교통사고로 발목을 다쳐 병원에 12일 정도 입원 치료를 받고, 그 이후 같은 부위 3번이나 다친 경험이 있음. • 처음 사고 치료 후 검사 상 별다른 문제가 없었으나, 사고 부위에 대한 통증을 지속적으로 호소하였고, 무릎이나 손으로 앞을 짚지 못한 채 넘어지는 상황이 발생 됨. • 정서 불안정과 악몽으로 4개월째 약을 복용함. • 불을 끄고 자는 것을 무서워하고 잠을 이루지 못하는 등 효과가 없어 약물을 중단.
행동특징	• 다리절기, 자주 넘어지기, TV시청에 과 몰입, 짜증, 분노폭발, 노란 자동차에 대한 공포적 반응, 눈맞춤의 회피, 웅얼거리는 말투, 말끝 흐리기.
주된문제	• 외상 후 스트레스, 수면장애, 악몽꾸기, 좌불안석. • 신경과민, 위축, 우울, 불안, 위축, 주의집중의 어려움, 산만함, 의존성, 공격성, 충동성, 낮은 자존감. • 또래형성의 어려움, 모친과의 분리불안, 신체통증의 호소, 외출을 꺼리고 어린이집 등원거부, 미성숙한 정서적 행동적 문제.

현재 가족 환경	• 부모와 ADHD장애로 1년 동안 약물복용을 하고 있는 5세 여동생. • 모친(고졸, 만 33세)은 전업주부, 부친(고졸, 40세)은 중장비 기술자. • 부친은 1년 전 중장비 사고로 인해 하반신 절단으로 좌절감과 우울감이 커지고, 의처증 증세를 보이고 있음. • 모친에게 난폭한 언행과 폭행, 칼부림 등을 하며 부부싸움이 끊임없이 아이들 앞에서 이루어 짐. • 아동의 가정은 기초생활 수급자로 가정형편이 매우 어려운 상황임.
생육사 및 발달사	• 아동은 원하는 아이였고, 35주째에 1.9Kg로 조산하였다고 함. • 사고 전에는 언어발달과 신체발달은 정상범위였다고 함. • 기관지 확장과 편도절제, 안검 내반 수술 경험 있음. • 만 3세부터 다니기 시작한 어린이집 생활 적응에는 문제 없었음. • 외진 아파트인데다가 같은 아파트 내에는 또래친구가 없고, 대부분 어린 동생과 있는 상태로 외로움을 많이 느꼈다고 함.
검사 태도 및 행동관찰	• 검사수행을 하면서 평가자에게 먼저 말을 걸지 않는 조용한 편임. • 검사 수행시에는 적극적이고 협조적이었으나, 눈 맞춤을 자주 피함. • [차례맞추기] 수행에서는 카드가 주어지자 뭘 선택할까를 고민하느라 오랜 시간을 보내는 등 민첩하게 대처하지 못하는 양상이 관찰됨.

2) 대상 1 아동의 모래놀이치료

〈표 40〉 각 회기의 작품 주제 및 회기별 모래놀이 작품에 표현된 내용 (대상 1)

<table>
<tr><th>구분</th><th>작품주제</th><th>관찰된 행동 및 표현작품</th><th>모래놀이 작품에 표현된 내용</th></tr>
<tr><td>1 회기</td><td>신데렐라</td><td>ㅁ 숨을 쉬지 않는 듯한 느낌, 어둡고 불안한 표정, 눈맞춤 회피, 조심스런 행동, 다리절기</td><td>• 노란색 자동차를 만들고 부수기를 반복함. 두꺼비집에 숨은 두꺼비 : 아동의 퇴행욕구와 안전을 추구하는 마음으로 보임. 두꺼비 집의 파괴 : 안전과 보호의 욕구가 좌절됨에 대한 분노표출.</td></tr>
<tr><td rowspan="2">2 회기</td><td rowspan="2">재미있는 가족 모래놀이</td><td colspan="2">ㅁ 서술하듯 기어들어가는 웅얼거림의 말투, 다리절기, 혀 짧은 응석어린 말투.
</td></tr>
<tr><td colspan="2">• 여러 채의 집 배치와 함께 가정 불화의 긴장과 불안, 갈등 표출. 떡과 빵, 밥이 전환적으로 반복됨. 담담하게 서술하듯 놀이터에서 노는 모습을 이야기를 함. 사고로 하반신을 잃고 집에 누워있어 경제적인 활동이 불가능해진 아빠를 회사에 다니는 새로운 아빠상으로 표현함.</td></tr>
<tr><td rowspan="2">3 회기</td><td rowspan="2">재미있는 사람 모래놀이</td><td colspan="2">ㅁ 다리절기, 공격적이고 억눌린 말투, 히스테릭한 느낌의 행동, 말투의 변화(갑자기 빨라짐).
</td></tr>
<tr><td colspan="2">• 하체를 모래에 묻음, 폭죽에서 나온 색줄을 이용해 다리를 묶음(외상 후 스트레스 증상에 대한 갈등을 폭죽으로 폭발시킴). 신데렐라와 세일러문 엄마을 묶어서 묻어두고 엄마를 던지고 마구 때리는 행동. 엄마오리가 등에 아기오리를 태우고 가는데 뒤에서 또아리를 틀고 뱀이 노리고 있어 위험하게 보임(아동의 내면의 불안과 긴장의 표출). 중앙에 2개의 연꽃(동생과 자신이라 함)에는 각각 1명씩의 아이가 올려져 있는데 아이들에게 모래비를 뿌려 재해에 대한 고난과 갈등을 표출. 우측하단에 밝은 표정의 아이를 배치함으로써 건강하기를 바라는 자신의 무의식의 욕구를 보여줌.</td></tr>
</table>

<table>
<tr><td rowspan="2">4
회기</td><td rowspan="2">무서운
검은비</td><td>□ 다리절기. 긴장되고 위축되고 놀란 표정.
</td></tr>
<tr><td>• 검은 비를 맞고 쓰러져 있는 아이. 검은 비가 자신의 나쁜 마음이고 그 검은 비로 인하여 온 세상이 죽는다고 함(부정적 자아개념 갈등). 긍정적인 변신을 위한 하얀 비를 기다림(하얀 비를 기다리는 아이). 감옥에 갇힌 아기 강아지-억압되고 제한된 신체 이미지의 표현인 듯 싶다.</td></tr>
<tr><td rowspan="2">5
회
기</td><td rowspan="2">재롱
잔치</td><td>□ 다리절기, 밝은 표정, 안정적 음성.
</td></tr>
<tr><td>• 좌측상단의 빈 공간-쉬는 공간이라 함, 벌레들이 많이 있어 조심해야 하며 밟으면 벌레들이 깨문다고 함<애벌레, 거미, 지네, 전갈 등>벌레들을 가득 배치함. 부친의 사고로 인한 좌절된 상황의 미성숙하고 본능적인 공격성을 감지하며 내면의 갈등 분출.</td></tr>
<tr><td rowspan="2">6
회
기</td><td rowspan="2">바다속</td><td>• 일시적인 공포적 과잉반응, 무미건조한 서술식 언어표현, 다리절지 않음, 안정적 이야기 진행, 밝은 표정.
</td></tr>
<tr><td>• 모래에서 발견한 철사("사람다리가 부러져서 여기에 있다"공포적 반응). 짝짓기를 하는 물고기들(새로운 탄생상징). 상어를 피해 도망가는 고기들-위험으로부터 자신을 지켜내는 적응력을 기르고 있는 에너지를 갖고자 하는 욕구를 표현.
• 인어공주-돌고래가 인어공주를 돌보고자 하는데, 임금은 돌고래를 감옥에 가두어 보호받고자 하는 욕구가 좌절됨.
• "물고기들과 돌고래는 도둑이 들어오지 못하게 문을 잠그고 잤고, 인어공주네 집도 문을 잠그고 사람들도 숨어서 자고 있다."(외부환경으로부터 오는 위협과 공격으로 인한 내적 공포와 불안감으로 위축되고 무기력을 상징). "이제 아침이 왔어. 물고기가 친구네 집에 가려고 일어나서 가고 있었어." 새로운 시작과 외부환경에 대한 극복의 시작을 준비, 대인관계 재개에</td></tr>
</table>

<table>
<tr><td></td><td></td><td>대한 의지 표출.
• "돌멩이가 있어서 못 갔어. 그래서 돌아왔어. 돌고래는 아직 안 일어났어. 계속 자고 있었어."(자신의 갈등을 해결하고 에너지를 갖기에는 아직 역부족, 좌절 · 무기력함 표출).
• "나무가 뽑히고 임금님이 물고기들을 가뒀으며 귀신들이 물고기들을 잡아먹음. 임금님이 다시 심어 나무는 다시 잘 자랐다"(기억하는 외상에 대한 공포와 갈등을 극복하고 긍정적으로 성장하고자 하는 욕구 표출). "돌고래들은 봄이 돼서야 일어났어. 겨울잠을 자다 깨어난 물고기들이 돌고래 집에 놀러왔는데, 돌고래들이 잡아먹었어. 배가 고팠었나봐."(리비도의 충족을 위하여 음식을 먹음으로써 에너지를 충족시키려 함).</td></tr>
<tr><td rowspan="2">7
회기</td><td rowspan="2">결혼식</td><td>□ 다리절지 않고, 표정 밝음, 안정적인 음성과 눈 맞춤.
</td></tr>
<tr><td>• 결혼식-새로운 탄생과 시작을 상징하므로 아동의 내면의 문제가 해결되기 시작함을 암시.</td></tr>
<tr><td rowspan="2">8
회기</td><td rowspan="2"></td><td>□ 다리절지 않음, 경쾌한 움직임, 명랑하고 또렷한 눈빛, 콧노래 부름, 존댓말 사용(처음).
</td></tr>
<tr><td>• 우측단의 강에 배치한 〈챙이 넓은 모자를 쓰고 다리가 없는 여자상〉은 자신. 아기 돌고래가 구슬 안에 들어 있고, 큰 돌고래들이 구슬 밖에서 감싸고 있는 배치(퇴행욕구와 안전과보호 양육욕구). 신랑신부상의 배치로 새로운 출발을 꾀함. 하단에 묻힌 개구리(미성숙하고 퇴행되고 위축된 자신의 모습상징). 개구리가 돛단배를 타고 좌측을 향하고 있는 것(무의식의로의 탐색의 여정). 사지 관절이 단단히 고정되지 않고 제멋대로 돌아가는 배영을 하고 있는 남자아이(부친의 신체이미지와 좌절의 표출).</td></tr>
<tr><td>9
회기</td><td>우리
마을</td><td>□ 눈맞춤 없이 활동에만 집중, 다리절지 않음, 차분하고 안정된 음성
</td></tr>
</table>

<table>
<tr><td></td><td></td><td>• 반복해서 만드는 예쁜 사람이 혼자 사는 두꺼비집(보호와의존성, 퇴행욕구). 예쁜 사람의 표현으로 긍정적, 자신 수용. 은신처의 앞 부분에 보물 상자 4개를 강에 배치, 엄마라고 표현한 '미니마우스 앞으로 길을 열어둠(엄마에게로 연결하는 무의식적 욕구). 정중앙에 모자를 쓰고 돌 위에 비스듬히 쓰러진 채 배치된 여자아이(불안정한 정서 표출).</td></tr>
<tr><td rowspan="2">10 회기</td><td rowspan="2">초코나라</td><td>ㅁ 밝은 표정과 콧노래, 안정된 모습과 존댓말 사용.
</td></tr>
<tr><td>• 좌측하단의 큰 모래무덤(쵸코렛 무덤)쵸코 나라가 있으면 엄마랑 지수랑 나랑 행복해요. 불꽃놀이로 내 마음의 소원 빌기.</td></tr>
<tr><td rowspan="2">11 회기</td><td rowspan="2">신나는 동물식당</td><td>ㅁ 콧노래와 존댓말 사용, 밝은 표정, 활력 있는 행동.
</td></tr>
<tr><td>• 먹이를 먹고 있는 동물들(구강적 보상욕구). 자신인 기린에 매달린 동생 원숭이. 쌍으로 배치한 기린(의존과 불안정한 내면표출). '한 아기돼지가 밥과 국을 그릇에 담다가 그릇에 데었다' (구강적 욕구의 좌절됨의 갈등 내포). '돼지는 보건실로 갔고 주사를 맞아서 씩씩하게 되었다' (적극적인 자기치유의 욕구를 표출). 누워서 일광욕 하는 가필드를 상단 중앙에 배치는 부성의 영역에서 병석에 누워 있는 부친의 상징표현).</td></tr>
<tr><td rowspan="2">12 회기</td><td rowspan="2">노란색 세상</td><td>ㅁ 콧노래, 표정에 불안하거나 긴장되는 모습이 나타나지 않음.
</td></tr>
<tr><td>• 그릇에 가득 채워 따른 물(생명력의 소생을 바라는 물). 그 물을 그릇에 담을 때 체에 받쳐 불순물을 거르는 정수과정을 거친다. 그것을 좌측하단 모서리로 이동시킨 것(무의식에서 원초적</td></tr>
</table>

		으로 바램하는 욕구인 것으로 사료). 깔대기 속에 커다란 불꽃 화염을 은폐시켜 우측하단 모서리에 낙서를 하다가 배치한 것은 자신의 현재 진행되고 있는 분노의 갈등을 통제하려는 의지로 보여진다. 다리가 부러진 큰 코끼리를 중앙 상단에 배치한 것(부성을 상징하고, 하반신에 장애를 갖고 있는 부친이지만 아이들을 태우고 새로운 세상인 넓은 바다로 여행을 떠나려 한다는 이야기로 부친과의 갈등도 어느 정도 긍정적으로 해결되고 있는 듯한 인상이다. 빨간 사슴을 앞다리가 구부러져 설 수 없도록 하다가, 다시 한 다리만 들고 서 있게 하다가, 또 앞으로 무방비 상태로 엎어지도록 한 후, 마지막으로 정상적으로 달리는 모습으로 배치하는 것은 자신의 외상 후 스트레스가 해결되는 과정을 보여주고 있는 것으로 사료된다.

(1) 대상 1 아동의 모래상자 변화 분석

〈표 41〉 칼프(Kalff, 1989)의 모래상자 분석 (대상 1)

구분		모래상자 분석
동·식물의 단계	1-4 회기	• 1회기 : 아동은 현재 자신의 상태를 부숴지는 두꺼비집에 숨는 것으로 하다가, 더 단단하고 깊숙이 파서 만든 두꺼비집에 두꺼비를 넣어주는 것으로 표현하여 자신의 안전과 보호에 대한 욕구와 좌절, 퇴행욕구와의 혼란스럽고 정돈되지 않는 감정을 나타낸다. 또한 노란색 자동차를 만들고 부수기를 반복하고 자동차의 틀을 치료실 바닥에 과격하게 집어던지는 행동을 통해, 외상 후 스트레스의 갈등을 표출한다. 두꺼비 집을 반복해서 만들고 공격적인 파괴를 통해 안전과 보호의 요구가 좌절됨에 대한 자신의 상황을 표현하고 있는 것으로 볼 수 있다. 놀이를 끝낼 때는 모든 놀이감이 소거되고 모래도 정돈하고 있는데, 이렇게 정돈하고 치워버리는 행위는 회피와 위축되어 있는 아동들에게 자주 나타난다. • 2회기 : 여러 채의 집을 배치하고 집에 모래를 뿌리는 행동은 가정불화로 인한 긴장과 불안갈등의 나타낸다. 떡과 빵, 밥이 전환적으로 계속 나오는 것으로 아동의 구강기적 욕구의 고착이 나타난다. 사고를 당했던 놀이터에서 자신과 동생이 노는 모습, 어린이집에 가지 않고 쉬고 있으면서 아동은 학교에 가있으며, 사고로 하반신을 잃고 활동이 불가능해진 아빠는 2층에서 누워 있다가 베란다에서 집 뒤로 떨어지고 또 다른 아빠는 회사에 다니고 있다. 즉, 아동과 자신의 상황과 상반되는 모습으로 보상욕구와 양가감정의 혼란된 정서를 표현하고 있다. • 3회기 : 자신과 동일시되는 신데렐라와 엄마인 세일러문의 하체를 모래에 묻는다. 폭죽을 터뜨리고 폭죽에서 나온 색줄을 이용해 두 사람의 다리를 묶음으로써, 외상 후 스트레스 증상에 대한 갈등과 자율욕구의 통제에 대한 갈등을 폭발시킨다. 엄마를 묶어서 묻어두고 꺼내어 던지고 때리는 행동, 엄마오리가 등에 아기오리를 태우고 가는 도중 모래를 뿌리고, 오리들 뒤에서 또아리를 틀고 뱀이 노리고 있어서 아동의 내면의 갈등과 불안, 긴장을 혼란스럽게 표출시키고 있다. 중앙에 2개의 연꽃(동생과 자신이라 함)에는 각각 1명씩의 아이가 올려져 있는데 아이들에게 모래비를 뿌려 외부환경으로부터 오는 재해에 대한 고난과 갈등을 나타내고 있는 것으로 보인다. 그러나 밝은 표정의 아이를 배치함으로서 긍정적인 표현이 나타나기도 하였다.

		• 4회기: 더러운 검은 비를 맞고 쓰러져 있는 아이와 검은 비를 맞아서 죽은 나무와 동물들을 표현하고 있다. 그 검은 비가 자신의 나쁜 마음이고 그 검은 비로 인하여 온 세상이 죽는다고 함으로서 부정적 자아개념갈등을 표출하고 있다. 그러나 긍정적인 변신을 위한 하얀 비를 기다리는 아이가 나타나고 ("내 마음속에 검은 비가 있어 나쁜 마음.. 빨리 검은 비가 멈추고 하얀 비가 왔으면 좋겠어") 간절한 자기치유의 욕구를 드러내기 시작하였다. 또한 쓰러진 아이들과 동물들에게 약초를 먹이는 거인엄마가 등장하여 보호와 돌봄인 양육의 욕구를 충족시키려 하고 있다. 석탄을 캐는 나쁜 아저씨들이 감옥에 강아지들을 가두는 것으로, 억압되고 제한된 자신의 혼란된 감정을 볼 수 있었다.
투쟁의 단계	5-6 회기	• 5회기: 새싹반 아이들이 재롱잔치를 한다. 옷을 갈아 입는 탈의실이 나타나고, 동물들을 노리는 사냥꾼도 나타난다. 상단의 빈 공간을 쉬는 곳이라 하고 거기에는 벌레들이 많아 조심해야 하며 밟으면 벌레들이 깨문다고 한 것으로 자신의 불안 공포감 등 심리적 억압감을 나타낸다. 그러나 "나는 춤추고 있어. 나는 좋아"라며 남자아이와 짝을 맞추고 춤을 춘다. 이렇게 상반된 정서와 행동적 표현은 자신의 문제에 대한 불안 갈등과 적극적 극복의지와의 양가감정으로 보이나 목소리가 매우 밝고 힘이 있어 긍정적인 힘이 느껴진다. • 6회기: 모래에서 발견한 철사를 "사람다리가 부러져서 여기에 있다"고 공포적 반응을 보여 외상 후 스트레스 증상이 나타났다. 그러나 짝짓기를 하는 물고기들로 새로운 탄생을 기다리고, 상어를 피해 도망가는 고기들은 위험으로부터 자신을 지켜내는 적응력을 갖고자 하는 욕구를 표현하는 것으로 아동의 내적 힘이 증가하고 있다고 볼 수 있겠다. 돌고래가 인어공주를 돌보고자하는데, 아빠 임금은 돌고래를 감옥에 가두어 보호받고자 하는 욕구를 좌절시킨다. "인어공주와 물고기들과 돌고래는 도둑이 들어오지 못하게 문을 잠그고 잤고, 사람들도 숨어서 자고 있다"고하여 외부환경으로부터 오는 위협과 공격으로 인한 내적 공포와 불안감으로 위축되고 무기력해진 자신을 다룬다. 그러나 "이제 아침이 왔어. 물고기가 친구네 집에 가려고 일어나서 가고 있었어."라며 새로운 시작과 외부환경에 대한 극복의 시작을 준비하고 대인관계 재개에 대한 의지를 표출한다. 그러나 또다시 돌멩이가 있어서 못가고 돌아오며 돌고래는 아직 안 일어나고 계속 자고 있다고 함에서, 자신의 갈등을 해결하고 에너지를 갖기에는 아직 역부족인 상태를 암시하며 좌절·무기력함을 드러낸다. 나무가 뽑히고 임금님이 물고기들을 가뒀으며 귀신들이 물고기들을 잡아먹으나 임금님이 다시 심어 나무는 다시 잘 자랐다는 내용에서 아동이 기억하는 외상에 대한 공포와 갈등을 극복하고 긍정적으로 성장하고자 하는 욕구를 드러내고 있다.
적응의 단계	7-12 회기	• 7회기 : 결혼식이 열렸다. 결혼식에는 하객들로 가득하고 축하가 이어진다. 결혼식은 새로운 탄생과 시작을 상징하므로 아동의 내면의 문제가 해결되기 시작함을 암시한다고 볼 수 있겠다. 아동은 결혼식에서 반짝이를 뿌려주고 비눗방울을 터뜨려 준다. 신랑신부를 위해 친척 언니들과 꽃을 뿌려주고 노래를 부른다. 신랑신부는 촛불을 끄고 케익을 자르는 행동을 4번 반복한다. 새로운 시작이다. • 8회기 : 아기 돌고래가 구슬 안에 들어 있고, 큰 돌고래들이 구슬 밖에서 감싸고 있는 것을 배치하여 퇴행욕구와 안전과 보호 양육욕구를 나타내고 있다. 신랑신부상의 배치로 새로운 출발을 꾀한다. 하단에 묻혔던 개구리가 모래 바다에서 돛단배를 타고 좌측을 향하고 있는 것은 자신의 고통스런 현실을 헤쳐 나가려는 무의식으로 탐색 여정을 떠나는 것으로 볼 수 있겠다. 사지 관절이 단단히 고정되지 않고 제멋대로 돌아가는 남자아이는 부친의 신체이미지와 하반신 상실에 대한 부친의 좌절된 모습을 다루고 있다. 그러나 착한 마법사 요정이 나타나 아기들을 돌보고 있고 아동의 목소리는 밝고 쾌활하며 연신 콧노래를 불러 긍정적인 에너지가 흐른다. 수영장인 동시에 아이들 목욕탕이 등장하여 이 또한 새로운 출발과 시작의 힘을 엿볼 수

		수 있게 한다. 또한 어른 목욕탕인 수족관은 아기들이 쉬를 싸면 씻으러 가는 곳이고, 돈이 없어도 갈 수 있는 곳이라 하였다. ""불꽃과 기도하는 십자가와 천사가 있어요"에서 자신을 돌보는 수호천사와 십자가로 영적 에너지가 상승되고 있다고 생각된다. • 9회기: 모래흙을 계속 치우고 걷어낸다. 모성에 대한 부정적 갈등부분을 해결하려는 듯하며, 중앙에 원을 그리고 보호벽을 쌓고 그 안에 아이가 혼자서 산다고 말한다. 두꺼비 집을 단단하게 만들기를 4회 반복하고 예쁜 사람이 집에서 안 살고, 혼자 사는 집이라 하는 데서 자신이 가족의 문제에서 분리됨을 상징적으로 나타내고 있다. 엄마인 미니마우스 앞으로 길을 열어둠으로써 엄마에게로 연결되는 통로를 열어둔다. 두꺼비집에 사는 예쁜 사람의 표현으로 자신에 대한 긍정적 자아개념과 자신을 수용함이 엿보인다. 무덤처럼 높은 봉분을 손가락으로 앞뒤로 통하게 구멍을 뚫는 행위를 (10분간) 통해 물이 흐르고, 자신의 갈등의 문제 해결로 에너지가 흐르고 배출하는 모습을 보여준다. • 10회기: 큰 쵸코렛 무덤을 만들고, "쵸코 나라가 있으면 엄마랑 ㅇㅇ랑 나랑 행복해요♪"라며 콧노래를 부른다. 엄마에게로 향해 나가는 기찻길과 그 위를 달리는 기차가 있다. 불꽃놀이로 내 마음의 소원빌기(마음속에 쵸코나라가 생기고 쵸코나라에 놀러 오라는 내용을 밝고 힘찬 목소리로 노래함)를 한다. 동물들에게도 밥을 주고 전체적으로 양육과 행복추구의 밝은 에너지를 분출한다. • 11회기: 신나는 동물식당을 주제로 농장의 모든 동물들에게 음식을 먹임으로써, 자신을 양육하고 힘을 충족시키고 있다. 자신인 기린에 매달린 동생 원숭이를 나타내어 동생과도 가까운 친밀감을 드러낸다. "한 아기돼지가 밥과 국을 그릇에 담다가 그릇에 데었어요. 돼지는 보건실로 가서 주사를 맞아서 이젠 씩씩하게 되었어요."라고 이야기함으로써, 적극적인 자기치유의 욕구와 자신이 건강해짐을 드러낸다. • 12회기: 그릇에 가득 채워 따른 물은 생명력의 소생을 바라는 물이다. 그 물을 그릇에 담을 때 체에 받쳐서 불순물을 거르는 정수과정을 거친다. 깔대기 속에 커다란 불꽃 화염을 은폐시켜 우측하단 모서리에 낙서를 하다가 배치한 것은 자신의 현재 진행되고 있는 분노의 갈등을 통제하려는 의지로 보여진다. 다리가 부러진 큰 아빠코끼리를 중앙상단에 배치하고, 하반신에 장애를 갖고 있는 부친이지만 아이들을 태우고 새로운 세상인 넓은 바다로 여행을 떠나려 한다는 이야기로 부친과의 갈등도 어느 정도 긍정적으로 해결되고 있는 듯한 인상이다. 빨간 사슴을 앞다리가 구부러져 설 수 없도록 하다가, 다시 한 다리만 들고 서 있게 한다. 또 앞으로 무방비 상태로 엎어지도록 한 후, 마지막으로 정상적으로 달리는 모습으로 배치하는 것을 통해 긍정적인 변화의 모습을 볼 수 있다. 자신의 외상 후 스트레스가 해결되는 과정을 보여주고 있는 것으로 사료된다.

(2) 대상 1 아동의 문제행동의 변화

〈표 42〉 회기별 문제행동의 변화분석(대상 1)

회기	회기별 모래놀이 활동시 관찰된 행동	
1	피규어 관찰시	다리를 전다. 숨을 쉬지 않는 듯한 느낌이다. 행동이 매우 조용하고 조심스럽다.
	모래놀이 활동시	서술하듯 기어들어가는 웅얼거림의 말투를 한다. 어둡고 불안한 표정이다. 눈맞춤을 회피한다. 불안한 음성과 매우 빠른 어조로 말한다. 히스테릭하게 행동한다. 파괴적이고 과격한 손놀림으로 공격적이다.
2	피규어 관찰시	다리를 전다.
	모래놀이 활동시	서술하듯 기어들어가는 웅얼거림의 말투를 한다. 혀 짧은 응석어린 반말 투로 말한다. 피규어를 다룰 때마다 계속해서 혼잣말로 이야기한다.
3	피규어 관찰시	다리를 전다.
	모래놀이 활동시	공격적이고 억눌린 말투로 말한다. 히스테릭한 느낌의 행동을 공격적으로 보인다. 말투가 갑자기 빨라진다. 무엇엔가 홀린 듯한 표정을 한다. 피규어를 다룰 때마다 계속해서 혼잣말로 이야기 한다.
4	입실 시	긴장되고 위축되고 놀란 표정이다.
	피규어 관찰시	다리를 전다. 적극적인 피규어 탐색과 주저없는 선택을 한다.
	모래놀이 활동시	힘없고 낮은 목소리로 이야기 한다. 절망감과 좌절감을 표현한다. 피규어를 다룰 때마다 계속해서 혼잣말로 이야기한다.
5	피규어 관찰시	다리를 전다. 적극적인 피규어 탐색과 주저없는 선택을 한다.
	모래놀이 활동시	밝은 표정이다. 안정적 음성이다. 즐겁고 긍정적인 작품내용의 설명을 한다. 혀짧은 응석어린 말투의 경쾌한 콧노래를 부른다. 적극적 눈맞춤을 한다.
6	피규어 관찰시	다리를 절지 않는다. 신중하고 적극적인 피규어 탐색을 한다.
	모래놀이 활동시	일시적인 공포과잉반응을 보인다. 무미건조한 서술식 언어표현을 한다. 안정적으로 이야기를 진행한다. 밝은 표정이다.
7	피규어 관찰시	다리를 절지 않는다. 치료실 안을 바쁘게 통통 뛰어다닌다. 능동적이고 적극적인 피규어 탐색과 주저없는 선택을 한다.
	모래놀이 활동시	밝은 표정이다. 힘있는 목소리로 안정적인 음성이다. 치료사에게 적극적인 눈 맞춤을 한다. 치료사에게 이야기해 주고 싶어한다. (쉴새없이 재잘재잘 상냥한 어투로 치료사를 보면서 이야기함.)
8	피규어 관찰시	다리를 절지 않는다.
	모래놀이 활동시	폴짝폴짝 뛰어다니는 경쾌한 움직임을 보인다. 명랑하고 표정과 눈빛이 또렷하다. 콧노래를 부른다. 존댓말을 사용한다.
9	피규어 관찰시	다리를 절지 않는다.

	모래놀이 활동시	활동에만 집중하며 혼잣말로 진행한다. 차분하고 안정된 음성으로 이야기 한다. 눈맞춤을 회피한다.
10	피규어 관찰시	다리를 절지 않는다.
	모래놀이 활동시	기분이 매우 좋아 보인다. 밝은 표정으로 경쾌한 콧노래를 부른다. 안정된 모습을 보이며, 존댓말 사용한다. 자신의 이야기를 적극적으로 설명한다.
11	피규어 관찰시	다리를 절지 않는다.
	모래놀이 활동시	밝은 표정으로 경쾌한 콧노래를 부른다. 존댓말을 사용한다. 활력 있게 행동한다.
12	피규어 관찰시	다리를 절지 않는다.
	모래놀이 활동시	밝은 표정으로 경쾌한 콧노래를 부른다. 진지하다. 자신이 꾸민 모래세상이 행복하고 기분이 좋다고 말한다. 마지막 세션임에도 표정에 불안하거나 긴장되는 모습이 나타나지 않는다.

2) 대상 1 아동의 음악치료

〈표 43〉 각 회기별 음악치료 내용 및 결과분석(대상 1)

구분	활동목표	활동내용	행동관찰	모친상담 내용
1 회기	Assess-ment 라포형성	• 피아노 연주가 가능하며('고양이 춤'을 양손으로 연주) 계명 인지를 명확히 한다. • 즉흥연주 시 리듬에서 일정하고 안정된 리듬반응을 보이며 상황을 즐긴다. • 윈드차임을 선호하며 공명실로폰 등 멜로디 악기, 부드러운 소리를 선호하는 편이다. • 기타의 선율도 좋아한다. • 곡의 흐름에 대한 이해도에 시간이 필요하다. • 리듬인지, 멜로디 인지가 높은 편이며, 숫자세기 시 약간 혼동되는 면이 있긴 하나 순서에 맞게 따라온다.	• 굉장히 조심스러워하며 작은 목소리로 활동에 임하였다. • 왼손 사용이 오른손 사용에 비해 약간 어색하다. • 신체표현에서는 정확한 표적활동이 어려웠다. • eye-contact가 상당히 높으나 회피적인 모습이다. 치료사의 흐름에 따르려 애쓰는 모습을 보임. • 호흡조절이 어렵고 다리 절기, 사고상황의 이야기는 회피함.	• 아이가 빨리 자동차 사고에 대한 기억을 잊었으면 좋겠다고 하였다. • 밖에 혼자 나가서 노는 것을 두려워한다. • 다리를 절며 자주 넘어진다. • 짜증이 심하고 히스테릭하며 밤에 잠을 못 잔다.
2 회기	Assess-ment 라포형성	• 리코더를 좋아한다며, 아빠가 리코더로 '작은 별'노래를 불러준다고 이야기 하였다. 리코더시도하였더니 좋아한다. 자신이	• 조용조용 얘기하며, 노래 부를 때 크게 하도록 권하자 큰 소리로 부르나 얘기할 때 말끝을 흐리며 불분	• 잠을 잘 자지 못한다고 한다.

2 회기	Assess-ment 라포형성	악기를 연주할 수 있는 것에 즐거움을 보인다. • movement 시 발과 북치기가 동시수행이 잘 안 된다.	명하게 자신 없는 말을 한다. • Movement시에도 조심스러운 성격이 보여 지며,'까르르' 웃으며 즐거워하는 모습도 나타남. • 왼손사용이 좋지 않으며, 벨이나 color bell 연주 시 잘 안 된다. • 다리를 전다.	• 모친에 대한 반항과 도전이 심하나 짜증은 줄었다. 그러나 하루 종일 TV 앞에 있다고 한다. • 애기처럼 응석부림이 심하다고 한다. • 자주 넘어진다.
3 회기	Assess-ment 라포형성 리코더 연주 기능의 사정	• Singing시 점점 목소리도 커지고 자신 있게 부르며 매우 즐거워하며, movement에서 발로 공차기는 신나게 활동한다. • 양손을 손바닥치며 계란 shaker 옮기기 할 때 리듬에 맞춰 정확히 옮긴다. • 즉흥연주는 일정하고 안정된 리듬반응을 보이며, 악기연주를 통한 즐거움을 보인다. 그러나 조심스러운 성향으로 매우 조심스럽게 활동한다.	• Singing시 점점 목소리도 커지고 자신 있게 부르는 모습이 관찰됨. • 리코더 연주 시 왼손 사용이 조금 힘든 부분이 있다. • 호흡 조절이 조금 필요하며, 세게 부는 경향이 있다. • movement에서 발로 공차기에서 방향이 맞게 정확히 차는 것이 부족해 보임. • 신체를 많이 움직이지 않으나 즐거워하며 활동에 참여. • 다리를 전다.	• 엄마가 아동을 태우고 운전하다가 사고가 날 뻔하였는데, 아동이 놀라서 매우 크게 화를 내고 이틀 내내 분노폭발을 하였다고 한다. • 어린이집 등원이 가능해졌다고 한다.
4 회기	Assess-ment 라포형성 소근육운동	• 왼손의 사용이 자일로폰을 연주할 때 보면 자연스럽지 못하게 나타난다. 자신은 바른 음을 치고 있다고 하나 정확한 위치에 치지 못하는 모습이 드러난다. 심리적 부담감을 느끼는지 다리를 전다. • 구급차 노래를 하며 구급차를 타본 적 있냐고 질문했을 때 세세하게 상황에 대해서 이야기를 잘 하고, 집안에서 다친 것에 대해 얘기 한다. • 병원에 그것 말고 또 가본 적이 있냐고 했을 때 말하지 못한다. PTSD 증상에 대해 신체적으로 드러났다.	• Eye-contact이 상당히 높아졌으나, 심리적 부담감으로 인해 다리를 저는 모습이 관찰된다. • 호흡조절이 잘 안된다. • 사고상황과 관련된 직접적인 이야기에는 회피하는 모습을 보인다.	• 때때로 아동이 매우 무기력해지고 멍하며, 우울해 한다고 하였다. • 잠을 잘 자지 못한다. 꿈을 꾸거나 무서워서 그런 것은 아니라고 한다. • 어린이집 등원이 순조로워졌다고 한다.
5 회기	외상 후 스트레스의 극복	• 심상표현 & 즉흥연주(Image & Improvisation) :꿈을 표현하기(악기로→이야기로) 아동의 이야기 분위기에 따라 치료사가 Key board와 drum, 오션	• 리코더 불기 시 왼손의 힘이 조금 약하고 리코더를 유지하기 조금 힘들어 보인다. 치료사가 보조를 해 주자 바르게 소리가 나며, 스스로도 즐거	• 자주 넘어지던 현상이 줄고 무척 명랑하고 밝아졌다고 한다.

	아동 내면에 잠재하고 있는 무의식적 내면의 갈등과 부정적 감정의 분출을 돕는다.	드럼 등을 사용하여, 아동의 감정을 공감하고 지지하였다. • 북과 심벌을 이용한 자유로운 즉흥연주 시 심벌보다는 북으로 연주한다. • 꿈 이야기를 하여 꿈을 악기로 표현케 한 뒤 꿈을 이야기하게 하자 바다를 배경으로 작은 돌고래와 자신이 있으며 상어에게 잡아먹히는 얘기를 하고, 그 상어에서 벗어나도 또 다른 존재에 붙잡히게 되는 이야기가 전개된다. ㅇㅇ이를 잡아먹은 나쁜 상어를 혼내주자고 상어를 심벌즈로 해서 해결하도록 하였다. • song writing 시 '커다란 꿀밤 나무 밑에서' 함께 얘기하고 싶은 사람을 넣어 노래를 부르고 무슨 얘기를 나눌지 묻자 무서운 얘기를 나누고 싶다고 한다. 이 이야기에 놀이터와 화장실 귀신이야기를 한다. 엄마와는 사랑이야기를 하고 싶어 하였다.	워한다. • 강한 불안감과 고조된 긴장감을 드러내었다. • 다리를 심하게 전다.	• 약복용 없이 잠을 잘 잔다고 하였다.
6 회기	외상 후 스트레스의 극복 아동 내면에 잠재하고 있는 무의식적 내면의 갈등과 부정적 감정의 분출과 카타르시스를 경험하게 돕는다.	• 지난밤의 꿈 이야기를 묻자 잠을 못 잤다고 하였다. 생각한 것을 음악 들으며 떠올려 보도록 했다. 아동이 즉흥 연주를 시작하고 치료자가 이야기를 들려달라고 하자 "별"이야기를 한다. • song writing에서 누구와 얘기하고 싶냐 했을 때 동생만 떠올린다.	• 다리를 절지 않고 목소리가 커지고 활동이 활발해 졌다. • Eye-contact이 상당히 안정적이다.	• 사고 현장이었던 슈퍼나 놀이터에도 동생과 외출이 가능해졌다고 한다. 밤에는 엄마보다도 먼저 잔다고 하였다.
7 회기	외상 후 스트레스의 극복 아동 내면에 잠재하고 있는 무의식적 내면의 갈등과 부정적 감정의 분출과 카타르시스를 경험하게 돕는다. 자존감을 증진시킨다.	• 음악동화를 들려주고 각 등장인물에 대한 악기를 선택하여 연주하며, 동화에 대한 흥미를 높였다. • 음악동화의 내용을 ㅇㅇ이의 가족으로 하여 이야기를 이끌어 나간다. 아동이 태어나기 전 아동의 가족, 동생이 태어나고 아기새를 언니새로 바꾸고 새로운 악기로 아기새를 하려고 한다. • 우드블럭 악기를 많이 못 해 봤다며 치료실에 들어오자마자 우드블럭을 하고 싶다 하여 "Yes, You Can"노래에 맞춰 연주 하였다.	• 새로운 곡에 긴장을 많이 하여 자연스럽게 악기 연주하는 것이 어렵다. • 다리를 절지 않는다. • 즉흥연주는 안정적이다.	• 밖에 나가서 잘 놀며 슈퍼에도 혼자서 다녀왔다고 한다. • 동생과 싸우지 않고 잘 놀며, 잠도 잘 자고 TV 보는 시간도 줄었다고 한다.

8 회기	외상 후 스트레스의 극복 아동 내면에 잠재하고 있는 무의식적 내면의 갈등과 부정적 감정의 분출과 카타르시스를 경험하게 돕는다. 자존감을 증진시킨다.	• 패들드럼 연주 시 심벌즈를 과격하게 치며, 목소리도 많이 커지고 적극적인 모습을 보인다. • 엄마를 심벌즈로, 아빠를 북으로 표현한다. 이유를 물으니 아빠는 자신을 혼내지 않기 때문에 좋아서 북으로, 엄마는 화를 많이 내서 심벌즈를 했다고 한다. 오늘 있었던 억울한 일에 대해 악기 연주 후 토론하고 엄마인 심벌즈 악기를 대상으로 얘기하도록 유도하였다.	• 다리를 절지 않으며, 눈빛이 또렷하다. • 목소리도 많이 커지고 적극적이나, 친척이 놀러와서 인지 계속 바깥을 신경 쓰며 활동에 집중이 조금씩 흐트러진다.	• 밤에 잘자고 짜증을 내지 않으며, 신체 통증에 대한 호소도 하지 않는다고 한다. • 어린이집에도 싫다는 거부없이 일찍 서둘러서 잘 다니고 있다고 만족감을 표현하였다.
9 회기	외상 후 스트레스의 극복 아동 내면에 잠재하고 있는 무의식적 내면의 갈등과 부정적 감정의 분출과 카타르시스를 경험하게 돕는다. 자존감을 증진시킨다. 적절한 사회교류능력의 향상을 돕는다.	• '나의 마음속에 버리고 싶은 마음 '에 대한 노래를 하며 아동자신의 마음의 상태를 점검하게 하였다. • 제일 먼저 그린 것은 "미운 마음" 이었고 이것은 동생에 대한 마음이었으며 "슬픈 마음, 울고 싶은 마음은" 학교 안에서의 상황에서 아동을 괴롭히는 가영이란 친구에 대한 마음이었다. 거기에 대한 상황 대처를 하지 못해 울고 싶은 마음을 드러내었다. • 부모님에 대해서는 "아빠를 싫어하는 마음"을 나타내고 반대로 "엄마를 좋아하는 마음"을 드러내는 양가감정을 표현하였다.	• 또래관계 갈등이 드러날 때 즉흥연주를 완성하지 못하였다. • 자신의 부정적인 내적 심상이 집중적으로 다루어질 때, 합주시 집중력이 감소하여 자신의 차례를 놓치는 경향을 있었다.	• 친구들이 많아지고 밝고 활달한 모습으로 잘 지낸다. • 아침에 일어나는 것이 어려우나 밤에 잘자고 한번 잠들면 깨지 않고 숙면한다고 한다.
10 회기	외상 후 스트레스의 극복과 긍정적 정서의 함양 자존감을 증진시킨다. 대인관계 및 또래관계형성을 위한 적절한 사회교류능력의 향상을 증진시킨다.	• 내일 생일 party 하는 것에 대해 좋아하면서도 걱정을 더 많이 한다. • "아무도 안 올 것 같아요"라며 걱정을 한다. 부정적인 생각을 더 많이 하고 그로 인해 걱정을 많이 한다. 긍정적인 방향으로 아동의 사고를 끌어줄 필요가 있다. 온다고 한 친구들에 대해 생각하도록 연결해 주었다. • 동물 농장 노래를 하며 다양한 동물들을 생각하고 울음소리를 표현하도록 하자 쑥스러워 하면서도 적극적으로 참여한다. • 즉흥연주 시 끝을 마무리하지 못하고 끝날 듯하다 연결하고, 연결한다.	• 생일파티로 인해 당면한 또래관계의 어려움을 신체표현으로 나타낼 때, 다리의 움직임이 다소 어색하였다.	• 부모에게 존댓말을 사용하며 동생과도 사이좋게 지낸다고 한다. • 다리를 절거나 무방비 상태로 넘어지는 일이 없어졌으며, 어린이 집에 다녀와서는 친구들 이야기를 한다고 한다.

11 회기	외상 후 스트레스의 극복과 긍정적 정서의 함양 자존감을 증진시킨다. 대인관계 및 또래 관계형성을 위한 적절한 사회교류 능력의 향상을 증진시킨다.	• 기분이 좋지 않아 보인다. 생일 Party에 대한 안 좋은 기억을 먼저 떠올리며 얘기하지 말라고 한다. • 인사노래와 간단한 노래로 대화 후 기분이 조금 나아졌을 때 Party이야기를 묻자 짝꿍이 오지 않았다고 슬퍼한다. 친구들 누구누구가 왔냐고 물으니 생각보다 많이 왔다. • 긍정적인 면을 생각하게 하자 기분이 좋아졌다.	• 우울해하며 얼굴이 밝지 않다. • 리코더 연주 시 손에 긴장을 하고 집중도가 떨어진다. • 신체표현이 큰 활동을 할 때는 즐거워한다.	• 밤에 잠도 잘 자고 컨디션이 좋아졌고, 동생과도 잘 놀며 엄마하고도 잘 떨어지며, 엄마가 외출을 할 때에도 불안해하지 않는다고 하였다.
12 회기	외상 후 스트레스의 극복과 긍정적 정서의 함양 대인관계 및 또래관계형성을 위한 적절한 사회교류능력의 향상을 증진시킨다.	• 탬버린을 제일 좋아한다고 하며, 그 이유는 발표 때 탬버린 연주를 못하게 된 아쉬움이 선호하는 악기로, 연주 하고픈 악기로 남은 것이라고 한다. • '공룡사냥'악기 합주 시 키보드의 음색과 어울리는 메탈로폰을 제일 연주하고 싶은 악기라 표현하고, 음색이 어울리는 것을 선택한다.	• 신체표현 시 큰 운동을 할 때 많이 즐거워하며 참여도가 높다.	• 컨디션이 좋고 밤에 잘 자며 동생과도 여전히 잘 지내며, 엄마가 외출을 할 때에도 불안해하지 않는다고 함 • 다리는 기분이 상해 있어도 더 이상 저는 모습이 관찰되지 않고 있다고 하였다.

3) 대상 1 아동의 미술치료

〈표 44〉 각 주제별 미술치료 결과분석(대상 1)

구분	주제와 이미지	활동 내용 분석
1 회기	ㅁ 가족어항	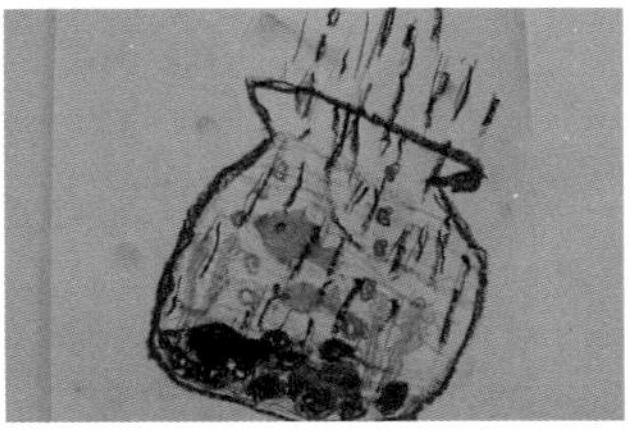
		• 조심스럽게 미술실을 탐색한다. 어항, 빨간 물고기, 검은 물고기, 아래 분홍 물고기, 위 분홍물고기, 돌, 수초 순으로 표현한다. 어항이 우측으로 많이 기울어 있는 것으로 보아 현재 가족 내에서의 갈등으로 인한 불안정함이 엿보인다. 아동과 아빠가 각각 빨강색과 검정색으로 표현되고 있고 두 물고기의 주변에 온통 돌멩

	이들이 에워싸고 있어, 움직이지도 못하고 헤엄도 칠 수 없게 표현하여, 두 사람이 겪고 있는 사고로 인한 다리의 외상에 대한 갈등과 그들의 분노와 좌절을 표현하고 있는 것으로 사료된다. 그들에 비해 동생과 엄마는 안전하고 긍정적인 느낌이다. 그러나 어항 속으로 들이치는 검은 비로 물이 모두 썩어가고 물고기들이 죽는 것으로의 내용은 아동이 무의식에서 느끼고 있는 외부환경의 재해로부터 입은 피해에 대한 극도의 고통스러움과 좌절감, 절망감의 표현인 것 같다.
2 회기	ㅁ 자동차 •  
	• 치료실에 입장하여 찰흙을 선택하여 스스로 자동차를 만든다. 하지만 바퀴를 만드는 것을 두려워하며, 치료사의 도움을 받아 완성하고 부순다. • 아동은 외상 후 스트레스로 인하여 자동차에 대한 극도의 불안과 공포감, 적개심과 분노감을 느끼고 있을 것이다. 실제로 모친의 상담에서도 아동은 노란색 자동차(사고 당시의 어린이집 봉고버스)를 매우 무서워한다고 하였다. 아동은 자신의 무의식에 잠재하고 있는 자동차에 대한 극도의 불안과 공포감, 적개심과 분노감을, 찰흙을 두드리고 누르고 하면서 분출하고 있는 듯하다. 바퀴 만들기에 대한 거부는 아동의 외상 후 스트레스에 기인하는 극도의 불안감일 것 같다. 나중에 완성품을 망치로 내리치며 부순 것은 자신의 내부에 잠재하고 있는 자동차라는 대상에 대한 공격성의 분출이라 볼 수 있겠다.
3 회기	ㅁ 아파트 귀신 
	• 힘 없는 표정으로 무서운 꿈을 꾸었다고 이야기 하며 꿈의 내용을 미술로 표현하였다. 꿈의 내용은 아파트 귀신이 나타나 아동을 공격하는 무서움을 느끼게 하는 꿈이라고 하였다. DSM-IV에서 소아에게서 나타나는 외상 후 스트레스 증상 중〈사건에 대한 반복적이고 괴로운 꿈은 내용이 인지되지 않는 무서운 꿈으로 나타남〉으로 명시하고 있다. 이번에 아동이 주제로 다룬 아파트 귀신 꿈을 아동이 매일매일 꾼다고 했다. 그러나 귀신의 실체를 자신이 그림으로 그리고, 그 귀신의 존재의 미약함을 통찰시켜주자, 아동은 힘을 갖는 듯하였으며 두려움을 극복하는 것 같았다.
4 회기	ㅁ 행복한 시간 

회기	내용
	• 잡지를 이용해 엄마와 자신의 모습을 오려 붙이고 밥과 케이크 등 엄마가 해주는 맛있는 밥상을 꾸며 꼴라쥬를 완성한다. 아동은 이번 회기에서 결핍된 자신의 구강기적 식이욕구를 충족시키는 보상적 활동을 하고 있는 것으로 보인다. 양육자인 엄마도 음식을 가져오고 아동은 자신의 욕구를 충족시키기 위해 식판을 들고서 반찬을 기다린다. 기울게 붙여진 엄마는 자신의 욕구를 충족시켜주고 있지 않은 대상에 대한 불안함의 갈등 표출로 보인다. 아동은 자신의 머리 위에 수많은 별을 붙였는데, 별은 무지의 암흑 세계에서 길을 안내하고 전진하려는 의지의 빛으로도, 정신과 의식의 표시, 또는 영원불멸을 상징하기도 함으로 이와 같은 아동의 내면적 욕구를 표출하고 있는 것으로 사료된다.
5 회기	ㅁ 두꺼비 집에 불이 났어요 
	• 아동이 다리를 절지 않고 발걸음이 가볍고 자연스럽다. 철사를 보고 사람다리라고 이야기 하며 긴장하는 모습이 나타난다. 갈색 색연필을 꺼내들어 돌무더기 같은 것들을 그리며 두껍아 노래를 부르고 난 후, 두꺼비 집이 비가 와서 뭉개지고, 떠내려 가려고 한다고 이야기한다. 그리고 빨간색 색연필을 들고 커다란 두꺼비 집의 꼭대기 부분에다 힘을 주어 원을 여러 차례 돌려 그리며, "두꺼비 집에 불이 났어요. 불이 나서 집이 다 타려고 해요."라고 이야기한다. 아동은 두꺼비집을 그려가며 "두껍아, 두껍아, 헌집 줄게, 새 집 다오"노래를 부르며 계속되는 외부의 재난으로부터 자신을 보호하고자 한다. 〈철사와 모루를 부러진 사람다리〉라고 놀라고 두려워하며 반복적으로 패닉상태를 나타내는 것은 사고로 인한, 자신과 부친의 다리부분의 신체상해에 대한 분명한 외상 후 스트레스 증상을 나타내고 있다. 두꺼비 집이라는 은신처는 아동의 퇴행과 안전 보호에 대한 욕구의 표출이겠으나, 이것마저도 더럽고 모든 세상을 썩게 하는 검은 비라는 외부 환경적 재해로 깊은 좌절감을 맞게 된다. 그러나 아동의 자신을 지키려는 내적 욕구는 하늘에 비가 새어들어 오지 못하게 하는 방어선을 두꺼비집 위에 그리게 한다.
6 회기	ㅁ 놀이터 가는 길 
	• 사고 현장인 놀이터에 대한 극도의 공포감과 두려움 갈등을 표출하고 있다. 아동의 다리가 나중에 그려진 것과 검은 비가 와서 놀이터로 가는 길이 너무 찐득찐득하고 더러워서 놀이터에 갈 수 없게 되는 것, 검은 비가 내려서 자신의 놀이공간이던 놀이터도 자신도 나무도 다 썩는 것은 아동에게 좌절과 고통을 안겨주는 외부환경으로부터 오는 재해이다. 자신의 무의식에 내재하고 있는 외상 후 스트레스의 갈등을 분출하고 있는 것으로 사료된다. 놀이터 앞에 서 있는 아동의 발이 양옆으로 표현되고 있는 것은 아동의 놀이터에 대한 무의식적 양가감정의 표출일 것이다. 또한 나무의 표현에서도 아동의 외상적 경험과 그로 인한 좌절감이 고스란히 나타나고 있는데, 기둥에 붙어 있는 수많은 잘려진 나뭇가지가 그것을 상징적으로 나타내고 있다고 본다.

4) 대상 1 아동의 일상생활에서의 문제행동 변화

〈표 45〉 회기별 모친보고내용(일상생활에서의 문제행동 변화 관찰내용) (대상 1)

회기	회기별 모친보고내용 (일상생활에서의 문제행동 변화 관찰내용)
1	걸을 때 다리를 전다. 자주 넘어진다. 짜증이 심하고 히스테릭하고, 밤에 잠을 못 잔다.
2	자주 넘어진다. 짜증이 조금 줄었다. 애기처럼 응석부림이 심하다. 밤에 잠을 못 잔다.
3	엄마가 아동을 태우고 운전하다 사고 날 뻔하였다. 아동이 놀라서 매우 크게 화를 내고 이틀 내내 분노폭발을 하였다. 어린이집 등원이 가능해졌다.
4	밤에 잠을 못 잔다. 꿈을 꾸거나 무서워서 그런 것이 아니라고 말한다. 어린이 집 등원이 순조로웠다.
5	자주 넘어지던 현상이 줄었다. 아동이 무척 명랑하고 밝아졌다. 약을 복용하지 않고 밤에 잠을 잘 잔다.
6	사고 장소였던 슈퍼와 놀이터에 동생과 외출이 가능해졌다. 밤에 엄마보다 먼저 잠을 자기 시작했다.
7	아동이 밖에 나가서 잘 논다. 슈퍼에도 혼자 다녀왔다. 동생과 싸우지 않고 잘 놀아준다. 잘 자며 TV보는 시간이 매우 줄었다. 2~3일 동안 코피를 흘렸다.
8	밤에 잘 잔다. 짜증을 잘 내지 않는다. 신체통증에 대한 호소를 하지 않는다. 어린이집에도 싫다는 거부 없이 일찍 서둘러 잘 다닌다.
9	친구들이 많아지고 밝고 활발한 모습으로 잘 지낸다. 아침에 일어나는 것이 어려우나 잠들기가 수월하고 잠이 들면 깨지 않는다. 부부싸움을 한 후 모친이 집을 나가려고 했는데, 아동이 그때부터 모친과 떨어지지 않으려고 한다.
10	부모에게 존댓말을 사용한다. 동생과 사이좋게 논다. 다리를 절거나 무방비 상태로 넘어지는 일이 없다. 밤에 엄마보다 먼저 잠든다. 어린이 집에 다녀와서 친구들 이야기를 한다.
11	밤에 잠도 잘 자고 컨디션이 좋다. 동생과 잘 놀아주고 엄마하고 잘 떨어지며 모친이 외출을 할 때에도 불안해 하지 않는다.
12	컨디션이 좋고, 밤에 잠도 잘 잔다. 동생과 잘 놀아준다. 엄마가 외출할 때도 불안해하지 않는다. 다리를 저는 현상은 기분이 상해 있거나 해도 보이지 않는다.

5) 대상 1 아동의 문제행동 변화 분석

〈표 46〉 정서행동문제 중 표적행동 관찰의 분석 결과 (대상 1)

구 분	문제 행동에 대한 변화
치료 전 문제행동	다리절기(+), 자주 넘어지기(+), 외출을 꺼려 하고 어린이집 등원거부(+), TV시청에 과몰입(+), 짜증(+), 분노폭발(+), 수면장애(+), 노란 자동차에 대한 공포적 과잉반응 (+)언어: 기어들어가는 듯하면서 웅얼거림(+), 모친과의 분리불안(+), 주의집중의 어려움(+), 호흡조절의 어려움(+), 신체통증의 호소(+), 대인관계의 회피(+), 눈맞춤의 회피(+), 우울(+), 불안(+), 위축(+), 신경예민(+), 악몽꾸기(+), 산만(+), 의존성(+), 또래형성의 어려움(+), 공격성(+), 충동성(+), 학습부진(+), 부정적이고 낮은 자존감(+).
치료 후 문제행동	다리절기(−), 자주 넘어지기(−), 외출을 꺼려 하고 어린이집 등원거부(−), TV시청에 과몰입(−), 짜증(−), 분노폭발(−), 수면장애(−), 노란 자동차에 대한 공포적 과잉반응(±),언어: 기어들어가는 듯하면서 웅얼거림(−), 모친과의 분리불안(−), 주의집중의 어려움(−), 호흡조절의 어려움(−), 신체통증의 호소(−), 대인관계의 회피(−), 눈맞춤의 회피(-), 우울(−), 불안(−), 위축(−), 신경예민(−), 악몽꾸기(−), 산만(−), 의존성(−), 또래형성의 어려움(−), 공격성(−), 충동성(−), 학습부진(−), 부정적이고 낮은 자존감(-).

2. 포르노 비디오 과다노출에 의한 과몰입 및 유분증 등 정서행동문제 아동의 통합적 치료 사례

1) 연구대상 (대상 2)

대상 아동은 포르노 비디오 과다노출에 의한 문제행동 및 유분증 등 복합적인 정서행동문제를 보이는 6세 여아이다. 부모의 잦은 부부싸움과 아내에 대한 폭언과 폭행을 일삼는 부친으로 인한 가정폭력에의 노출문제가 있다. 또한 이러한 문제로 인하여 발생하게 된 문제 즉, 모친이 아동을 분풀이 대상으로 삼고 폭력적으로 양육을 한 것과 모친의 우울증으로 인한 양육환경의 부적절함 등 다양하고 복잡한 문제로 인하여 정서적 · 행동적 · 사회적 적응에 위기를 맞이한 아동이다. 모친의 문제를 상담하던 중 아동문제의 심각성을 느끼고 이에 본 연구의 대상으로 선정하게 되었으며, 연구대상 2의 정보는 〈표 47〉과 같다.

〈표 47〉 연구대상 정보(대상 2)

연구대상	대상 2 (성명 : 이○○, 나이 : 6세 5개월)(여아)
선정배경	• 아기 같은 행동과 1년 전부터 대변을 지린다고 함. • 아동의 모친이 1년 전 우울증으로 아동에게 화풀이와 많이 때렸다고 함. 결국 모녀 가정인 고모 집에 보냈었다가 데려왔다고 함. • 최근에 이사를 하면서, 유치원을 옮겼고 이후 큰 소리로 고함치거나 화를 자주 내며 주위가 산만함. 말을 잘 하지 못하며, 또래보다 학습능력이 떨어진다고 함. • 부친이 보는 포르노 비디오에 지속적으로 노출되어, 포르노 비디오에 집착하며, 자위행위를 하면서 시간을 보내고 있어 심리검사에 의뢰하게 됨.
행동 특징	• 아기 같은 행동, 타인의 관심을 끌려는 행동, 공격성, 눈맞춤의 회피, 좌불안석, 말다툼, 고집 셈, 잘 울기, 공격성, 잘 다침, 충동적인 행동, 의존성.
주된 문제	• 포르노 비디오에 대한 집착, 자위행위에 몰두, 유분증, 수면장애, 산만성, 감정의 기복이 심함, 악몽꾸기, 분노발작. • 신경 예민, 위축, 불행감, 우울감, 모친과의 분리불안, 지나친 관심 요구, 남을 가르치려 하는 행동, 도덕성의 결여, 먹어서는 안 될 물건 먹기. 학업수행이 안됨. • 또래형성의 어려움, 등원거부, 아무도 자기를 사랑하지 않는다고 불평하는 것, 거짓말, 조리 있게 말

	• 하지 못함, 자살에 대해 자주 이야기, 미성숙한 정서적 행동적 문제, 웅얼거리는 말투, 말끝 흐리기, 신체통증의 호소 등.
현재 가족 환경	• 외동딸로 부모와 함께 살고 있음. • 모친(고졸, 만 33세)은 전업주부, 부친(고졸, 만 34세)은 회사원. • 부친은 매우 권위적이고 다혈질적이며 폭행과 폭언을 하며 부부싸움 후에 모친을 성폭행하는 일이 빈번하였고 아내를 성적도구로 취급함. • 모친은 1년 전에 우울증으로 한 달간 입원치료를 받은 경험이 있고, 현재에도 약물치료와 상담치료를 받고 있다고 함. • 부부싸움이 잦고, 아동은 이런 과정을 거의 목격하였다고 함. • 부친은 집에 있을 때는 항상 포르노 비디오를 보며, 아동이 한 공간에서 같이 봄.
생육사 및 발달사	• 아동은 원하는 아이였고, 3.4Kg정상 분만이었다고 함. • 아동이 4세 후반 경, 모친의 우울증이 심해져 고모 집에서 약 6개월간 지냈다고 함. • 옹알이는 제때에 활발히 이루어졌고, 신체발달은 정상범위였다고 하며, 상호작용도 문제가 없었으나 언어발달이 또래에 비해 다소 늦은 편이었다고 함. • 최근 이사로 유치원을 옮겼고 이후 짜증이 늘면서 산만하고 큰 소리로 고함치거나 화를 자주 낸다고 함. • 아동은 5세경인 1년 전부터 유분증 증세를 보임.. • 학업의 집중력과 학습능력이 떨어지고 공부를 매우 싫어하여 한글을 읽지 못 함. • 유치원에서 놀림을 많이 받아 등원거부 상태에 있다고 함.
검사태도 및 행동관찰	• 검사가 진행하는 동안 아기 소리를 내기도 하며, 까꿍 놀이 등을 하며 계속적으로 자신이 어디 있는지를 찾도록 타인의 관심을 끄는 행동을 함. • 행동이 수용되지 않을 때에는 치료사를 때리는 등 보복행동을 보임.

2) 대상 2 아동의 모래놀이치료

〈표 48〉 각 회기의 작품 주제 및 회기별 모래놀이 작품에 표현된 내용 (대상 2)

구분	작품주제	관찰된 행동 및 표현작품	모래놀이 작품에 표현된 내용
1 회기	무제	ㅁ 가지고 놀 것이 많아서 많이 가져와야 한다고 하며 다소 들뜨고 흥분되어 있다. ㅁ 치료사에게 적극적으로 말을 걸거나 질문하며 상호작용을 요구한다. ㅁ 언어적 표현이 활발하다. ㅁ 공격성과 성적 갈망, 성적 욕구의 좌절 등에서 양가감정을 드러낸다. ㅁ 끝날 시간을 알리자 치료사에게 아줌마라는 호칭을 쓰기도 하고, 다급해하며 다소 혼란스럽게 횡설수설하는 모습을 보인다. 	

		• 연두색 모래 선택. • 엄마오리와 아기오리들을 좌측하단에 놓고, 2층 집을 모래상자 가운데에 배치한다. 미끄럼틀과 주전자 반쪽의 목욕탕을 배치하고 그네를 집에 걸어둔다. 햄스터를 미끄럼 태우고 목욕을 시킨다. 짱구가 친구에게 자기소개를 하고 인사하며 같이 놀자고 하자, 친구는 이사를 가야 한다고 한다. "아니, 난 널 좋아하지만 이제 헤어져야 할 시간이야." • 음식이 가득 든 쟁반, 야채들, 왕과 여왕을 가져오고 여왕을 하단 중앙에 배치한다. 노란 자동차의 운전석에 집안에 넣어 두었던 분홍머리 여자와 노랑머리 여자를 차에 태우고 상하로 움직인다. 웨딩드레스를 입은 여자가 등장하여 "이게 무슨 차지? 결혼 차잖아? 내 차잖아? 누가 탔나 본데?"라며 운전석 옆 좌석에 태운다. • 배와 감옥을 가져와서 감옥에 여왕을 가두고, 살려 달라고 하나 아무도 안 살려준다. 그리고 여왕이 막 운다고 한다. 배가 나타나고 왕도 가둔 후 감옥을 우측하단에 배치한다. • 차에 태웠던 분홍머리 여자를 목욕탕에 넣고 '솜사탕 목욕'을 시킨다. • 바구니에 아기 3명을 넣고 공주들 4명을 가져와서는 국기에 대한 맹세문을 외우기 시작한다. "나는 자랑스런 태극기 앞에 조국과 민족의 무궁한 영광을 위하여…" 그러다가 파도를 타고 있는 상의 여자아이(신체 조립형)를 가져와 목을 떼어 놓고 "어? 얼굴이 찢어졌네?" 라고 말하더니 다시 목을 끼워놓고 "됐다!" 라고 즐거워한다. • 세일러문의 여전사를 데리고 온다. 목을 붙여놓은 노랑머리 여자아이가 여전사에게 소리친다. "안돼! 건드리면 안돼! 너는 손이 안 된다고!!" 여전사가 "내 손? 이걸 벗어야 해?"하고 묻자, "그래, 나 좀 안아줘!"하고 애걸하듯 말한다. 여전사가"안 되는데"하면서 안아준다. • 공주들에게 "너넨 뭔데 예쁜 척 하니"하고 쏘아붙인다. 공주들이 "예쁜 척 아냐" 하자, "예쁜 척 하는거면서…"하고 말한다. • 문이 열리지 않는 강아지 집을 가져와서는 "여긴 어떻게 들어가요? 문이 없는데요. 어떻게 들어가야 해요? 아무것도 없어요." 라며 울상이다. 그러더니 노란 우주복 옷을 입은 아기가 타고 있는 유모차에 모래를 마구 붓는다. 그러더니, 그릇들을 가져와서 설거지를 한다. • 치료사가 5분이 남았음을 알리자, 다급해하며 "채소를 가져와야지 채소…내가 이거 씻어드릴까요? 맛있는데…아직…채소 다 먹어야 한다구요!" 그러더니 치료사를 향해, "저기, 아줌마…좀 빨리 좀 갖다줘요. 여기요. 그런데 뭐죠? 어, 아무것도 안 먹고 가버렸네! 잘 먹었나요? 네, 맛이 없었어요. 거봐요. 내가 먹지 말라고 했잖아요" 라고 혼자서 빠르게 대화를 하더니, "왕자를 보러 가야겠네!" 하면서 급하게 여자를 하나 데려와 배치한다. 여자는 다리를 꼬고 여자 밑으로 햄스터를 배치하더니, 햄스터를 화살로 맞힌다. 끝내고 싶지 않다고 아쉬워하며 상자하나를 더 꾸미려고 시도한다.
2 회기	만화	ㅁ 치료실에 들어오자마자, 남녀가 뽀뽀하고 있는 캐릭터 앞에 서서 "어~ 이, 이게 무슨 장면?…, 뽀뽀하는 장면" 하고 소리친다. ㅁ 언어적 표현이 활발하다, 성적 갈망과 갈등의 양가감정 표출을 자주 드러낸다. ㅁ 공격성 표출, 치료사가 일화 작성하는 것에 대하여 "아유, 그런 것까지 다 적어요? 싫어 쓰지마! 찍지마!" 하고 치료사를 통제한다, 감정의 기복이 심하다. 

		• 노랑색 모래 선택. • 천사를 우측 단 중간라인에 배치하고, 감옥에 여자를 넣어서 좌측 단 중간라인에 배치한다. '신부와 착한 요정, 엄마'를 가지고 온다. 엄마를 가지고 "얘는 누가 옷을 벗기고 나쁜 짓을 해서 감옥에 갇혔어요" 하더니, "진짜로 벗길 거예요. 벗겼다." 하고 여자의 옷을 벗긴다. • 무장한 말을 타고 은 빛 긴 칼을 들고 있는 붉은 옷을 입은 남자전사가 신부를 칼로 찌르고 하단의 중앙에 남자전사를 세워둔다. 놀이를 하는 자신을 정면으로 겨누고 있는 것처럼 칼을 자신의 정면으로 향하도록 남자를 측면으로 하여 배치한다. • 아동은 요정의 요술 봉을 들고 오더니, 남자전사를 향하여 겨누며 소리친다. "야, 개구리 소년!" 그리고는 말을 감옥에 가두었고, 다시 말이 감옥에서 탈출했다며, 감옥에서 꺼내 놓는다. • 엄마와 딸을 좌측하단에 배치하고 모래 속에 다리를 묻어둔다. 생일파티를 하는 가족상을 중앙에 배치하고 "난 이런 장면이 생각난다. 어딘가 이런 장면이 있을거야…"하면서 시무룩하게 바라보더니 소거시킨다. • 물레방아를 상단 중앙 가장자리에 배치하고, 감옥에 키티 2명을 넣고 좌측하단에 배치한다. "도둑질 했는데…" "난 몰라요." 하고 말한다. 무도회 복을 입고 춤추는 여자 2명을 좌측상단에 배치하고 비웃듯이 깔깔대며 웃는다. 그러면서 웃는 못난이 인형을 의자에 앉혀서 좌측하단에 여자들을 향하게 배치한다. 소파에 앉아서 잠자는 토끼를 좌측상단에 배치한다. • 물레방아 위로 올라갔다가 날아 내려 온 용이 춤추는 여자들을 공격한다. • 집을 중앙에 배치하고는 "우리 집은 이렇게 좋은 집이야. 혼자서 미끄럼 타고 논다. 나중에 친구들이 놀러 올거야…" 하고 말하면서 치료사가 일화 작성하는 것에 대하여 "아유, 그런 것까지 다 적어요? 싫어 쓰지마! 찍지마!" 하고 치료사를 통제한다. • "왕자(붉은 옷을 입은 남자 전사)가 집의 굴뚝으로 몰래 들어온다"고 한다. "여자가 남자가 들어 온 집을 훔쳐가서 감옥에 갇혔다"고 말한다.
3 회기	무제	ㅁ 활동 중에 선생님을 계속 부른다. ㅁ 〈규칙과 제한설정〉을 자기 편리한 대로 자기중심적이면서도 주도적으로 이끌며 권위자가 된다. ㅁ 치료사에게 지시할 때, 말투가 매우 엄하고 히스테릭하며 공격적이다. ㅁ 아동이 말하는 공동 사용이란 자신의 것도 허용하는 것이 아니라, 치료사의 것은 자기가 사용할 수 있고 치료사는 사용할 수 없는 불공정 규칙이었다. 
		• 여자는 탈출해서 지붕 위를 걸어가 왕자한테로 걸어간다. • "밥은 착한 요정이 조금씩 줘요"라며 놀이를 마친다. • 축축한 회색 델타샌드 선택. • 하단과 중앙에 둥근 구슬을 보호하듯이 만들어 놓고, 얼룩 강아지를 아이스크림 컵에 가두어 우측하단에 배치한다. 인어공주의 얼굴을 모래바닥에 대고 얼굴찍기를 하고 논다. • 이건 마술사 구슬인데요. 이것도 감춰 둘 거예요."하면서 중앙에 배치하더니 구슬이 갑자기 아이스크림이 되고 아동은 그것을 포크로 퍼서 먹는 시늉을 한다.

		• 놀이를 주도하며, 치료사가 상자 꾸미기에 참여하도록 명령한다. 그리고는 제한설정을 한다. "선생님도 이렇게 해요. 상자의 7할을 자기 것으로 하고 〈경계선〉을 긋고는, 이거 같이 쓰고 싶을 때는 선 위에 올려 놓아도 돼요. 그럼 같이 써도 된다는 거예요." 모래를 두드려서 만들기 작업을 하며, 자신과 똑같이 따라 하라고 지시한다. 수저는 자신 것이라 하고 포크는 선생님 것이라고 말하더니, "선생님은 남자다! 나는 여자야." 라고 성별을 결정짓는다. 그리고는 "이건 절대로 바꿔 쓸 수 없는 거예요. 알았어요?" 하며 경계를 분명히 한다. 둥근 얼굴을 만들고 부수고를 반복한다. 〈규칙과 제한설정〉을 자기 주도적으로 이끌며 권위자가 된다. "경계선을 넘어 올 수는 없어요." "선생님!! 내가 이거 시켰는데 왜 안해요?" 하고 느닷없이 공격적인 말투로 야단을 친다.
4 회기	케이크 만들기 작전	ㅁ 〈입실 직후〉 "선생님도 이거했으면 좋겠다. 선생님, 글씨 다 쓰고 이따가 이거해요." 하면서 타인의 의견을 묻는 모습과 자신의 놀이에 치료사가 참여하길 바라는 모습을 보였다. ㅁ 모래상자에 전 회기처럼 경계선을 긋기는 했으나, 치료사의 영역을 더 많이 주며 "이번엔 선생님 모래가 더 많네요." 하며, 타인을 배려 하려는 모습을 보인다. ㅁ 〈세션 도중〉 감정의 기복이 나타나고, 자신의 요구를 타인에게 적절하게 표현하지 못하는 모습을 자주 드러낸다. 명령과 원망, 비난으로 타인을 통제하고 자신이 권위자가 되려는 모습을 드러낸다. ㅁ 캐릭터 여성의 노출된 풍만한 가슴에 홀린 듯 반응한다 ㅁ 아동이 갑자기 눈에 초점을 잃고 멍해진다. 성적인 갈등을 표출하며 자신의 아프다는 것(자위행위로 인한 통증에 관한 것으로 모친 상담에서 확인)을 호소한다. 
		• 촉촉한 회색 델타샌드 선택. • 가슴이 풍만하고 불록하게 노출된 여자상을 배치하면서 "젖!" 하면서 쓰다듬는다. 치료사가 "엄마 젖 맛있었어? 어떤 맛이었을까?" 하고 대응해 줬더니, "몰르겠어요… 생각 안나요…"하고 대답하더니, 케이크를 만들자고 한다. 그런데, 아동이 갑자기 눈에 초점을 잃고 멍해진다. 한참 후, "몸이 이상해요. 몸 상태가 저번처럼 이상해요" 하면서 느릿느릿 이야기를 한다. "토했어요… 아픈 일이 있어서 토했거든요. 집에서 가슴이랑 배가 아파서요, 뭐 붙이고 잤어요. 짬지에…아니다. 여기에도…" 아동이 자신의 가슴을 열어 보이며 손가락으로 가슴을 짚어 보여준다. • 케이크의 빵을 모래를 둥글게 모아 다져서 만든 후, 큰 구슬로 둥글게 원을 그리며 장식하고, 작은 색돌(파랑과 빨강)로 토핑을 한 다음, 화살과 칼을 꽂아둔다. 중앙에 구슬을 박는다. 〈깃발〉로 구슬을 뚫을 듯 꽂아두려 애쓰다가 안 되니까 부수어 버린다. "다시 할래요" 하면서 작업을 시작하다 말고, 치료사에게 갑자기 엄한 목소리로 쏘아붙인다. "이거 벌려 놓은 것 좀 치우세요!!" 선생님은 아직 아무 것도 만지지 않

		았음을 알리자, 더욱 날카로운 소리로 "이거욧!"한다. "그건 △△이가 한 거니까 △△이가 치워야 할 거 같은데." 하고 치료사가 나직하게 말하자, "이것 좀 도와 달라구욧! 내가 힘든데 왜 선생님은 다른 거나 하구 그래요?" 하면서 잔뜩 화가 난 목소리로 흥분하여 소리친다. 치료사가 "그렇게 화가 나서 소리치면 선생님은 기분이 나빠지는데. 선생님이 도와주길 원하면 예쁘게 도와달라고 말해주면 선생님도 도와주고 싶을텐데." 하고 말하니까, 뽀로통한 표정을 짓더니 이내 "도와주세요."한다. • 그런데, 치료사에게 다시 명령을 하며 비난하고 야단을 친다. "자, 이걸로 장식 하세요. 반죽은 나처럼 하세요. 맛있는 케이크를 안 만들 생각이에요??? 나처럼 이렇게 장식을 해야죠! 그런데, 내건 못 먹는다고 그랬죠?" 하며 치료사가 만들고 있는 것을 쳐다보며, 말할 틈도 주지 않고 자신의 생각대로 말을 퍼붓는다. 그러더니, "복숭아를 맛있게 먹어야지"하면서 복숭아와 과일이 가득 든 바구니를 가져온다. 노란 공을 중앙에 배치하고 "내꺼라는 표시야" 라고 말한다.
5 회기	맛있는 케이크 만들기	ㅁ 치료실에 들어오자마자 키스하는 남녀 앞으로 간다. "이상하니까 떼어 놓으려구요. 얼레리 꼴레리~ 이거 고장 났으니까 버려요." 하고 남녀의 애정표현에 관심을 드러낸다. "선생님 오늘도 케이크 만들어요. 재료들 가지고 와야죠. 재료 안 가져오면 맛없는 케익이 된다구요!" 라며 지시를 한다. ㅁ 두려움으로 긴장하는 모습이 표출되었다. 
		• 축축한 회색 델타샌드 선택. • 음식 재료들과 색돌들을 가져다 놓는다. 헬로키티를 가져다가 좌측 단에 배치하고 인어공주는 우측하단에 배치한다. 둥글게 모래를 끌어 모아 케이크의 빵을 만든 후, 조가비 속에 둥근 구슬이 들어있고, 그 구슬 속에는 아기 고래가 들어있는 것을 가져다가 중앙보다 약간 아래쪽인 빵의 가장자리에 붙여서 올려놓는다. • 색돌들을 케이크의 가장자리에 빙 둘러 놓으며 테두리 장식을 한다. 하단의 자신의 손 앞 가장자리에 별모양 틀을 눌러 별모양을 낸 후에 핑크색 하트를 올려놓는다. • 치료사에게 케이크의 토핑을 빨리하라고 재촉한다. 치료사가 케이크의 장식으로 10여개의 눈알을 붙여 토핑하자, 아동은 매우 긴장하며 숨을 죽인 채 케이크만 빤히 쳐다본다. 그러더니 음식들과 자신이 배치한 것과 똑같은 구슬을 품고 있는 조가비와 백설공주를 치료사에게 가져다준다. 눈알들을 치우고 자신이 가져다 준 것들로 장식하자 긴장이 풀어진 듯한 표정이다. • "소원 빌기해요." 하고 치료사에게 말하여 치료실의 불을 끄고 불꽃놀이를 했는데, 아동은 불꽃을 들고, 백설공주의 마법을 건다. "△△이 마법"이라며 자신의 이름을 넣어 마법 주문을 중얼중얼 외운다. 소원을 빈 후에 불꽃놀이에 사용했던 막대를 조가비 근처에 꽂아둔다.
6 회기	케이크 만들기	ㅁ 전 회기와는 다르게 치료사에게 명령을 하거나 통제하려는 모습이 관찰되지 않았고, 말없이 집중해서 자신의 상자를 꾸몄다.

		• 축축한 회색 델타샌드 선택. • 둥글게 모래를 끌어 모아 다지고 사슬로 섬이라며 표시를 한다. 그리고는 거기는 선생님 거라고 정한다. • 자신의 섬에는 소파에 기대어 쉬고 있는 남녀를 배치하고 그들 사이에는 아기 고래가 들어있는 투명 구슬을 품고 있는 조가비를 배치한다. 우측 단 하단 모서리에는 엄마 키티와 양 요정, 인어공주를 배치하고, 좌측하단 모서리에는 큰 해와 별, 물고기들을 배치하였다. 중앙에는 하트 쿠션에 두 명의 아기가 올려져 있는 상을 배치하였고, 둥근 원통형으로 다져 만든 것에 앉아 있는 소녀를 상단방향으로 배치하였다.
7 회기	무제	ㅁ 치료실에 들어오자마자 케이크를 매일 매일 만들거라며 신이 나서 말한다. 델타샌드 상자를 원하며 그 위에 있는 상자를 치워달라고 상냥하게 말한다. 자신이 재료들을 가져올 동안 선생님도 재료들을 가져오라고 말하는데, 저 회기와는 다르게 상냥한 어투이다. ㅁ 그리고 "선생님은 하기 싫으면 하지 말던가요."하고 눈치를 본다. 그러더니, "선생님, 괴물 만들어 보세요. 그 저번처럼 괴물 케익요. 나도 괴물 케익 만들어야지."하고 조용하고 은밀한 어투로 말한다.  
		• 축축한 회색 델타샌드 선택. • <이야기> • "어두운 숲 속에 뱀들이 지나가고 있어요." 좌측하단을 파며, "선생님, 이건 뱀 땅이예요. 아주 깊죠."하면서 땅 속 밑을 파고 그 주변에 나무들을 심는다. 갑자기 "피다!"하고 외친다. • "왕뱀이 <요리사> 1명을 잡아먹어 버렸어. 뱀이 오늘 저녁은 이거다 하면서 후릅 먹었어. 뱀이 자기 굴속으로 요리사를 잡아와서 먹었어. 그 때, 한 뱀이 와서 왕뱀 위에 앉았지. 그 뱀은 내 왕뱀의 친구였지. 이런 뱀(작고 색색의 뱀)들이 모두 몰려와서 자고 있었지. 큰 꽃뱀이 노랑색 뱀을 꼬리에 묶어서 데리고 갔지 뭐야. 왕뱀이 작은 뱀들을 <다 잡아 먹을테야!>외치면서 다 잡아먹어 버렸어. 냠냠 쩝쩝!" • "근데 선생님, 이런 뱀들은 착한 뱀이예요. 목에 걸 수 있는 뱀이예요. 그런데 뱀들은 이제 없어졌어. 없어졌는데, 근데 한명은 있어. 요리사는 그래서 살아났고 풀들(나무들)은 뜯어졌어.

		그런데 아직까지 안 뜯어진 풀은? 풀이 왜 안 뜯어지나 고민이었었어. 근데. 여기서 여자 2명이 있었어(좌측하단 모서리, 부부2쌍). 아침에 여기(우측하단)에서 생일파티가 열렸어." • 농부아낙들 여자 2명을 좌측하단 모서리에 배치하고, 빨간 꽃 2 송이를 중앙에 배치한다. "가까이 좀 오지마!" "가까이 좀 오지마!" "제발 지겨워 죽겠어." "지겨워, 짜증나."하고 화를 내며 말한다. • 요리사, 생선 든 요리사, 먹을 것 든 여인 2명이 좌측을 향해 진행 중이다. 생일을 맞은 주인공은 예쁜 숙녀다 (강아지를 데리고 있다). 꽃을 든 아주머니를 좌측하단에 배치하고, "여기에 따라 (하단 중앙에) 꽃씨와 나무씨앗을 심었어. 그런데 나무가 자라났어. 이 여자의 목에 아기오리를 매어 줬어. 도망가지 못하게…" • 혼잣말로 애원하는 투로 속삭인다. "끝까지 같이 있기다!! 끝까지 같이 하기야!! 그런데 사람들이 다 없어 졌어. 꽃도 없어졌어. 케익도 없어졌고, 나무도 없어졌어. 생일여자도 없어졌고, 왕도 왕비도 없어졌다."고 울먹인다. • 한명은(부부상) "감옥에 갇혔어". 감옥에 넣어, 우측하단에 배치하고, 둘이 뽀뽀하는 부부는 상단으로 엎어진 것들의 틈에 배치한다. • 시간이 5분 남았음을 알리자, "근데요, 괴물은 얘예요 (임금을 들어 보여주면서). 아셨죠. 얘가 괴물이예요"한다. • 공룡 3: 회색 티라노는 임금이며, 붉은색은 왕비라 하더니, 브라키오 사우르스는 아무 말없이 배치한다. 왕비의 머리에 빨간 꽃을 붙여준다. "그런데 (공주는) 아직 (감옥)에 갇혔어. 1년 동안 이렇게 있어야 해"라고 말한다.
8 회기	케이크	ㅁ 아동이 상자를 꾸민 후, 스스로 평가하면서 "이 박사님의 놀라운 발견입니다."라고 즐거워하는 모습을 보였다. 타인의 탓이나 원망하는 모습, 자신의 것을 무조건 수용하게 하려는 권위적인 모습을 계속 나타냄. ㅁ 감정의 기복이 심하고 혼란스런 정서적 반응을 보임. ㅁ 사진을 찍지 말라며 활동 후에 상자에 배치한 피규어들을 모두 소거시켰다.
		• 축축한 회색 델타샌드 선택. • 시작 시에 "우리 집에 놀러오세요. 아이 졸려. 난 잠이나 자야겠다. 케이크 같이 만들어요." 를 계속 말함. • 치료사가 자신의 것을 따라하지 않고 다른 모양을 할 때는 실망하면서 "왜 그렇게 만들어요!" 라며 못마땅한 듯, 따지듯 이야기 한다. 치료사가 따라하지 않고 만들기를 지속하자 뾰로통해지면서 투덜거린다. 그러다 한참 후, 치료사가 모양을 바꾸어서 아동을 따라하자 반가운 얼굴을 하면서 "왜 그렇게 하세요?" 하고 묻는다. 치료사가 "OO이가 하는 걸 보니까 역시 케잌은 OO이처럼 만들어야 맛있겠다고 생각해서"라고 반응하니 신나한다. 그러나 돌연 마음이 변하여 이번엔 왜 따라하느냐고 따진다. "난 나 따라하는 거 정말 싫다구요!. 따라하지 마세요!!." 하고 화를 낸다. 이에 치료사가 <우는 얼굴 케익>을 만들어서 정리해 버리자. 후회스러운지 모양은 따라 해도 된다고 기죽은 목소리로 말한다.
9 회기	비밀 장소	ㅁ 치료실에 들어오자마자 뽀뽀하는 남녀를 한참동안 탐색하며 만진다. ㅁ 계속해서 치료사에게 케익 만들기를 지시한다. ㅁ 성적인 관심과 갈등 표출.

		• 축축한 회색 델타샌드 선택. • 아이스크림 컵과 원형벽돌(종이)을 가져다 하단에 놓고 모래상자 반 정도의 모래를 둥글게 자신의 앞으로 끌어 모은다. 알라딘 공주를 좌측하단에 배치하고는 "어떤 나쁜 놈들이 얘를 막 잡으러 다녀요!" "얘는 거지같은 잘생긴 놈을 아주 좋아해요. 그 거지 놈이 하얀 옷을 입고 얘를 데리고 갔어요. 호랑이도 있어요." • 가슴이 풍만하고 반쯤 드러난 여자상의 가슴을 자꾸만 들여다보고 만진다. 집을 우측 단 가장자리에 붙여 배치하고 그 안에 여자를 배치한다. 미끄럼틀 2개를 집의 좌우에 1개씩 배치한다. • 케이크 같이 망글자요" 라면서도 중앙의 분리를 아주 넓게 한다. (상하 분리 중앙 10cm간격으로 파랑선이 드러났다.) 여자를 들고 신체의 아래를 밑에서 쳐다보며 "팬티 보인다! 이 팬티를 벗기면… 흐흐! 쭈쭈다! 쭈쭈~ 옷을 벗기면 흐흐! 쭈쭈가 나와." "이 여자, 이쁘다."하고 흥분하고 들뜬 목소리로 말한다. 키 큰 남자를 가지고 와서는 "둘이서(여자와 키 큰 남자) 뭐라고 말해…" 라며 둘을 물끄러미 쳐다보다가 남자의 옷을 들추면서, "난 그냥 보기만 하는 거예요, 난 아무 짓도 안한다구요…난 그냥 보기만 해요" 라면서 남자의 셔츠 끝 가슴부분을 들추고 있다. • 치료사가 원숭이 셋을 배치함 (눈 가린 것, 입 막는 것, 귀 막은 것): 아동은 이 원숭이들의 의미를 말하면서 진지하고 긴장한 표정이 된다. 그러더니,"그런데 케익을 구울 수가 없어요. 구운다면 원숭이들이 죽어요." 이에 치료사가 "OO이 덕분에 너희들 살게 된 줄 알아!" 하고 케익 속에서 <원숭이 셋>을 꺼내주자, 꺼낼 때마다 <원숭이 의미의 반영>을 아동이 말하면서 안심하는 표정이 된다. • <우리 모두가 놀러오게 놀이동산 만들어요> • 폭탄을 통에 넣어서 우측하단 모서리에 배치하고, "나쁜 사람이 들어오면 쏴야 해요."한다. • 돌고래 조가비를 좌측하단 모서리에 깊숙이 배치하고는 "여기는 소원 비는 곳…비밀장소예요" • 앞에 폭탄을 장착한 원통을 배치하고 "비밀장소를 보호하기 위해 설치한 거예요. 우리 집에는 무서운 것들이 되게 많아서 조심해야 해요. 도둑이 많아요. 위험해요. 우리 집은…"
10 회기	놀이터	□ 계속해서 <치료사를 자기 의지대로 지배>하려는 욕구를 표현하였다. "난 오늘 아팠단 말이예요. 우린 일요일까지는 다시 못 만나는데..." 자신의 요구가 들어지지 않자 아동은 집의 굴뚝에 모래를 뭉쳐서 올려놓고 팍! 팍! 때리면서 화가 난 감정을 표현한다. □ 작품사진 찍는 것을 거부하였다.
		• 축축한 회색 델타샌드 선택. • 자신의 요구가 관철되지 않자, 중앙상단으로 집을 '쾅'하고 내리치듯 배치한다. 그러나 차츰 혼자서 내부를 배치하고 꾸미면서 혼자이야기를 한다. • "침대!", "시소", "그네" 햄토리를 바닥에 묻고는 "숨을 쉴 수가 없어, 숨이 안 쉬어져!"하고 외친다. 집을 좌측하단과 중앙 상단에 한 채씩 배치하고, 놀이터를 배치한다. 하단의 중앙에는 햄토리가 셋인데 각자 따로 놀고 있다. • "놀이동산♪, 놀이동산♪, 여기 집은 내 집!!" 사물함 상자를 배치하고 "여기에다 돈을 줘야 해

<table>
<tr>
<td></td>
<td></td>
<td>100개나 줘야 해. 놀이동산에 들어가려면 …"하고 말하더니, 화장실의 상징이 되는 피규어를 배치하지는 않고서 "화장실이네…화장실!"하고 한참 생각에 빠져 있다.
• 햄토리가 스케이트보드를 타고 친구들보다 먼저 왔다고 자랑한다.
• "여기는 학교! 유치원! 땡땡땡!!" (실제로 아동은 유치원에 다니고 있음)
• "너무 좁다. 유치원은 없음!" 이라면서 좌측상단으로 이동배치 시킨다.
• 표범과 호랑이, 사자를 우측상단에 우측방향으로 배치하고, 표범이 말을 잡아먹었다고 하고 아동의 손이 표범의 머리를 떼어 냈다. "좋은 집! 물건이 너무 많아. 집이 너무 좁아"
• 돼지가족을 사자가 먹었다가 맛이 없어서 살려줬다고 한다. 돼지가족은 도망쳐서 (좌측하단 모서리로) 숨었다고 한다. "돼지가족은 이번에는 무서워서 여기를 다시는 안 보려고 생각했지."
• 말 2마리가 좌측의 집 상단 쪽에서 놀이터 쪽으로 오려고 한다. "말의 목에 피가 났어. 표범한테 조금 물렸거든요." 흰 말이 쓰러진다. 호랑이가 물어뜯어 죽인다.</td>
</tr>
<tr>
<td>11
회기</td>
<td>우리 집</td>
<td>• "선생님 글씨 다 쓸 때까지 기다려야지. 우리 놀이 같이해요. 난 선생님이랑 놀고 싶어요."
• 공격성과 성적 갈등 표출
• 아동이 기침을 한다.
• "선생님 빨리 놀이해요. 선생님 빨리 물 가져와요."라며 재촉하는데 지시나 명령 투가 아니라 조르는 모습을 보인다.

</td>
</tr>
<tr>
<td></td>
<td></td>
<td>• 축축한 회색 델타샌드 선택.
• <이야기>
• "얼룩말이 물을 마시고 있어. 상어가 와서 잡아먹었어. 악어가 얼룩말을 잡아먹었어. 피가 났어. 살을 뜯어 먹었어. 악어는 얼룩말을 죽였어. 얼룩말은 죽었어. 얼룩말이 물을 마시러 왔어. 악어는 안자고 있어. 얼룩말을 잡아먹게. 상어는 잠자고 있어. 소와 기린이 물을 먹으러 왔어. 그때 악어가 왔어. 소를 잡아먹으려고 했어. "상어는 착한 상어야." 그래서 상어가 소를 구해줬어. 기린이 돌아온 소를 위로했어. 기린이 괜찮아? 하고 소는 괜찮어!했어. 소를 가져와 좌측에 묻어줌. "이불 덮어줘야지" 악어가 기린이랑 말, 소를 잡아먹어서 배가 아팠어! 아으~ 배가 아파 죽겠네. 그러더니, 상어는 우측상단에 배치하고, 악어는 중앙배치에 배치한다.
• "소꼬리가 악어 배 구멍으로 쏙! 들어갔지 뭐야. 기린 꼬리가 악어 배 구멍으로 쏙 들어갔다가 나왔지." 악어 배를 보여주며 배의 아래 꼬리 쪽에 있는 구멍 속에 꼬리를 넣었다가 빼는 행동을 매우 느린 동작으로 여러 차례 반복하면서 보여준다. "이 놀이는 이제 끝!"하고는 놀이를 전환한다.
• 〈우리 집〉
• "우리 집은 너무 좁아! 근데 우리 집은 너무 위험해서 조심해야 해요. 폭탄을 설치해야 해요. 나쁜 사람들이 들어오면 안돼요. 도둑이 오면 안 되니까 여기서 폭탄이 나와요."라며 좌측하단 모서리에 폭탄을 배치한다.</td>
</tr>
</table>

<table>
<tr><td></td><td></td><td>• 수정구슬을 품고 있는 조가비는 “보물”이라고 한다(좌측하단 모서리에 배치).
• 우측하단에 식탁배치: 식탁 위에 칼라밀통을 놓고 그 안에 폭탄을 넣어 배치한다. “선생님 우리 집에는 <폭탄>이 아주 많아요. 우리 집에는 <화살>도 있어요.” 폭탄 한 그릇(수정구슬들 10개)을 우측하단 모서리 배치하고, “보물상자에도 폭탄이 들어있어요. 우리 집 굴뚝에도 폭탄이 있어요.” 하면서 폭탄을 굴뚝 위에 올려놓는다.
• “선생님 집에는 미끄럼틀이 2개 있어요. 선생님한테는 그네도 있어요. 우리 집에는 사다리가 2개 있어요. 올라가려면 이게 필요하잖아요. OO이가 선생님 집 그네와 미끄럼을 타요. 선생님이랑…” 그네와 미끄럼 타는 시늉과 함께 아동이 함성을 지른다.
• “나는 여기서 함께 사는 여자예요. 엄마랑 딸은 이 폭탄이 알처럼 생겼다고 알에 뽀뽀를 했어. 엄마와 딸은 <보물>로 돌아갔어. 엄마와 딸은 폭탄 없는 곳으로 통해서 <보물>을 보러갔어. 이 길은 알고 있는 도둑이 있었어요. 그래서 보물을 한 개 잃어버렸어요.”
• “엄마와 내 동생(아동은 1인 자녀 외동딸임)은 음악을 듣고 있어. 키는 좀 커요. 근데 음악을 듣고 있어. 엄마! 친구들이랑 놀고 올께요. “그래라”. 갔다올께요.” “근데, 집에 도둑들이 왔어요. 2명.도둑 한 명이 들어와서 폭탄이 터졌어. 그런데 살아났어. 도둑이 보물을 침범했어. 도둑이 보물을 가지고 달아나다가 폭탄이 날아와서 도둑은 죽었어요.”
• “아, 공부해야 해. 숙제가 있어!”얘는 배고프다고 엄마를 졸라서 밥을 먹었어.</td></tr>
<tr><td rowspan="2">12
회기</td><td rowspan="2">노란색 세상</td><td>ㅁ 치료실에 들어오자마자 “선생님 오늘은 연두색 모래를 할 거예요. 선생님, 그런데 오늘 선생님 글씨 쓰고 시간이 나면 그 다음에는 생각해 본 후에 나랑 같이 놀아요. 먼저 그러겠다고 결정하고 놀이할래요. 시간이 나면 생각해 보고 놀기로요.”라며 진지하게 말한다.
</td></tr>
<tr><td>• 연두색 모래 선택.
• 강아지들(같은 줄 피규어 장에 있는 것 전부)을 모두 우측하단에 배치한다.→ 101마리 강아지 캐릭터 2마리는 결혼한 강아지들이라 하고, 좌우에 갈색 강아지가 한 마리씩 배치한다. 나머지 강아지들은 모두 하단 중앙에 묻어둔다. <결혼한 강아지 둘>은 좌측하단에 이동 배치한 후 모래 속에 묻어둔다. 큰 개가 작은 개를 덮치는 것을 몰래 행동하다가 치료사의 눈치를 본다. 그런 후 그 개들을 모두 결혼한 강아지들과 함께 묻었다.
• 음식쟁반(음식이 차려진)을 하단에 배치한 후, 공룡(티라노)을 좌측상단에서 좌측 상자 밖을 향해 배치한다.
• “이 공룡은 강아지들을 잡아먹으러 온 거예요.”하고 설명한다.
• 세일러문 여자 2명을 좌측 단 배치한다. 그리고는 작은 개를 덮쳤던 큰개 앞에 음식들을 가득 놓아준다. 결혼한 강아지들과 나머지 개들도 모두 같이 음식 앞으로 이동 배치한다.
• 손가락을 입에 대고 곤란한 표정의 <숲속의 앨리스>상을 중앙 배치한다. “공룡이 공격해” <앨리스>를 잡아먹으려는 듯 공격하고 앨리스는 쓰러진다.
• 빈 쟁반에 모래를 가득 붓고서는 “밥”이라고 한다. 강아지들을 통 속에 넣으면서 “강아지들은 여기가 안전해!!” 하고 말한다. <티라노>가 밥과 음식을 빼앗아 먹고, 강아지를 잡아먹는다. 그리고는 강아지들을 모두 소거시킨다.</td></tr>
</table>

		• 집 2채 배치: 좌측하단, 우측하단 • 아동이 전 회기의 내용을 재현한다. • 치료사: 혼자 사는 아이(앨리스) 설정함. "엄마아빠는 죽고 없다. 돌보는 사람이 없어. 배고파 죽을 지경이야. 심심하고, 아프다." • 아동 : "도와줄까" • 치료사: "얘가 다쳐서 기절했어." • 아동 : (세일러문)아동을 통해, 보살펴 주고 밥도 해준다. • 치료사 : 공룡이 공격해오게 한다. 앨리스는 기절한다. • 아동 : 얼른 와서 앨리스를 자기 집으로 구해간다.
13 회기		ㅁ 아동이 처음으로 감사의 언어표현을 하였다. "선생님, 저거(꽃병)좀 내려주세요!" "고맙습니다." ㅁ 쌍안경으로 치료사를 탐색. ㅁ 치료사가 선생님이 잘 보이는지 묻자, 아동은 "아니요."라고 대답한다. ㅁ 공격성 표출. 
		• 축축한 회색의 델타샌드 선택. • 음식이 든 쟁반을 하단에 배치한 후, 수정구슬 속에 아기 돌고래가 들어있는 것을 품고 있는 조가비를 좌측하단에 배치한다. 해골섬의 뚜껑을 열어 뒷면으로 언덕을 만들고 그 위에 책 읽는 아이를 배치한 후, 그와 마주 보도록 노란 옷을 입은 아기를 가장자리에 배치한다. • 빨간 사슴과 빨간 꽃 2송이를 우측하단에 배치한다. 하늘색 말을 좌측 단 가장자리에 배치한다. 세일러문 여전사 2명을 나란히 눕혀서 배치하고, 손가락을 입에 대고 위축되어 보이는 파란 원피스를 입은 소녀를 역시 눕혀서 우측단의 가장자리에 붙여서 배치한다. 중앙에는 나무로 된 큰 수저를 옆으로 하여 배치하였다. • 음식을 쏟은 후에 모래에 판을 눌러 쟁반을 엎어 놓은 듯한 모양이 나온다. 그것을 칼로 자르면서 "선생님, 선생님 몸을 자르는 거예요." 그리고 수저를 가져와서 자른 치료사의 몸을 수저로 떠먹으면서, "내가 선생님을 먹고 있어요! 봐봐요!"하고 말한다. 꽃병 속에 흙을 잔뜩 집어넣고 빼지지 않자, 흙을 퍼내느라고 쩔쩔매며, 흙을 파낸다. "안돼! 이걸 어떡하면 좋아!!" 하는 말이 도와 달라고 하는 듯도 하고 시위하는 듯도 한 음성으로 말한다.그런데 도움을 청하지는 않고 열심히 시위하듯이 흙을 파낸다. 꽃병 속의 흙이 술술 빠져 나오게 되어, 치료사가 "오우~ 문제를 혼자서 해결했구나." 하고 지지함에, "이건 꼭 토하는 것 같아요!!" 라고 말한다. • 해적들(애꾸눈 선장, 우주인, 닌자, 주황색 거북괴물)을 중앙 배치한다. • 애기들 4명을 우측하단에 배치한다. 아기 침대에 누운 아기는 좌측 단 배치에 배치하고, 엄마 옆에 아기가 눕는다. • 남녀 1쌍을 좌측 단에 배치하고 남녀들 뒤로 음식쟁반을 배치한 다음, 울트라맨을 지켜주는 남자라 한다.

<table>
<tr><td>14
회기</td><td>없어진
아이</td><td>□ 지난 회기의 장면을 다시 배치한다고 하더니, 자신의 것보다 치료사의 것을 기억하고 세세히 알려준다. 치료사는 전회기 그대로 배치하길 원하고 자신은 새로운 피규어들을 가감한다.
</td></tr>
<tr><td></td><td></td><td>• 축축한 회색의 델타샌드 선택.
• 탈춤 추는 평면의 캐릭터를 중앙에 눕혀서 배치한다. 돌고래가 든 수정구슬 조가비를 우측하단 모서리에 배치한다. 치료사의 아기 3명중 <남녀> 아기만 아동이 가지고 가서 "고추랑 짬지"를 언급하며 깔깔깔 웃는다. "통속에 애기들이 들어있었어. 엄마가 보고 꺼내서 차에 나란히 태워줬어."라고 말한다.
• 집을 좌측하단 배치하고, 침대에 든 아기를 침대에서 꺼내서, 갓난아기의 요람에 옮겨 놓는다. 보물과 수호천사(파랑 말과 빨간 사슴)를 좌우에 배치한다. 음식쟁반과 자동차를 좌측하단의 집 앞에 놓고, 집에는 별가와 아기돼지, 뽀를 배치한다.
• 시골아낙 4명을 하단 배치하고서, "1명은 꽃을 뜯으러 가고, 2명은 풀을 뜯으러 가고, 3명은 꽃을 뭐 할려고 하고, 4명은 물을 뜨러 가요. 그런데 조금 있으면 사라져요"라고 속삭이듯 말한다.
• <마법 목걸이>를 아기 침대 속에 넣어둔다.
• <피규어 장에서>
• 티라노 사우르스 아빠가 기린 엄마를 덮친다. 엄마 : 으악! 여보 이러지 마요! 아빠 : 가만있어봐. 엄마 : ....
• "나는 저 물가에다가 밥을 던졌어. 그래서 나는 여기에다가 소원을 빌었어(돌고래 수정구슬). 그래서 나는 얘야, 빨리 공부 좀 하렴 강아지를 냅두고!." "싫어요!"하고 거부한다.→ 세일러문(엄마), 강아지를 데리고 앉은 여자아이 (아동).
• 소녀는 등을 돌리고 앉는다. 칼을 든 붉은 마리오 전사가 나타났다가 사라진다. "근데 수호천사가 죽었어. 그래서 나는 무덤을 해줬어. 그리고 애는 손이 되려고 해, 그건 케이크를 만드는 손!!"하더니, 하단 중앙에 무덤을 만든다.
• "애기들이 무덤에서 놀고 있어. 근데 여긴 가라져 있어서, (무덤과 집 사이) 엄마를 만날 수가 없어. 자동차도 진짜 자동차는 아니구!" 아기들이 수호천사의 무덤을 파헤치고 그 속에 숨는다. "우리 빨리 숨자!" 우리 엄마가 내가 죽은 걸로 알게 하려고 해… "엄마가 아이들을 찾아요."엄마 : "어떻게 해. 우리 아이들이 없어졌어."</td></tr>
<tr><td>15
회기</td><td>무서운
용
그리고
아기
비밀</td><td>□ "난 아기를 끝까지 갖을 거예요. 선생님도, 아기가 필요해요!"하며 아기에 집착한다.
</td></tr>
</table>

		• 축축한 회색의 델타샌드 선택. • 하단에 둥근 언덕을 다져서 만든다. • 아기요람(아기 2명)과 조가비(구슬 속에 돌고래가 든 것 2개) : 우측하단 배치, 여자아이들 2명(파도 타는 소녀, 두 손 벌린 소녀)를 좌측하단 배치, 인어공주와 알라딘 공주를 우측하단 모서리 배치. • 소녀를 아기들 옆에 배치한다. 수호천사 3 :하늘색 말/ 보라 늑대/ 빨간 사슴을 우측 단에 상단 방향으로 배치한다. 사탕보석, 사슴을 좌측 단 가장자리에 두고, 꽃바구니를 우측 단 가장자리에 배치한다. • 초록색 뱀을 나쁜 뱀이라며 바다에 배치한다. (우측방향, 중앙)"저의 땅은 반이 갈라져 있어요. 그건 비밀이예요. 전 비밀을 아주 좋아해요. 작은 땅은 땅이 별로 없어" (우측에는 작은 땅/ 좌측에는 큰 땅). • 작은 땅(우측하단)에는 성수(수호천사3)들이 모여 있다고 한다. • 거인소녀와 요정을 좌측하단에 배치하고, "꽃밭에는 요정이 살고 있어. 근데 소녀가 살고 있었어." 라며 거인소녀를 소거시킨다. • 큰집(이층집 중 하단부분)을 중앙에서 약간 좌측 아래로 으로 배치하고, 작은 소녀를 집 안에 넣어둔다. • 땅이 갈라진 가운데에 보물상자를 배치 • <이야기> • "친구야 놀자~땅도 망가뜨리고, 친구랑 놀다가 바다에 빠질 수 있지. 친구 때문에. 근데, 그것보다 더 중요한게 있어. 아주 불쌍한 아기들이지…그때 큰 용이 우리 집에 나타났어. (용을 집 위에 배치). 나는(하늘색 원피스를 입고 손가락을 입에 댄 채 위축된 모습의 소녀상) 용이 못 따라올 줄 알았는데, 용이 따라왔어. 용이 너무 무서웠어. 아기들은 집안에 두고, 나는 용을 때려서 쫓아냈어. 그때 <텔레토비가 나타났어.> 텔레토비가 알려줬어. "용기 사탕을 주면 돼" 용이 나타났어. 나는 용에게 사탕을 얼른 줬어. 그래서 용이 움직이기 시작했어. 나는 너무 무서웠어. 무서운 용에게 나는 사탕을 줬어. 자꾸만 달라는 것 같았어. 계속 줬는데, 입에 찰 때까지 계속 달라고 했어. 안주면 잡아먹겠다고 했어. 너무 무서웠지. 사탕을 계속 주자, 용은 날아갔어. 용은 맛있다고 달아났어."
16 회기		
		• 축축한 회색의 델타샌드 선택. • 모래를 상단과 하단으로 나누는데, 상자의 중간 부분을 넓게 드러내어 바다 면적이 크다. • 우측 단에 장미꽃 다발과 붉은 꽃 2송이를 배치하고 풀들을 우측 단 하단 모서리에 배치하였다. 섬의 우측 끝이면서 붉은 꽃 2송이와 마주보는 곳에 통을 짚어진 쿠킹요정을 배치하였다. 중앙에서 약간 우측으로 생일 파티하는 가족상을 배치(전 회기에서 '어딘가 이런 모습이 있을 거야' 라고 하였던 것). • 앨리스(하늘색 원피스를 입고 손가락을 입에 댄 채 위축된 모습의 소녀상)를 집과 함께 좌측

<table>
<tr><td></td><td></td><td>하단 모서리에 배치하고, 꽃바구니를 집의 위쪽으로 배치한다. 아기 돌고래가 들어있는 구슬을 품고 있는 조가비를 그 옆으로 배치하고 섬 위에 아이 두 명을 앉힌다. 섬의 끝 가장자리에 집과 강아지 노란 꽃을 싣고 있는 자전거를 배치한다.</td></tr>
<tr><td rowspan="2">17
회기</td><td rowspan="2">벌을 받아 죽은 어떤 아저씨</td><td>ㅁ 자신이 가지고온 '집' 1채를 가리키면서
ㅁ 아동 : "선생님 이거 왜 여기다 놨어요?" 하고 따진다.
ㅁ 치료사 : 선생님은 그것을 만지지 않았는데. 잉어랑 아기만 가져왔지!
ㅁ 아동 : "어쨌든 이 집은 선생님 가지세요"
ㅁ 치료사 : 선생님은 그 집을 선택하지 않았어.
ㅁ 아동 : 바로 상자 밖으로 꺼내 놓는다.
ㅁ 치료사의 아기를 달라고 조르다가 "다른 아기가 아직 많으니까 찾아봐" 라고 제시하니까, 떼를 쓰다가 가져옴.
</td></tr>
<tr><td>• 축축한 회색의 델타샌드 선택.
• 모래를 상단과 하단으로 나누는데, 상자의 중간 부분을 넓게 드러내어 바다 면적이 크다. 하단의 자신의 땅도 상단보다 많다.
• "어떤 아저씨가 자기가 거짓말을 하고, 이 오빠가 거짓말을 했다고 해서 곧 하늘에서 벌을 받게 될 거예요."오빠 1명은 모래를 높게 쌓아올린 후, 그 위에 앉히고, 오빠 2명을 모래 속에 묻는다. 하늘에서 벌을 받아 죽었다고 한다.
• 터널을 우측 단 가장자리에 배치하고 등에 큰 통을 짊어지고 있는 쿠킹요정을 우측 단 터널의 좌측에 배치하였다. 쿠킹요정의 통 속에는 (사탕)이 가득 들어 있다. 앨리스(하늘색 원피스를 입고 손가락을 입에 댄 채 위축된 모습의 소녀상)를 항아리 속에 넣어 좌측 단에 배치한다.
• 아기 돌고래가 들어있는 구슬을 품고 있는 조가비와 책상, 침대 속에 아기가 들어 있는 2개와 신발 속에 들어 있는 아기 2명을 좌측 단 하단 모서리측 가장자리에 배치하였다.
• 오리(엄마오리 + 아기오리2): "침대!!!" 엄마오리가 침대라고 한다.자동차 2대 : 하단 중앙 배치 → 못난이 인형 3명 중 화난아이를 차에 태우고 웃는 아이, 우는 아이가 번갈아 가며 차를 탄다. 갑자기 웃는 아이를 '퍽' 때려주고 재빨리 "아기들은 없다!" "애기들은 너무 많이 싸워" 하더니, 모두 소거시킨다. 중앙에 뱀(구렁이)과 그것을 공격하는 데이노니쿠스도 배치함. 데이노니쿠스가 뱀의 꼬리를 마구 물어뜯게 하고 쓰러뜨려 배치한다.
• 달걀을 좌측하단의 아기들 앞에 배치하였다.</td></tr>
<tr><td>18
회기</td><td>괴물나라에 갇힌 여자아이</td><td>ㅁ 치료실에 들어오자마자 "공장에서 일한다~공장에서 일한다♪"하며 콧노래를 부른다.
ㅁ 피규어 장에 가서 뽀뽀하는 남녀를 한참동안 감상한다.
ㅁ 진지하게 이야기를 꾸며나간다.
ㅁ 공격성과 성적갈등 표출.</td></tr>
</table>

		• 축축한 회색 델타샌드 선택. • 작은 집 3채와 큰 초가집을 좌측 단 하단에 배치하고, "할머니를 악어가 잡아먹었어." 아기들 6명(갓난아기 3명, 텔레토비 3)과 공주들 5명을 하단에 배치하고, 검정 색 의자를 우측 단 하단 가장자리에 붙여 배치하였다. 공중전화기를 우측하단 모서리에 배치하고, <포크레인>과 <도저>를 하단 중앙에 놓고 <아기들을>도구의 삽에 넣고 아래로 마구 떨어뜨린다. • 아기 돌고래가 들어있는 구슬을 품고 있는 조가비를 큰 초가집의 앞에 배치하고, 자동차를 하단에 좌측방향으로 배치한 후 아기들을 자동차에 태워둔다. • 마법사가 앨리스를 우물에 빠지도록 한 다음, 마법사가 가슴노출 여자를 앨리스로 변신시킨다(애로틱한 여자로 변신하는 앨리스). 마법사 때문에 앨리스가 변신한 가슴노출여자가 공주들을 공격한 다음, 마법사를 공격해서 소거시킨다. • 놀이동산과 터널: 우측하단 배치. 괴물들(대1, 소2) : 작은 괴물 둘은 쌍둥이를 우측하단에 배치한 다음, "얘(앨리스)는 터널에 갇혀 버렸어. 나쁜 놈들(괴물)이 가뒀어요."한다. 괴물 쌍둥이를 터널 양쪽에 배치한 후 "얘(앨리스)가 달아나지 못하게 감시하고 있어요."→ 괴물들한테 감시당하면서 터널 속에 갇혀 있다. • 아기요람과 보물상자 4개: "여기에 보물이 있어" 아기 요람에 보물상자 넣어둔 다음, 거북디지몬과 나쁜 괴물들을 할머니의 초가집 지붕위에 배치한다. <공사할 준비를 했던 도저와 크레인, 아기를 태운 자동차를 소거시킨다. 그리고는 "여기가(우측이) 괴물나라예요" 라고 한다. 괴물 가슴에 꽉 차게 달려있는 돌기를 보고 "이 젖 좀 보세요! 젖!"하고 말한다. "인어공주는 애기들을 낳았어요. 3명의 아이를 낳았어요. 그리고 인어공주는 자동차에 아기들을 태워서 보호하고 있어요. 누가 못 데려가게요."→괴물들은 여자의 병사들이었다. 갇혀있는 앨리스를 여자의 괴물병사들이 보호하고 있는 것으로 바뀐다.
19 회기	위험에 빠진 아기	ㅁ 진지하게 이야기를 꾸며나간다. 
		• 축축한 회색 델타샌드 선택. • 연못(통) : "시냇물도 있었구" 좌측하단 모서리에 배치 후, 시냇물 속에 오리와 고래를 배치한다. "아주 먼 집도 있지! 새들도 있었어" 새장 2개를 중앙에 배치. "맛있는 사과도 있었지" (오렌지 나무를 중앙 좌측에 배치하고, 사과나무를 중앙 우측에 배치).

		• 작은 집을 새장 앞 나무들 사이에 배치하고 "거기에 한 소녀가 살고 있었어." 하며 집 앞에 앨리스 배치 • "집이 불편해. 공주들 4명이 살고 있었어. 거기에는 나쁜 게 (큰 괴물 - 몸에 돌기가 많고 큰 괴물 배치. 나무 위에 돌아다님) 있었어! 사과도 귤도 다 썩게 만들고, 벌레 먹게 하고 폭탄도 설치했어. 거기에다가 이 괴물들이(2명) 썩은 사과를 다 먹어 치우고 도망갔어." • 방어벽: 우측하단 공주들 뒤편으로 배치. • 연못에 있던 <오리와 고래>를 소거시키고 배를 배치한다. "너 왜 그러니?" 인어공주 요정이 물었어. "전(앨리스) 이 배를 못타고 혼자 뿐이예요." "그럼 내가 널 작아지게 만들어줄게." 앨리스를 우측 작은 집 앞에 배치한다. "요정이 작게 만들어 주고 , 얘는 소원을 이뤄서 배를 탈 수 있게 됐어! 그때 여기에 한 <알>이 뚝 떨어졌어. 거기에서 아기가 하나 뚝 떨어졌어. 마왕이 그때 나와서 그 아기를 내가 데려간다고 했어. 마왕이 알에다가 벌레를 잔뜩 붙이고 알을 가지고 도망갔어. 알이 깨지고 애기가 나오기 시작했어. 그래서 아기가 한명 태어났어. 그리고 아기를 데려갔어. 그리고는 아기를 배에 태워놓고 <마왕>은 도망갔어." • 배에 탄 것 앨리스 → 곰탱이 → 애기 → 알 "거기에 알 하나가 도로 뚝 떨어졌어 (다시 배에 아기를 태웠다). 마왕이 그 아기가 너무 보고 싶어서 왔어. 그런데 <착한 수호신>이 넌 아기를 가져갈 수 없어. 가져가려면 가위바위보 해서 이겨야 해. 그런데 마왕이 이겼어. 그리고 <애기를>데리고 어디론지 가버렸어." • 애기를 살펴 보고나서, "그때 뱀이 무시무시한 뱀이 나타났어. 이 샘물들을 다 먹고 (뱀이)애기들을 잡아먹어야지 (여우같은 작은 캐릭터)수호신은 그 뱀을 잡아서 애기들한테 주려고 했어. 그런데 뱀은 물을 다 먹고 나서 사과를 훔쳐 먹었고, 수호신이 뱀의 입에 돌을 물려줬어. 뱀은 꼬리로 입안에 있는 <돌>을 꺼냈어. 그리고 물부터 먹기 시작했어. 물을 먹고 애기를 잡아먹기로 했어. 내가 물을 얼마나 좋아하는데, 그것도 모르고 날 맨날 혼내고 있어. 그때 악어가 나타났어. 마왕이 데려간 그 애기를 악어한테 던져줬어. 악어는 애기를 먹기 시작했어. 한입에 뚝뚝 먹으려고 물방울을 먹이면서 그것이 애기였어. 악어는 <애기를 잡아먹은 후에> <사과>를 먹고 <인어공주 요정>도 먹기 시작했어. 그리고 다른 강도 있었어. 그리고 악어는 물을 또 먹기 시작했어. 그때 한 조개가 바다에 둥둥 떠 있었어요. 악어는 그걸 먹으려고 했어요. 악어는 한입에 먹어치우려다 이가 부러지고 피가 났어요. 도마뱀과 상어가 나타났어. 물을 먹어치워서 다 떨어지게 했어. 그 물들을 먹고 먹고 또 먹고 또 먹었어. 물들이 너무 시원해서 물을 자꾸 먹어서 조개는 사라졌어. 도마뱀은 물을 또 먹었어. 또 다른 악어가 수호신을 잡아먹어 버렸어요."
20 회기	돌봐주는 사람이 없어서 사고 친 위험에 빠진 아기	ㅁ 진지하게 이야기를 꾸며나간다. 
		• 축축한 회색 델타샌드 선택. • 꽃밭(다양한 꽃 무더기) 좌측하단 배치. 성을 상단 위쪽에 배치. 아이들 4명을 꽃밭의 우측으로 배치(하단)한후, 집 3채와 군인들을 우측하단에 배치. • "애들이 꽃을 다 꺾었어. 꽃을 꺾어서 심어서 이상한 섬을 만들었어요. 애들은 여기가 참 좋았어요. 성 뒤편으로 여자아이가 들어가 봤어요. "너무 어둡다." 한 아이는 성위에 올라갔다가

		떨어졌어요. '으악!' 군인들이 이 집을 망가뜨리려고 해요. 이유는 저도 몰라요. 고양이만 남기고 군인들은 다 사라졌어. 못난이 삼형제와 갓난아기 3명 배치하고서, 못난이 삼형제는 <갓난아기들>이 모두 보기 싫어서 찡그리고 쳐다보고 있어요." 새엄마(헤라)와 새엄마의 아이들(여신2)이 등장한다. • 폭탄전차: 위험에 빠지지 않게 집에 가려고 새엄마를 뺀 아이들 2명(여신)과 <앨리스>, <갓난 애기 3명>를 태웠다(하단좌측배치). 성을 소거시킴→ 아무것도 없는 그냥 정원이예요. 불 탄 곳이예요. 여긴 더 이상 정원은 아니예요. 우리 집에는 맨날 맨날 뱀(큰 구렁이)이 나와서 나뭇(잎)을 먹고 있어요. 전차에 타고 있어요. • 성이 소거된 정원에는 <사과나무>가 배치됨 → 너무 크다고 소거시킨다. 2층집을 배치 좌측하단에 배치하고 집안에 가재도구를 놓는다. <원두막>을 우측상단에 배치하고, <마른 나뭇잎 2장을 배치한다. "얘는 (앨리스)는 왕관을 쓰고, (원래부터 쓰고 있었어요.) 혼자 집에 있어요. 사람들은 여기에 햄스터가 사는 줄 모르고 있어요 (지붕 위에 햄스터 배치함). 용은 달아났어." • "새엄마는 우리가 떠났으니 사라졌어요. 아빠는 돌아가셨어요. 새엄마 때문에, 새엄마는 거짓말쳐서 아빠가 거기에 속아 따라다니다가 죽었단 말이예요. 우리는 돌봐주는 사람이 없어요. 얘는(앨리스) 잃어버린 왕관을 찾고 있어. 고양이가 작은 집을 지었어(좌측하단). 애기들이 사고쳤어. 그런데 피는 안 났어."
21 회기	똥싸개 오줌싸개는 누구일까?	ㅁ 떼를 쓰거나 지시하고 명령하는 모습은 관찰되지 않고 있다. ㅁ 자신의 상자 꾸미기에 매우 진지하고 주의집중하는 모습이며, 이야기도 매우 진지한 표정으로 술술 꾸며나간다. 
		• 축축한 회색 델타샌드 선택. • 집 4채: 1채는 하단배치하고 3채는 우측하단에 배치한다. 생일파티하는 가족상을 좌측하단에 배치한다. • 앨리스1, 앨리스2, 갓난아기 3, 요람 : 노란 병아리(한쌍씩 붙어있는) 6마리를 하단에 배치하고 배 4척을 우측 단에 배치 후, 꽃 금붕어 2마리, 수달, 펭귄(비누곽 모양), 보라색 돌고래, 오리(엄마오리 + 아기오리 3)를 하단에 배치하였다. 아기들과 앨리스들은 우측상단에 파묻었다. • 움막과 삼태기를 좌측하단 배치하고 • 물고기, 고래, 불가사리, 자동차들(모양틀)을 상단의 치료사쪽 모래에 깊게 눌러 박아 배치했다. • 풍차집의 이동: 앨리스 2의 집→ 똥싸개, 오줌싸개는 누굴까? 엄마, 딸, 아기를 번갈아가며 머리에 삼태기를 씌운다.→ 엄마오리가 아기오리를 등에 태우고 삼태기 우산을 쓴다. "엄마가 이걸로 비를 막아줘요." • "미운오리" 한 마리와 다른 종류의 오리를 배치하고 "이건 미운오리…엄마는 왜 나를 미워할까?"라고 말한다. "어떤 집 나무집에 아기들이가득해졌어요. 아기들만요. 아기들 요람은 연못, 여기에 미운오리가 풍덩! 들어왔어요. 아기오리는 진흙을 너무 좋아해요. 그래서 진흙오리가 되었어요. 미운오리가 아니었어요." 하단 중앙에 <바다>를 만듦.

<table>
<tr><td></td><td></td><td>• “엄마품은 이제 지겨워! 난 바다에 살꺼야. 새가 날아왔어요. 아기오리를 잡아먹었어요. 이번엔 토끼를 잡아먹을까? 토끼를 잡으러~ 귀신폭발~ 이제 어떻하지요? 이제는 어떻하지요? 삐약이가 말하는 거예요! 헥~ 큰일났다.”
• <파티마의 성모상>을 우측단 중앙선의 가장자리에 배치(실제로 아동은 성당에 다니고 있음) 하더니, “새가 병아리들을 2마리 잡아먹었어요. 앨리스는 무서워서 집 뒤에 숨었어요 (눕혀서 배치). 남은 삐약이들도 숨었어요. 새가 굴뚝으로 들어왔어요. 이때 새 한 마리가 또 나타나서 ‘멍멍이들’을 잡아먹어요. 새가 아기를 잡아먹으러 왔어요. 이 새는 맨날 아기를 잡아먹고 살아요. 하마가 <애기 머리카락을 먹었어요. 잡아먹으려다가요. 그래서 하마는 죽었어요.”
• “열매(파인애플)가 가득 열렸어요. 그때 물고기들은 너무 무서워서 달아났어요. 무시무시한< 지진이>일어났어요. 그래서 <무가>바닥에 떨어졌어요.” 그러면서 갖가지 야채들을 좌측과 우측 상단에 배치한다.
• <생일파티 하는 가족>을 우측상단으로 이동배치하고 야채들을 그 주변에 가득 배치함.
• 키티가 음식을 한다. 밀가루 반죽 후 소금을 뿌리고, 야채를 넣고 요리한다. “난 일본 땅에서 기운차리는 맛있는 야채를 따와야겠다.”라고 말한다.알에서 <악어>가 태어나게 하고, 중앙에 우측방향으로 배치한다.앨리스 소녀 1과 아기들을 보호한다고 말한다.</td></tr>
<tr><td>22
회기</td><td>노란색
세상</td><td>ㅁ “엄마가 <허리디스크> 때문에 입원하게 되면 여기 못 오게 될 것 같아요. 그래서 선생님이랑 처음으로 같이 시작하고 싶어요. 그래도 될까요?”와 같은 표현을 쓰고 있다.
ㅁ 더 이상 치료사를 자신의 뜻대로 지배하려들거나 명령하고 비난하는 모습은 관찰되지 않고 있으며, 치료사의 의견을 존중하며 권유하는 언어표현과 태도를 나타내었다.
ㅁ 차분하고 예의를 갖추는 언행을 보여주고 있다. 그러나 이야기를 할 때 존댓말과 반말을 뒤섞어서 사용하고 있다.
 </td></tr>
<tr><td></td><td></td><td>• 파랑색 모래 선택.
• 집 3채를 우측하단 가장자리에 붙여서 배치하고, 갓난아기 3명을 집 앞에 배치한다. 미니, 앨리스(본인상징이라 함), 여신들 3명, 조가비(구슬 속에 아기 돌고래 든 것을 품고 있는 것)을 가져다가 놓는다.
• 해골 섬: “해적들의 집이예요. 여기는 아주 으스스해요.”좌측단의 중앙 라인끝 가장자리에 하단방향으로 배치한다.
• 토끼와 강아지를 각각 집 위에 배치한다. “토끼는 여기에 숨고, 강아지는 여기에 숨어요. 여기는(우측) 좋은 나라예요“ 라며 집들의 앞에 여신을 배치하고, 남자와 여자(부부)를 배치한다.
• 여신 한 명(아프로디테) “이름을 불러줘야죠! 여신이 아니예요. 어디 가다가, 해적한테 붙잡혀서 <감옥>에 갇혔어요. 그런데, 감옥을 뚫고, 박치기를 해서 나왔어요. 알라딘을 봤어요. 그런데 아주 착해요. 나쁘기도 하고. 근데 쥐가 됐어요. 도둑질을 해가지고…”감옥 앞에 선을 긋고서, “여기까지 온 사람은 잡혀갈 수 있어요.”라고 말한다. 앨리스와 여신들은 좌측하단으로 이동하고, 뱀을 중앙에 배치했다가 소거시킨다. 감옥, 해적집, 해적들을 소거시키고, 대포를 우측단 가장자리에 배치하였다.</td></tr>
</table>

<table>
<tr><td></td><td></td><td>• 솔방울 3개를 우측 상단 모서리에 배치하고, 노랑 빨강, 검정 뱀을 한 마리씩 지붕 위에 배치한다. “여기에선 꽃이 많이 피어!”라며 많은 꽃을 좌측하단 모서리에 가득가득 배치한다. “여기에는 맨날 맨날 꽃이 많이 피어요. 그리고 미녀들이 모여들어요. 그리고 맨날맨날 행복해요. 여기에선 나무도 커요. 새가 날아와요. 근데! 거기에서는 <뱀>이 조금 살아 (좌측하단 모서리꽃밭에 뱀 배치). 어떤 공주가 뱀한테 다리를 물렸어. 거기 꽃밭에서 노래 부르다가. 근데, 아직까지는 집에서 못 나와요. 아직 안 나았어요. 여기에서 집에서 이렇게 누워있어요 (우측집 뒤에 아프로디테를 눕힌다). 여기 집은 다 연결된 집이예요. 공주들은 꽃마을에 놀러갔어(새장을 하단 중앙에 배치). 새들이 있는데 그냥갈 수 없잖아요. 소중한 물건을 누가 가져갔어요.”
• 조가비를 감옥에 가둬서 좌측상단 가장자리로 이동하고, 새장을 중앙에 이동 배치한다.
• 우린 꽃마을에서 살아요.→엄마(다리 다친 여신)랑 내가(앨리스) 이사와요. → 집을 이사시킨다. 하단 중앙에 3채의 집을 연결해서 배치하고 하단 가장자리에 엄마랑 앨리스를 배치하였다. “아파서 쓰러져서 누워있어. 푹신푹신한 침대를 만들어 줘야 해. 얘(앨리스)는 나무를 좋아하는 나무를 심었어. 꽃까지 피니까. 토끼는 맨날 맨날 밖에 나갈 수 있는데, 이 여자들은 못나가. 나는 사람한테 잡아먹히게 됐네. 하고 뱀이 노래를 불러. 그러면 잡아먹혀. 그래서 빨리 도망가야 해. 집으로 도망 왔어. 토끼는 빨리 집으로 도망 왔는데, 문이 안 열렸어. 간신히 열고 들어왔어.
조금있다가. 도망치라고 했는데(남녀부부) 꼼짝도 안하다가 도망쳐서 이리로 왔어(우측하단 모서리).” 소거시킴.</td></tr>
<tr><td rowspan="2">23
회기</td><td rowspan="2">공주들의
춤추기</td><td>□ 치료사가 아동의 피규어를 반영하며 상자를 꾸미자, 아동이 치료사가 선택한 것을 달라고 조르는 모습을 보였다.
</td></tr>
<tr><td>• 파랑색 모래 선택.
• 집 3채를 좌측하단에 가장자리에서부터 연결하여 배치하고 토끼, 강아지, 까마귀(흰색갈매기)를 각각의 집 앞에 배치하였다.→ “위험한 사실이나 그런걸 알려줘요. 편지를 전해줘요.”
• 사슴(엄마와 아기): 우측하단 모서리에 배치한다. 앨리스를 좌측하단에 엎어진 채 배치하고, 까마귀가 “춰, 추워, 추워” 하면서 땅을 판다. 모래에 선을 파서 골을 만든다. “이것은 집을 안내해 주는 선인데 그것이 없어서 집에 못가서 추워요. 근데 이제 선을 만들어 줘서 괜찮아요.”
• 바퀴달린 잉어를 배치하며, “사냥꾼이라고 할래요. 선생님이 준 하트가 점점 말라가고 있어요.”라면서 사슴에게 물을 먹인다. 우측하단에 침입자를 알리는 경보음이 울렸다. <“강아지였어”> 도와준 경보장치가 끝까지 따라가서 침입한 강아지가 피할 수 없게 되자 아동은 경보장치를 파괴해 버린다.
• 음식들을 우측하단의 사슴울타리 안에 배치한다. “엄마 사슴은 죽었어요. 아기 사슴 혼자 남았어요. 먹이가 있는데요. 이 먹이를 다 먹으면 죽어요. 이 사람들도 오늘까지만 돌보고 이젠 안 온대요. 이제 겨울이 시작되어서 추워서 안온대요.”</td></tr>
</table>

24 회기	나비랑 아기들이 선생님 땅으로 갔어요	ㅁ "지난번하고 이어서 해야죠. 선생님도 같이 하자요"(친근하고 애교있는 말투). 지난 회기 때의 피규어들을 기억하고 있다. ㅁ "선생님은 이걸(쓰레받기)로 이렇게 해요. 난 이걸(빗자루)로 이렇게 쓸께요."치료사의 피규어도 자신이 선택해서 가져다주면서 매우 친절한 어투로 다정하게 말한다. ㅁ 하단에 아무렇게나 가져다 놓았던 피규어들을 치료실 바닥에 내려놓으며 변명을 한다 : "이것들을 잠깐 바닥에 내려놓았다가 모래 정리 좀 똑바로 해놓고 다시 가져다 놓을거예요." ㅁ 치료사의 땅을 은근슬쩍 침범하였으나, 바로 웃으며 인정하고 거두어 가는 모습을 보인다. ㅁ 이야기 꾸미기에서는 반말을 쓰다가 존댓말을 사용하는 모습이다. 
		• 축축한 회색 델타샌드 선택. • <집2채>, <갓난 아기 3명이 있는 요람>, <앨리스(본인)>, <사슴1>, <토끼 1>, <당근>, <수풀 울타리(우측하단)> <음식이 가득 들어 있는 음식쟁반>을 가져다 준비해 놓는다. 그리고는 자기의 앞 쪽의 모래들을 끌어 모아 땅을 만든 후, 강을 만드는데 좌측 단은 넓게, 우측 단은 좁게 만든다. • 토끼와 사슴, 당근을 우측하단에 배치하고 수풀로 울타리를 만든다. 중앙을 빗자루로 쓸어서 강을 만든다. 음식들을 쟁반에 담아서 우측하단에 배치하고, 꽃잉어 2마리, 보라색 고래 1마리, 수달 1마리를 강의 우측 가장자리에 배치한다. • <악어와 구렁이가 서로 몸을 칭칭감고 싸우고 있는 피규어>: 뱀의 목을 떼어서 악어의 입에 넣어준다. "뱀머리를 악어가 먹네" 라고 즐겁게 말한다. • 입을 크게 벌린 큰 갈색 잉어: 좌측 단 상단에 우측 방향으로 배치한다. 모래를 정리하고도 다른 일을 하고 있는 아동에게 "모래를 정리했구나" 하고 치료사가 말하자 "네" 하면서 밖으로 내어 놓았던 피규어들을 배치한다. • 집 3채를 좌측하단에 배치하고 각각 막대기를 이용해서 <경계>를 만든다. 공룡 3마리를 가져와서는 "육식공룡, 육식공룡"하면서 공룡들을 큰 잉어 몸에 붙여서 배치한다. • 나비를 은근슬쩍 치료사의 땅에(호랑이 앞) 배치하여,"여기는 선생님 땅인데!"하고 말하자, 아동은 "허허허, 나비가 날아갔어" 라고 말한다. • 말 3마리를 우측상단의 강에 배치하고서 "흰말이 건너오려는데, 티라노사우르스가 물어서 이 말은 죽었어요. 피났어요."하면서 소거시킨다. "근데, 육식공룡들을 물고기 큰 잉어가 다 잡아먹었어요. 좀 있으면 얘도 잡혀먹을지도 몰라요"(작은 공룡을 보며).→ 티라노를 또 치료사의 영토 (호랑이 옆)에 은근슬쩍 배치하고 원래 여기로가려고 했었다고 말하더니 치료사가 배치한 큰곰(검은색)의 몸을 쓰다듬으며 치료사의 눈치를 살핀다. • 말들과 티라노를 소거시킨다. "내 맘대로 하고 싶어서 예요."라고 재빨리 말한다. • 사슴과 토끼한테 물을 가져다 준 후, "앨리스는 죽었어요. 왜 죽었는지는 몰라요. 사슴이 핥으면서 계속 보살펴줘요. 그때 큰알이 하늘에서 큰 알이 떨어지고 알이 나왔는데 깨졌어요. 한 달 더 있어야 할 것 같아요. 그때 밤이 되었어요." <큰 알이 깨진 뚜껑>에 나무와 꽃을 우측 상 하단에 심고서 "작은 알이 깨지고 거기서 <갓난아기 3명> 이 나왔어요." 강에서 둥실둥실 떠다니

<table>
<tr><td></td><td></td><td>다 "선생님 땅에 아기들이 도착했어요."라고 말한다.
• 계속되는 치료사의 땅 침범: 애기와 애기자동차를 치료사의 땅에 놓고, 키 큰 거인여자가 애기를 찾으러 와서 치료사의 땅을 엉망으로 짓밟아 놓는다.</td></tr>
<tr><td>25 회기</td><td>아주 <u>으스스하고</u> 위험한 집에 사는 아이</td><td>ㅁ 치료실에 들어오자마자, 곧 바로 망설임 없이 상자 꾸미기에 열중하는 모습을 보인다. 또한 표정도 매우 진지하고 엄숙하다.
ㅁ 치료사의 땅을 침범하거나, 자기 마음대로 하려는 시도는 나타나지 않는다.
ㅁ 이야기 꾸미기에서는 처음에는 반말로 하다가 후반에는 존댓말을 사용하였다.
</td></tr>
<tr><td></td><td></td><td>• 축축한 회색 델타샌드 선택.
• 좌측하단에 작은 섬을 꾸미고 우측 단을 넓은 강으로 설정한다. 요리사 2명을 중앙이면서 강인 곳에 배치한다. 섬에는 조가비 (수정구슬 안에 돌고래가 있음) 2개를 배치하는데 1개는 좌측하단 모서리에, 1개는 좌측 단 중앙 선 가장자리 라인에 배치하였다. 물고기들을 우측 단에 배치하고서, 신랑신부 2쌍을 가져다가 1명의 신랑을 조가비에서 구슬을 빼고 앉힌다. 그런데 신부들은 강에 배치한다. "여기서, 신랑 2명이 여자들을 골라"
• 사슴 2마리를 좌측하단 배치, 집 1채와 책상을 섬에 배치, 하트 2개(큰 빨강색 하트와 아주 작은 주황색 하트), 물개의 배에 태운다."아주 위험한 곳에 얘네(나우시카 캐릭터 소년소녀)들이 살고 있어." 갓난아기 3명이 탄 바구니 집(큰 집 1채 - 토토로 집, 작은 집 1채 - 아기고양이 집)이라며 우측하단 강에 배치한다. 수중에 살고 있는 집이다.
• 큰 수정구슬들을 한 가득 담아 와서는 "폭탄"이라고 한다. 자신의 상징으로 쓰고 있는 앨리스를 섬의 집안에 배치한 다음, "선생님도 폭탄이 필요할텐데 미리 가지세요. 안 그러면 선생님이 죽게 될 거예요! 선생님은 이렇게 요리사가 꼼지락 거리면서 아무것도 안하는데 그냥 두실거예요?"하고 치료사를 빤히 쳐다본다.
• 생일파티 하는 가족을 우측상단의 강에 배치하는데, 물에 빠진 가족이라 위험하다고 한다.
• "신랑감은 1명인데 처녀는 2명이었어. 남자는 1명을 골라야 했어. 신랑은 고민하다가 다음날로 결정을 미루기로 했어. 그런데 한 여자는 자기가 색시라고 자꾸 우겨서 시끄러워서 그러라고 했어. 결국 남자는 그 여자를 선택했고 결국 죽었다."
• "아주 먼 옛날에 한 소녀가 살았어. 엄마아빠는 돌아가셨고, 언니만 있는데. 언니는 나가 있어서 맨날 귀찮게 나가서 남자를 만나러 가야 했어. 마귀가 너희들을 죽일지도 모르니까 어디론가 떠나거라' 라고 엄마가 말했었어. 소녀는 고양이를 데려다 키웠어. 이 언니는 엄마가 되다가 또 죽어버렸어. 그때마다 누가 맨마다(매일마다) 죽어있던 거야. 호랑이가 말을 잡아먹고 죽이고 우리 집은 맨마다 말이 죽고 무덤이 많아지고 무덤 투성이가 됐어. 으스스한 집이 됐어. 우리 집이랑 꽃도 말라죽고 집도 조그맣게 됐어. 하늘에서 알이 떨어졌어. 그리고 애기들이 태어났어. 그리고 그 애기들을 데려다 키웠어요. 얘, 소녀는 우유랑 조금 젖이 있어서 애기를 키울 수 있어요. 돼지와 새들은 도망쳤어요. 돼지가 깜빡 잊은 뭔가를 찾으러 해골섬으로 가서 무기를 찾아 한발을 쐈어요. 그런데 용이 안 맞고 죽었어요. 그리고 마지막 남은 무기로 쐈는데…</td></tr>
</table>

		로봇이 맞아 고장 났어요. 용은 돼지를 잡아먹기로 했어요. 싸워서 배가 아주 많이 고파서요. 돼지는 도망칠 곳이 없었어요. 그러자 새가 나타났어요. 돼지를 태우고 날아 갔어요 (좌측하단). 그러자 로보트가 일어났어요. 용이 죽었어요. 로봇이 고장나서 멈췄어요."
26 회기	매일 아침 나라와 매일 밤의 나라	□ 노래를 흥얼거리면서 피규어 장 앞에서 피규어들을 탐색하고 있다. □ "선생님 꾸미세요. 빨리 꾸미세요. 그런 다음에 하지 않으면 안 되는데, 그게 옳은 게 아닐까요? 선생님도 청소하세요."하고 지시를 하는데, 말투는 부드럽다. □ 거짓말을 한다. "선생님 탓이겠죠!"오토바이를 선생님이 만지고 놨다고 우긴다. □ "선생님은 왜 아직도 놀이를 안해요? 선생님 땅 모래를 줬습니다. 가져가세요."라고 하여, 치료사가 '선생님은 땅이 없어. OO이가 땅을 다 사용한 것 같은데, OO이가 OO이 마음대로 선생님 땅도 갖더니, 이번에는 OO이 마음대로 선생님한테 땅을 주네.' 라고 말하자 시무룩하게 고개를 끄덕끄덕 한다. 
		• 축축한 회색 델타샌드 선택. • 작은 집 2채를 좌측하단에 배치하고서, 조가비 (수정구슬 안에 돌고래가 있음)와 큰 토끼, 뚜껑을 열면 거울이 나오는 빨간 상자, 풀을 우측하단에 배치한다. 땅을 상하로 크게 분리하고 가운데는 바다가 되게 한다. 위는 치료사의 땅이라고 한다. <세일러문 2명>과 미니마우스를 우측 바다에 눕혀서 배치한다. 하단의 자신의 땅을 2등분한다. "여기는 땅이 2개가 있어. 하나는 맨 마다 자는 땅! 하나는 맨 마다 해가 있는 땅! 나무 많이 갖고 와야겠다! 나무!" 급하고도 신나게 "맨마다 잠자지도~ 맨마다 먹고 또 먹고~지금 아프리카에 물이, 물이 조금만 나와요. 1개만 나와요. 물어보고 계속 먹어야 해요!" 치료사가 '안 물어보면 어떻게 되는건데?' 하니까 "어..... 그건 안되죠."한다. 그리고는 물이 왜 거기에 있는지 불평을 한다. • <소나무>를 들고 "이건 공룡 풀 아니예요?" 하면서 바다에 배치한다. • 음식을 좌측단 가장자리에 배치하고는, "여긴 공사하는 중이예요!" 좌측의 땅을 퍼서 우측으로 붓는다. • "선생님! 비켜주세요. 아니면 선생님도 빨리해요. 할아버지들이 공사를 해요. 어떤 할아버지들일까?"하고 혼자서 되묻는다. • "햇님 나는 집을 (미니가) 망쳐버렸어! 그래가지고 땅이 갈라지고 그래서 <미니>는 거기(바다)에 떨어지게 됐어. 그래서 계속 밤만 되는 곳과, 계속 햇님만 있는 곳이 생겼어요. 그래서 얘는 계속 고민을 해요. 학교 가고 싶은데. 잠도 자고 싶은데. 계속해서 말 없이 (우측하단의) 땅을 파면서 공사를 했어. 여기는(좌측) 아침나라! 여기는(우측) 밤 나라예요!" 아침나라(좌측하단 가장자리)에 당근, 복숭아, 딸기, 야채 들을 심는다. 나무들 한 무더기를 좌측의 아침나라에 심는다.<밤의 나라>인 우측하단에 토끼와 사슴을 붙여서 서로 의지한 듯이 기대어 놓고, 풍차집을 우측하단 모서리에 배치한다.

<table>
<tr><td rowspan="2">27
회기</td><td rowspan="2">놀림
받아서
나갈 수
없는
똥오줌싸개
아이.</td><td>ㅁ 치료실에 들어오자마자, "선생님. 저, 오늘은 선생님 땅에 하나도 안 할꺼예요. 지난번에 그래서 속상해서 잠도 하나도 못 잤거든요."
ㅁ 놀이가 끝났음을 알리자 갑자기 좌절과 공격성 표출을 하며, "선생님이 쏜 총에 맞아서 얘는 죽었어요."라고 말하며 <앨리스(본인), 미니 마우스(나쁜 애), 당근>을 땅에 급하게 막 묻어버리면서 자신의 영역 중 밤의 나라를 망가뜨린다.작품사진을 찍는데도 앉아서 딴청을 부리며 시간끌기를 통해 저항하는 모습을 보였다.
</td></tr>
<tr><td>• 축축한 회색 델타샌드 선택.
• <꿈이야기>
• 어떤 고양이가 유령이 뱀, 쥐, 다 잡아먹어버려서 다 잡아먹어서… 할머니가 도와줘서 고양이가 행복하게 살았어. 그런데 햇님 나라와 밤 나라가 계속되는 거예요. 밤 나라에서는 밤 나라니까 엄마는 계속 잠만 자고, 나는 똥오줌을 싸서 차가운데서 그냥 차가운 채로 잠을 자죠.
• 집 3채: 집 2채는 땅에, 작은 집 1채는 밤나라 우측하단에 바다와 경계에 놓는다. <작은 집>에 고양이를 배치하고, 야채와 과일들을 우측하단에 야채와 과일을 심었다. 집 2채(작은 집과 시골집)를 좌측 단의 햇님 나라에 이동배치. 밤 나라에는 <멋진 전원주택>이 남겨져 있다.
• 앨리스를 밤의 나라 끝 상자 가장자리에 배치한 후, "놀림받아서 나갈 수가 없대요. 오줌 똥 싸서 갓을 쓰고 있어요." 오뚜기(아기 업은 엄마 오뚜기)를 하단중앙 바다에 배치하고, 갓을 씌워준다. 미니마우스를 나쁜 아이라며 놀림받아서 나갈 수 없게 된 다리 없는 아이의 앞에 배치한다.
• "알에 남자 신이 들어 있었어. 신이 들어 있는 알을 그릇으로 덮어서 바다에 띄웠어. 거기서 신이 나왔어"라며 더 큰 알속으로 바꿔 넣는다. 사슴, 자기(앨리스)를 제외한 모두에게 치료사의 피규어 2명에게도 삿갓을 씌웠다.</td></tr>
<tr><td rowspan="2">28
회기</td><td rowspan="2">무제</td><td>ㅁ 이야기를 꾸며나갈 때 존댓말과 반말을 섞어서 사용하고 있다. 약간은 침체된 분위기로 맥이 없다. 그러나 자신의 상자 꾸미기에는 대단히 몰입해 있는 모습이다.
</td></tr>
<tr><td>• 축축한 회색 델타샌드 선택.
• "비가 주루룩 왔어. 근데 우리 땅은 비가 계속 주루룩 왔어. 5년 동안이나 왔어요! 지금도 비는 안 그쳤어요 .우리나라에서 대충 뭐 공사하고 있어요." 라면서 바닥에 흘린 모래를 쓸어 담는다.</td></tr>
</table>

		• 집을 우측하단 땅과 바다가 맞닿는 곳에 배치하고, 소형의 집을 좌측 단 상단에 배치한다. 전원주택을 좌측 가장자리의 아동의 땅에 배치하고, 앨리스(아동), 미니마우스를 의자에 앉혀서 배치한다. "아주 먼 옛날에 애기들이 살고 있는 곳이 있었어. 그 애기들은 혼자 외롭게 살고 있어요. 소녀가 탄 의자가 둥둥 떠내려가고 있어요. 소녀는 애기들을 발견했어. 소녀는 집에 가서 모닥불을 피우고 따뜻해졌어. 애기들이 위험할까봐 집의 방 위에 올려놨어. 누나는 계속 애기를 발견했어. 집을 발견했어." • "도둑일거야. 도둑일거야. 도둑일거야. 도둑일거야. 도둑일거야. 그렇게 춥게 떨면서 문을 안 열어줬어. 어떤 사슴이 사람을 발견했어. 그래서 다른 집으로 갔어. 그리고 집의 놀이터 미끄럼틀 타고… 사슴은 화가 나서 발자국을 냈고, 비가 와서 발자국이 쓸려나갔어. 그래서 또 너무 화가 나서 발자국을 냈어 (반복 2번). 사슴이 애기를 발견했어. 애기를 가지고 가고 싶었지만 참았어. 여왕 뱀이 아기 1명을 데려다 길렀어. 아기는 뱀이 엄만줄 알고 안 떨어지려고 했어. 얘는 자라서(앨리스) 소녀가 됐어. 여왕 뱀은 원래 사람이었는데 마법에 걸려서 뱀이 되었어요. 원래 바로 <물의 여신>이었어요. 엄마는 바로 얘였어요" 라며 <알라딘 공주>를 가져옴. • "여왕 뱀에게서 애기가 1명 태어났어. 여왕 뱀이 아기 2명과 물의 여신도 잡아 갔어요. 비가 내리고서 뱀은 점점 사라지기 시작했어. 뱀이 죽자 엄마가 살아나기 시작했어. 엄마는 꿈을 꾼 것으로 생각했어. 엄마! 밥줘!" 이야기를 마친 아동이 운다.
29 회기	물을 못 먹어서 목마른 아이의 물먹기	ㅁ 시간이 정말 다 되었음을 알리자 <터널>을 들며 괴물이라고 하면서 자신이 꾸민 상자안의 피규어들을 마구 부수며 짓밟아 버리게 한다. 그런 후, 다시 정리하면서 당황해한다. 
		• 축축한 회색 델타샌드 선택. • 소파에 앉은 <물의 여신>이 빨간 하트쿠션을 뒤에 두고 기대고 있다(우측하단 모서리).거울이 달린 함(거울을 열어놓고 있다) 과 헤어지고 닳아 속에 생쥐들이 살고 있는 큰 구두 한 켤레를 소파의 위쪽으로 배치하였다.좌측과 하단에 땅을 만들고 물길을 좌측라인에서 중앙을 거쳐 우측하단 모서리로 이어지도록 만들었다. 하단중앙에 <터널>을 배치하고, 우측하단 (땅의 끝부분)에 꽃 2송이를 심고 둘레에 울타리를 배치하였다. 공중전화를 좌측하단 가장자리에 배치하고, 맨 좌측에 제일 작은 미니 집을 배치하고, 그 보다 조금 큰집(초가모양전원주택)을 배치한 후 우측하단가운데에 큰 전원주택을 배치하였다. 앨리스를 하단의 터널 안쪽에 기대어 배치하고 소년, 소녀를 좌우에 1명씩 배치하였고, 보물상자 2개 배치하였다. 그런 후 화장실에 데려 갔다가 왔다고 한다. 한 아이(모자를 쓰고 의인화된 핑크색 오리)가 웅덩이에 얼굴을 박고 "한주일 동안 물을 못 먹어서 물을 먹고 있는 중이예요."라고 말한다. 졸고 있는 잠옷 입은 고양이를 하단에 눕혀 놓았다. • 대형 상어가 물을 먹는 아이를 공격한다. 좌측 단 작은 집에 왕관과 얼굴에 흰점이 있는 새끼손가락보다 작은 고양이를 배치한다. • 붉은색 레인저가 공중전화를 건다. "칼로 전화기를 잘라버렸어요. 이젠 전화를 걸수가 없어요. 불파워!"

<table>
<tr><td></td><td></td><td>• 귀여운 모자를 쓴 요정과 햄토리 2마리가 공중전화 앞에서 줄을 선다. 졸고 있는 고양이가 전화를 걸지 못하게 전화기 앞에서 막고 있다. 전화를 걸다가 들킨 햄토리 3마리는 터널 속에 갇힌다. "방송 중입니다. 방송 중. 오늘은 날씨가 안 좋은데 비가 올 것 같아요. 비가 와서 안 될 것 같아요. 다음 주에 해야 해요 (시간이 다 되었음을 알려주자)." 얼굴에 흰점이 있는 아기 고양이가 친구네 집에 놀러왔다.
• 아동 : 띵동! 띵동!
• 치료사 : 누구세요?
• 아동 : 저는 옆집사람입니다.
• 치료사 : 어서오세요.
• 아동 : 문을 열어줘야죠!
• 치료사 : 잠깐만 기다리세요.
• 아동 : 얼른 문을 열어주세요.
• 치료사 : 지금 세수하고 있어요.
• 아동 : (기다림)
• 치료사 : 어머 당신은 누구세요?
• 아동 : 저는 고양이예요. 상어가 미끄럼 타는 아기고양이를 잡아먹었어요.커다란 고양이가 아기고양이를 살려주려고 상어를 공격했는데 상어는 그 고양이를 잡아먹어 버렸어요.</td></tr>
<tr><td>30
회기</td><td>아기가
자라서
소녀가
되고,
소녀가
아기한테
엄마를
찾아줬다.</td><td>□ "선생님, <폭력>이 뭔지 아세요? 난 알아요. 도둑들이 우리 몸을 만지는 거예요. 우리 학교에서 2학년 오빠 2명이 사라졌대요. 이유는 아직 모른대요. 어?!! 애기 2마리가 사라졌어요. 저 때문은 아니예요!! 정말이예요."(아동은 현재 유치원에 다니고 있음)
</td></tr>
<tr><td></td><td></td><td>• 축축한 회색 델타샌드 선택.
• 땅을 고른 후 앨리스(아동)를 좌측하단에 배치하고, 집(中,小)을 우측하단 모서리에 배치하였다. 오렌지 나무를 좌측하단 모서리에 배치하고 "이 나라는 오렌지만 열리는 나무예요."한다. 긴 벤취를 좌측하단 가장자리에 놓고, 뚜껑 안에 거울이 달린 빨간 상자를 열어서 나무가 비치게 배치한다.
• 우측하단 모서리의 작은 집에는 <전 회기들에서처럼> 한쪽 얼굴에 흰점이 있는 아기 고양이를 배치하였고, 벤취의 좌측에 2명이 앉고, 우측에는 아이스크림 컵 속에 여자가 들어가 앉아있다. 노랑머리 소녀는 하단 가장자리 상자위에 중앙에 앉고, 음식들을 벤치의 중앙의 높은 곳에 가득 차려 놓았다.
• "근데 오렌지나무에 사탕이 1개 열렸어." 라고 말한다.
• 커다란 토끼 1마리와 사슴 2마리를 음식 벤취 아래에 배치하고서, "토끼는 친구들이 있어서 괜찮아요."한다.
• 책 + 지구본 + 잉크를 우측단의 집 앞에 배치하고, 아기 1명이 같이 음식을 먹는다. "아기가 자라서 소녀(앨리스)가 됐어. 소녀는 배를 타고 멀리 멀리 떠나려는데 아기들이 담긴 바구니를 발견했어. 그래서 소녀는 아기들이 너무 불쌍해서 엄마를 찾아주기로 했어(배에 태움). 나무 밑에</td></tr>
</table>

		음식을 많이 먹은 아이들 셋이 자고 가기로 하고 머물렀어." 배가 빵빵하니까 여기서 쉬어가자 "한 아이는 공부를 하러 갔고, 한 아이는 농구를 하러 갔어. 친구들은 놀고 있었어. 오늘 숙제 꼭 해야 되는데 혼자 있는 소녀한테 소녀가 놀러왔어. 내가 너한테 반한 멋진 남자를 소개해줄게. 남자를 배에 태워서 데려왔어. 자 이제 난 바빠서 돌아간다. 이 남자랑 재미있게 놀아. 하고 여자아이는 돌아갔어. 소녀가 남자아이를 좋아하지 않아서, 남자는 바다에 풍덩 빠졌고, 거대 상어가 남자를 잡아먹었어."
31 회기	무제	ㅁ 치료사와의 힘겨루기나 치료사 탓을 하며 비난하는 모습은 보이지 않고, 자신의 상자 꾸미기에 열중하며 매우 진지하게 활동을 진행하였다. 
		• 흰색 모래 선택. • 땅을 고른 후, 성을 중앙 배치한다. • 아기 5명이든 바구니를 좌측하단 가장자리에 배치하고, 뚜껑 안에 거울이 달린 빨간 상자를 뚜껑을 열어서 중앙 하단에 우측 배치(좌측방향)한다. <작은 집>에는 아주 작은 고양이가 배치되어 있음(계속해서). <외계인>이 성 위에 서 있다. 음식을 성 밑에 배치하고, 3단 탁자를 하단 중앙 가장자리에 배치한다. • 탁자의 좌우에 소녀를 배치하고 햄버거 1개를 놓는다. 좌측에 앉은 소녀 옆에는 아이스크림을 놓았다. 움막집을 우측하단에 배치하고, 아기들을 집에 넣는다. • 오렌지 나무: 좌측하단 배치, 책상과 책들: 우측하단 배치. • 책 읽는 아이를 오렌지 나무 밑에 배치하고, 농구공과 개를 안고 있는 아이를 우측하단의 책들 위쪽에 배치하고, 놀이동산을 우측하단 모서리 배치한다. • 하얀 장미꽃나무를 우측하단에 배치하고서, 사슴 2마리와 토끼 1마리, 당근 2개와 앨리스를 좌측하단에 배치한다. • "탁자에 앉은 여자아이는 맛있는 걸 계속 먹었어. 얘(좌측에 앉은 소녀)는 '체할까봐 두려워! 아이, 신발이 마음에 안들어.'하면서, 오렌지 나무 밑에 앉았어. '아 사람들 보다, 풀이 더 좋은 것 같애'" • "자전거 탄 오빠들이 새가 됐어. 소녀를 못 찾았거든. 그래서 <앨리스>이 아이는 사탕마을로 갔어. 다시 이(좌측하단 모서리) 속으로 갔어. 나는 친구들이 없어. 나무 밑에 앉아있던 책 읽는 아이는 빨리 가서(책 앞으로) 공부하기 시작했어. 아, 머리 깨지겠다. 애기들이 가난해 보여서 소녀가 애기들한테 사탕을 먹였더니 한 아이가 쑥쑥 자랐어. (앨리스)소녀가 됐어. 놀이동산을 타고 싶었지만 가지 못했어. 그래서 숲 속(좌측하단)으로 들어갔어. 그치만 숲이 너무 작았어. 이 여자아이는(앨리스) 집이 넓혀진 줄 알았어. 그래서 이사했어. 고양이가 "야옹 야옹" 같이 살자고 했어. 숲이 사슴과 동물들과 같이 살고 싶어. 얘는 아퍼. 나뭇잎들을 숲에 추가. 사탕을 먹고 점점 자란 아이가 아기엄마가 됐어. 엄마가 돌봐준 아이가 소녀가 됐어. 다른 사람이 오는 출입문 소리를 듣고 아, 다른 손님이 왔어. 하더니, 소녀가 자신이 꾸민 상자 안을 엉망진창으로 흐트려 놓았어!! 계속 계속 비가 왔어. 계속 비가 오자, 계속 비가 오자 원두막이 생겼어. 엄마는 하늘나라로 갔어."

32 회기	맛있는 케이크 만들어 먹기	ㅁ 명랑하고 장난스런 모습을 보인다. 그러나 버릇없게 따지거나 비난하던 모습은 관찰되지 않고 있으며, 치료사에게는 친구같은 친근감을 드러내고 있다. 
		• 파랑색 모래 선택. • 돌멩이 2개를 놓고 숨기며 찾기 놀이를 하자고 제안한다. 물개 2마리를 숨기고서 또 물개 찾기를 하자고 한다. 찾기놀이 후, 케잌 만들기를 같이 하자고 제안하며 꼭 자기가 만드는 케잌을 따라해야 한다고 말한다. 그러나 말뿐인 제안으로 혼자서 놀이를 하였다. • 색돌과 구슬목걸이, 과일이 가득 든 바구니를 가져와서 색돌이 가득 든 통을 좌측상단에 두 그릇 배치하였다. • 사탕 케잌을 다 만든 후 게걸스럽게 먹어 치우고서, 모래 뿌리기를 하며 오래도록 놀았다.
33회기	무섭지만 친구들과 신나게 놀기	ㅁ 떼를 쓰거나 치료사를 비난하고 권위를 갖으려는 모습은 나타나지 않고 있다. ㅁ 성적인 관심을 나타내는 행동들도 나타나지 않고, 자신의 상자 꾸미기와 이야기에 주의집중하는 모습이다. 
		• 처음으로 강모래 선택. • 초코볼 떨어뜨려주는 장난감을 우측하단 모서리에 배치하고서, "우리 집에는 <돈도 주고 밥도 주는 곳>이 있었어."라고 말한다. 2층집: 지붕 측을 하단에 놓고, 1층을 지붕 위에 올려놓는다. 집의 1층을 하단방향으로 우측하단에 배치하고서, 지붕 채를 좌측하단에 좌측방향으로 재배치하였다. • 미니 사이즈의 작은 집에 얼굴이 흑백으로 반반인 고양이를 올려놓고 배치하고서, 앨리스를 좌측하단 상자가장자리 에 기대어 배치하였다. "앨리스는 고양이가 해칠까봐 무서워서 덜덜덜 떨며 "자면 안돼! 자면 안돼!" 그런데 두려움에 싸여서 밖에도 못나가고 떨어서, 떨려서 밖에 나가고 싶어도 안 나갔어. 집에서 혼자서 무섭고 벌벌 떨었어." • "여기는 햄토리의 집이야. 햄토리는 고양이가 하나도 안 무서웠어. 겁쟁이가 아니야. 그래서 놀이터에 나가서 실컷 놀고 계속 놀고 있어. 사람이 오면 얼른 달려가서 "뭘 도와드릴까요?" 하면서 달려갔어!!" 식탁을 하단 중앙 가장자리에 배치하고서, 집들 사이에 미끄럼틀을 배치하였다.

<table>
<tr><td></td><td></td><td>

- "햄토리는 사다리를 1층과 2층에 연결해 놓고 자유롭게 돌아다녔어." 모닥불을 집 앞에 배치한 후, 앨리스는 여기서 고양이 때문에 덜덜 떨고 있었어. 마당에 모닥불을 피워 놓았어. 집에서 모든 문과 구멍을 막아놨어. 고양이가 오지 못하도록!! (앨리스) 얘는 계속 무서워서 불안했어.
- "햄토리가 돈을 많이 달라고 했어. 돈을 양쪽 집에 막 뿌려줬어. 고맙습니다. 돈을 많이 주셔서…" 햄토리 2마리가 좌측하단에서 사이좋게 시소를 탄다. "애들은 매일 서로 공평하게 밀어주면서 사이좋게 놀았어. 햄토리는 이웃집 앨리스가 고양이가 무서워서 불안해서 벌벌 떠는 얘길 하면서, 앨리스한테 문안을 갔어!! 햄토리들은 각자 사탕을 먹고 자기 집으로 돌아갔는데, 아기 햄토리는 엄마가 사라졌어. 집도 없어졌어. 그런데 사실은 집이 없어진 게 아니고 길을 잘못 든 거였어. 뒤쪽에 있는 집이었어."
- 큰 초가집을 좌측상단에 배치한다."아기 햄토리의 집이었어." (지붕위의 나무가 햄토리의 집). 책+전화, 책+지구본, 책+서랍장+시계 & 책보는 아이를 배치한다. "얘는 햄토리의 집에 와서 마구 공부를 했어. 오렌지나무를 집 앞에 배치한 다음, 친구들을 불렀어. 아기 햄토리의 집으로 초대 했는데 모두들 신나했어. 너무나 즐거워했어."

</td></tr>
<tr><td>34회기</td><td>축하
파티를
열어요.</td><td>

ㅁ 마지막인줄을 알면서도 차분하게 자신의 상자를 꾸미고 이야기를 조리있게 꾸며 나갔다.
ㅁ 놀이가 끝나자, "선생님이 보고 싶을 때는 놀러와도 되죠?"하고 치료사를 껴안는다. 그리고는 "나 또 오고 싶으면 선생님이 놀이 같이 해 줄거지요?"하고 아쉬움을 표현하였다.

</td></tr>
<tr><td></td><td></td><td>

- 보라색 모래 선택.
- 아기가 든 아기요람을 우측하단 모서리에 배치하고, 자전거 타는 사람을 하단 가장자리에 배치하였다. 노란 오픈카에 아기 한명을 태우고 좌측단 하단에 배치하고 경찰차를 좌측하단 모서리에 배치한 후, 발레하는 여인상을 그 위쪽으로 배치한다. 그 주변에 춤추는 여자 두 명을 배치하고서 음식이 가득 든 쟁반을 우측 단에 배치하였다. 그리고 나서 중앙에는 기다란 3단 탁자를 배치하고 그 위에 곰탱이 캐릭터 아이들을 여러 명 올려놓는다. 좌측으로는 큰 소파에 앨리스와 장난감을 함께 앉혀 두었다. 곰탱이들 위에는 고운 색실들을 몇 줄 올려둔다. 중앙에는 뚜껑이 있는 큰 통을 배치하고 그 우측 옆에는 키가 큰 여자를 하단방향으로 배치하였다. 상단에는 빨간 장미 꽃 다발을 심어놓고, 흰 장미나무를 좌측에 배치한다. 좌측상단 모서리에는 잔잔한 보라색 꽃들이 있는 바구니를 배치하였다. 중앙의 큰 통 우측에는 의자에 강아지를 데리고 앉아있는 소녀를 배치하였다.
- "친구들이 모여서 파티를 하고 있어요. 우리는 언니가 차려 준 맛있는 음식을 먹고 있어요. 경찰이 와서 우리를 안전하게 지켜주고 있어요. 꽃들이 우리를 축하해줘요. 아기가 자라서 언니가 된 것을 축하해 주는 파티를 열고 있는 거예요. 밤만 있는 밤의 나라와 햇님만 있는 낮의 나라도 이제는 사이좋게 반반씩 친구하기로 약속을 했어요. 언니는 이제 아기들을 잘 키워요. 엄마는 비를 잘 막아주죠. 아기들은 이제 무섭지도 않고, 그래서 이제는 울지 않아요. 행복하게 잘 살았습니다. 끝!!"하고 말한다.

</td></tr>
</table>

(1) 대상 2 아동의 모래상자 변화 분석

〈표 49〉 칼프(Kalff, 1989)의 모래상자 분석 (대상 2)

구분		모래상자 분석
동·식물의 단계	1-10 회기	• ▶1회기: 엄마오리와 아기오리들을 위해 미끄럼틀과 목욕탕을 배치하고 그네를 집에 걸어두나 실제 행위는 나타나지 않고 좌절된 욕구를 드러낸다. 그러나 햄스터는 미끄럼을 태우고 목욕을 시키고 있어 양가감정을 드러낸다. 짱구가 친구에게 자기소개를 하고 인사하며 같이 놀자고 하나, 친구는 이사를 가야 한다고 함으로써 자신의 또래관계 속에서의 부적응적인 현재를 드러내고 있는 듯하다. • 웨딩드레스를 입은 여자가 등장하여 "이게 무슨 차지? 결혼 차잖아? 내 차잖아? 누가 탔나본데?" 라는 것에서 아동 자신의 어떤 박탈감에 대한 갈등을 드러내며, 여왕을 감옥에 가두고, 살려 달라고 하나 아무도 안 살려줘 여왕이 울며, 배가 나타나고 왕도 가두는 것에서 아동의 통제된 억압감 또는 처벌욕구와 관련한 갈등을 짐작할 수 있겠다. • 바구니에 아기 3명을 넣고 공주들 4명을 가져와서는 국기에 대한 맹세문을 외우기 시작한다. "나는 자랑스런 태극기 앞에 조국과 민족의 무궁한 영광을 위하여…" 그러다가 파도를 타고 있는 상의 여자아이를 가져와 목을 떼어 놓고 "어? 얼굴이 찢어졌네?" 라고 말하더니 다시 목을 끼워놓고 "됐다!" 하며 즐거워하는 모습에서 아동의 혼돈되고 혼란스러운 정서를 엿 볼 수 있겠다. • 여전사에게 "안돼! 건드리면 안돼! 너는 손이 안 된다고!!" 하다가 "나 좀 안아줘!" 하고 애걸하듯 말하고, 여전사가 "안 되는데" 하면서 안아주는 이야기를 통하여도 아동의 혼돈되고 혼란스러운 대상에 대한 양가감정과 혼란된 내적 갈등을 짐작하게 한다. • 문이 열리지 않는 강아지 집을 가져와서는 "여긴 어떻게 들어가요? 문이 없는데요. 어떻게 들어가야 해요? 아무것도 없어요." 라며 울상인 모습을 하다가 아기가 타고 있는 유모차에 모래를 마구 붓는 행위를 통해서 아동자신이 거부적 존재 또는 부적절한 양육에 대한 갈등을 드러내고 있는 듯하다. • "왕자를 보러 가야겠네!" 하면서 급하게 배치한 여자의 다리를 꼬게 하여 앉히고 여자 밑으로 햄스터를 배치하더니, 햄스터를 화살로 맞히는 행위에서는 아동의 성적 관심과 갈등문제와 그에 따른 죄책감 등을 시사하고 있다. • ▶2회기: 천사와 감옥에 갇힌 여자를 배치에서 아동의 양가감정이 엿보이며, 엄마를 가지고 "얘는 누가 옷을 벗기고 나쁜 짓을 해서 감옥에 갇혔어요", "진짜로 벗길 거예요. 벗겼다." 하고 여자의 옷을 벗기고 가두는 행위를 통해 성적관심과 그와 관련한 갈등 등의 양가감정을 드러낸다. • 무장한 말을 타고 은빛 긴 칼을 들고 있는 붉은 옷을 입은 남자전사가 신부를 칼로 찌르게 하고, 그 남자전사가 든 칼이 자신을 정면으로 겨누도록 세워두어 자신이 위험에 빠뜨리다가, 요정의 요술 봉을 들고 남자전사를 〈개구리 소년〉으로 만들고, 전사의 말을 감옥에 가두었으나 말을 다시 감옥에서 탈출시키는 행위는 남자에 대한 공격적이고 위험하다는 무의식적 심상과 그에 초월적인 마법의 힘으로 맞서는 아동의 내면을 드러내고 있다고 볼 수 있겠다. • 엄마와 딸의 다리를 모래 속에 묻어두고, 생일파티를 하는 가족상을 중앙에 배치하며 "난 이런 장면이 생각난다. 어딘가 이런 장면이 있을거야." 시무룩하게 바라보더니 소거시키는 행위에서는 아동의 행복하고 단란한 가족에 대한 좌절감과 가족 내 환경적 갈등을 표출하고 있다. 집을 중앙에 배치하고는 "우리 집은 이렇게 좋은 집이야. 혼자서 미끄럼 타고 논다. 나중에 친구들이 놀러 올거야." 에서도 아동의 가정환경에 대한 외로움과 고립감, 양가가감정이 엿보인다. 감옥에 키티 2명을 넣어 좌측하단에 배치하고 "도둑질 했는데…" "난 몰라요." 하고 말하는 것에서는 도덕성과 처벌

에 대한 두려움 등과 관련한 갈등을 드러내는 듯 하고, 무도회 복을 입고 춤추는 여자 2명을 보고 〈웃는 못난이 인형〉이 비웃듯이 깔깔대며 웃는 것, 용이 춤추는 여자들을 공격하는 것에서 여성에 대한 적개심이나 부정적 심상이 드러난다고 볼 수 있겠다. 비웃듯이 깔깔대며 웃는 것, 용이 춤추는 여자들을 공격하는 것에서 여성에 대한 적개심이나 부정적 심상이 드러난다고 볼 수 있겠다. 또한 "왕자가 집의 굴뚝으로 몰래 들어온다"와 "여자가 남자가 들어 온 집을 훔쳐가서 감옥에 갇혔다"고 말하고는 여자가 탈출해서 지붕 위를 걸어가 왕자한테로 걸어간다는 이야기에서는 남성을 원하는 아동의 심상적 갈등을 드러내고 있는 것으로 보여진다.

- ▶3회기: 놀이를 주도하며, 치료사가 상자 꾸미기에 참여하도록 명령과 비난, 제한설정을 하며 자신과 똑같이 따라 하라고 지시하는 등의 치료사와의 힘겨루기를 통해 자신의 권위에 대한 욕구를 표출하는 놀이를 하였다.
- ▶4회기: 가슴이 풍만하고 불록하게 노출된 여자상을 배치하면서 "젖!"하면서 쓰다듬는 행위나, 아동이 갑자기 눈에 초점을 잃고 멍해지며 "몸이 이상해요. 몸 상태가 저번처럼 이상해요. 토했어요. 집에서 가슴이랑 배가 아파서요, 뭐 붙이고 잤어요. 짬지에…아니다. 여기에도…" 아동이 자신의 가슴을 열어 보이며 손가락으로 가슴을 짚어 보여주는 행위에서 아동은 자신의 성적 욕구와 그에 따른 과도한 자위행위(모친보고에서도 확인된 내용임)로 인한 신체상해에 대한 갈등을 드러내었다.
- 치료사에 대한 명령과 비난 등을 통해 치료사와의 관계에서 자신의 권위에 대한 욕구를 분출하는 모습을 드러내고 있었다.
- ▶5회기: 둥글게 모래를 끌어 모아 조가비 속에 둥근 구슬이 들어있고, 그 구슬 속에는 아기 고래가 들어있는 것과 색돌들로 토핑을 하여 케이크를 만드는 것으로 아동의 욕구를 드러낸다. 〈소원빌기〉와 〈불꽃놀이〉를 했는데, 아동은 불꽃을 들고, 백설공주의 마법이라며 자신의 이름을 넣어 마법 주문을 외우는 행위에서도 아동의 초월적 힘을 빌려야 하는 듯한 내적 욕구가 이루어지기를 발현하고 있다.
- ▶6회기: 둥글게 모래를 끌어 모아 다지고 사슬로 섬이라며 표시를 하는 행위에서 아동의 외로움과 고립감, 억압된 심상을 드러낸다. 또한 자신의 섬에는 소파에 기대어 쉬고 있는 남녀 사이에 아기 고래가 들어있는 투명 구슬을 품고 있는 조가비를 배치하는 것, 중앙에는 하트 쿠션에 두 명의 아기가 올려져있는 상의 배치, 큰 해와 별, 물고기들을 배치하는 것에서 아동의 무의식적 심상을 보여준다.
- ▶7회기: "어두운 숲 속에 뱀들이 지나가고 있어요. 선생님, 이건 뱀 땅이예요. 아주 깊죠." 하면서 땅 속 밑을 파고 갑자기 "피다!" 하고 외치는 것, "왕뱀이 〈요리사〉를 자기 굴속으로 데려다 잡아와서 먹었고, 그 때, 한 뱀이 와서 왕뱀 위에 앉았고 그 뱀은 내 왕뱀의 친구였지. 작고 색색의 뱀들이 모두 몰려와서 자고 있었지. 큰 꽃뱀이 노랑색 뱀을 꼬리에 묶어서 데리고 갔지 뭐야. 왕뱀이 작은 뱀들을 〈다 잡아 먹을테야!〉외치면서 다 잡아먹어 버렸어." 에서 아동의 두려움과 공격성 등의 혼란스런 무의식적 심상을 분출하고 있다.
- "근데 선생님, 이런 뱀들은 착한 뱀이예요. 목에 걸 수 있는 뱀이예요. 그런데 뱀들은 이제 없어졌어. 요리사는 그래서 살아났고 풀들은 뜯어졌어. 그런데 아직까지 안 뜯어진 풀은? 풀이 왜 안 뜯어지나 고민이었었어. 근데 여기서 여자 2명이 있었어. 아침에 생일파티가 열렸어." 에서 아동의 양가감정이 엿보인다.
- 농부아낙들 여자 2명과 빨간 꽃 2 송이를 배치하고서 "가까이 좀 오지마!" "가까이 좀 오지마!" "제발 지겨워 죽겠어." "지겨워, 짜증나."하고 화를 내며 말하는 것을 통하여 아동은 자신이 거부적 존재임에 대한 갈등 또는 타인에 대한 거부욕구 등의 갈등을 분출하고 있다고 사료된다.

		• 생일파티가 열리고 생일을 맞은 주인공은 예쁜 숙녀와 꽃을 든 아주머니가 꽃씨와 나무씨앗을 심었고 나무가 자라났으며 그 여자의 목에 도망가지 못하게 아기오리를 매어 줬다고 하는 것과 "끝까지 같이 있기다!! 끝까지 같이 하기야!! 그런데 사람들이 다 없어 졌어. 꽃도 없어졌어. 케잌도 없어졌고, 나무도 없어졌어. 생일여자도 없어졌고, 왕도 왕비도 없어졌다."고 울먹이는 것에서 아동의 양육자와의 분리불안과 사회적 관계나 모녀사이에서 자신이 거부당하는 존재라는 부정적 갈등과 좌절감을 분출하고 있는 것으로 사료된다. 둘이 뽀뽀하는 부부상을 감옥에 넣어 "감옥에 갇혔어" 임금을 들어 보여주면서 괴물이라고 하고, 회색 티라노는 임금이며, 붉은색 티라노를 왕비라 하더니, 공주는 아직 감옥에 갇혔고 1년 동안 이렇게 있어야 한다고 말하는 것을 통해서 아동이 가족관계에서의 갈등과 억압감을 느끼고 있는 갈등의 분출되고 있다고 생각되어진다. • ▶9회기: 알라딘 공주를 "어떤 나쁜 놈들이 얘를 막 잡으러 다녀요!" "얘는 거지같은 잘생긴 놈을 아주 좋아해요. 그 거지 놈이 하얀 옷을 입고 얘를 데리고 갔어요. 호랑이도 있어요." 라든가, 가슴이 풍만하고 반쯤 드러난 여자상의 가슴을 자꾸만 들여다보고 만지는 행위, 여자를 들고 신체의 아래를 밑에서 쳐다보며 "팬티 보인다! 이 팬티를 벗기면… 흐흐! 쭈쭈다! 쭈쭈~ 옷을 벗기면 흐흐! 쭈쭈가 나와." "이 여자, 이쁘다." 하고 흥분하고 들뜬 목소리로 말하는 것, 키 큰 남자를 가지고 와서는 "둘이서(여자와 키 큰 남자) 뭐라고 말해…" 라며 둘을 물끄러미 쳐다보다가 남자의 옷을 들추면서, "난 그냥 보기만 하는 거예요, 난 아무 짓도 안한다구요… 난 그냥 보기만 해요" 라면서 남자의 셔츠 끝 가슴부분을 들추는 행위 등을 통하여 아동이 자신의 성적욕구나 성적 호기심 등을 드러내어 그에 따른 갈등을 적극적으로 분출하고 있다.〈우리 모두가 놀러오게 놀이동산 만들어요〉하더니, 폭탄을 통에 넣어서 "나쁜 사람이 들어오면 쏴야 해요." "여기는 소원 비는 곳…비밀장소예요. 비밀장소를 보호하기 위해 설치한 거예요. 우리 집에는 무서운 것들이 되게 많아서 조심해야 해요. 도둑이 많아요. 위험해요. 우리 집은…" 라는 표현에서 아동이 자신의 가정에 대하여 위험하고 부적절한 양육환경이라는 무의식적 심상과 혼란을 드러내고 있는 것으로 사료된다. • ▶10회기: 햄토리를 바닥에 묻고는 "숨을 쉴 수가 없어, 숨이 안 쉬어져!" 하고 외치며, 아동은 자신의 억업된 내면의 고통을 드러내었다. 집에 놀이터를 배치하고 "놀이동산♪, 놀이동산♪, 여기 집은 내 집!!"이라더니 "여기에다 돈을 100개나 줘야 해. 놀이동산에 들어가려면 …"라는 표현과, 햄토리가 스케이트보드를 타고 친구들보다 먼저 왔다고 자랑하며, 아동은 유치원에 다니고 있는데"여기는 학교! 유치원! 땡땡땡!!너무 좁다. 유치원은 없음!" 이라는 표현 등을 통하여 아동은 가정과 또래관계에서의 유희욕구와 좌절에 대한 갈등을 표출하고 있었다. • 또한 화장실의 상징이 되는 피규어를 배치하지는 않고서 "화장실이네…화장실!" 하고 한참 생각에 빠져있음으로써 자신의 유분증과 관련한 갈등을 처음으로 드러내었다. • 표범이 말을 잡아먹었다고 하고 표범의 머리를 떼어 냈고, 돼지가족을 사자가 먹었다가 맛이 없어서 살려줬고 도망쳐서 숨었으며 "돼지가족은 무서워서 여기를 다시는 안 보려고 생각했지."와 "말의 목에 피가 났어. 표범한테 조금 물렸거든요." 등의 이야기를 통하여 아동은 공격성·공포·불안등의 혼란스런 정서를 드러내었다.
투쟁의 단계	11-25 회기	• ▶11회기: "얼룩말이 물을 마시고 있어. 상어가 와서 잡아먹었어. 악어가 얼룩말을 잡아먹었어. 피가 났어. 살을 뜯어 먹었어. 악어는 얼룩말을 죽였어. 얼룩말은 죽었어. 얼룩말이 물을 마시러 왔어. 악어는 안자고 있어. 얼룩말을 잡아먹게. 상어는 잠자고 있어. 소와 기린이 물을 먹으러 왔어. 그때 악어가 왔어. 소를 잡아먹으려고 했어. "상어는 착한 상어야." 그래서 상어가 소를 구해줬어. 기린이 돌아온 소를 위로했어. '이불 덮어줘야지' 악어가 기린이랑 말, 소를 잡아먹어서 배가 아팠어! 아으~ 배가 아파 죽겠네." • "소꼬리가 악어 배 구멍으로 쏙! 들어갔지 뭐야. 기린 꼬리가 악어 배 구멍으로 쏙 들어갔다가 나왔지." 악어 배를 보여주며 배의 아래 꼬리 쪽에 있는 구멍 속에 꼬리를 넣었다가 빼는 행동을 매우

느린 동작으로 여러 차례 반복하면서 보여준다.

- 포로노비디오의 시각적 자극에 의한 파괴적 공격성의 장면과 성행위 묘사의 혼란스런 심상적 갈등을 공상으로 본능과 연결하여 분출하고 있음으로 사료된다. "우리 집은 너무 좁아! 근데 우리 집은 너무 위험해서 조심해야 해요. 폭탄을 설치해야 해요. 나쁜 사람들이 들어오면 안돼요. 도둑이 오면 안 되니까 여기서 폭탄이 나와요." 식탁 위에 폭탄을 배치하고서 "선생님 우리 집에는 〈폭탄〉이 아주 많아요. 우리 집에는 〈화살〉도 있어요." "보물상자에도 폭탄이 들어있어요. 우리 집 굴뚝에도 폭탄이 있어요." 또한 "나는 여기서 함께 사는 여자예요. 엄마랑 딸은 이 폭탄이 알처럼 생겼다고 알에 뽀뽀를 했어. 엄마와 딸은 〈보물〉로 돌아갔어. 엄마와 딸은 폭탄 없는 곳으로 통해서 〈보물〉을 보러갔어. 이 길은 알고 있는 도둑이 있었어요. 그래서 보물을 한 개 잃어버렸어요." 등 가정환경 내에서의 파괴적인 장면을 꾸미며 갈등을 분출하고 있다.
- "선생님 집에는 미끄럼틀이 2개 있어요. 선생님한테는 그네도 있어요. 우리 집에는 사다리가 2개 있어요. 올라가려면 이게 필요하잖아요. OO이가 선생님 집 그네와 미끄럼을 타요. 선생님이랑…" 그네와 미끄럼 타는 시늉과 함께 아동은 즐거운 함성을 지르는 것을 통해 자신의 유희욕구의 본능을 충족시키기 위하여 치료사를 조력자로 연결하여 표현하며 카타르시스를 경험하고 있다고 보아진다.
- "엄마와 내 동생(아동은 1인 자녀 외동딸임)은 음악을 듣고 있어. 키는 좀 커요. 근데 음악을 듣고 있어. 엄마! 친구들이랑 놀고 올께요, '그래라', 갔다올께요." "근데, 집에 도둑들이 왔어요. 2명. 도둑 한 명이 들어와서 폭탄이 터졌어. 그런데 살아났어. 도둑이 보물을 침범했어. 도둑이 보물을 가지고 달아나다가 폭탄이 날아와서 도둑은 죽었어요. 얘는 배고프다고 엄마를 졸라서 밥을 먹었어." → 대립과 투쟁의 형태와 긴장과 이완을 반복하고 있다.

- ▶12회기: 결혼한 강아지 두 마리를 모래 속에 묻어두고, 큰 개가 작은개를 덮치는 것을 치료사의 눈치를 보며 진행하고 개들을 모두 결혼한 강아지들과 함께 묻어두는 행위를 통하여 아동의 성적 욕구의 본능에 대한 투쟁이 나타난다.
- 티라노 사우르스가 강아지들을 잡아먹으러 왔고, 손가락을 입에 대고 곤란한 표정의 〈숲속의 앨리스〉상의 소녀(아동이 자신이라고 말하고 있음)를 공룡이 잡아먹으려는 듯 공격하고 앨리스는 쓰러지며 소녀에게 밥을 준다. 강아지들을 통 속에 넣으면서 "강아지들은 여기가 안전해!" 라고 하나, 공룡이 밥과 음식을 빼앗아 먹고, 강아지를 잡아먹는다. 이를 통해 자신의 내적 심상에서 보호와 안전에 대한 양육적 환경에서의 좌절과 관련한 갈등과 투쟁을 경험하고 있다고 보아진다.

- ▶13회기: 음식과 수정구슬 속에 아기 돌고래가 들어있는 것을 품고 있는 조가비, 해골섬 위에 앉아 책 읽는 아이, 그 와 마주 보도록 노란 옷을 입은 아기를 배치, 세일러문 여전사 2명, 손가락을 입에 대고 곤란한 표정의 〈숲속의 앨리스〉상의 소녀(아동이 자신이라고 말하고 있음)를 배치함에서도 아동은 자신의 퇴행욕구와 성장욕구 간의 대립과 투쟁을 보여준다.
- 그러나 자신이 만든 음식을 칼로 자르면서 "선생님, 선생님 몸을 자르는 거예요. 내가 선생님을 먹고 있어요! 봐봐요!" 와 같은 행위에서는 아동의 권위자나 양육자에 대한 파괴적 본능을 드러내어 분출하고 있다고 할 수 있겠다.
- 해적들(애꾸눈 선장, 우주인, 닌자, 주황색 거북괴물), 아기 침대에 누운 아기, 엄마 옆에 누운 아기를 통하여 보호, 양육과 관련한 대립된 내면의 심상을 드러내고 있으며, 남녀 1쌍을 지켜주는 울트라맨을 배치시킴으로써, 영웅이 등장하여 힘을 보여준다.

- ▶14회기: 탈춤 추는 평면의 캐릭터를 자아 중심 영역인 중앙에 눕혀서 배치하고 아기돌고래가 든 수정구슬을 품고 있는 조가비를 우측하단 모서리에 배치함으로써, 자신에 대한

		내적심상에서의 갈등적 이미지를 나타내고 이 둘을 통하여 대립된 이미지와의 투쟁을 엿볼 수 있겠다. • 〈남녀〉 아기를 선택해서 "고추랑 짬지"를 언급하며 깔깔깔 웃으며 남녀 간의 성별에 대한 관심을 드러내는 것이다. • 시골아낙 4명을 하단 배치하고서, "1명은 꽃을 뜯으러 가고, 2명은 풀을 뜯으러 가고, 3명은 꽃으로 뭐 하려고 하고, 4명은 물을 뜨러 가요. 그런데 조금 있으면 사라져요" 라고 속삭이듯 말하며 내적 공상을 통하여 투쟁을 내재화하고 있다. • "나는 얘야, 빨리 공부 좀 하렴 강아지를 냅두고!." "싫어요!" 소녀는 등을 돌리고 앉고 칼을 든 붉은 마리오 전사가 나타났다가 사라진다. "근데 수호천사가 죽었어. 그래서 나는 무덤을 해줬어. 그리고 애는 손이 되려고 해, 그건 케이크를 만드는 손!!"하더니, 하단 중앙에 무덤을 만든다. • "애기들이 무덤에서 놀고 있어. 근데 여긴 가라져 있어서, (무덤과 집 사이) 엄마를 만날 수가 없어. 자동차도 진짜 자동차는 아니구!" 아기들이 수호천사의 무덤을 파헤치고 그 속에 숨는다. "우리 빨리 숨자!" 우리 엄마가 내가 죽은 걸로 알게 하려고 해… "엄마가 아이들을 찾아요."엄마 : "어떻게 해. 우리 아이들이 없어졌어."→내적 공상을 통하여 보호양육, 애정욕구의 좌절과 관련한 투쟁을 내재화하여 분출하고 있다. • ▶15회기: "저의 땅은 반이 갈라져 있어요. 그건 비밀이예요. 전 비밀을 아주 좋아해요. 작은 땅은 땅이 별로 없어" (우측에는 작은 땅/ 좌측에는 큰 땅).작은 땅에는 수호천사(3)들이 모여 있다고 한다. "꽃밭에는 요정이 살고 있어. 근데 소녀가 살고 있었어." →좌측과 우측의 대립, 큰 땅과 작은 땅의 대립, 수호천사가 있는 곳과 없는 곳의 대립, 요정과 평범한 소녀의 대립된 이미지를 통하여 투쟁을 내재화하고 있다. 그러고 땅이 갈라진 가운데에 보물상자를 배치함으로써 균형을 이루려는 심상을 나타내는 듯하다. • "친구야 놀자~땅도 망가뜨리고, 친구랑 놀다가 바다에 빠질 수 있지. 친구 때문에. 근데, 그것보다 더 중요한 게 있어. 아주 불쌍한 아기들이지…그때 큰 용이 우리 집에 나타났어. (용을 집 위에 배치). 나는 용이 못 따라올 줄 알았는데, 용이 따라왔어. 용이 너무 무서웠어. 아기들은 집안에 두고, 나는 용을 때려서 쫓아냈어, 그때 〈텔레토비가 나타났어.〉 텔레토비가 알려줬어. "용기 사탕을 주면 돼" 용이 나타났어. 나는 용에게 사탕을 얼른 줬어. 그래서 용이 움직이기 시작했어. 나는 너무 무서웠어. 무서운 용에게 나는 사탕을 줬어. 자꾸만 달라는 것 같았어. 계속 줬는데, 입에 찰 때까지 계속 달라고 했어. 안주면 잡아먹겠다고 했어. 너무 무서웠지. 사탕을 계속 주자, 용은 날아갔어. 용은 맛있다고 달아났어."→스스로 용기를 되찾으며 자기 자신의 불안 공포와 투쟁하며 이겨나가고 있는 긍정적인 내면의 힘을 드러낸다. • ▶17회기: "어떤 아저씨가 자기가 거짓말을 하고, 이 오빠가 거짓말을 했다고 해서 곧 하늘에서 벌을 받게 될 거예요." 오빠를 모래 속에 묻고 하늘에서 벌을 받아 죽었다고 하는 이야기를 통해서 도덕성과 관련하여 죄책감과 처벌에 대한 두려움의 투쟁을 내재화하여 드러내고 있다고 사료된다. • 자신의 상징으로 사용하고 있는 앨리스(하늘색 원피스를 입고 손가락을 입에 댄 채 위축된 모습의 소녀상)를 항아리 속에 넣어 좌측 단에 배치함으로써 억압되고 위축된 자신을 투사한다. • 아기 돌고래가 들어있는 구슬을 품고 있는 조가비, 침대 속에 아기가 들어 있는 것, 신발 속에 들어 있는 아기, 엄마오리가 침대라고 하는 것, 화난못난이 인형을 차에 태워 주고서 웃는 아이와 우는 아이를 번갈아 가며 차에 태워 주더니, 갑자기 웃는 아이를 '퍽' 때려주고 재빨리 "아기들은 없다!" "애기들은 너무 많이 싸워" 하면서 모두 소거시키는 행위를 통하여 아동이 자신의 퇴행된 모습과의 심상적 투쟁을 분출하고 있다고 볼 수 있겠다. • 또한 뱀(구렁이)과 그것을 공격하는 데이노니쿠스, 데이노니쿠스가 뱀의 꼬리를 마구 물어뜯게 하고 공격하는 장면을 통하여 내재화된 공격성과 파괴 본능의 투쟁을 드러내고 있다.

- 그러나 새로운 탄생을 상징하는 달걀을 아기들 앞에 배치하였다.
- ▶18회기: "할머니를 악어가 잡아먹었어."와 이와 동시에 "아기들이 나타났어"는 무기력하고 쇠퇴한 리비도와 생성되는 리비도와 투쟁하는 아동의 내적 심상으로도 볼 수 있겠다. 공중전화기는 타인과 의사소통하고자 하는 아동의 내재화된 욕구라 볼 수 있겠고, 〈포크레인〉과 〈도저〉는 건설작업을 위하여 사용되는 도구이나 〈아기들을〉도구의 삽에 넣고 아래로 마구 떨어뜨리는 행위를 한다. 또한 아기 돌고래가 들어있는 구슬을 품고 있는 조가비를 큰 초가집의 앞에 배치하고, 아기들을 자동차에 태워둔다. 마법사가 위축된 모습의 앨리스를 우물에 빠지도록 한 다음, 마법사가 가슴이 풍만하고 요염하게 노출시킨 여자를 앨리스로 변신시킨다. 변신한 성숙하고 요염한 여자가 공주들을 공격한 다음, 마법사를 공격해서 소거시킨다.→소품을 이용하여 아동의 공상을 피규어들의 본능과 연결하여 내재화된 투쟁을 하고 있음을 보여준다.
- 놀이동산 터널, 괴물을 배치하여 "얘(앨리스)는 터널에 갇혀 버렸어. 나쁜 놈들(괴물)이 가뒀어요." 괴물 쌍둥이를 터널 양쪽에 배치한 후 "얘(앨리스)가 달아나지 못하게 감시하고 있어요."→ 괴물들한테 감시당하면서 터널 속에 갇혀 있는 자기상을 두어 자기와 동일시하는 억압의 행동을 보여준다. 그러나 다시 아기요람에 보물상자를 놓고 "여기에 보물이 있어" 라며 보물을 지키기 위하여 나쁜 괴물들을 할머니의 초가집 지붕 위로 쫓아냄으로써 위협하는 그 무엇과 투쟁한다. 또한 "인어공주가 3명의 아이를 낳았고 인어공주는 자동차에 아기들을 태워서 보호하고 있어요. 누가 못 데려가게요."와 괴물들은 여자의 병사들이고 갇혀있는 앨리스를 괴물병사들이 보호하고 있는 것으로 바꾸어갔다.
- ▶19회기: 작은 집을 새장 앞 나무들 사이에 배치하고 "거기에 한 소녀가 살고 있었어. 집이 불편해. 공주들 4명이 살고 있었어. 거기에는 나쁜 게 (큰 괴물 - 몸에 돌기가 많고 큰 괴물 배치. 나무 위에 돌아다님) 있었어! 사과도 귤도 다 썩게 만들고, 벌레 먹게 하고 폭탄도 설치했어. 거기에다가 이 괴물들이 썩은 사과를 다 먹어 치우고 도망갔어." 그러면서 방어벽을 공주들 뒤편으로 배치하는 것을 통하여 자신을 보호하기 위한 투쟁을 준비한다. △△이 물었어. 배를 못타고 혼자뿐이라는 앨리스를 인어공주 요정이 앨리스를 작게 만들어 주고 , 소원을 이뤄서 배를 탈 수 있게 됐으며 거기에 한 〈알〉이 떨어져 거기에서 아기가 하나 또 뚝 떨어지게 된다. 이때 마왕이 그 아기를 데리고 가며 알에다가 벌레를 잔뜩 붙이고 알을 가지고 도망갔다고 한다. 알이 깨지고 애기가 한 명 태어났고 마왕이 아기를 데려가다가 배에 태워 놓고 도망갔다고 한다.
- 배에 탄 것 앨리스(소녀) → 곰탱이(소형의 아이) → 애기 → 알의 과정으로 아동은 알 수 없는 초월적인 나쁜 힘의 방해를 받으며 퇴행을 해나간다. 또 한편으로 "거기에 알 하나가 도로 뚝 떨어졌고 마왕이 그 아기가 너무 보고 싶어서 왔어. 그런데 〈착한 수호신〉이 넌 아기를 가져갈 수 없어. 가져가려면 가위바위보 해서 이겨야 해. 그런데 마왕이 이겼어. 그리고〈애기를〉데리고 어디론지 가버렸어." 라는 이야기를 통하여 부정적인 힘에 굴복하게 되는 심상을 보여준다.
- 그때 무시무시한 뱀이 나타났어. 이 생물들을 다 먹고 (뱀이)애기들을 잡아먹어야지. 수호신은 그 뱀을 잡아서 애기들한테 주려고 했어. 그런데 뱀은 물을 다 먹고 나서 사과를 훔쳐 먹었고, 수호신이 뱀의 입에 돌을 물려줬어. 뱀은 꼬리로 입안에 있는 〈돌〉을 꺼냈어. 그리고 물부터 먹기 시작했어. 물을 먹고 애기를 잡아먹기로 했어. 내가 물을 얼마나 좋아하는데, 그것도 모르고 날 맨날 혼내고 있어.
- 그때 악어가 나타났어. 마왕이 데려간 그 애기를 악어한테 던져줬어. 악어는 애기를 먹기 시작했어. 한입에 뚝뚝 먹으려고 물방울을 먹이면서 그것이 애기였어. 악어는 〈애기를 잡아먹은 후에〉 〈사과〉를 먹고 〈인어공주 요정〉도 먹기 시작했어. 그리고 다른 강도 있었어. 그리고 악어는 물을 또 먹기 시작했어. 그때 한 조개가 바다에 둥둥 떠 있었어요. 악어는 그걸 먹으려고 했어요. 악어는 한입에 먹어치우려다 이가 부러지고 피가 났어요. 도마뱀과 상어가 나타났어. 물을 먹어치워서 다 떨어지게 했어. 그 물들을 먹고 먹고 또 먹고 또 먹었어. 물들이 너무 시원해서 물을 자꾸 먹어서 조개는

사라졌어. 도마뱀은 물을 또 먹었어. 또 다른 악어가 수호신을 잡아먹어 버렸어요."라는 이야기를 통하여도 파괴하려는 부정적인 힘에 굴복하게 되는 심상을 보여준다.

- ▶20회기: "애들이 꽃을 다 꺾었어. 꽃을 꺾어서 심어서 이상한 섬을 만들었어요. 애들은 여기가 참 좋았어요. 성 뒤편으로 여자아이가 들어가 봤어요. "너무 어둡다." 한 아이는 성위에 올라갔다가 떨어졌어요. '으악!' 군인들이 이 집을 망가뜨리려고 해요. 이유는 저도 몰라요. 고양이만 남기고 군인들은 다 사라졌어." 라는 장면에서도 욕구의 좌절과 절망감, 파괴적인 이야기를 본능과 연결하여 분출하고 있음을 엿볼 수 있다. 못난이 삼형제와 갓난아기 3명 배치하고서, "못난이 삼형제는 〈갓난아기들〉이 모두 보기 싫어서 찡그리고 쳐다보고 있어요." 라며 새엄마와 새엄마의 아이들이 등장시켜, 양육자로부터 온정적인 지지를 받지 못하고 있는 부정적인 자기대상에 대한 갈등을 드러내고 있다. 또한 위험에 빠지지 않게 집에 가려고 새엄마를 뺀 아이들과 〈앨리스〉, 〈갓난 애기 3명〉를 폭탄전차에 태워 데리고 간다는 이야기를 전개하여 양육자를 거부하는 투쟁을 하고 있다.
- "여긴 아무것도 없는 그냥 정원 이예요. 불 탄 곳이예요. 여긴 더 이상 정원은 아니예요. 우리 집에는 맨날맨날 뱀(큰 구렁이)이 나와서 나뭇잎을 먹고 있어요. 전 차에 타고 있어요. 얘는 (앨리스)는 왕관을 쓰고, 원래부터 쓰고 있었어요. 혼자 집에 있어요. 사람들은 여기에 햄스터가 사는 줄 모르고 있어요. 용은 달아났어." "새엄마는 우리가 떠났으니 사라졌어요. 아빠는 돌아가셨어요. 새엄마 때문에, 새엄마는 거짓말쳐서 아빠가 거기에 속아 따라다니다가 죽었단 말이예요. 우리는 돌봐주는 사람이 없어요. 얘는(앨리스) 잃어버린 왕관을 찾고 있어. 고양이가 작은 집을 지었어. 애기들이 사고쳤어. 그런데 피는 안 났어."
- 정원은 파괴되고 집에는 구렁이가 매일 나타나 자신을 위협하는데 돌보는 양육자는 없고 혼자서 왕관을 쓰고 있는 무방비 상태로 방임되어 고립되고 외롭고 두려운 상태에서 아기들은 사고를 친다는 이야기로 자신 내면의 두려움, 불안과 투쟁하며 왕관을 찾고 있는 이야기로 자신을 지켜내기 위한 투쟁을 내재화하고 있다.
- ▶21회기: "똥싸개, 오줌싸개는 누굴까?" 엄마, 딸, 아기를 번갈아가며 머리에 삼태기를 씌우고 엄마오리가 아기오리를 등에 태우고 삼태기 우산을 써서 비를 막아준다고 함으로써 아동의 유분증과 관련한 내재화된 갈등을 엄마의 보호양육과 연결하여 표출하고 잇다. 또한 "미운오리" 한 마리와 다른 종류의 오리를 배치하고 "이건 미운오리…엄마는 왜 나를 미워할까?"라고 말하며 모친과의 애정욕구와 관련한 좌절된 갈등을 표출한다.
- "어떤 집 나무집에 아기들이 가득해졌어요. 아기들만요. 아기들 요람은 연못, 여기에 미운오리가 풍덩! 들어왔어요. 아기오리는 진흙을 너무 좋아해요. 그래서 진흙오리가 되었어요. 미운오리가 아니었어요."라는 이야기를 통하여 보호와 보살핌을 적극적으로 해 줄 양육자의 부재에 대한 갈등을 표출하며, 그런 양육자에 의존하지 않으려고 더 이상 미운오리가 아닌 진흙오리로 자신을 지켜내려 하고 있다. 이러한 갈등은 "엄마품은 이제 지겨워! 난 바다에 살꺼야. 새가 날아왔어요. 아기오리를 잡아먹었어요."를 통하여도 방임과 거부로 일관하는 양육자를 자신이 적극적으로 거부하며 투쟁하는 내면의 심상을 드러낸다. 동은 더 이상 양육자가 필요한 아기이기를 거부하며 의존성에서 자유로워지기 위하여 새를 등장시키고 아기오리를 잡아먹게 하는 것으로 대항한다. 그러나 또 새가 병아리들을 잡아먹고, 앨리스는 무서워서 집 뒤에 숨었으며 남은 삐약이들도 숨었으나, 새가 아기를 잡아먹으러 굴뚝으로 들어와서 맨날 아기를 잡아먹고 살며, 하마가 〈애기 머리카락을 먹었어요. 잡아먹으려다가요. 그래서 하마는 죽었어요.〉라고 이야기를 전개함으로써 아동 자신의 양육자로부터의 독립과 의존에 대한 양가감정과 대립하며 투쟁하고 있는 내적갈등을 심화시켜 분출하고 있다. 이것이 지진이라는 파괴적인 외부 환경적 재해로 심상화되어 나타난다.
- "열매가 가득 열렸어요. 그때 물고기들은 너무 무서워서 달아났어요. 무시무시한〈지진이〉일어났어요. 그래서 〈무〉가 바닥에 떨어졌어요." 이러한 심상에 대한 이완으로 아동은 알에서 〈악어〉를 태어

나게 하고, 그 악어가 앨리스와 아기들을 보호하게 한다.

- ▶22회기: “해적들의 집(해골섬)이예요. 여기는 아주 으스스해요.”라며, 토끼와 강아지를 지붕 위로 숨김으로써, 내재화된 공포와 두려움을 표출한다. 또한 “어디 가다가, 해적한테 붙잡혀서 〈감옥〉에 갇혔어요. 그런데, 감옥을 뚫고, 박치기를 해서 나왔어요. 알라딘을 봤어요. 그런데 아주 착해요. 나쁘기도 하고. 근데 쥐가 됐어요. 도둑질을 해가지고…” 감옥 앞에 선을 긋고서, “여기까지 온 사람은 잡혀갈 수 있어요.” 앨리스와 여신들, 뱀을 배치했다가 소거시키고 이어서 감옥, 해적 집, 해적들을 소거시키고, 대포를 배치한다. →“여기에선 꽃이 많이 피어! 여기에는 맨날 맨날 꽃이 많이 피어요. 그리고 미녀들이 모여들어요. 그리고 맨날맨날 행복해요. 여기에선 나무도 커요. 새가 날아와요. 근데! 거기에서는 〈뱀〉이 조금 살아. 어떤 공주가 뱀한테 다리를 물렸어. 거기 꽃밭에서 노래 부르다가. 근데, 아직까지는 집에서 못 나와요. 아직 안 나왔어요. 여기에서 집에서 이렇게 누워있어요. 여기 집은 다 연결된 집이예요. 공주들은 꽃마을에 놀러갔어. 새들이 있는데 그냥갈 수 없잖아요. 소중한 물건을 누가 가져갔어요.”
- 이야기와 피규어들을 이용하여 무의식에 심상화된 공상을 통하여 혼란스런 자신의 본능과 연결하여 표현하며 대립과 투쟁을 순환하며 양가감정을 분출하고 있음을 나타내고 있다고 보아진다.
- “우린 꽃마을에서 살아요.”→엄마(다리 다친 여신)랑 내가(앨리스) 이사와요. 아파서 쓰러져서 누워있어. 푹신푹신한 침대를 만들어 줘야 해. 얘(앨리스)는 좋아하는 나무를 심었어. 꽃까지 피니까. 토끼는 맨날 맨날 밖에 나갈 수 있는데, 이 여자들은 못나가. “나는 사람한테 잡아먹히게 됐네” 하고 뱀이 노래를 불러. 그러면 잡아먹혀. 그래서 빨리 도망가야 해. 집으로 도망 왔어. 토끼는 빨리 집으로 도망 왔는데, 문이 안 열렸어. 간신히 열고 들어왔어. 조금있다가. 도망치라고 했는데(남녀부부) 꼼짝도 안하다가 도망쳐서 이리로 왔어. 환경과 내면의 이미지에서 불안공포와 이완, 억압과 자율 사이에서 대립과 투쟁을 통하여 자신의 내재화된 양가감정을 다루고 있는 것으로 사료된다.
- ▶23회기: 토끼, 강아지, 까마귀(흰색갈매기)를 각각의 집 앞에 배치하고“위험한 사실이나 그런걸 알려줘요. 편지를 전해줘요.” 라는 이야기를 통하여 외부환경에 대한 관심이 생기고 자신이 아닌 다른 대상과 소통하고자 하는 욕구가 생기고 있음이 엿보인다.
- 사슴(엄마와 아기)과 앨리스를 배치하고, 까마귀가 “춰, 추워, 추워” 하면서 땅을 선을 만든다. “이것은 집을 안내해주는 선인데 그것이 없어서 집에 못가서 추워요. 근데 이제 선을 만들어 줘서 괜찮아요.”는 가정환경과의 갈등이 완화되고 있음을 신호하는 것 같다. 그러나 사냥꾼이라는 파괴자를 다시 등장시키고 정서적 고갈을 호소하고 침입자에 대한 경보장치가 울리며 긴장을 강화시킨다.→“사냥꾼이라고 할래요. 선생님이 준 하트가 점점 말라가고 있어요.” 라면서 사슴에게 물을 먹인다. 침입자를 알리는 경보음이 울렸다. 〈“강아지였어”〉 도와준 경보장치가 끝까지 따라가서 침입한 강아지가 피할 수 없게 되자 아동은 경보장치를 파괴해 버린다. 그리고 “엄마 사슴은 죽었어요. 아기 사슴 혼자 남았어요. 먹이가 있는데요. 이 먹이를 다 먹으면 죽어요. 이 사람들도 오늘까지만 돌보고 이젠 안온대요. 이제 겨울이 시작되어서 추워서 안온대요.” 아동은 다시 양육자의 부재와 외로움과 좌절감, 환경적 냉혹함과 투쟁을 한다.
- ▶24회기: 토끼와 사슴, 당근을 배치하고 수풀로 울타리를 만들고 강을 만들어 음식들과 꽃잉어, 고래, 수달을 배치하여 이완한다.
- 악어와 구렁이가 서로 몸을 칭칭 감고 싸우고 있는 피규어를 배치하고 뱀의 목을 떼어서 악어의 입에 넣어주며 “뱀머리를 악어가 먹네”와 육식공룡들이 잉어 몸에 붙어 공격하는 것, 또한 “흰말이 건너오려는데, 티라노사우르스가 물어서 이 말은 죽었어요. 피났어요. 근데, 육식공룡들을 물고기 큰 잉어가 다 잡아먹었어요. 좀 있으면 얘도 잡혀먹을지도 몰라요” 를 통하여 내재화된 공격성을 표출한다.

		• 또한 사슴과 토끼한테 물을 가져다 준 후, "앨리스는 죽었어요. 왜 죽었는지는 몰라요. 사슴이 핥으면서 계속 보살펴줘요. 그때 하늘에서 큰 알이 떨어지고 알이 나왔는데 깨졌어요. 한 달 더 있어야 할 것 같아요. 그때 밤이 되었어요." 〈큰 알이 깨진 뚜껑〉에 나무와 꽃을 심고서 "작은 알이 깨지고 거기서 〈갓난아기 3명〉이 나왔어요." 아기들이 강에서 둥실둥실 떠다니다 "선생님 땅에 아기들이 도착했어요."라고 말한다. 나비와 공룡에 이어 계속되는 치료사의 땅 침범이 일어나고, 이어서 애기와 애기자동차를 치료사의 땅에 놓고, 키 큰 거인여자가 애기를 찾으러 와서 치료사의 땅을 엉망으로 짓밟아 놓는 것으로 양육환경에서의 좌절감에 따른 공격성을 파괴적인 장면으로 분출시키고 있다. • ▶25회기: "아주 위험한 곳에 얘네(소년소녀)들이 살고 있어." 큰 수정구슬들을 한 가득 담아 와서는 "폭탄"이라고 한다. 자신의 상징으로 쓰고 있는 앨리스를 섬의 집안에 배치한 다음, "선생님도 폭탄이 필요할텐데 미리 가지세요. 안 그러면 선생님이 죽게 될 거예요! 선생님은 이렇게 요리사가 꼼지락 거리면서 아무것도 안하는데 그냥 두실거예요?"하고 묻는다. 생일파티 하는 가족을 강에 배치하는데, 물에 빠진 가족이라 위험하다고 한다. 위협적이고 위험한 외부환경으로부터 자신을 보호하려는 투쟁을 폭탄이라는 파괴적인 힘을 빌어 보호하려는 것과 자신의 가족이 위험에 빠져 있음에 대한 무의식에서의 직면을 표현한다. • "신랑감은 1명인데 처녀는 2명이었어. 남자는 1명을 골라야 했어. 신랑은 고민하다가 다음날로 결정을 미루기로 했어. 그런데 한 여자는 자기가 색시라고 자꾸 우겨서 시끄러워서 그러라고 했어. 결국 남자는 그 여자를 선택했고 결국 죽었다."와 "아주 먼 옛날에 한 소녀가 살았어. 엄마아빠는 돌아가셨고, 언니만 있는데. 언니는 나가 있어서 맨날 귀찮게 나가서 남자를 만나러 가야 했어. '마귀가 너희들을 죽일지도 모르니까 어디론가 떠나거라' 라고 엄마가 말했었어. 소녀는 고양이를 데려다 키웠어. 이 언니는 엄마가 되다가 또 죽어버렸어. 그때마다 누가 맨마다(매일마다) 죽어있던 거야. 호랑이가 말을 잡아먹고 죽이고 우리 집은 맨마다 말이 죽고 무덤이 많아지고 무덤 투성이가 됐어. 으스스한 집이 됐어. 우리 집이랑 꽃도 말라죽고 집도 조그맣게 됐어."를 통하여 지속되는 아동의 성적욕망에서의 좌절과 부적절한 양육환경에서의 좌절 즉, 바람직한 양육자의 부재로 불안하고 두려운 공포와의 투쟁을 가속화하고 있다. "하늘에서 알이 떨어졌어. 그리고 애기들이 태어났어. 그리고 그 애기들을 데려다 키웠어요. 얘, 소녀는 우유랑 조금 젖이 있어서 애기를 키울 수 있어요." 라는 전환된 이야기를 통하여 새로운 탄생과 양육적 욕구를 스스로 충족시키며 힘을 길러가는 긍정적인 변화도 엿보인다. 또한 돼지와 새들은 도망쳤고 돼지가 깜빡 잊은 뭔가를 찾으러 해골섬으로 가서 무기를 찾아 한발을 쐈다. 그런데 용이 안 맞고 용은 배가 아주 많이 고파서 돼지를 잡아먹기로 했다. 돼지는 도망칠 곳이 없었는데 새가 나타나서 돼지를 태우고 날아갔고 용은 죽었으며 로봇이 고장나서 멈췄다는 이야기로 아동은 자신의 내면에서 일어나는 투쟁을 점점 가속화하며 강한 자아를 확립하기 위하여 노력하는 투쟁을 발산하고 있는 것으로 사료된다.
적응의 단계	26-34 회기	• ▶26회기: 하단의 자신의 땅을 2등분한다. "여기는 땅이 2개가 있어. 하나는 맨 마다 자는 땅! 하나는 맨 마다 해가 있는 땅! 나무 많이 갖고 와야겠다! 나무!" 급하고도 신나게 "맨마다 잠자지도~ 맨마다 먹고 또 먹고~지금 아프리카에 물이, 물이 조금만 나와요. 1개만 나와요. 물어보고 계속 먹어야 해요!" 치료사가 '안 물어보면 어떻게 되는건데?' 하니까 "어..... 그건 안되죠." 한다. • 밤과 낮의 대립과 투쟁하며 사막에 나무를 심고 물이 조금씩 나오기 시작하는 이야기를 통하여 새로운 성장을 위한 긍정적인 움직임이 나타난다. 또한 "여긴 공사하는 중이예요!" 라며 좌측의 땅을 퍼서 우측으로 붓고, 할아버지들이 공사를 한다고 하며 어떤 할아버지들일까를 궁금해 하는데, 이를 통해서도 아동에게서 새로운 시작과 변화를 위한 움직임이 일어나고 있음을 엿 볼 수 있겠다. 그러나 "햇님 나는 집을 망쳐버렸어! 그래가지고 땅이 갈라지고 그래서 바다에 떨어지게 됐어. 그래서 계속 밤만 되는 곳과, 계속 햇님만 있는 곳이 생겼어요. 그래서 얘는 계속 고민을 해요. 학교

가고 싶은데. 잠도 자고 싶은데. 계속해서 말없이 땅을 파면서 공사를 했어. 여기는(좌측) 아침나라! 여기는(우측) 밤나라예요!". 아침나라에 당근, 복숭아, 딸기, 야채 들을 심는다. 나무들 한 무더기를 좌측의 아침나라에 심는다.〈밤의 나라〉인 우측하단에 토끼와 사슴을 붙여서 서로 의지한 듯이 기대어 놓고, 풍차집을 우측하단 모서리에 배치한다.

- 여기에서도 아동의 호소문제에 있던 수면장애의 문제와 등원거부 등의 문제에 대한 변화를 꾀하려는 욕구의 발현이라 할 수 있는 표현 즉, 잠도 자고 싶고 학교도 가고 싶다는 새로운 성장을 위한 내재화된 갈등과 진통을 드러내며 새로운 사회성이 회복하려는 조짐의 투쟁이 반영되고 있다.
- ▶27회기: "어떤 고양이가 유령, 뱀, 쥐, 다 잡아먹어버려서, 할머니가 도와줘서 고양이가 행복하게 살았어. 그런데 햇님 나라와 밤 나라가 계속되는 거예요. 밤 나라에서는 밤 나라니까 엄마는 계속 잠만 자고, 나는 똥오줌을 싸서 차가운데서 그냥 차가운 채로 잠을 자죠."
- 고양이가 유령, 뱀, 쥐, 다 잡아먹고 할머니가 도와줘서 행복하게 되나, 밤 나라에 있는 엄마는 잠만 계속 자고 나는 똥오줌을 싸서 차가운데서 그냥 잔다는 표현을 통하여, 아동은 자신의 내재화된 불안과 공포와 싸워 이겨나가고 있으나, 양육자의 무기력과 무관심 등의 방임은 계속되어 부정적인 양육환경에 대한 좌절은 지속되고 있음이 시사되고 있다고 보아진다. 그러나 〈작은 집〉에 유령, 뱀, 쥐를 잡아먹어 없앤 고양이를 배치하고 야채와 과일을 심으며 작은 집과 시골집은 무의식의 영역인 좌측의 햇님 나라에 배치하고 밤 나라에는 〈멋진 전원주택〉을 둠으로써 아동의 새로운 성장을 위한 투쟁의 에너지가 엿보인다.
- 밤의 나라 끝에 앨리스를 두고 "놀림받아서 나갈 수가 없대요. 오줌 똥 싸서 갓을 쓰고 있어요." 라며 미니마우스를 나쁜 아이라며 놀림받아서 나갈 수 없게 된 다리 없는 아이의 앞에 배치한다.
- 이를 통해서도 자신의 유분증과 관련한 갈등과 그로 인한 사회적 관계에서의 놀림받고 위축된 자신의 문제와 직면하여 투쟁하고 있다. 아직은 자신이 문제를 극복할 에너지가 충만하지 않은 아동은 "알에서 신이 나왔어"라는 표현으로 초월적인 힘에 의존하여 성장을 꾀한다.
- ▶28회기: "비가 주루룩 왔어. 근데 우리 땅은 비가 계속 주루룩 왔어. 5년 동안이나 왔어요! 지금도 비는 안 그쳤어요 .우리나라에서 대충 뭐 공사하고 있어요." 5년 동안이나 계속 비가 오고 있다는 표현을 통하여 외부환경적 문제는 여전히 우울함과 좌절된 상황이나 공사를 하고 있다는 내용으로 오랫동안 지속되고 있는 자신의 부정적 환경요소와 투쟁하며 새로운 변화를 추구하고 있음을 드러내고 있다.
- "아주 먼 옛날에 애기들이 살고 있는 곳이 있었어. 그 애기들은 혼자 외롭게 살고 있어요. 소녀가 탄 의자가 둥둥 떠내려가고 있어요. 소녀는 애기들을 발견했어. 소녀는 집에 가서 모닥불을 피우고 따뜻해졌어. 애기들이 위험할까봐, 집의 방위에 올려놨어. 누나는 계속 애기를 발견했어. 집을 발견했어." 온정적이고 따뜻한 양육을 받을 수 없었던 외롭고 위험에 빠진 아기를 구해, 따뜻하고 온정적인 보살핌을 하고 있는 소녀(전 회기들에서부터 회기 내내 자신의 상징물로 사용하고 있는 앨리스)를 통하여, 아동 스스로 자기 자신을 구하기 위해 자신을 적극적으로 양육하고 있는 내적 보살핌이 시사되고 있다.
- "도둑일거야. 도둑일거야. 도둑일거야. 도둑일거야. 도둑일거야. 그렇게 춥게 떨면서 문을 안 열어줬어. 어떤 사슴이 사람을 발견했어. 그래서 다른 집으로 갔어. 그리고 집의 놀이터 미끄럼틀 타고…사슴은 화가 나서 발자국을 냈고, 비가 와서 발자국이 쓸려나갔어. 그래서 또 너무 화가 나서 발자국을 냈어. 사슴이 애기를 발견했어. 애기를 가지고 가고 싶었지만 참았어. 여왕 뱀이 아기 1명을 데려다 길렀어. 아기는 뱀이 엄만 줄 알고 안 떨어지려고 했어. 얘는 자라서(앨리스)소녀가 됐어. 여왕 뱀은 원래 사람이었는데 마법에 걸려서 뱀이 되었어요. 원래 바로 〈물의 여신〉이었어요. 엄마는 바로 얘였어요. 여왕 뱀에게서 애기가 1명 태어났어. 여왕 뱀이 아기 2명과 물의 여신도 잡아 갔어요. 비가 내리고서 뱀은 점점 사라지기 시작했어. 뱀이 죽자 엄마가 살아나기 시작했어. 엄마는

엄마는 꿈을 꾼 것으로 생각했어. 엄마! 밥줘!"

- 이와 같은 이야기를 마친 아동이 울었다. 아동은 부정적인 양육을 하던 엄마를 죽게 하고 새로운 엄마를 탄생시키며 엄마와 새롭게 관계를 회복하여 가려는 내적 움직임을 시사하고 있다.
- ▶29회기: 땅, 물길, 터널, 꽃 ,울타리, 공중전화, 제일 작은 미니 집,초가 모양의 전원주택, 큰 전원주택, 앨리스, 소년, 소녀, 보물상자의 배치로 양가감정의 대립은 여전히 존재하나 긍정적인 타인과의 소통의 욕구가 발현되고 있음을 엿볼 수 있겠다.
- 또한 화장실에 데려 갔다가 오는 행동을 보여주어 유분증의 문제도 정상적인 적응행동으로의 긍정적인 변화를 시사한다. "한주일 동안 물을 못 먹어서 물을 먹고 있는 중이예요."라는 표현을 통해서도 갈등을 해소하고 회복되어가는 에너지를 생성시키고 있다. 그러나 대형 상어가 물을 먹는 아이를 공격하고, 레인저가 공중전화를 걸고 있으나 "칼로 전화기를 잘라버렸어요. 이젠 전화를 걸 수가 없어요." 라는 이야기의 전개로 환경적 위협으로 에너지 회복에 좌절을 겪음과 타인과의 소통의 욕구가 좌절됨을 표출하고 있다. 그러나 아동은 다시 힘을 내려 레인져의 '불파워!'의 외침과 공격으로 이러한 좌절들과 싸워나가고 있다. 또한 계속해서 아동은 공중전화 앞에서 줄을 서는 것으로 내재화된 소통의 욕구로 맞선다. 그러나 전화를 걸다가 들킨 햄토리 3마리는 터널 속에 갇히고 만다. 그래도 아동은 포기하지 않고 자신의 무의식적 투쟁을 적극적으로 타인과의 교류와 이웃의 도움을 통하여, 자신을 구하려 노력하는 다음과 같은 상황을 연출한다.
- 「아기 고양이가 친구네 집에 놀러왔다.
- 아동 : 띵동! 띵동!
- 치료사 : 누구세요?
- 아동 : 저는 옆집사람입니다.
- 치료사 : 어서오세요.
- 아동 : 문을 열어줘야죠!
- 치료사 : 잠깐만 기다리세요.
- 아동 : 얼른 문을 열어주세요.
- 치료사 : 지금 세수하고 있어요.
- 아동 : (기다림)치료사 : 어머 당신은 누구세요?
- 아동 : 저는 고양이예요. 상어가 미끄럼 타는 아기고양이를 잡아먹었어요. 커다란 고양이가 아기고양이를 살려주려고 상어를 공격했는데 상어는 그 고양이를 잡아먹어 버렸어요.」
- ▶30회기: 오렌지만 열리는 나무가 생기고, 긴 벤치가 놓이고 2명의 아이가 앉고, 음식들을 벤치에 가득 차려 놓았다. "근데 오렌지나무에 사탕이 1개 열렸어." 커다란 토끼 1마리와 사슴 2마리를 음식 벤취 아래에 배치하고서, "토끼는 친구들이 있어서 괜찮아요."
- 친구들이 있어서 위로가 되는 새로운 환경을 만들어 사회성이 회복 되어감을 드러내준다. 또한 책 + 지구본 + 잉크를 집 앞에 배치하여 학업과 관련한 새로운 관심사를 표현한다. "아기가 자라서 소녀(앨리스)가 됐어. 소녀는 배를 타고 멀리 멀리 떠나려는데 아기들이 담긴 바구니를 발견했어. 그래서 소녀는 아기들이 너무 불쌍해서 엄마를 찾아주기로 했어. 나무 밑에 음식을 많이 먹은 아이들 셋이 자고 가기로 하고 머물렀어." 배가 빵빵하니까 여기서 쉬어가자 "한 아이는 공부를 하러 갔고, 한 아이는 농구를 하러 갔어. 친구들은 놀고 있었어." 오늘 숙제 꼭 해야 되는데 "혼자 있는 소녀한테 소녀가 놀러왔어."
- 아동은 이제 성장하여 새로운 세상을 맞이하러 배를 타고 떠나려는 여정을 보여주며, 엄마가 없는 불쌍한 아기를 위해 엄마를 찾아주려는 힘 있는 아이가 되어간다. 또한 욕구를 충족시킨 아이들이 모여 공부도 하고 놀이를 하기도 하는 새로운 관계가 형성되고 사회성이 회복되어 정상적인 일상사를 반영하기도 한다.

- "내가 너한테 반한 멋진 남자를 소개해줄게. 남자를 배에 태워서 데려왔어. '자 이제 난 바빠서 돌아간다. 이 남자랑 재미있게 놀아하고 여자아이는 돌아갔어.' 소녀가 남자아이를 좋아하지 않아서, 남자는 바다에 풍덩 빠졌고, 거대 상어가 남자를 잡아먹었어." 라는 이야기를 통해서 아동의 무의식에 내재화되어 있던 성적 관심이나 욕구의 거절을 보여주며 과거의 부정적인 자신과 싸워 이겨내고 있음을 시사하고 있다.
- ▶31회기: 아동이 처음으로 선택한 흰색의 모래 또한 이러한 새로운 시작을 위한 연속선상으로 볼 수 있지 않을까 생각한다.
- 또한 탁자의 좌우에 앉은 소녀들이 햄버거와 아이스크림을 먹고 아기들을 집에 넣어 보살핀다. 오렌지 나무와 책상과 책들이 놓이고, 오렌지 나무 밑에서 책 읽는 아이와 농구공과 개를 안고 있는 아이, 놀이동산, 장미꽃나무, 사슴, 토끼, 당근, 앨리스가 등장하여 전 회기에서의 연장된 상황이 지속됨을 나타내고 있다.
- 그러나 "탁자에 앉은 여자아이는 맛있는 걸 계속 먹었어. 얘는 '체할까봐 두려워! 아이, 신발이 마음에 안들어.'하면서, 오렌지 나무 밑에 앉았어. '아 사람들보다, 풀이 더 좋은 것 같애'"라는 이야기의 전개로 아직 문제의 해결을 위한 변화가 더 필요하다는 내면의 심상적 갈등을 드러낸다. 아동은 성장하여 아기들을 돌보고 자신을 성장시키고 있으나 또다시 좌절을 겪게 됨을 시사하고 있다. 또한 또래관계, 공부 등에서의 문제의 해결을 위해서도 투쟁하며 성장을 꾀하고 있다. 「"자전거 탄 오빠들이 새가 됐어. 소녀를 못 찾았거든. 그래서 〈앨리스〉는 사탕마을로 갔어. 나는 친구들이 없어. 나무 밑에 앉아있던 책 읽는 아이는 빨리 가서공부하기 시작했어. '아, 머리 깨지겠다.'"…"애기들이 가난해 보여서 소녀가 애기들한테 사탕을 먹였더니 한 아이가 쑥쑥 자랐어. 소녀가 됐어. 놀이동산을 타고 싶었지만 가지 못했어. 그래서 숲 속으로 들어갔어. 그치만 숲이 너무 작았어. 이 여자아이는(앨리스) 집이 넓혀진 줄 알았어. 그래서 이사했어. 고양이가 "야옹 야옹"
- 같이 살자고 했어. 나뭇잎들을 숲에 추가하며 숲이 사슴과 동물들과 같이 살고 싶어. 얘는 아퍼… 사탕을 먹고 점점 자란아이가 아기엄마가 됐어. 엄마가 돌봐준 아이가 소녀가 됐어. 다른 사람이 오는 출입문 소리를 듣고 아, 다른 손님이 왔어. 하더니, 소녀가 자신이 꾸민 상자 안을 엉망진창으로 흐트려 놓았어!! 계속 계속 비가 왔어. 계속 비가 오자, 계속 비가오자 원두막이 생겼어. 엄마는 하늘나라로 갔어.」
- ▶33회기: 처음으로 천연의 질감 그대로인 강모래를 선택하였고, 전 회기들보다 내재화된 불안, 공포감이라는 진통을 겪어내며 더욱 강한 자신이 되기 위한 투쟁을 진행한다. 점차 아동은 힘을 길러 외부세계와의 새로운 관계를 적극적으로 추구하며 사회성을 회복해가고 있음을 보여주고 있다. 더불어 위험으로부터 자신을 보호하고자 적극적으로 대처하고 있는 심상을 드러내고 있다. 또한 친구들을 집으로 초대 하고 모두들 신나했으며, 너무나 즐거워했다고 이야기를 전개하며 자신과 이웃 친구들과 적절히 연결하고 친밀감을 주는 타인과의 사회적 관계회복을 나타내주고 있다. 그리고 집과 엄마가 없어졌다고 하다가 사실은 길을 잘못 든 것이었다는 이야기를 통하여, 자신의 역기능적 사고에 대한 통찰을 이루어내고 있으며, 모친과의 관계를 회복한다.
- 「"앨리스는 고양이가 해칠까봐 무서워서 덜덜덜 떨며 '자면 안돼! 자면 안돼!'그런데 두려움에 싸여서 밖에도 못나가고 떨어서, 떨려서 밖에 나가고 싶어도 안 나갔어. 집에서 혼자서 무섭고 벌벌 떨었어."
- 여기는 햄토리의 집이야. 햄토리는 고양이가 하나도 안 무서웠어. 겁쟁이가 아니야. 그래서 놀이터에 나가서 실컷 놀고 계속 놀고 있어. 사람이 오면 얼른 달려가서 "뭘 도와드릴까요?" 하면서 달려갔어!!
- "햄토리는 사다리를 1층과 2층에 연결해 놓고 자유롭게 돌아다녔어." 모닥불을 집 앞에 배치한 후, "앨리스는 여기서 고양이 때문에 덜덜 떨고 있었어. 마당에 모닥불을 피워 놓았어. 집에서 모든 문과

		• 구멍을 막아놨어. 고양이가 오지 못하도록!! (앨리스) 얘는 계속 무서워서 불안했어." "애들은 매일 서로 공평하게 밀어 주면서 시소를 타며 사이좋게 놀았어. 햄토리는 이웃집 앨리스가 고양이가 무서워서 불안해서 벌벌 떠는 얘길 하면서, 앨리스한테 문안을 갔어!! 햄토리들은 각자 사탕을 먹고 자기 집으로 돌아갔는데, 아기 햄토리는 엄마가 사라졌어. 집도 없어졌어. 그런데 사실은 집이 없어진 게 아니고 길을 잘못 든 거였어. 뒤쪽에 있는 집이었어." • 책+전화, 책+지구본, 책+서랍장+시계와 책보는 아이를 배치한 후 "얘는 햄토리의 집에 와서 마구 공부를 했어" "친구들을 불렀어. 아기 햄토리의 집으로 초대 했는데 모두들 신나했어. 너무나 즐거워했어."」 • ▶34회기: "친구들이 모여서 파티를 하고 있어요. 우리는 언니가 차려 준 맛있는 음식을 먹고 있어요. 경찰이 와서 우리를 안전하게 지켜주고 있어요. 꽃들이 우리를 축하해줘요. 아기가 자라서 언니가 된 것을 축하해 주는 파티를 열고 있는 거예요. 여기는 더 이상 나쁜 도둑이 올 수 없어요. 밤만 있는 밤의 나라와 햇님만 있는 낮의 나라도 이제는 사이좋게 반반씩 친구하기로 약속을 했어요. 언니는 이제 아기들을 잘 키워요. 엄마는 비를 잘 막아주죠. 아기들은 이제 무섭지도 않고, 그래서 이제는 울지 않아요. 행복하게 잘 살았습니다. 끝!!" 하고 말한다.

(2) 대상 2 아동의 문제행동 변화

〈표 50〉 회기별 문제행동의 변화분석(대상 2)

회기	회기별 모래놀이 활동시 관찰된 행동
1	가지고 놀 것이 많아서 많이 가져와야 한다고 하며 다소 들뜨고 흥분되어 있다. 언어적 표현이 활발하다. 치료사에게 적극적으로 말을 걸거나 질문하며 상호작용을 요구한다. 공격성과 성적 갈망, 성적 욕구의 좌절 등에서 양가감정을 드러낸다. 끝날 시간을 알리자 치료사에게 아줌마라는 호칭을 쓰기도 하고, 다급해하며 다소 혼란스럽게 횡설수설하는 모습을 보인다.
2	치료실에 들어오자마자, 남녀가 뽀뽀하고 있는 캐릭터에 반응한다. 언어적 표현이 활발하다. 성적 갈망과 갈등의 양가감정 표출을 자주 드러낸다. 공격성 표출. 치료사가 일화 작성하는 것에 대하여 거부하고 치료사를 통제한다. 감정의 기복이 심하다.
3	활동 중에 선생님을 계속 부른다. 〈규칙과 제한설정〉은 자기중심적이며 주도적으로 이끌며 권위자가 된다. 치료사에게 지시할 때, 말투가 매우 엄하고 히스테릭하며 공격적이다. 아동이 말하는 공동 사용이란 자신의 것도 허용하는 것이 아니라, 치료사의 것은 자기가 사용할 수 있고 치료사는 사용할 수 없는 불공정 규칙이었다.
4	타인의 의견을 묻는 모습과 자신의 놀이에 치료사가 참여하길 바라는 모습을 보였다. 모래상자에 전 회기처럼 경계선을 긋기는 했으나, 치료사의 영역을 더 많이 주며, 타인을 배려 하려는 모습을 보인다. 〈세션 도중〉 감정의 기복이 나타나고, 자신의 요구를 타인에게 적절하게 표현하지 못하는 모습을 자주 드러낸다. 명령과 원망, 비난으로 타인을 통제하고 자신이 권위자가 되려는 모습을 드러낸다. 캐릭터 여성의 노출된 풍만한 가슴에 홀린 듯 반응한다. 아동이 갑자기 눈에 초점을 잃고 멍해진다. 성적인 갈등을 표출하며 자신의 아프다는 것(자위행위로 인한 통증에 관한 것으로 모친 상담에서 확인)을 호소한다.
5	치료실에 들어오자마자 키스하는 남녀 앞으로 가서 남녀의 애정표현에 관심을 드러내며, 부정적 표현을 한다. 치료사가 함께 참여하길 원하며 해야 할 활동을 지시를 한다. 두려움으로 긴장하는 모습이 표출되었다.
6	전 회기와는 다르게 치료사에게 명령을 하거나 통제하려는 모습이 관찰되지 않았고, 말없이 집중해서 자신의 상자를 꾸몄다.

7	치료실에 들어오자마자 케이크를 매일 매일 만들거라며 신이 나서 말한다. 자신이 원하는 상자 위에 놓인 상자를 치워달라고 상냥하게 말한다. 자신이 재료들을 가져 올 동안 선생님도 재료들을 가져오라고 말하는데, 전 회기와는 다르게 상냥한 어투이다. "선생님은 하기 싫으면 하지 말던가요." 하고 눈치를 본다. 그러더니, "선생님, 괴물 만들어 보세요. 그 저번처럼 괴물 케익요. 나도 괴물 케익 만들어야지." 하고 조용하고 은밀한 어투로 말한다.
8	아동이 상자를 꾸민 후, 스스로 긍정적 평가하면서 즐거워하는 모습을 보였다. 타인의 탓이나 원망하는 모습, 자신의 것을 무조건 수용하게 하려는 권위적인 모습을 계속 나타낸다. 감정의 기복이 심하고 혼란스런 정서적 반응을 보인다. 사진을 찍지 말라며 활동 후에 상자에 배치한 피규어들을 모두 소거시켰다.
9	치료실에 들어오자마자 뽀뽀하는 남녀를 한참동안 탐색하며 만진다. 계속해서 치료사에게 케익 만들기를 지시한다. 성적인 관심과 갈등 표출한다.
10	계속해서 〈치료사를 자기 의지대로 지배〉하려는 욕구를 표현하였다. 자신의 요구가 들어지지 않자 아동은 집의 굴뚝에 모래를 뭉쳐서 올려놓고 팍! 팍! 때리면서 화가 난 감정을 표현한다. 작품사진 찍는 것을 거부 하였다.
11	"선생님 글씨 다 쓸 때까지 기다려야지. 우리 놀이 같이해요. 난 선생님이랑 놀고 싶어요." 라고 이야기 한다. 공격성과 성적 갈등을 표출한다. 아동이 기침을 한다. "선생님 빨리 놀이해요. 선생님 빨리 물 가져와요."라며 재촉하는데 지시나 명령 투가 아니라 조르는 모습을 보인다.
12	치료실에 들어오자마자 "선생님 오늘은 연두색 모래를 할 거예요. 선생님, 그런데 오늘 선생님 글씨 쓰고 시간이 나면 그 다음에는 생각해 본 후에 나랑 같이 놀아요. 먼저 그러겠다고 결정하고 놀이할래요. 시간이 나면 생각해 보고 놀기로요." 라며 진지하게 말한다.
13	아동이 처음으로 감사의 언어표현을 하였다. "선생님, 저거(꽃병)좀 내려주세요!" "고맙습니다." 쌍안경으로 치료사를 탐색 한다. 치료사가 선생님이 잘 보이는지 묻자, 아동은 "아니요."라고 대답한다. 공격성을 표출한다.
14	지난 회기의 장면을 다시 배치한다고 하더니, 자신의 것보다 치료사의 것을 기억하고 세세히 알려준다. 치료사는 전회기 그대로 배치하길 원하고 자신은 새로운 피규어들을 가감한다.
15	"난 아기를 끝까지 갖을 거예요. 선생님도, 아기가 필요해요!" 하며 아기에 집착한다.
16	치료사는 전회기 그대로 배치하길 원하고 자신은 새로운 피규어들을 가감한다.
17	자신이 가지고온 '집' 1채를 가리키면서 아동 : "선생님 이거 왜 여기다 놨어요?" 하고 따진다. 치료사 : 선생님은 그것을 만지지 않았는데. 잉어랑 아기만 가져왔지! 아동 : "어쨌든 이 집은 선생님 가지세요." 치료사 : 선생님은 그 집을 선택하지 않았어. 아동 : 바로 상자 밖으로 꺼내 놓는다. 치료사의 아기를 달라고 조르다가 "다른 아기가 아직 많으니까 찾아봐" 라고 제시하니까, 떼를 쓰다가 가져온다.
18	치료실에 들어오자마자 "공장에서 일한다~ 공장에서 일한다 ♪" 하며 콧노래를 부른다. 피규어 장에 가서 뽀뽀하는 남녀를 한참동안 감상한다. 진지하게 이야기를 꾸며나간다. 공격성과 성적갈등을 표출한다.
19-20	진지하게 이야기를 꾸며나간다.
21	떼를 쓰거나 지시하고 명령하는 모습은 관찰되지 않고 있다. 자신의 상자 꾸미기에 매우 진지하고 주의집중하는 모습이며, 이야기도 매우 진지한 표정으로 술술 꾸며나간다.
22	"엄마가 〈허리디스크〉 때문에 입원하게 되면 여기 못 오게 될 것 같아요. 그래서 선생님이랑 처음으로 같이 시작하고 싶어요. 그래도 될까요?" 와 같은 표현을 쓰고 있다. 더 이상 치료사를 자신의 뜻대로 지배하려들거나 명령하고 비난하는 모습은 관찰되지 않고 있으며, 치료사의 의견을 존중하며 권유하는 언어표현과 태도를 나타내었다. 차분하고 예의를 갖추는 언행을 보여주고 있다. 그러나 이야기를 할 때 존댓말과 반말을 뒤섞어서 사용하고 있다.

23	치료사가 아동의 피규어를 반영하며 상자를 꾸미자, 아동이 치료사가 선택한 것을 달라고 조르는 모습을 보였다.
24	"지난번하고 이어서 해야죠. 선생님도 같이 하자요" 하고 친근하고 애교있는 말투로 말한다. 지난 회기 때의 피규어들을 기억하고 있다. "선생님은 이걸(쓰레받기)로 이렇게 해요. 난 이걸(빗자루)로 이렇게 쓸께요."라고 한다. 치료사의 피규어도 자신이 선택해서 가져다주면서 매우 친절한 어투로 다정하게 말한다. 하단에 아무렇게나 가져다 놓았던 피규어들을 치료실 바닥에 내려놓으며 변명을 한다. : "이것들을 잠깐 바닥에 내려놓았다가 모래 정리 좀 똑바로 해놓고 다시 가져다 놓을거예요." 치료사의 땅을 은근슬쩍 침범하였으나, 바로 웃으며 인정하고 거두어 가는 모습을 보인다. 이야기 꾸미기에서는 반말을 쓰다가 존댓말을 사용하는 모습이다.
25	치료실에 들어오자마자, 곧 바로 망설임 없이 상자 꾸미기에 열중하는 모습을 보인다. 또한 표정도 매우 진지하고 엄숙하다. 치료사의 땅을 침범하거나, 자기 마음대로 하려는 시도는 나타나지 않는다. 이야기 꾸미기에서는 처음에는 반말로 하다가 후반에는 존댓말을 사용하였다.
26	노래를 흥얼거리면서 피규어 장 앞에서 피규어들을 탐색하고 있다. "선생님 꾸미세요. 빨리 꾸미세요. 그런 다음에 하지 않으면 안 되는데, 그게 옳은 게 아닐까요? 선생님도 청소하세요."하고 지시를 하는데, 말투는 부드럽다. 거짓말을 한다. "선생님 탓이겠죠!"오토바이를 선생님이 만지고 놨다고 우긴다. "선생님은 왜 아직도 놀이를 안해요? 선생님 땅 모래를 줬습니다. 가져가세요." 라고 하여, 치료사가 '선생님은 땅이 없어. OO이가 땅을 다 사용한 것 같은데, OO이가 OO이 마음대로 선생님 땅도 갖더니, 이번에는 OO이 마음대로 선생님한테 땅을 주네.' 라고 말하자 시무룩하게 고개를 끄덕끄덕 한다.
27	치료실에 들어오자마자, "선생님, 저, 오늘은 선생님 땅에 하나도 안 할꺼예요. 지난번에 그래서 속상해서 잠도 하나도 못 잤거든요." 놀이가 끝났음을 알리자 갑자기 좌절과 공격성 표출을 하며, "선생님이 쏜 총에 맞아서 얘는 죽었어요."라고 말하며 자신을 나타내는 피규어와, 나쁜 애, 당근을 땅에 급하게 막 묻어버리면서 자신의 영역 중 밤의 나라를 망가뜨린다. 작품사진을 찍는데도 앉아서 딴청을 부리며 시간끌기를 통해 저항하는 모습을 보였다.
28	이야기를 꾸며나갈 때 존댓말과 반말을 섞어서 사용하고 있다. 약간은 침체된 분위기로 맥이 없다. 그러나 자신의 상자 꾸미기에는 대단히 몰입해 있는 모습이다.
29	시간이 정말 다 되었음을 알리자 〈터널〉을 들며 괴물이라고 하면서 자신이 꾸민 상자안의 피규어들을 마구 부수며 짓밟아 버리게 한다. 그런 후, 다시 정리하면서 당황해한다.
30	"선생님, 〈폭력〉이 뭔지 아세요? 난 알아요. 도둑들이 우리 몸을 만지는 거예요. 우리 학교에서 2학년 오빠 2명이 사라졌대요. 이유는 아직 모른대요. 어?!! 애기 2마리가 사라졌어요. 저 때문은 아니예요!! 정말이예요." (아동은 현재 유치원에 다니고 있다)
31	치료사와의 힘겨루기나 치료사 탓을 하며 비난하는 모습은 보이지 않고, 자신의 상자 꾸미기에 열중하며 매우 진지하게 활동을 진행하였다.
32	명랑하고 장난스런 모습을 보인다. 그러나 버릇없게 따지거나 비난하던 모습은 관찰되지 않고 있으며, 치료사에게는 친구같은 친근감을 드러내고 있다.
33	떼를 쓰거나 치료사를 비난하고 권위를 갖으려는 모습은 나타나지 않고 있다. 성적인 관심을 나타내는 행동들도 나타나지 않고, 자신의 상자 꾸미기와 이야기에 주의집중하는 모습이다.
34	마지막인줄을 알면서도 차분하게 자신의 상자를 꾸미고 이야기를 조리있게 꾸며나갔다. 이가 끝나자, "선생님이 보고 싶을 때는 놀러 와도 되죠?" 하고 치료사를 껴안는다. 그리고는 "나 또 오고 싶으면 선생님이 놀이 같이 해 줄 거지요?"하고 아쉬움을 표현하였다.

2) 대상 2 아동의 음악치료

〈표 51〉 각 회기별 음악치료 내용 및 결과분석(대상 2)

구분	활동목표	활동내용	행동관찰	모친상담내용
1 회기	Assess-ment 라포형성	• 치료실에 들어오자마자 북과 심벌을 매우 세고, 빠른 속도로 짧게 연주한다.	• 악기장과 치료실 안을 돌아다니며 호기심을 가지고 관심을 보인다. • 한 가지 악기에 집중하는 시간이 1분미만으로 산만한 태도를 보인다. • 애기같은 목소리와 행동을 계속 보이며, 자신이 꺼낸 악기의 제자리가 어디 있는지 기억하지 못한다. • ADHD는 아니지만 매우 부산스럽고, 물건들을 떨어뜨린다. • 자신이 집중하는 활동에서는 산만한 모습을 보이지 않고 안정된 자세로 즐겁게 참여함.	• 포르노 비디오를 보여달라고 하루종일 조르고 집착하며, 뜻대로 되지 않으면 울고불고 하여서 할 수 없이 보여주게 된다고 한다.
2 회기	Assess-ment 라포형성	• 치료사의 악기연주로 아동의 행동을 반영하고 공감해주기. • 아동이 공을 가지고와 축구형식을 설명하며 Game을 제안한다.	• 입장하자마자 Large Ball 위에 올라타며 위험스럽게 공을 가지고 논다. • 함께 Game할 때 애기같은 소리를 계속 쉬지 않고 내면서 참여한다. • 이기려고 손을 사용하거나 반칙을 사용한다. • 가끔씩 일부러 넘어지거나 아픈 척을 하며 관심을 받으려는 모습을 보인다. • Game에서 이기자 매우 좋아하였고, 이후 활동에서도 정해진 시간에 맞춰 전반적으로 잘 참여함.	• 모친에 대한 반항과 도전이 너무 심하여서 아이를 키울 자신이 없다고 하였다. • 비디오를 보여주지 않으면 비디오가게 앞에서 계속 매달려 있다고 한다.
3 회기	Assess-ment 라포형성	• 좋아하는 소리를 선택하게 하자 벨 소리의 예쁜 소리를 선택하였다. 하지만 실제 연주에서는 매우 강한 터치로 Drum 연주를 하였다. 치료사의 특별한 지시 없이도 셈여림을 조절해서 잘 연주한다	• 치료실에 들어오자마자 Large Ball 위에 올라타며, 축구놀이를 하자고 한다. 10분만 축구를 하고, 나머지 시간은 연주를 할 거라고 이야기하자 잘 수용했고 10분이 지난 후 바로 연주에 참여하였다. • 초반에 공놀이를 할 때에는 애기소리를 계속 내었으나, 악기연주에서는 단 한 번도 내지 않았다.	• 밖에 나가지 않으며, 비디오를 보여주지 않으려는 통제에 몰래몰래 비디오를 찾를 찾으러 방안을 샅샅이 뒤지고 다니다가 폭발하는 행동을 계속하고 있다고 한다

4 회 기	Assess- ment 라포형성	• 자유 신체활동놀이에서는 동작이 매우 크고 활동적이나, 자기조절이 잘 안되는 모습이나, 치료사가 Key board연주로 자신의 움직임을 공감해 주자 점점 더 적극적으로 자기표현을 하는 모습을 보였다. • 아동이 선택한 곡에 대하여, 들려지는 음악에 맞춰서 아동이 즉흥연주를 한다. • 연주를 잘 한 강화로 다시 인형놀이를 하고 싶어한다. 대부분 아동과 아빠가 노는 모습이며, 엄마가(치료사역할) 개입하려 하면 뒤에 숨어서 “우리 지금 엄마 아빠 놀이하는 거예요.” 라고 말한다(성역할). • 지지받고 싶은 욕구, 보상욕구, 성적욕구를 표출하였다.	• 치료실 책상위에 있는 에그헤드(가족인형)에 관심을 보인다. 한 가족이라고 이야기 해 주자, 바로 여자인형과 남자인형을 꺼내어 뽀뽀를 시킨다. • 성적 관심의 표출. • 엄마인형을 개입하여 이야기하자 여자인형(정연)이 엄마 인형을 때린다. • 모친에 대한 거부와 부정적 감정과 공격성 표출. 치료사의 구조나 지시에 따르기보다는 치료사와 경쟁하듯이 계속 자신의 요구를 지시한다. • 권위자에 대한 지배욕구와 경쟁욕구표출.	• 비디오에 대한 집착은 조금 줄었으나, TV드라마의 애정표현 장면을 찾느라 채널을 계속 돌리고 있다고 한다. • 아동이 매우 무기력해지고 우울해 한다고 하였다.
5 회기	아동 내면에 잠재하고 있는 무의식적 내면의 갈등과 부정적 감정의 분출을 돕는다. 인형놀이를 통해 아동의 내면의 이야기를 들어본다.	• 아동의 이야기 분위기에 따라 치료사가 Key board와 drum, 오션드럼 등을 사용하여, 아동의 감정을 공감하고 지지하였다. • 아동이 자신의 감정을 악기를 통하여 표현하기에서는 매우 강한 터치로 Drum 연주와 오션드럼을 시끄러운 소리로 연주하였다. • 가족등장(부모님+아동+여동생 누비):초반에는 일상적인 이야기가 진행되다가 중반부로 넘어가면서 아이들이 집을 나간다. 부모님 특히, 엄마가 아무리 걱정해도 돌아오지 않는다. 집에 왔다가 밤이 되면 다시 나간다. • 아동과 누비만 살 수 있는 비밀의 공간을 만들었다. 부모님이 경찰을 동원해도 결코 나오지 않고, 오직 꿈에서만 잠깐 보여준다.	• 이야기가 진행됨에 따라 긴장하고, 화난 표정과 음성으로 고조된 모습을 보였다가, 매우 좌절되고 힘없는 슬픈 표정을 짓기도 하면서 감정의 기복을 드러내었다.	• 엄마한테 짜증을 많이 부리면서도 같이 놀자고 조르며 놀아주면 무척 신나하고 즐거워 하나, 하루 종일 끝도 없이 놀자고 해서 감당이 안된다고 한다.

		• 결국 부모님이 나이 들어 돌아가시자 집에 돌아왔다. • 부모와의 갈등 표출하였다. • 가정과 부모 특히, 모친에 대한 부정적 감정과 거부욕구를 드러냄.		
6 회기	음악활동 안에서의 카타르시스 증진을 돕는다. 적절한 사회교류 능력의 향상을 돕는다.	• Rule 안에서 공놀이의 느낌을 즉흥연주로 표현하기를 하였다. • 매우 적극적이며 활동적인 모습으로 즐거워하였으나 다소 과격하고 공격적인 모습이다. 공놀이시는 Rule 에 따라 활동하려고 애쓰는 모습을 보였다. • 즉흥연주에서는 자기표현에 적극적으로 참여하였고, 즐거움이 표현되었다.	• 치료실에 오자마자 공놀이를 하자며 규칙을 설명한다. 치료사의 의견과 상관없이 놀이를 리드하며, 자신이 하고 싶은 대로 규칙을 바꾼다. • Game을 잠시 중단하고 '규칙'을 확실히 정한 다음 다시 시도했을 때, 잘 따르며 참여하였다. • 애기소리를 내거나 떼 쓰는 모습은 현저하게 감소하였다.	• 하루종일 같이 놀자고 조르며, 엄마의 행동을 일일이 간섭하고 통제하려고 해서 아무것도 할 수가 없고 충돌이 심하다고 하였다.
7 회기	음악 안에서 억압된 감정을 표출하고, 카타르시스 경험하도록 돕는다. 적절한 사회교류능력의 향상을 돕는다.	• 그림으로 표현 시 어두운 바다 속 상어가 엄마를 공격하는 모습으로 그렸다. • 가족이 동굴 앞에 있고 큰 상어가 엄마를 지나가는 모습을 그렸다. • 아동의 머리에는 누군가의 피가 묻어있다고 하며, 그러나 누구의 피인지는 모르겠다고 한다. • 그림을 그리는 동안 상어가 나온 부분의 음악(제일 자극적)을 계속 들려달라고 요구하였다. • 모친에 대한 공격성과 공격욕구, 모친에 대한 거부욕구, 외부 환경적 재해로 인한 정신적 외상과 불행감을 드러냄.	• 들어오자마자 몸이 아프다고 한다. • 그래도 인형놀이, 공놀이는 할 수 있다고 이야기 한다. • 음악감상 program에 대해 설명하자 수용하여 잘 참여한다. • 불안함·긴장감·우울감·흥분과 동요되는 정서를 보이면서도 매우 진지하였으며 적극적으로 활동하는 모습을 보였다. • 애기소리는 하지 않았고 음성은 불안정하였다.	• 비디오를 한번만 보여달라고 애걸복걸하고 있다고 한다. • 우울해하거나 불안해하고 화를 자주 내면서도, 엄마 옆에서 떨어지지 않고 있다고 한다. • 가끔씩 대변을 지린다고 한다.
8 회기	억압된 감정을 표출하고 감정의 정화를 경험하도록 돕는다.	• 일주일 동안 지낸 이야기를 한다. • 자신의 감정을 악기를 통하여 표현하기에서는 매우 강한 터치로 Drum 연주와 윈드	• 음악실 안에서는 규칙도 잘 따르며, 자기표현도 적절하게 하다. 그러나 엄마와의 관계에서는 여전히 엄마를 무시하거나 시험하는 태도를 보인다. 아동	• 아이가 더 이상 비디오나 자위행위에 집착하지는 않으나, 부모행동에 대한 통제가 점점

	Rule에 맞게 치료사와 게임을 한다.	차임을 시끄러운 소리로 연주하였다. • 블럭쌓기-놀이시 아동의 활동을 Key board로 공감적 반영을 하자, 매우 조심스럽고 신중하면서도 적극적인 모습을 보였다.	이 본 책을 제자리에 놓으라고 시키자, "엄마가 하면 되잖아" 라고 짜증을 낸다.	점점 심하여, 설득하는데 시간이 많이 걸리며, 끝에 가서는 그럼 대신에 나랑 놀아줘 하고 요구한다고 함
9 회기	음악 안에서 억압된 감정을 표출하고, 카타르시스 경험하도록 돕는다. 적절한 사회교류능력의 향상을 돕는다.	• 아빠, 엄마에게 별명 지어주기와 노래 만들어 부르기. • 아빠: 똥강아지 • 엄마: 코딱지 • 아동: 파랑, 노랑, 보라 • 자신의 부정적 심상을 표출하면서도 별명짓기를 통해 소극적 보복을 함에 매우 즐거운 감정을 드러내고 카타르시스를 느끼는 모습이다. • 자신을 통제하려 하거나, 자신의 뜻대로 이루어지지 않는 상황에서 매우 감정을 조절하지 못하고 짜증을 내는 등 권위자에 대한 강한 거부감을 보인다. 엄마가 전혀 교육을 하지 못하고 아이의 반응에 끌려 다니는 상태로, 부모교육이 필요하다.	• 치료사와 경쟁도구에 있는 것처럼 매 순간마다 자기가 주도하려는 경향을 보인다. 노래 할 때에도 치료사 노래보다 더 크게 부른다. • 치료사가 노래 할 때는 다른 노래로 넘어가는 행동을 보인다. • 경쟁욕구와 권위욕구가 지배적이어서, 타인에 대한 수용이나 배려 하려는 태도가 아직 미숙함을 보인다.	• 부모의 말을 듣지 않으려 하고 자신이 하고 싶은 요구만 계속 한다고 하였다. • 대변을 지리거나 싸지 않는다고 한다.
10 회기	자존감 회복을 통하여, 권위자(엄마, 치료사, 어른 등의)에 대한 적절한 수용능력을 기르도록 돕는다. 치료사의 의견 수용하기	• 낮은 자존감과 타인 수용 능력의 부족으로 인하여, 아동은 치료사와의 활동 시에 자신의 마음에 들지 않으면 바로 '나 딴거할래!' 라고 거부적이고 회피적으로 반응한다.	• 치료사의 말을 듣지 않으려 하고 자신이 하고 싶은 요구만 계속 한다. • 키보드 연주 시 치료사가 못하게 하며 혼자 하려는 행동을 보인다. • 경쟁욕구·권위욕구·권위자에 대한 거부와 지배욕구가 지배적이어서, 타인에 대한 수용이나 배려 하려는 태도가 아직 미숙함을 보인다.	• 일주일 동안은 아이가 표정도 밝아지고 엄마 말을 잘 들으며 엄마일을 도와준다고 애를 쓴다고 한다. 그러다가도 변덕을 부려 반항하며 화를 낸다고 함.
11 회기	음악 안에서 억압된 감정을 표출하고, 카타르시스 경험하도록	• 인형놀이 • 할머니·할아버지·아동· 수비 등장한다. • 여전히 보호자가 나오면 숨고, 자신들을 찾게 만든다.	• 불안함·긴장감·우울감·거부와 초조감등으로 동요되는 정서를 보인다. 그러면서도 매우 진지하였으며 적극적으로 활동하는 모습을 보였다	• 포르노비디오를 보여 달라고 하지 않기로 약속하고 지키고 있는 중이나, 엄마 행동을 일

	돕는다. 적절한 타인수용 능력과 사회교류능력의 향상을 돕는다.	• 변화가 있다면 할머니, 할아버지가 시골로 돌아가자 찾으러 와서 집으로 함께 간다. • 자신에게 관심 받은 방법을 잘 못 배운 듯하다. • 보호 양육자에 대한 양가감정과 혼란 속에서 좌절이 반복됨을 드러낸다.		• 일이 통제하려 해서 화가 나 견딜수 없다고 한다.
12회기	음악 안에서 억압된 감정을 표출하고, 카타르시스 경험하도록 돕는다. 적절한 타인수용 능력과 사회교류능력의 향상을 돕는다.	• 징글벨 노래에 맞춰 즐겁게 노래한다. • 음악에 맞춰 자유롭게 연주한다. • 음악에 맞춰 다양한 악기와 리듬으로 즐겁게 참여 하였고, 자연스럽게 자신이 엄마가 되어서 아이를 챙기는 모습을 보인다. • 보호 양육욕구 표출.	• 세션 시작하자마자 '오늘 인형놀이 할꺼예요' 라고 말하며 세션을 리드하는 모습을 보인다. 치료사가 오늘의 활동을 설명하며 악기 탐색기회를 주자 흥미롭게 참여한다.	• 포르노비디오를 보여 달라고 하지 않기로 약속하고 잘 지키고 있는 중이라고 한다. • 모친에게도 많이 부드러워졌다고 한다.
13회기	음악 안에서 억압된 감정을 표출하고, 카타르시스 경험하도록 돕는다. 적절한 타인수용 능력과 또래 및 사회적 관계에서의 교류능력 향상을 돕는다. 자존감 향상.	• 내 친구들에 대해 얘기해 본다. • 노래하고 녹음하는 과정을 매우 좋아하며 적극적으로 연습하는 등 참여를 잘 하였다. • 비밀이야기를 할 수 있는 친구들에 대해 묻자 몇 명 친구 이름을 얘기 했지만 "친구들과 노는 것 보다 다른 게 더 재미있다"고 이야기함으로써, 친구 관계에서의 재미를 느끼지 못하고 있음을 시사했다.	• 공격적인 행동은 매우 감소하였고, 주의집중력 또한 향상되어 활동시간 내내 집중이 잘 이루어졌다. • 활동에의 참여도 매우 적극적이며 즐거운 정서를 활동하는 내내 유지하는 모습이었다.	• 자위행위를 하는 횟수가 감소하였으나, 응석과 짜증이 조금 늘었다고 한다. • 대변을 지리거나 싸는 일이 없다고 한다. • 놀이를 밤새도록 해달라고 조른다고 한다.
14회기	음악 안에서 억압된 감정을 표출하고, 카타르시스 경험하도록 함으로써, 긍정적 정서를 증진시킨다.	• 아동의 이야기 분위기에 따라 치료사가 윈드차임·drum·오션드럼 등을 사용하여, 아동의 감정을 공감하고 지지하였다. • 아동이 자신의 감정을 악기를 통하여 표현하기에서는 매우 강한 터치로 Drum·오션드럼·윈드차임을 매우 시끄러운 소리로 연주하였다. • 예전과 같이 아이들이 집을 나가고 부모님이 찾는 상황을 제시한다. 이번에는 부모님이 아이들을 찾지 않고 그냥 집에 있자 아이들이 멀리 가지 않고 잡	• 인사할 때 대기실 뒤쪽으로 숨어 인사하기를 꺼려한다. • 치료사와 함께 하는 시간에 아동이 집에서 보이는 행동 (물건을 던지거나 짜증을 내는 행동)을 보인다.	• 부모와의 관계가 조금 나아졌고, 떼를 쓰는 횟수도 매우 감소함. • 비디오 보여달라는 것과 자위행위하는 모습은 한 주 동안 일어나지 않았다고 한다. • 대변을 지리거나 싸는 일이 없다고 한다.

		• 집 근처에서만 맴도는 모습이다. 집에 있지 않고 과일가게 아저씨 하고 산다고 이야기 한다. • 그러나 과일가게 아저씨는 나쁜 아저씨이며, 아이들의 옷을 벗긴다고 한다. • 다시 집에 돌아와 부모님과 살게 된다. • 인형놀이에서 아동은 엄마가 죽었다고 하다가, 다시 살아나게 한다. • 성적 욕망과 위험인식 등의 갈등표출. • 부모의 방임 등 거부적 양육태도와 자신의 부모에 대한 거부욕구와 관련한 갈등 표출. • 모친과의 부정적 갈등과 양가감정을 표출.		
15 회기	긍정적인 정서를 증진시킨다.	• 크리스마스에는 축복을 노래하기, 이야기와 그림으로 표현하기-크리스마스의 소원과 가장 좋았던 일. • 크리스마스트리를 예쁘게 잘 그렸다. • 원하는 소원에는 아기, 친구, 엄마 오래사는 것 등을 표현하였다.	• 노래 배울 때 잘 모르는 노래지만 의존하지 않고 혼자 부르려는 모습을 보인다.	• 요 며칠안 화를 내거나 짜증을 내는 횟수가 조금 증가하였다고 함. • 포르노 비디오를 보여 달라고 하지 않기로 한 약속을 잘 지키고 있는 중이라고 한다.
16 회기	능동적 심상 표현을 활성화 시켜 부정적 정서를적극적으로 표출하도록 도움으로써, 긍정적인 정서를 증진시킨다. 자존감을 회복시키고 증진시키도록 돕는다. 사회성 향상을 돕는다. 능동적 심상 표현을 활성화 시켜 부정적 정서를적극적으로 표출하도록 도움으로써, 긍정적인 정서를 증진시킨다.	• 개구리 노총각 노래부르기. • 왜 개구리가 혼자였을지 생각해 본다. • 즉흥연주로 개구리의 마음표현하기- 오션드럼을 매우 무겁고 어두운 느낌이 들도록 연주하고, 윈드차임 소리가 불안정한 정서를 드러낸다. • 아동이 생각하는 좋은 친구와 나쁜 친구에 대해 이야기 해 본다. • 친구들에게 인기가 많아지려면, 나쁜 버릇을 고쳐야 한다. 친구들과 사이좋게 지내고 싶다. 생님 말을 잘 들어야 한다. • 반성적 사고. • 유친욕구 표출	• 들어오자마자 포르노 비디오를 보여 달라고 하지 않기로 약속하고 잘 지키고 있는 중이라고 한다. 그리고는 "인형놀이랑 공놀이" 하자고 한다. 오늘은 노래할 거라고 하자 싫어하는 표정을 하였으나 막상 노래를 시작하면 매우 큰 소리로 적극적 참여하였다. • 치료사와 함께 하거나 노래할 때 피아노를 못 치게 하거나 가사를 치우는 등 노래하지 못하게 하는 부정적 행동을 보인다.	• 포르노 비디오를 보여 달라고 하지 않기로 한 약속은 잘 지키고 있으나, 엄마랑 계속 같이 놀자고 하여 힘이 든다고 하였다. • 엄마랑 같이 마트에 가자고 조르는 횟수가 늘고, 마트에 같이 가는 도중에는 손을 꼭 잡고 놓지 않는다고 한다.

16 회기	자존감을 회복시키고 증진시키도록 돕는다. 사회성 향상을 돕는다.	• 권위자 또는 타인을 수용하고자 하는 욕구 표출.		
17 회기	긍정적인 정서를 증진시킨다. 자존감을 회복시키고 증진시키도록 돕는다. 사회성 향상을 돕는다(규칙 지키기, 타인 의견 수용하기).	• 자일로폰 연주 완성 • Bach의 미뉴엣 노래 감상 후 연주하기	• 입실하자마자 "오늘 노래할 꺼예요?" 라고 물으며, 인형놀이를 하고 싶다고 떼를 쓴다. 노래를 들려준 후 연주를 시도 → 초반 잠깐 하더니 바로 다른 악기를 만지거나 치료실을 돌아다니며 산만한 모습을 보인다. → 원래 산만하기보다, 자신이 하고 싶은 활동이 아니라 다른 행동을 하거나 치료사의 구조적 활동 수용이 잘 되지 않는다. • 세션 후에도 의자에 눕거나 치료사의 말을 전혀 듣지 않고 청개구리처럼 행동함	• 포르노 비디오를 보여 달라고 하지 않는다고 한다. • 자위행위하는 모습도 보이지 않는다고 한다. • 친구가 늘었다고 좋아한다.
18 회기	긍정적인 정서를 증진시킨다. 자존감을 회복시키고 증진시키도록 돕는다. 사회성 향상을 돕는다(규칙 지키기, 타인의견 수용하기).	• 인형놀이 시 처음으로 엄마와 아동을 선택하였다 여전히 숨어서 찾는 놀이 형태로 진행 되었지만 대부분 다시 나와서 함께 돌아가는 내용으로 좋은 분위기로 만들었다.	• keybord〈drum kit〉로 음악 만들 시 치료사와 상의하여 잘 참여한다. • 음악 연주시 함께 연주해도 거부하지 않고 잘 수용한다. • 처음 왔을 때 보다 많이 부드럽고, 다른 의견을 잘 수용한다.	• 포르노 비디오와 자위행위에 집착하지 않는다고 한다. • 대변을 싸는 일이 없다고 함. • 친구집에 놀러가기도 하고 친구를 데려오기도 한다고 기뻐하였다.

3) 대상 2 아동의 일상생활에서의 문제행동 변화

〈표 52〉 회기별 모친보고 내용(일상생활에서의 문제행동 변화 관찰내용)(대상 2)

회기	회기별 모친보고내용(일상생활에서의 문제행동 변화 관찰내용)
1-2	포르노 비디오를 보여 달라고 하루 종일 조르고 집착하며, 뜻대로 되지 않으면 울고불고 한다.
3-4	모친에 대한 반항과 도전이 너무 심하다. 비디오를 보여주지 않으면 비디오가게 앞에서 계속 매달려 있다.
5-6	밖에 나가지 않으며, 비디오를 보여주지 않으려는 통제에 몰래몰래 비디오를 찾으러 방안을 샅샅이 뒤지고 다니다가 폭발하는 행동을 계속하고 있다.
7-8	비디오에 대한 집착은 조금 줄었으나, TV드라마의 애정표현 장면을 찾느라 채널을 계속 돌리고 있다. 매우 무기력해지고 우울해 한다.
9-10	엄마한테 짜증을 많이 부리면서도 같이 놀자고 조르며 놀아주면 무척 신나하고 즐거워하나, 하루 종일 끝도 없이 놀자고 한다.
11- 12	하루 종일 같이 놀자고 조르며, 엄마의 행동을 일일이 간섭하고 통제하며, 엄마와 충돌이 심하다.
13-14	비디오를 한번만 보여 달라고 애걸복걸하고 있다. 우울해하거나 불안해하고 화를 자주내면서도, 엄마 옆에서 떨어지지 않고 있다. 가끔씩 대변을 지린다.
15- 16	아이가 더 이상 비디오나 자위행위에 집착하지는 않는다. 부모행동에 대한 통제가 점점 심하여, 설득하는데 시간이 많이 걸리며, 끝에 가서는 그럼 "대신에 나랑 놀아줘" 하고 요구한다.
17- 18	부모의 말을 듣지 않으려 하고 자신이 하고 싶은 요구만 계속 한다. 대변을 지리거나 싸지 않고 있다.
19- 20	한 주 동안은 아이가 표정도 밝아지고 엄마 말을 잘 들으며 엄마 일을 도와준다고 애를 쓴다. 그러다가도 변덕을 부려 반항하며 화를 낸다.
21- 22	포르노 비디오를 보여 달라고 하지 않기로 약속하고 지키고 있는 중이나, 엄마행동을 일일이 통제하려한다.
23- 24	포르노 비디오를 보여 달라고 하지 않기로 약속하고 잘 지키고 있는 중이다. 모친에게도 많이 부드러워졌다.
25- 26	자위행위를 하는 횟수가 감소하였으나, 응석과 짜증이 조금 늘었다. 대변을 지리거나 싸는 일이 없다. 놀이를 밤새도록 해달라고 조른다.
27- 28	부모와의 관계가 조금 나아졌고, 떼를 쓰는 횟수도 매우 감소하였다. 비디오 보여 달라는 것과 자위행위하는 모습은 한주동안 일어나지 않았다. 대변을 지리거나 싸는 일이 없어졌다.
29- 30	요 며칠 동안 화를 내거나 짜증을 내는 횟수가 조금 증가하였다. 포르노 비디오를 보여 달라고 하지 않기로 한 약속을 잘 지키고 있는 중이다.
31- 32	포르노 비디오를 보여 달라고 하지 않기로 한 약속은 잘 지키고 있다. 엄마랑 계속 같이 놀자고 한다. 엄마랑 같이 마트에 가자고 조르는 횟수가 늘고, 마트에 같이 가는 도중에는 손을 꼭 잡고 놓지 않는다.
33	포르노 비디오를 보여 달라고 하지 않는다. 자위행위하는 모습이 보이지 않는다. 친구가 늘었다고 좋아한다.
34	포르노 비디오와 자위행위에 집착하지 않는다. 대변을 싸지 않는다. 친구집에 놀러가기도 하고 친구를 데려오기도 한다고 기뻐하였다.

4) 대상 2 아동의 문제행동 변화

〈표 53〉 정서행동문제 중 표적행동 관찰의 분석 결과(대상 2)

구 분	문제 행동에 대한 변화
치료 전 문제행동	포르노 비디오에 대한 집착과 과몰입(+), 자위행위에의 몰두(+), 유분증(+), 엄마 젖만지기와 아기흉내기(+), 말다툼과 센 고집(+), 분노폭발(+), 수면장애(+),남자처럼 행동하기(+), 하루 종일 같은 말 되풀이하기(+), 좌불안석(+), 산만한 행동(+), 의존성(+), 주의집중의 어려움(+), 공격성(+), 대인관계의 회피(+), 고함과 타인 위협하기(+), 잘 운다(+), 위축(+), 나쁜 일을 저지르고도 아무렇지도 않게 생각하는 것(+), 외출거부와 등원거부(+), 물건을 아무거나 입에 넣고 먹으려 함(+), 아무도 자기를 사랑하지 않는다는 불평(+), 낮은 자존감(+), 거짓말(+), 밤에 무서운 꿈꾸기(+), 지나친 죄책감(+), 감정기복이 심함(+), 조리있게 말하지 못하며 한글을 읽지 못함(+), 신경이 날카롭고 신경질적이며 긴장되어 있음(+), 충동적이고 생각없는 행동(+), 의심(+), 자살에 대해 자주 이야기 함(+), 불행감(+), 우울감(+), 눈맞춤의 회피(+), 권위에 대한 도전(+), 또래형성의 어려움(+), 신체통증의 호소(+).
치료 후 문제행동	포르노 비디오에 대한 집착과 과몰입(-), 자위행위에의 몰두(-), 유분증(-), 엄마젖만지기와 아기흉내기(-), 말다툼과 센 고집(-), 분노폭발(-), 수면장애(-),남자처럼 행동하기(-), 하루 종일 같은 말 되풀이하기(-), 좌불안석(-), 산만한 행동(-), 의존성(-), 주의집중의 어려움(-), 공격성(-), 대인관계의 회피(-), 고함과 타인 위협하기(-), 잘 운다(-), 위축(-), 나쁜 일을 저지르고도 아무렇지도 않게 생각하는 것(-), 외출거부와 등원거부(-), 물건을 아무거나 입에 넣고 먹으려 함(-), 아무도 자기를 사랑하지 않는다는 불평(-), 낮은 자존감(-), 거짓말(-), 밤에 무서운 꿈꾸기(-), 지나친 죄책감(-), 감정기복이 심함(-), 조리있게 말하지 못하며 한글을 읽지 못함(±), 신경이 날카롭고 신경질적이며 긴장되어 있음(-), 충동적이고 생각없는 행동(-), 의심(-), 자살에 대해 자주 이야기 함(-), 불행감(-), 우울감(-), 눈맞춤의 회피(-), 권위에 대한 도전(±), 또래형성의 어려움(-), 신체통증의 호소(-).

참 고 문 헌

강현옥 (2005). 호흡훈련이 뇌성마비 아동의 섭식과 조음발성 능력에 미치는 효과. 용인대학교 재활보건과학대학원 석사학위논문.

고선주 (2010). 저소득가정의 환경적 지지가 아동의 정서·행동문제에 미치는 영향. 순천대학교 대학원 석사학위논문.

고정연 (2009). 배변장애 아동의 문제행동 개선을 위한 능동적 심상 중심의 미술치료사례연구. 영남대학교 환경보건대학원 석사학위논문.

공마리아 외 (2004). 함께 나누는 미술치료-아동, 청소년, 성인, 노인 사례모음집. 서울: 미술치료연구소.

곽금주 (2003). 아동 심리평가와 검사. 서울: 학지사.

교육부 (1999). 특수학교 치료교육활동 교사용지도서. 언어치료. 대구대학교.

권석만 (2000). 침체와 절망의 늪 우울증. 서울: 학지사.

권석만 (2004). 현대 이상심리학. 서울: 학지사.

권영희 (1995). 집단 상담이 초등학교 아동의 자기표출과 대인불안에 미치는 효과. 동아대학교 교육대학원 석사학위논문.

권자영 (1991). 신체적 학대가 아동의 정서 및 행동에 미치는 영향에 관한 연구. 이화여자대학교 대학원 미간행 석사학위논문.

김광웅 (2002). 통합상담이론의 탐색. 아동상담 및 심리치료 연구회 학술발표자료집. 한국심리학회: 상담 및 심리치료학회. 7, 15.

김광웅·방은령 (1992). 아동발달. 서울: 형설출판사.

김경희 (1991). 아동심리학. 서울: 박영사.

김경희 (2005). 상장과 판타지. 서울: 박영사.

김경희 (2007). 아동과 청소년의 이상심리학. 서울: 양서원.

김군자 (2001). 음악치료 프로그램 연구. 서울: 김군자 음악치료 연구소.

김동연·이재연·홍은주 공역 (2007). 아동미술심리이해. 서울: 학지사.

김동연·최외선 (2002). 아동미술치료. 서울: 중문.

김동주 (2005). 음악치료 길라잡이. 서울: 작은우리.

김두라 (2004). 재미있는 언어치료. 서울: 재단법인 파라다이스복지재단.

김명숙 (1995). 아동의 사회적 지지와 부적응과의 관계. 숙면여자대학교 대학원 석사학위논문.

김문정·석동일 (2008). 청지각 기반 음운인식 훈련 프로그램이 조음음운장애 유아의 음운인식 및 조음음운 능력에 미치는 효과. 언어치료연구, 17(2), 117-137.

김미경 (1991). 수줍어하는 아동을 위한 자기표현훈련 효과에 관한 연구. 숙명여자대학교 대학원 석사학위논문.

김미경·문장원·성은정·윤점룡·윤치연·이상훈 (2007). 현대 정서 및 행동장애 교육. 서울: 학지사.

김미정 (2004). 통합예술치료가 초등학생의 자기표현 향상에 미치는 영향. 원광대학교 보건환경대학원 석사학위논문.

김민 (2003). 청소년들의 인터넷 중독과 사이버섹스 중독실태연구. 청소년복지연구, 5(1), 53-83.

김민정 (2006). 유아의 공격 및 위축행동에 대한 부모의 신념 및 사회화 전략. 단국대학교 교육대학원 석사학위논문.

김보경·조현춘·정대영·박영균 (1990). 아동기 행동장애. 서울: 성원사.

김보경 (1990). 아동기 행동장애. 서울: 성원사.

김보애 (1994). 환각제 흡입 청소년 재활을 위한 모래상자놀이치료 활용 사례연구. 이화여자대학교 대학원 석사학위논문.

김보애 (2003). 모래놀이치료의 이론과 실제. 서울: 학지사.

김보애 (2004). 신비스러운 모래놀이치료. 서울: 학지사.

김선희 (2000). 학령기 아동의 행동문제 유형에 따른 위험요인과 보호요인의 인과모형 탐색. 부산대학교 대학원 박사학위청구논문.

김성희 (2002). 음악치료가 학교생활 부적응 초등학생의 적응과 사회성 향상에 미치는 영향. 숙명여자대학교 음악치료대학원 석사학위논문.

김소연 (2002). 무용요법이 정서장애아의 정서불안에 미치는 효과. 숙명여자대학교 교육대학원 석사학위논문.

김수민 (1988). 사회조직망내의 대인관계에 대한 아동의 지각. 숙명여자대학교 대학원 석사학위논문.

김순진·김환 (2003). 외상 후 스트레스 장애. 서울: 학지사.

김선희 (2000). 학령기 아동의 행동문제 유형에 따른 위험요인과 보호요인의 인과모형 탐색, 부산대학교 대학원 박사학위청구논문.

김설화 (2003). 통합예술치료의 매체활용과 기법에 대한 연구: 통합미술치료를 중심으로. 원광대학교 보건환경대학원 석사학위논문.

김양순 (1999). 자폐 장애아동의 행동변화에 미치는 표현예술치료의 효과. 동국대학교 대학원 박사학위논문.

김애경 (2002). 지각된 부모 양육태도 및 사회적 지원과 초기 청소년의 우울 및 외현적 문제와의 관계. 교육심리연구, 17(2), 117-137.

김연진 (2006). 정서문제 유아에 대한 집단치료놀이 사례연구. 숙명여자대학교 대학원 박사학위논문.

김영태·신문자 (2004). 우리말 조음 음운평가. 서울: 학지사.

김영태 (1994). 구어-언어진단검사: 구강조음기관의 기능선별검사. 대구: 한국언어치료학회.

김은정·오경자 (1992). 발달적 관점에서 본 아동 및 청소년기 우울증상. 소아·청소년 정신의학, 3(1), 117-118.

김정인 (1986). 자폐아의 사회성 신장을 위한 음악적용의 연구. 이화여자대학교 대학원 미간행 석사학위논문.

김정화 (1995). 유아교육을 위한 유아음악놀이지도. 서울: 창지사.

김종인·우주형·김명자·김혜정·이병오·권수명·최태진·한희정 공저 (1997). 산재장애인의 사회심리재활. 서울: 선명사.

김지연 (2004). 음악활동이 유아 스트레스 감소에 미치는 영향. 숙명여자대학교 음악치료대학원 석사학위논문.

김지혜·조선미·홍창희·황순택 (2005). KPRC 한국아동 인성평정척도 지침서. 서울: 한국가이던스.

김진숙 (1993). 예술 심리치료의 이론과 실제. 서울: 중앙적성출판부.

김태련·서봉연·이은화·홍숙기 (1993). 아동용 회화 통각 검사. 서울: 한국 가이던스.

김태련·엄현경·정현지·김현정 역 (1994). 발달심리학. 서울: 박영사.

김해란 (2003). 독서요법이 초등학생의 자아존중감 향상에 미치는 효과. 동아대학교 교육대학원 석사학위논문.

김형호 (1978). 아동의 부적응에 관한 일 연구. 전주교대 논문집. 제15집.

김혜림·김보애 (2006). 또래 간 성폭력 경험 여아의 모래놀이치료사례. 놀이치료연구, 10(1), 15-34.

남영옥 (2002). 청소년의 인터넷 중독 및 사이버 성중독의 심리사회적 변인과 문제행동 연구. 한국가족복지학. 50권, 173-207.

노치현·황영희 (1998). 모래놀이치료 경험과 표현. 서울: 동서문화원.

류정미 (2006). 통합예술치료가 비행청소년의 대인관계 및 자기지각 향상에 미치는 영향. 원광대학교 대학원 석사학위논문.

문선영 (2005) 통합예술치료가 학교부적응 청소년의 정신건강에 미치는 효과. 원광대학교 동서보건의학대학원 석사학위논문.

민성길 (1996). 최신 정신의학. 서울: 일조각.

박연희 (2006). 집단음악활동이 학교생활 부적응 아동의 스트레스 감소 및 자기표현력 향상에 미치는 영향. 공주교육대학교 교육대학원 석사학위논문.

박정숙 (1992). 뇌성마비아동의 조음훈련 프로그램 적용효과. 대구대학교 대학원 석사학위논문.

박정은 (2008). 경직형 뇌성마비아동에 대한 호흡 및 조음훈련 프로그램 적용효과. 고신대학교 보건대학원 석사학위논문.

박지연 (2008). 우울·불안과 위축행동을 보이는 유아에 대한 모래놀이치료 효과. 전남대학교 대학원 석사학위논문.

박지연·이숙 (2008). 우울·불안과 위축행동을 보이는 유아에 대한 모래놀이치료 효과. 놀이치료연구. 12(3). 85-103.

박진아 (2008). 까다로운 기질과 불안정한 애착으로 인한 불안장애 여아의 놀이치료 및 어머니 상담사례 연구. 한국아동심리재활학회지: 12(1), 51-69.

박형준 (2007) 음악치료가 외상 후 스트레스 장애 환자의 뇌파 변화 및 정서, 우울, 불안 감소에 미치는 효과. 원광대학교 동서보건의학대학원 석사학위논문.

배주미·오경자 (1991). 아동의 대인관계 문제해결 기술 훈련효과에 대한 예비연구. 한국심리학회지, 10(1).

백혜정·황혜정 (2005). 초등학생의 문제행동에 영향을 미치는 부모관련 변인 및 자아관련 변인에 관한 연구. 한국심리학회지, 19(3), 1-27.

서경희·변찬석 (1999). 일반학급에 통합된 장애아동의 외로움, 사회적 불안, 우울. 특수교육연구, 22(1).

서울장애인복지관 (1995). 재활용어사전. 서울: 기쁜소식.

석동일 (2002). 조음장애 아동에 대한 상위음운 치료의 효과. 난청과 언어장애연구, 25(2), 19-31.

석동일 (2004). 조음운음장애 치료. 대구: 대구대학교출판부.

석동일 (2008). 조음음운장애 치료를 위한 하이브리드 접근법 개발의 기초연구. 언어치료연구. 17(2), 89-104.

석동일 (2008). 기능적 조음음운장애 치료를 위한 하이브리드 접근모형 개발. 언어치료연구. 17(3), 1-19.

석혜선 (2005). 모래놀이치료가 신체 학대받은 아동의 공격성과 자아존중감에 미치는 영향. 대구대학교 재활과학대학원 석사학위논문.
성경원 (2000). 컴퓨터음란물이 청소년의 성의식과 학습에 미치는 영향. 한양대학교 행정대학원 석사학위논문.
송영혜 (1992). 정서장애아의 놀이치료. 재활과학연구, 10(1). 37-47.
송영혜·김경선 (2000). 놀이치료가 신체학대 받은 아동의 문제행동 및 자아존중감에 미치는 효과. 한국아동심리재활학회지. 놀이치료연구, 4(2), 79-99.
신숙재·이영미·한정원 (2000). 아동중심놀이치료. 서울: 동서문화원.
신은주 (2006). 미술치료를 적용한 결손가정 아동의 상담사례. 진주교육대 교육대학원 석사학위논문.
신차선 (2003). 통합예술치료와 무용·동작치료가 일반인의 자기개념에 미치는 효과. 원광대학교 보건환경대학원 석사학위논문.
신혜영 (1994). 또래의 위축행동에 대한 아동의 개념 및 정서추론. 연세대학교대학원 석사학위논문.
심희옥 (1997). 아동 후기 초등학교 학생의 내적외적 문제행동인 우울 성향과 반사회적 행동에 영향을 주는 요인들. 아동학회지, 18(1), 39-51.
심희옥 (2008). 생모와 이별한 5세 남아의 모래놀이치료를 통한 의식의 탄생과 분화. 놀이치료연구, 12(3), 61-83.
안병즙·박정숙 (1993). 뇌성마비아동의 조음훈련 프로그램 적용효과. 대구대학교 특수재활과학연구소.
안현의 (2005). 청소년의 심리적 외상에 관한 탐색적 연구: 외상 후 스트레스 증상과 성격 특성을 중심으로. 상담학연구, 17, 217-231.
양동용 (2000). 조음훈련 프로그램이 뇌성마비아의 조음기관 및 조음상태에 미치는 효과. 우석대학교 석사학위논문.
어기준 (2002). 인터넷 역기능 위험수위, 어디까지 왔나? 한국정보문화센터, 아름다운세상 제 67호, 22-25.
여남주 (1997). 모래놀이 상자를 이용한 선택적 함묵증 아동의 언어적 치료효과. 영남대학교 교육대학원 석사학위논문.
염숙경 (1991). 모래상자를 이용한 놀이치료. 원광아동상담소 사례연구집, 1, 5-22.
염숙경 (2002). 아동상담과 놀이치료. 서울: 상조사.
오경자·이혜련·홍강의·하은혜 (1997). K-CBCL아동청소년 행동평가척도. 서울: 중앙적성출판사.
오규영 (2002). 집단미술 치료 프로그램이 정서장애 아동의 자아개념 향상에 미치는 효과. 전북대학교 대학원 석사학위논문.

오기선 (1965). 어버이와 자녀(친자) 관계진단 검사. 코리안테스팅센터.

유영의 (1994). 부적응행동 유아에 대한 모래상자놀이 적용 사례연구. 한국교원대학교 대학원 석사학위논문.

윤미경 (2002). 호흡과 구강운동 병행훈련이 뇌성마비아동의 조음 명료도에 미치는 영향. 단국대학교 특수교육대학원 석사학위논문.

윤병완 (1990). 뇌성마비아동의 호흡 및 조음기관 기능훈련 효과. 대구대학교 대학원 석사학위논문.

윤병완 (1992). 뇌성마비 언어장애와 치료. 서울: 요한 바오로 2세 어린이집.

윤영민 (2000). 청소년의 인터넷 사용: 어떻게 해석할 것인가. 청년의사 인터넷중독치료센터.

윤진·박윤창 (1995). 음란물 출판물이 청소년의 성행동 및 성태도에 미치는 영향. 한국간행물윤리위원회.

이경하 (2007). 모래상자의 진단적 기능을 통한 성학대 아동의 초기면접에 나타난 특성. 아동심리재활학회지: 11(3), 1-18.

이근매 (2009). 미술치료 이론과 실제. 서울: 양서원.

이근후 외 14인 공역 (1995). 정신장애의 진단 및 통계편람 제4판(DSM-IV). 서울: 하나의학사.

이기수 (2000). 음란매체가 초등학생의 성의식에 미치는 영향. 한국교원대학교 교육대학원 석사학위논문.

이명화 (1999). 음란매체접촉에 따른 성갈등에 성태도와 지식이 미치는 영향. 한양대학교 대학원 석사학위논문.

이미숙 (2005). 가정환경변화로 인하여 정서·행동장애 특성을 보이는 아동의 모래놀이치료사례연구. 국민대학교 행정대학원 석사학위논문.

이보연 (1992). 유아기 자녀의 사회적 문제행동에 대한 부모의 신념. 숙면여자대학교 아동복지학과 석사학위논문.

이부영 (2005). 분석심리학. 서울: 일조각.

이상숙 (2008). 초등학생의 인터넷 음란물 접촉과 성관련 태도에 관한 연구. 경원대학교 교육대학원 석사학위논문.

이선미 (2001). 버스사고 피해자의 심리적 특성 및 외상 후 스트레스 장애의 인지-행동집단치료 효과. 전북대학교 대학원 석사학위논문.

이숙·최정미·김수미 (2002). 현장중심 놀이치료. 서울: 학지사.

이영미 (2002). ADHD아동의 통합놀이치료 효과. 숙명여자대학교 대학원 박사학위청구논문.

이옥분 (1998). 마비성구어장애 환자의 구어 향상을 위한 조음기관 훈련 프로그램의 효과. 대구대학교 대학원 석사학위 청구논문.

이용승 (2000). 과도한 걱정과 불길한 기대 범불안장애. 서울: 학지사

이은진·이상복 (2007). 외상 후 스트레스 장애아동을 위한 상담중심 미술치료 적용연구. 특수교육재활과학연구, 46(2), 131-152.

이은혜·김정윤·오원정 (2001). 아동의 또래지지 및 친구 관계와 학교적응의 관계. 아동학회지, 22(1), 1-18.

이은혜 (2006). 정서행동 문제 아동의 종이접기 심리치료 프로그램 개발연구. 명지대학교 사회교육대학원 석사학위논문.

이정숙 (2005). 초등학교 5·6학년 학생의 인터넷 음란물 접촉실태에 따른 성태도·성행동의 차이. 청주대학교 교육대학원 석사학위논문.

이정실 (2007). 외상을 당한 성인과의 음악치료에 대한 내러티브적 탐구. 한국예술치료 학회지: 7(2), 137-168.

이정자 (2005) 모래상자 놀이치료의 부모-자녀 의사소통 기능의 고찰. 아동심리재활학회지: 9(2), 19-30.

이진영 (2004). 초등학생의 인터넷 음란물 접촉경험이 성태도와 성행동에 미치는 영향. 우석대학교 교육대학원 석사학위논문.

이현주 (2007). 저소득 조손가족 아동의 성인아이 성향에 영향을 미치는 요인에 관한 경로분석: 수용적 양육태도의 매개효과를 중심으로. 한국아동복지학회, 23, 7-32

임용자 (2004). 표현예술치료 이론과 실제. 서울: 민음사.

장정수 (2006). 외상 후 스트레스로 인한 불안을 경험하는 아동의 미술치료 사례연구. 순천향대학교 건강과학대학원 석사학위논문.

장현숙 (2007). 비사회성 불안정애착 유아의 모래놀이치료사례. 놀이치료연구, 11(1), 53-75.

전원재 (2006). 아동 위축행동에 대한 집단미술치료 연구. 강원대학교 교육대학원 석사학위논문.

전헌선·한경임·노선옥 (2004). 뇌성마비아 언어치료 교육. 대구: 대구대학교 출판부.

전희숙 (2004). 자폐아동을 대상으로 한 표현예술치료의 통합적 적용 사례연구. 광운대학교 정보복지대학원 석사학위청구논문.

정방자 (2000). 정신역동적 상담. 서울: 학지사

정성렬 (2007). 청소년의 인터넷을 통한 음란물중독에 관한 연구. 울산대학교 교

육대학원 석사학위논문.

정여주 (2003). 미술치료의 이해. 서울: 학지사.

정옥분(1999). 청년발달. 서울: 학지사.

정현주 (2005). 음악치료학의 이해와 적용. 서울: 이화여자대학교 출판부.

정현주 (2006). 음악치료 기법과 모델. 서울: 학지사.

조아미 (2000). 청소년 PC중독의 이해와 청소년 PC중독의 유형과 문제점에 대한 토론. 한국청소년상담원.

조정숙 (2010). 외상 후 스트레스 장애를 위한 모래놀이 치료 사례연구. 아동학회지, 31(4), 29-47.

조정숙·김상희 (2010). 외상 후 스트레스 장애를 위한 통합적 치료 적용 사례연구. 인간발달연구, 17(1), 301-324.

주리애 (2003). 미술치료 요리책. 서울: 아트북스.

주점숙 (2004). 초등학생의 불안과 우울에 대한 동적가족화 반응특성분석. 여수대학교 교육대학원 석사학위논문.

채영순 (2000). 모래상자놀이를 통한 유치원 부적응아의 치료사례연구. 경희대학교 교육대학원 석사학위논문.

최미라 (2006). 청소년의 인터넷 중독과 인터넷 음란물중독에 관한 연구. 한림대학교 대학원 석사학위논문.

최병철 (2002). 음악치료학. 서울: 학지사.

최애나·강효연 (2007). 통합예술치료가 결손가정 아동의 자기효능감 향상에 미치는 영향. 아동심리재활학회지: 11(2), 71-87.

최용주 (1993). 학령기 아동의 친구관계에 따른 대체지지에 관한 연구- 학교, 친구, 학교외 친구, 형제관계를 중심으로- 숙명여자대학교 대학원 석사학위논문.

최현정 (2002). 부모·교사가 인식하는 정서·행동문제 조사. 우석대학교 교육대학원 석사학위논문.

카운피아 (2003). 아동·청소년을 위한 미술치료. 카운피아 원격교육연수원

河合·심재경 (1994). 모래상자놀이치료법. 서울: 양영각.

한국법제연구원 (2000). 아동복지법시행령. 대한민국 현행 법령집. 제 38권.

한국언어병리학회 (2003). 언어장애의 이해와 치료-아동의 조음장애치료. 서울: 군자출판사.

한미현 (1996). 아동의 스트레스 및 사회적 지지지각과 행동문제. 서울대학교 대학원 박사학위논문.

홍경자 (1986). 초등학교 아동의 행동문제연구(2). 서울의대 정신의학: 11(1), 39-47.

홍외련 (2004). 인터넷 음란물 접촉과 청소년의 우울 및 자존감과의 관계 연구. 한림대학교 대학원 석사학위논문.

홍은숙 (2001). 인터넷 음란물이 청소년의 성관련 정서 및 태도에 미치는 영향. 고려대학교 대학원 석사학위논문.

홍정례 (2003). 원주시 초·중학생의 음란물 접촉실태와 성태도에 관한 연구. 상지대학교 행정대학원 석사학위논문.

홍지원 (1994). 신체활동 중심의 교육이 유아의 긍정적 자아개념에 미치는 효과. 숙명여자대학교 대학원 석사학위논문.

Achenbach, T. M., & Edelbrock, C. S. (1981). Behavioral problems and competencies reported by parents of normal and distrubed children aged four through sixteen. Monographs of the society for Research in Child Development, 46, (I, Serial No.188), 1-82

Achenbach, T. M. & Edelbrock, C. S. (1983). Manual for the Child Behavior Checklist and Revised Child Behavior profiles. Burlington: University of Vermont.

Achenbach, T. M, & Edelbrock C., (1991). Manual for the Child Behavior Check List 4-18 and profile. Burlington: University of Vermont.

Alvin, A. J., (1978). Music Therapy for the Autistic Child, London: Oxford University Press.

American Psychiatric Association (1994). Diagnostic and statistical manual of mental disorders (4th ed.). Washington, DC: American Psychiatric Association.

Anthony, E. J., & Scott. P., (1960). Manic-depressive psychosis in childhood. J of Child Psychol Psychiatry 1, 53-72.

Arkowitz, R. (1997). Integrative therory of therapies. In J. S. Rutan(Ed.), Psychotherapy for the 1990st. (pp.19-34). N.Y: Guilford Press.

Axline, V. (1969). Play Therapy. N.Y: Ballantine Books.

Bedrosian, R., & Beck, A. T. (1980). Principles of cognitive therapy. In M. J. Mahoney(ed.), Psychotherapy process: Current issues and future directions (p.128). New York: Plenum.

Bell, l., & Longfellow, C.(1984). Confinding as a coping strategy, Unpublished manuscript, Boston University.

Bellak L.(1971). The TAT and CAT in clinical use. New York: Grune & Stratton.

Bird, J., Bishop, D. V. M., & Freeman, N. H.(1995). Phonological awareness and literacy development in children with expressive phonological impairments. Journal of speech and Hearing Research, 38(2), 446-462.

Boki, B. L., & Goodwin, E. A. (2000). Sandplay: A step-by-step manual for psychotherapies of diverse orientations. New York: W.W.Norton & Company.

Bonny, H. (1994). Music and consciousness research in music therapy, A tradion of escellence (silver spring, MNMT, lnc). 123-133.

Bource, E. J. (1990). The Anxiety and Phobia Workbook: New York: Harbinger Publication, Inc.

Bowen, C. (1998). Developmental phonological disorders: a practical guide for families and teachers, Melbourne, Australia, The Australian Council for Educational Research.

Bowen, C. & Cupples, L. (1999). Parents and children together(PACT): a collaborative approach to phonological therapy, Int J Common Disorders, 34:35-55.

Bowen, C. & Cupples, L. (2004). The role of families in optimizing phonological therapy outcomes, Child lang teach ther, 20, 245-260.

Boxill, E. H. (1985). Music therapy for the developmentally disabled. Rockvills, M. D.: An Aspen Publication.

Bruscia, K. E. (1989). Defining music therapy. Pfoenitvill: Spring House Book.

Buhler, C. (1952). National differences in world projection patterns. Journal of Projection Technology, 16, 42-55.

Buss, A. H. (1986). Temperament: Early developing personality traits. Hllside, N. J.: Lawrence Erlbaum Associates, Publishers.

Campbell, R, J. (1989). Psychiatric Dictionary. Oxford University Press.

Carey, L. J. (1999) Sandplay Therapy with Children and Families. Jason Aronson, Inc. 이정숙·고인숙 역 (2002). 모래놀이치료-아동치료와 가족치료. 서울: 하나의학사.

Cochran, M. M., & Brassard, J, A. (1979). Child development and personal social networks. Child development, 50, 601-616.

Cockle, S. M., & Allan, A. B. (1*996). Nigredo and Albedo: From Darkness to Light in the Play Therapy of A Sexually Abused Girl. International Journal of Play Therapy, 5-1, 31-44.

Cole, P. & F. W. (1992). Effect of incest on self and social functioning: A developmental pathology perspective. Journal of Consulting and Clinical Psychology, 60, 174-184.

Conger, J. C., & Keane, S. P.(1981). Social skills intervention in the treatment of isolated or withdrawn children. Psychological Bulletin, 90, 478-495.

Corey, G. (2001). Theory and practice of counseling and psychotherapy. (6th ed.) Pacific Grove, CA: Brooks/Cole Publishing Co.

Creaghead, N., Keith, R, & Thomas, J.(1989). Strategies for evaluated and targeting programatlc behaviors in young children. Semlnars in Speech and Language, 5. 241-352.

DeRoiser, M. E. & Kupersmith, J. B.(1991). Costarican children's perceptions of their social network. Developmental Psychology, 27, 4, 656-662.

Dunn, J. & McGuire, S. (1992). Sibing and peer relationships in chilhood. journal of Child Psychology and Psychiatry, 33.

Ehri, L., C.,Nunes, S. R., Willows, D., Schsuter, B., Taghoub-Zadeh, Z.,& Shanahan, T.(2001). Phonemic awareness instructon helps children learn to read: Evidence from the national reading panel's meta-analysis. Reading Research Quarterly, 36, 250-287.

Elbert, M., & Gierut, J. (1986). Handbook of clinical phonology : Approach to assessment and treatment. San Diego, CA: A College-Hill press.

Emdad, R., & Sodergaard H., (2004). Impared memory and reneral intelligence related to severity and duration of patients` disease in Type A post traumatic stress disorder. Behavioral medicine. Vol. 31. No. 2, 73-86.

Erikson, E. (1950). Childhood and society. New York: Norton.

Esman, A. (1975). The latency period. In G, Wiedeman (Ed). Personality developmemt and deviation. New York: International Universities Press. 123-234.

Exner, J. (1986). The Rorschach: A comprehensive system: vol. 1. Basic foundations(2rd ed). New York: Wiley.

Exner, J. (1989). The Rorschach: A comprehensive system: vol. 1. New York: John Wiley and Sons.

Exner, J. (1993). The Rorschach: A comprehensive system: vol. 1. Basic foundations(3rd ed). New York: Wiley.

Fall, M. (1994). Self-Efficacy: An Additional Dimension in Play Therapy. International Journal of Play Therapy, 3(2), 21-32.

Ficken, T.(1976). The use of songwriting in a psychiatric setting. Journal of Music

Therapy, 13(4), 163-172.

Finkelhor, D., & Dziuba-Leatherman, J. (1994). Children as victims of violence: A national survey. Pediatrics, 94, 413-420.

Freud, A. (1926). The psychoanalytical Treatment of children. London: Imago Press. 1946. Freud, S., "Creative Writers and daydreaming," in J. Strachey(ed.) The Standard Edition of the Complete Psychological Works of Sigmund Freud, London: Hogarth, 1962, Vol.Ⅸ.

Furman, W., & Buhrmester, D.(1985). Children's perceptions of personal relatlonships in social networks. Developmental Psychology, 21, 6, 1016-1024.

Garfield, S. S., & Kurtz, R. (1997). A study of eclectic views. Journal of Consulting and Clinical psychology, 45, 78-83.

Goldfried, M. R., & Newman, C. (1986). Psychotherapy integration: An historical perspective. In J. C. Norcross (Ed.), Handbook of eclectic psychotherapy (pp. 25-61). New York: Brunner/Mazel.

Goldfried, M. R., & Safran, J. D. (1986). Future directions in psychotherapy integration. In J. C. Norcross (Ed.), Handbook of eclectic psychotherapy (pp. 463-483). New York: Brunner/Mazel.

Green, K. p,. Foreland, R., Beck. S. J., & Voak, B.(1980). An assesment of the relationship among measures of children' social competence and children's academic achivement. Child Development, 51, 1149-1156.

Hardy, J.(1983). Cerebral Palsy. Englewood Cliffs. NJ: Prentice Hall, 114-128.

Herman, J. L. (1992). Complex PTSD: A syndrome in survivors of prolonged and repeated trauma. Journal of Traumatic Stress, 5, 377-391.

Hill, C. E., & O'Brien, K. M. (1999). Helping Skills. Facilitating Exploration, Insight, and Action. APA.

Hymel, S., & Franke, S.(1985). Children's peer relation: assessing self perception. In B. Schneider, K. Rubin & J. Ledingham(Eds.), Children's peer relation: Issues in assessment and intervention. New York: Springer.

Iwanage, M. & Moroki, Y. (1999). Subjective and physiological responses to music stimuli controlled over activity and perference. Journal of music therapy, 36(1), 26-38.

Joyce, A. S., Duncan, S. C., & Piper, W. E. (1995). Task analysis of working responses to dynamic interpretation in short-term individual psychotherapy. Psychotherapy Research, 5, 49-62.

Jung, c. g. (1969). Man And His Symbols, 인간과 무의식의 상징. 이부영 역 (2000). 서울: 집문당.

Kaduson, H. G. (1997). Play Therapy for Children with attention-deficit hyperactivity disorder. In H. G. Kaduson, D. Cangelosi, 4 C. E., Schaefer(Eds.), The Playing care: Individualized play therapy for specific childhood problems(pp.197-228). Northvale, N. J : Jason Aronson.

Kalff, D. M. (1966). The archetype as a healing factor. Psychology, 9, 177-184.

Kalff, M. (1989). Sandplay. Boston: Soigo.

Kathryn Geldard & David Geldard (1997) Counsling Children. SAGE Publication Ltd. 김광웅·박인전·방은령 공역 (2003). 아동상담. 서울: 중앙적성출판사.

Kauffman, J. M. & Zigler, E. (1987). Do abused children become abusive parent. Amerlcan. Journal of Orthopsychiatry. 57(2), 186-192.

Kauffman, J. M. (2001). charateristics of emotional and behavioral disorders of children and youth(7th ed). Upper Saddle River, New Jersey: Prentice-Hall.

Kenny, M. C. & Winick, C. B. (2000). An Integrative Approach to Play Therapy with an Autistic Girl. International Journal of Play therapy, 9-1, 11-34.

Knell, S. (1993). Cognitive-behavioral play therapy. Northvale, N. J: Aronson.

Kovacs, M., Gatsonis, C., Paulaukas, S. L., & Richards, C. 91990). Depressive disorders in childhood. Archives of General Psychiatry, 46, 776-782.

Kramer, E. (1993). Art as therapy with childern. Chicago: Magnolia Street Publishers.

La Greca, A. M., & Stone, W. L. (1993). Social Anxiety Scale for Children-Revised: Factor structure and coccurrent validity. Journal of Clinical Child Psychology, 22, 17-27.

Ladd, G, W. (1990). Having friends, keeping friends, making friends, and being liked by peers in the classroom: Predictors of children's early school adjustment. Child Development, 61, 1081-1100

Landreth, G. L. (1991). Play therapy: The art of the relationship. Muncie, In Accelerated Development Press.

Larrivee, L. S., & Gatts, H. W.(1999). Early reading achievement in children with expressive phonological disorders. American Journal of Speech-Language Pathology, 8, 118-128.

Leavitt, K. S., Morrison, J. a., Gardner, S. A., & Gallagher, M. M. (1996). Group Play Therapy for Cumulatively Traumatized Child Survivors of Familial AIDS. International Journal of Play Therapy, 5-1, 1-18.

Lefkowitz, M/M and burton, N. (1978). Childhood depression : A citique of the concept. Psychological Bulletin, 85, 716-726.

Liberman, P.(1979). Social work with children. N.Y: human Science Press.

Liberman, P.(1991). Uniquely human: The evolution of speech, thought, and selfless behavior. Cambrldge, MA: Harvard University Press.

Logan, J. S. (1992). A computational analysis of young children's lexicons. Research on speech perception(Technical Report No. 8) Bloomington: Indiana University, Speech Research Laboratory.

Mahler, M. (1965). On the Significance of the normal separation-Individuation phase, in: Drives, Affects, Behavior, Vol. 2, ed. M. Schur. New York: International Universities Press.

Mahler, M. (1972). On the first three subspaces of the separation-individuation process. Journal of Psycho-Analysis, 53, 333-338.

Malchiodi, A. C. (1998). Understanding Children`s drawings: emotional content of Children`s drawings: Understanding Chilhood Depression. New York: Guiford Press.

Malmquist, C. P. (1975). Depression in Childhood. Journal of Child. Psychology and Psychiatry, 18, 79-83.

Mash, E. J., & Wolfe,D. A.(2001). 아동이상심리학. (조현춘, 송영혜, 조현제 역). 서울: 시그마프레스(원전은 1999년에 출간).

Merrell, K. W.(1993). Test manual for the school social behavioral disorders of children and youth. N. Y: Macmillan.

Norcross, J. C., & Newman, C. F. (1992). Psychotherapy integration: Setting the context. In J, C. Norcross & M. R. Goldfried(Eds.), Handbook of psychothreapy integration(pp. 3-45). New York: Basic Books.

O'Connor, K. J. (1991). Play Therapy Primer: An Integration of Theories and techniques. New York: John Wiley & Sons, INC.

Osrwald, P. (1968). The music lesson. In E. T. Gaston(Ed), Muslc in therapy, 317-328. N. Y: Macmillan.

Parker, J. G., & Asher, S. R.(1987). Peer relations and later personal adjustment: Are low-accepted children at rist. Psychologi-cal Bulletin, 102, 357-389.

Ritvo, S. (1978). The psychoanalytic process. Psychoanalytic Study of the Child, 33, 295-305.

Robb, L. (2000). The effect of therapeutic music interventions on the behavior of hospitalized children in isolation: developing a contextual support model of music therapy. Journal of music therapy, 37(2), 118-46.

Robb, S. L. (1996). Techniques in song writing: Restoring Emotional and physical Well Being in Adolescents who been Traumatically Injured. Muslc therapy perspecitives, 14, 30-37.

Rogers, C. (1951). Client-centered therapy. Boston: Houghton Mifflin.

Routh, P., Troia, A, Worthington. K, & Dianne Handy. (2006). Promoting awareness of sounds in speech(PASS) : The effects of intervention and stimulus characteristics on the blending performance of preschool children with communication impairments. Learning Disability Quarterly, 29, 67-88.

Rubin, K. H., & Mills, R. S. L., (1988). The many faces of social isolation in childhood. Journal of Consulting and Clinical Psychology, 56, 616-624.

Ruscello, D. M. (2008). Treating Articulation and Phonological Disorder in Children. St. Louis: MOSBY ELSEVIER, Inc.

Rvachew, S. (1994). Speech perception training can facilitate sound producation learning, J Speech Hear Res 37: 347-357.

Rvachew, S. (2005). The importance of phometic factors in phonological intervention. In Kamhi AG, Pollock Ke, editorsL Phonological disorders in children. Baltimore, Paul H Brookes.

Rvachew, S., Rafaat, S., & Martin, M. (1999): Stimulability, speech perception skills, and the treatment of phonological disorders, Am J Lang Pathol 8:33-43

Saul, L. (1971). Emotional Maturity, Third Edition. Philadelphia: Lippincott.

Seligman, M. (1995). The effectiveness of psychotherapy. American Psychologist, 50(12), 65-974.

Singer, R. (1980). Motor learning and human performance : An application to motor skills and movement behaviors. New York : Macmilla

Smith, D. (1982). Trends in counseling and psychotherapy. American Psychologist, 37, 802-809

Tarachow, S. (1963). An introducation to Psychotherapy. New York: International University Press.

Thaut, M. H. (1984). A music therapy treatment model for autistic children, Music therapy Perspectives.

Thompson, C. L., & Campbell, R. (1992). Personal intervention preferences for alleviating mild depression. Journal of Counseling and Development, 71(1), 69-73.

Thompson, C. L., & Rudolph, L. P. (2000). Counseling Children. Wadsworth.

van der Kolk, B. A. (1987). Psychological trauma Washington, DC: American Psychiatric Press.

Wanlass, R. L., & Prinz, R. J. (1982). Methodological issues in conceptualizing and treating childhood social isolation. Psychological Bulletin, 92, 39-55.

Weston, A., & Shinberg, C. (1992). Contextual and Linguistic correlates of intelligibility in children with developmental phonological disorders. Journal of Speech and Hearing Research, 36, 105-140.

Wicks-Nelson, R., & Israel, A. C. (2000). Behavior disorders of childhood(4th ed.). NJ : Prentice Hall.

Williams, L. (1989). Hard Cord-Power Pleasure and the Frenzy of the Visile. Univ. of California.

Winnicott, D. W. (1953). Transitional Objects and Transitional Phenomena. International Journal of Psychoanalysis, 34, 89-97.

Winnicott, D. W. (1971). 놀이와 현실. 이재훈 (역). 서울: 한국심리치료연구소.

Wood, M. (1972). The unsupervised child of the working mother. Developmental Psychology, 6(1), 14-25

Yorkston, K., Beukelman, D. & Bell K. (1988). Clinical management of dysartic speakers. San Diego: A college-hill.

Young, M. e., Feller, F., & Witmer, J. M. (1989). Eclecticism: New foundation for recasting the counseling profession. Unpublished manuscript availabel from Mark young, graduate Programs in Counseling and Therapy, Stetson University, P. O. Box 8365, Deland, FL 32720.

Zook, A., & Walton, J. M. (1989). Theoretical orientations and work settings of clinical and counseling psychologists: A current perspective. Professional Psychology: Research and Practice, 20, 23-31.

조정숙

공주대학교 사범대학 유아교육학과 아동상담전공 교육학 박사
일본 후쿠오카 교육대학 장애아교육전공 교육학 석사
공주대학교 평생교육원 놀이치료사 자격과정 강사 역임
(사) 한국국공립대학 평생교육원협의회 놀이치료사 자격시험 출제위원 역임
일본후쿠오카 양호학교, 北九州양호학교, 야하타 양호학교에서 1년 간
교사교육 및 실습지도
일본 후쿠오카교육대학 장애아 치료교육센터 치료실습교사 역임
공주대학교 사범대학 특수교육학과 강사 역임
혜전대학교 유아교육과 강사 역임
한국아동심리재활학회 정회원
한국놀이치료학회 정회원
특수교육경영사 1급, 유아언어재활교육사 1급 자격증 취득
미술치료사, 음악치료사 자격과정 수료, 놀이치료 전문가 과정 수료
현) 천안아동발달연구소장
공주대학교 사범대학 유아교육과 강사

주요논문

정서행동문제 유아를 위한 통합적 치료효과 연구 (박사학위논문)
脳性麻痺児の經座に關係する要因 후쿠오카교육대학 일반대학원 (석사학위논문)
외상후 스트레스 장애 유아를 위한 모래놀이 치료사례연구 아동학회지, 31(4)
(등재학술지) 외 다수

정서행동문제 아동을 위한
통합치료의 이론과 실제
-Integrative Therapy for Children's
Emotional Behavioral Problems-

초판 1쇄 발행 _ 2015년 3월 10일

저　　자 • 조 정 숙
발 행 인 • 정 현 걸
발　　행 • 신 아 사
인　　쇄 • 예지인쇄
출판등록 • 1956년 1월 5일 (제9-52호)
주　　소 • 서울특별시 은평구 녹번동 28-36번지 2F
전　　화 • 02)382-6411 • 팩스 02)382-6401
홈페이지 • www.shinasa.co.kr
E - MAIL • shinasa@daum.com

ISBN 978-89-8396-827-2 (93370)

정가 17,000 원